# 中国社会历史评论

# Chinese Social History Review

## 第十八卷·二零一七

常建华 主编

天津出版传媒集团
天津古籍出版社

**图书在版编目（CIP）数据**

中国社会历史评论. 第十八卷, 2017 / 常建华主编
. -- 天津 : 天津古籍出版社, 2017.11
ISBN 978-7-5528-0653-3

Ⅰ. ①中… Ⅱ. ①常… Ⅲ. ①史评－中国 Ⅳ.
①K207

中国版本图书馆CIP数据核字(2018)第020851号

**中国社会历史评论**
**（第十八卷）**
常建华/主编
出版人/张玮

天津古籍出版社出版
(天津市西康路35号　邮编300051)
http://www.tjabc.net

三河市冠宏印刷装订有限公司印刷
全国新华书店发行
开本 787×1092 毫米 1/16　印张 16.5　字数 381 千字
2017 年 11 月 第 1 版　2017 年 11 月 第 1 次印刷
ISBN 978-7-5528-0653-3　　定价：65.00元

# 目　录

【日常生活与物质文化】
略论秦汉时期的一般庭院与房屋 …… 刘尊志(1)
唐五代时期的凤冠——基于物质文化史和形象史学的考察 …… 李志生(17)
河北地区宋代墓葬及相关问题研究 …… 耿　超(42)
北宋中后期举子的科举交游网络
——以秦观应举为中心的考察 …… 孙　继(51)

【法制与社会】
元代江南地区的司法秩序与地域社会
——以湖田争讼案件为中心 …… 郑　鹏(60)
习惯与国法的角力
——以龙映姜、杨翠桃争产案为例 …… 谢开键(75)

【民国社会】
民国时期殡葬礼俗的奢华风尚及其成因
——以“大出丧”现象为中心 …… 冯志阳(87)
民国定县、邹平卫生试验区比较研究 …… 崔军锋　武小力(104)

【医疗卫生与社会】
新旧之辩
——20世纪50年代朱琏“新针灸学”的浮沉 …… 张树剑(117)
以韩中日的医案分析17—18世纪时的韩国伤寒医学 …… [韩国]吴在根(126)
晚清中国的药物学术变迁中的日本因素 …… 芦　笛(141)
渗透与同化:抗战时期日本在沦陷区的卫生防疫研究 …… 石　嘉　安艺舟(154)

【研究述评】
新世纪的中国社会史研究 …… 常建华(168)
生计、生命与生态:中国社会史研究的新进展 …… 李平亮　晏雪平(226)

【书评】
赋役制度的变迁与市镇研究:《嘉定县事——14 至 20 世纪初江南地域社会史研究》述评 …… 许存健(238)

编后语 …… (244)
英文摘要 …… (245)

# CONTENTS


【Daily Life and Material Culture】

On General Courtyard and Housing in Qin and Han Dynasties …………………… Liu Zunzhi(1)

Phoenix Coronet: Center on the Period of T'ang and Five Dynasties ……… Li Zhisheng(17)

Study on the Tombs in Hebei Area of Song Dynasty and Some Problems Related to These Tombs …………………………………………………………………………………… Geng Chao(42)

The Friendship Network of the Candidates Participating in the Imperial Exam in the Middle and Late Period of the Northern Song Dynasty— A Study of Qin Guan's Experience of Taking the Exam Should Be Centered ………………………………………… Sun Ji(51)

【Law and Social】

Southern China's Law Order and Local Society in Yuan Dynasty——Centered on the Lake Land Dispute ……………………………………………………………………… Zheng Peng(60)

The Wrestle between the Customs and the National Laws: With the Case of Inheritance of Property between Long Yingjiang and Yang Cuitao as an Example …………………… Xie Kaijian(75)

【Society in the Republic of China】

The Luxury Fashion and the Cause of the Funeral Customs in the Period of the Republic of China——Take the "Big Funeral" as the core of the discussion ……… Feng Zhiyang(87)

Study on the Comparasion of Health Experimental Districts between Ding county and Zouping county in the Republic of China Times ……………………… Cui Junfeng Wu Xiaoli(104)

【Medical、Hygiene and Social】

Debate on New or Old: the Up - down Going of Ms. Zhu - Lian and New Acupuncture in 1950's ………………………………………………………………………… Zhang Shujian(117)

The Cold Damage Medicine in 17th and 18th Century Korea: Comparison through the Medical Records of China, Japan, and Korea ………………………… [Korea]OH Chaekun(126)

Japanese Factors in the Transformation of the Scholarship of Medicines in the Late Qing Period ……………………………………………………………………………… Lu Di(141)

Penetration and Assimilation: The research of Japanese sanitary and antiepidemic in occupied regions during the Anti – Japanese War ······························ Shi Jia An Yizhou(154)

【Research Review】

A Study of Chinese Social History in the New Century ····················· Chang Jianhua(168)

Living, Life and Ecology: Latest Advancement of the study on Chinese Social History ································································ Li Pingliang Yan Xueping(226)

【Book Review】

The Changes of Taxtion and Corvee System and The Studies on Market Towns—A Review of "Jiading County: A Study on Local Society of Jiangnan Region from 14th to Early 20th Century" ······························································· Xu Cunjian(238)

From the Editor ······························································· (244)

Summary of Articles ························································· (245)

【日常生活与物质文化】

# 略论秦汉时期的一般庭院与房屋*

刘尊志

【摘　要】秦汉时期，社会各阶层对于居住的要求不断提高，一般庭院、房屋及相关设施在继承前代的基础上有了较大发展。庭院布局讲究、户内外设施丰富，一般房屋形式多样、功能不一，既考虑到生活所需，又体现出实用与美观的结合，展现出较强的时代特征与因地制宜的特点，并在一定程度上折射出秦汉尤其是汉文化多元一体的基本特征。

【关键词】秦汉时期；庭院布局；一般房屋；居住设施

秦汉时期，随着社会生产力的不断进步，建筑材料日益丰富，建筑技术得到较大提高，这在一定程度上促使社会各阶层对于居住的要求越来越高。帝王贵族的居住极为讲究，这可从秦都咸阳、西汉长安、东汉洛阳城及众多汉代诸侯国都城遗址的相关考古发现看出。就一般的庭院布局与房屋建筑来讲，也在继承前代的基础上获得较大发展，形成了自身的时代特色，并对后世有着诸多的影响。关于秦汉时期的庭院与房屋，孙机先生在《汉代物质资料图说》一书做过相关论述①，另外还有《睡虎地秦简〈日书〉所见"室"的结构与战国末期秦的家族类型》②等文。本文拟在已有研究的基础上，结合考古及相关资料，对秦汉时期的一般庭院、房屋及相关问题作浅显论述。不当之处，以求指正。

## 一　庭院布局

从大的方面看，一般庭院的布局包含有庭院内、外的二层空间，庭院外有相关设施，庭院内为主体，有的还包含有农田、山林等第三层空间，汉代的庄园就是该三层空间充分发展的体现。

### （一）户外设施

秦汉时期，一般居住的庭院外都有路，路旁植树，汉画像石中的迎宾图中常见有人恭迎较长的车马队伍，说明该道路较宽、较长。江苏铜山县洪楼祠堂的一幅画像中，1 人骑马引

* 基金项目：本文系教育部人文社会科学重点研究基地重大项目"秦汉魏晋南北朝时期家庭与日常生活的考古学观察"（16JJD770028）的阶段性成果。

① 孙机：《汉代物质资料图说》（增订本），上海：上海古籍出版社，2008 年，第 210—228 页。

② 尹在硕：《睡虎地秦简〈日书〉所见"室"的结构与战国末期秦的家族类型》，《中国史研究》1995 年第 3 期。

带 4 辆轺车从远处驶来,车马队伍前为双阙,有 2 人躬身迎候①;沛县栖山汉墓中椁左侧内壁画像表现得更为明显,右侧有车马队伍和随从,左侧有双阙,有人恭迎,阙后为楼阁②(图 1)。有的在庭院外还有较为宽阔的场地,以便举行相关活动。

较多稍有等级家庭的门外有阙,多为双阙,有的阙旁各植 1 树,双阙之间有执盾、拥慧、持戟等人员,既作守卫,又可迎宾。阙至迟在秦代或稍早阶段已得到使用,汉代则成为社会地位的标志。现存的较多实物阙为墓阙,实际建筑也多用阙,惜多不存,但汉代画像中有较多反映。江苏睢宁锅山东汉墓中间立石刻双阙,单层,较粗壮,装饰精细,有二门吏,一执盾,一拥慧,作迎接状③(图 2)。有的阙较细高,除单层外,还有双层、三层阙等,江苏邳州白山故子东汉 M1 第一石,楼下有大门,门外立高大双阙,上有三重檐④。另有子母阙(1 大 1 小成 1 组,双组 4 阙,铜山县洪楼祠堂的一幅画像即有子母阙⑤)及三出阙(大中小 3 阙成 1 组,双组 6 阙)。使用多层或多出阙者的社会地位可能稍高。

图 1:江苏沛县栖山汉墓中椁左侧内壁画像

图 2:江苏睢宁锅山东汉墓中间立石画像

① 江苏省文物管理委员会、南京博物院:《江苏徐州、铜山五座汉墓清理简报》,《考古》1964 年第 10 期。

② 徐州市博物馆、沛县文化馆:《江苏沛县栖山汉画像石墓清理简报》,《考古学集刊》(第 2 集),北京:中国社会科学出版社,1982 年,第 106—112 页。

③ 仝泽荣、武利华等:《睢宁汉画像石》,济南:山东美术出版社,1998 年,第 16 页。

④ 南京博物院、邳县文化馆:《江苏邳县白山故子两座东汉画像石墓》,《文物》1986 年第 5 期。

⑤ 徐州博物馆:《徐州汉画像石》,南京:江苏美术出版社,1985 年,图第 76。

（二）庭院与庭院内布局

秦汉时期的多数庭院呈闭合式，院墙与房屋等将整个庭院围成合院，河南内黄三杨庄发现的4处汉代建筑遗存中，第1组由院落基础、房基、瓦屋顶、夯土墙等组成①。有相应社会地位或财力的庭院还用廊房围绕，其他设施多样，反映出中小地主、官吏和豪强的政治、经济地位。

院墙多以土夯筑而成，为保护墙体，墙顶覆瓦，有的为两面坡状。普通百姓或较穷苦者则以篱笆代替夯土墙，更甚者则十分简陋，结草为庐，可能无院墙。很多家庭还会在墙外植树。门多位于南侧院墙的中部或略偏于一侧，有单开门和双开门两种，门上饰铺首衔环等。有的设有门房，较多的则无门房。四川德阳黄许镇出土画像砖中，一块为甲第画像，前为1大门，双扇，建有门房，有顶，后为廊屋，廊屋内为院（图3）；另一块为廊屋画像，较长，有顶②。等级较高的住宅中，正门中高侧低，侧门为小门，便于日常出入，中门高大便于通车马，附近还有宾客居住的房舍，称为门庑，这在画像石亦多有反映。

图3：四川德阳黄许镇出土甲第画像砖

庭院中建有房屋，包括前堂、后室等，有的还分前后堂，后堂用作宴饮、歌舞及其他活动。有些有侧室、后院及车房、马厩、厨房、仓库及奴仆住所等附属房，并有其他相关设施。内黄三杨庄汉代庭院遗存第二处庭院坐北朝南，由水井、南大门、西门房、东西厢房、主房、厕所以及院落内西侧的池塘等部分组成，同时还在庭院的东、北、西三面发现有垄作农田遗迹，是一处保存完整的两汉之际普通民居遗存③。庭院内除相关建筑外，还要植树，黄许镇甲第画像中庭院内左右各有1棵大树，枝叶繁茂。

据湖北云梦睡虎地秦墓竹简《封诊式·封守》载，秦代一士伍的房屋为"一字二内，各有户，内室皆瓦盖，木大具"。即有堂屋一间，卧室二间，屋上均覆瓦，木构齐备；《封诊式·穴盗》记一被盗者的房屋亦是"一堂二内"，二内中有一正房，正房东有侧室，有门相通④。

① 河南省文物考古研究所、内黄县文物保护管理所：《河南内黄县三杨庄汉代庭院遗址》，《考古》2004年第7期。

② 龚廷万、龚玉、戴嘉陵编著：《巴蜀汉代画像集》，北京：文物出版社，1998年，图第51—54。

③ 河南省文物考古研究所、内黄县文物保护管理所：《河南内黄三杨庄汉代聚落遗址第二处庭院发掘简报》，《华夏考古》2010年第3期。

④ 睡虎地秦墓竹简整理小组编：《睡虎地秦墓竹简》，北京：文物出版社，1987年，第149、160页。

关于西汉时期的房屋,《汉书·晁错传》载:“家有一堂二内,门户之闭,置器物焉。”颜师古注引张晏曰:“二内,二房也。”由上可知,秦与西汉时期庭院内的居所布局是一脉相承的,基本前为堂,后为室,堂侧有一间屋,形成一堂二内,或为一字形,或呈曲尺形,另外还有其他形状,如长方形、方形、梅花形等多种,并不统一,这在汉墓出土的较多居住模型及汉代画像中均有反映。需作说明的是,由于居住着身份地位的差异,庭院内房屋布局并不相同,贫者可能仅有1屋,不见庭院,富者或地位较高者则楼阁成片,设施齐全。

单层房屋的合院较多。河南陕县刘家渠东汉墓M8出土陶院落为三合式住宅,主体包括前房、正房与厨房,平面长方形,前后两进平房,大门在前房右侧,穿房而过,中为小院,院后为正房,为一堂一室,院左侧为矮墙,右侧为一面坡顶的侧屋,为厨房①。沂南画像石墓中室南壁横额西端画像中所刻建筑则为三进,呈“日”字形,由前后两个院落、三排房子等组成,每排房屋为5间,大门开于前端正中,前院有井,前后院之间有门相通,后院置放案几和器物,后屋中立楹柱,苑囿一侧为厕所,两侧各有6间廊房,整体建筑沿前、中、后三门呈中轴对称,一侧廊房两端有对称的2小型望楼,望楼之间有2株树木,该墓前室东部上横额还刻有曲尺形建筑②。岭南地区较为流行的是曲尺形院落和三合体凹字形院落,由前堂、后室、后院、围墙等组成,有的还有廊屋或走廊等,前堂作横长方形,后室位于背面,多为厕所及畜舍,有矮墙相连。

有些庭院内有楼阁,为楼房院落。徐州十里铺东汉墓出土陶楼为长方形院落,墙顶有小檐,前开一门,楼为主体建筑,占据院落空间的大部③(图4)。四川成都扬子山出土的1块画像砖上有一方形宅院,四周墙垣围绕,门开于墙的一侧,是东汉时期一个较完整的豪强大族庭院图像,分左右两院,均为两进,以长廊相隔,其内楼舍齐备,井厨具全,右院前为厨房,有炉、灶、井栏,后矗立一座高望楼,楼下一犬,院内还有持帚的仆役等;左院前为大门,有斗鸡一对,二进为正厅,有二人在堂上饮酒,堂下双鹤起舞④。陕西勉县老道寺东汉M1出土四合院模型,为楼院,由十九个单体建筑组合成具有宅门、院墙、左厢、右厢、正楼为单元的主体四合院和偏门、佣人房、家畜与家禽圈为单元的偏院等一整套四合院,结构较为复杂⑤(图5)。郑州南关西汉晚期的M159出土空心砖中有1幅住宅画像,住宅分前后院,前院临大道,建门阙,院内有花木;后院另辟门,院内盛植花木,为居住部分;该墓出土的陶屋由门房、仓房、阙、正房、厨房、厕所和猪圈等六个部分组成一所四合院式的住宅,陶狗置于四合院的中央,头向门外,作昂首伏卧状⑥。江苏铜山利国汉墓西侧室西壁及东侧室东壁画像中的四合院建筑群十分标准,后有正厅,轴线左右对称建有配房,主要殿宇摆在纵轴线上,次要配房在横轴线上,前有门庭,中间为道,两侧设庑⑦。铜山县茅村东汉墓出土一幅规

① 黄河水库考古工作队:《河南陕县刘家渠汉墓》,《考古学报》1965年第1期。

② 南京博物院、山东省文物管理处:《沂南古画像石墓发掘报告》,文化部文物管理局出版,1956年,拓片第7幅,图版28拓片第5、图版49拓片36、103。

③ 江苏省文物管理委员会、南京博物院:《江苏徐州十里铺汉画像石墓》,《考古》1966年第2期。

④ 于豪亮:《记成都杨子山一号墓》,《文物参考资料》1955年第9期。

⑤ 郭清华:《陕西勉县老道寺汉墓》,《考古》1985年第5期。

⑥ 河南省文化局文物工作队:《郑州南关159号汉墓的发掘》,《文物》1960年第8期。

⑦ 徐州博物馆:《江苏徐州市清理五座汉画像石墓》,《考古》1996年第3期。

模较大的庭院画像，右侧为门阙，阙下卫士持戈肃立，自右向左，楼宇栉比，有谒见室，宴客室，庖厨室，饲养牲口室及其他住房，排列有序①（图6）。

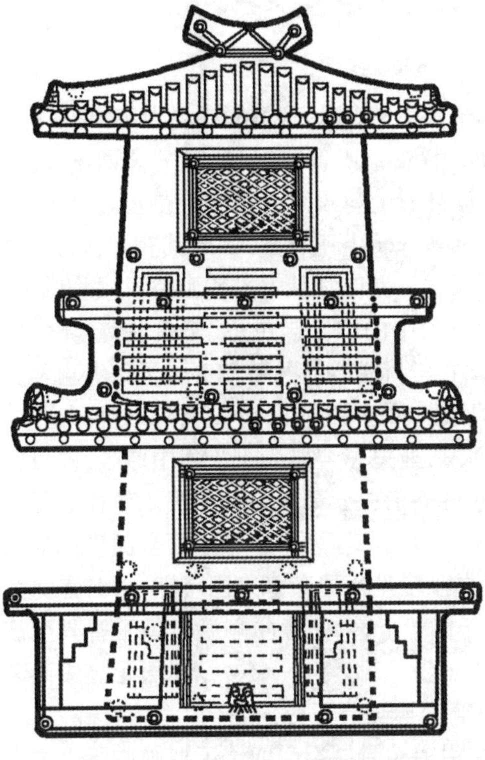

图4：徐州十里铺东汉墓出土陶楼

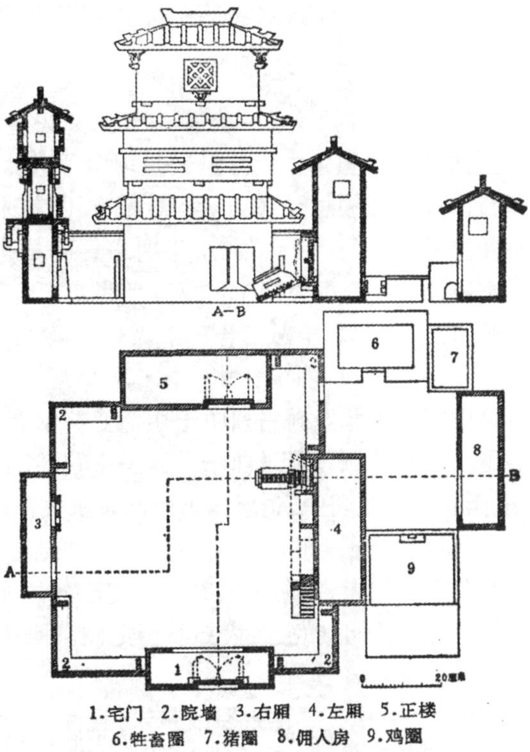


图5：陕西勉县老道寺东汉M1出土四合院模型

图6：铜山县茅村汉墓中室南壁画像

庭院内的相关设施也较为多样，如上文提及的仓房、厨房、厕所、饲养牲口室等外，还有浴室、武库或兵器存放之所、车库等，而饲养牲口的室既有厩、圈，也有鸡笼、宠物饲养设施等等。下文仅择几例作简要说明。

1. 厨 房

位于庭院一隅，旁有水井，这在汉代庖厨画像中反映的较为明确。江苏睢宁县张圩出土的庖厨宴饮图，左侧为厨房，有多人忙碌做饭，右侧有一水井，一人正通过辘轳从中汲水②

① 王献唐：《徐州市区的茅村汉墓群》，《文物参考资料》1953年第1期；徐州博物馆：《徐州汉画像石》，图第62。

② 仝泽荣、武利华等：《睢宁汉画像石》，第78页。

（图7）。铜山县檀山集出土的建筑图，画面中心为多层斗拱结构的建筑，两边有梯可登，下面为厨房、水井等①。

图7：睢宁县张圩出土庖厨宴饮图

2. 厕 所

多位于院内一角，一般是圈、厕所相连。辽宁辽阳三道壕西汉村落遗址发现的猪圈即与厕所相联②，这一做法至今在很多地区还有沿用。徐州地区使用圈厕模型陪葬的时代较

① 徐州博物馆：《徐州汉画像石》，图第179。

② 东北博物馆：《辽阳三道壕西汉村落遗址》，《考古学报》1957年第1期。

早，亦较多样，西汉早期偏晚阶段的圈厕，厕所位于一角，相对封闭，门向外开，有孔与圈内相连，从西汉晚期开始，厕开始升高，东汉时多需拾级而上，与圈有着明显的高差①。其他地区也各有特点，洛阳金谷园汉墓出土的圈厕模型中间以矮墙分为二间，一半为厕所，一半为猪圈②。一些东汉画像石墓内也有厕所，如徐州贾汪芦山 M1，小厕间位于东耳室北侧③，这说明，在一些居室旁侧可能会建有小型厕所。甘肃敦煌马圈湾汉代烽燧遗址内一堡的南墙外东侧为厕所，以苇编矮篱墙围成，东南角用土砌方坑④。

3. 浴 室

一些家庭还设有专门的浴室，位于居室附近，相对独立。浴池一般为方形，上宽下窄，徐州地区的楚王墓中多有发现⑤。中小型墓葬虽暂未发现，但在庄园或豪强大户的住宅中，应建有此类设施。

4. 武库或兵器存放之所

汉代，较多的豪强地主拥有私人武装，有防护的硐楼和望楼，同时也要有相应的兵器。相关兵器可能与他物共存，也有的设有专门武库，并有置放武器的器架。徐州贾汪白集东汉墓中室西壁下格刻有兵器架，戟、矛等列于架上⑥。贾汪北部亦出土有类似画像，被称为兰锜图，画面主体为武库，悬挂有囊、铠甲、行军壶、弩，兰锜上依次置有环首刀、剑、矛、铍、铩、戈、戟、盾牌等各种兵器⑦。沂南画像石墓后室靠南壁承过梁隔墙西面画像中，上格刻一个武库，有 3 个大小不同的武器架，架上均有兵器，种类不一，下格亦有一兵器架，插有长矛，另有相关仆役⑧。马王堆 M3 北椁箱有兵器架，出土时其上置剑，伴出有戈、矛等兵器，兵器架为木质方形板，下有木架，板两面均漆绘，正面有三个弯形木钩，上排一个居中，中下排各二，出土时中排钩上置带鞘剑一柄，木板下用一八方形大柱支住，用套榫平合，木柱上扁下圆，雕有球形装饰，柱髹红色漆，柱插入一方形座中，座上部收杀，四面漆绘黑地红、黄色云气纹⑨。

---

① 刘尊志：《徐州汉墓与汉代社会研究》，北京：科学出版社，2011 年，第 99—100 页。

② 洛阳市文物工作队：《洛阳金谷园车站 11 号汉墓发掘简报》，《文物》1983 年第 4 期。

③ 孟强、耿建军：《徐州市贾汪芦山汉墓群》，中国考古学会编：《中国考古学年鉴・2002 年》，北京：文物出版社，2003 年，第 194—195 页。

④ 甘肃省博物馆、敦煌县文化馆：《敦煌马圈湾汉代烽燧遗址发掘简报》，《文物》1981 年第 10 期。

⑤ 刘尊志：《徐州两汉诸侯王墓研究》，《考古学报》2011 年第 1 期。

⑥ 南京博物院：《徐州青山泉白集东汉画像石墓》，《考古》1981 年第 2 期。

⑦ 杨孝军：《徐州新征集的汉画像石研究》，《东南文化》2009 年第 4 期。东汉张衡在其《西京赋》中有“武库禁兵，设在兰锜”的记载，故汉代置放兵器的架子可称为“兰锜”。

⑧ 南京博物院、山东省文物管理处：《沂南古画像石墓发掘报告》，第 29 页，图版 80。

⑨ 湖南省博物馆、湖南省文物考古研究所：《长沙马王堆二、三号汉墓》，北京：文物出版社，2004 年，第 208—209、211—212 页。

图 8:徐州贾汪北部出土兰锜图

5. 饲养宠物设施

汉代有些人饲养宠物,徐州地区较多中小型汉墓如拖龙山 M4①、奎山 M11② 等内发现的小狗,均是宠物,它们的饲养需要有相应的场所。

6. 车 库

车库在汉代帝王陵墓中多有设置,已发现、发掘的较多西汉诸侯王使用的横穴崖洞墓中即设有专门的车库或车马室。类似的设置在中小型墓葬中也有发现,河南南阳新莽时期的郁平大尹冯君孺人墓的南耳室门柱上题刻"车库"二字③,是现实车库的写照。密县打虎亭 M1 的南耳室西壁画像中有马厩,马厩内侧置有多辆车,因此该图可能是马厩与车库的综合画像(图 9),而该室北壁画像中还表现出存放车马用具储藏室的内容④。

图 9:密县打虎亭 M1 南耳室西壁画像

① 徐州博物馆:《徐州拖龙山五座西汉墓的发掘》,《考古学报》2010 年第 1 期。

② 徐州博物馆:《江苏徐州市奎山四座西汉墓葬》,《考古》2012 年第 2 期。

③ 南阳地区文物队等:《唐河汉郁平大尹冯君孺人画像石墓》,《考古学报》1980 年第 2 期。

④ 河南省文物研究所:《密县打虎亭汉墓》,北京:文物出版社,1993 年,第 99、102—103、107、113 页。

(三)庄园

西汉晚期,地方豪强地主实力得到加强,东汉时期,朝廷对大土地所有制有较大扶植,地方豪强地主势力日渐得到巩固和加强,呈现出全面发展的态势。在这一发展趋势下,地主庄园得到发展,《后汉书・仲长统传》引《昌言上・理乱篇》所载:"豪人之室,连栋数百,膏田满野",正是对汉代庄园的描述。两汉之交,综合住宅、园林、田地等于一体的庄园兴起,它以农业为主,兼有畜牧养殖、桑麻纺织、果蔬渔猎、酿酒煮盐、百工技艺等多项内容,并有大量的徒附与部曲,闭门成市,自给自足。庄园的住宅区多在园林、池塘、田地等的环绕之中或彼此相连,并有望楼、碉楼、武库等不可或缺的建筑,形成相对独立的领地。

河南省淮阳于庄汉墓出土西汉陶庄园由田园和宅第两部分组成,宅第为三进院落,布有悬山顶、四阿顶建筑,高低参差,错落有致,宅旁连以水旱农田、水井、沟洫等[①]。

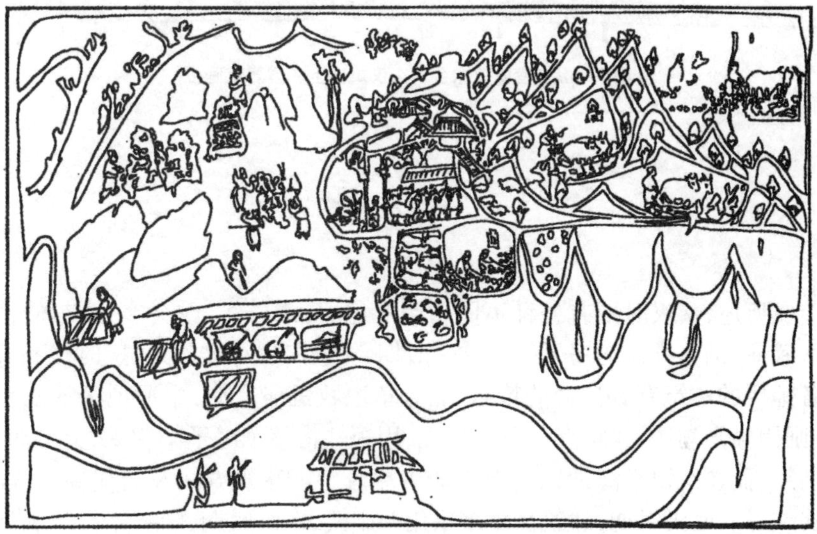

图 10:内蒙古和林格尔壁画墓庄园壁画摹本

江苏邳州燕子埠缪宇墓前室西壁画像中,右为楼宇人物,其后有数人出楼宇准备去狩猎,并有很多人正在狩猎,狩猎之地,山峦起伏,林木密集,动物众多,当为楼宇主人庄园的组成部分之一[②]。内蒙古和林格尔东汉墓的后室南壁壁画中表现得庄园不仅规模大,而且内容丰富[③]。庄园北部有山峦,山间只有果树,坡地有农夫耕田,附近还有谷堆及络绎于途的运粮牛车;中部有较多房舍、马厩及牛、羊圈,牛圈旁有一片围出的菜地,2 人在田畦中锄草,厩圈、菜田及附近屋宇的四周皆有墙,墙外空地上有成群的鸡、猪等动物,围墙以西,为庄园的桑林,桑树下有持物采桑的妇女,桑林之北有妇女在操作蚕架,桑林之南 3 个沤麻的方池,池东有车库,内有数辆大车,车库南水渠纵横,面积较大(图 10)。河北安平逯家庄东汉壁画墓表现了地主庄园的一部分,其中栋宇林立、院落毗连,墙垣环绕,并有高耸的望楼

① 周口地区文化局文物科、淮阳太昊陵文物保管所:《淮阳于庄汉墓发掘简报》,《中原文物》1983 年第 1 期。

② 南京博物院、邳县文化馆:《东汉彭城相缪宇墓》,《文物》1984 年第 8 期。

③ 内蒙古自治区博物馆文物工作队:《和林格尔汉墓壁画》,北京:文物出版社,1978 年,第 20 页。

和森严的戒备[1]。河南密县打虎亭东汉 M1 及山东诸城前凉台村东汉墓[2]等出土画像中,反映住宅区的场面较大,打虎亭 M1 画像有酿造、收租等,前凉台村东汉墓画像中有谒见、庖厨、宴饮、讲学、拷打等内容,且场面较大,反映的均应是地主庄园的一部分,而前凉台村东汉墓画像中还有庄园的局部画像(图 11)。

图 11:山东诸城前凉台村东汉墓出土庄园局部画像

## 二 一般房屋概况

根据上文所述,秦汉时期有各种不同功用的房屋,或居住,或会客,或存储,还有厨房、仓房、厕所、武库、饲养牲口的房子等。这一时期,一般房屋存在着地域、时代和等级等方面的差别。各地区的建筑有着自身的特点,北方草原牧民居穹庐,中原地区的农舍多为草屋泥舍,南方则因气候潮湿,建筑多采取干栏式,用短柱将整个房子架起来,上层居人,下层饲养家畜或他用,而在江河沿海地区还有以船为屋者。因建筑方式及居住要求等的不同,房屋又有时代差异。西汉时期,建筑高楼多采用井干式,东汉时期,随着木结构和施工技术的提高,高台建筑减少,木构楼阁增多,一般平地起楼,斗拱使用普遍,这些均促使楼的种类增多,形制也趋于多样。等级差别则较为明显,官吏、地主等的居住是高楼连阁,一般平民则为泥舍草房。一般房屋多数采用版筑,架构基本为木架结构,有斗拱支撑,承重墙以土夯筑,房顶多采用悬山式、囤顶、四面坡顶等,从模型明器看,还可能存在有庑殿顶、攒尖顶等,一些非居住建筑还有两面坡顶存在。

一般房屋有单层、双层或多层之分。单层最为常见,两层及以上者则多为楼房,但有的干栏式房屋也为两层。单层房屋一般独立,有的虽然相连亦相对独立,这与房屋的功能及作用的不同有关。楼房中部分为多功能,部分则专门用于居住。房屋中单间较为常见,也有双间、三间或更多间数者,单层房屋表现明显,楼房每层则以单间居多。

陶屋模型出土较多,北部内蒙古及南方的两广地区等均有出土,另有石屋等。内蒙古张龙圪旦 M1 出土陶屋为单层单间,正面红彩绘门及边框;包头召湾 M91 出土石屋亦为单

① 河北省文物研究所:《安平东汉壁画墓发掘简报》,《文物春秋》1989 年 Z1 期。

② 任日新:《山东诸城汉墓画像石》,《文物》1981 年第 10 期。

层单间,四阿式顶,脊部饰青龙、白虎、莲花瓦当等,屋基座呈台阶状[①]。广西合浦风门岭M24出土釉陶屋为单层,分正屋、侧屋,另有一小后院;M28出土陶屋为上下两层的干栏式建筑,上为人居,下为畜圈,后有走廊[②]。番禺汉墓中有陶屋14件,基本为单层,建筑设施较多,装饰丰富,并配有人物、动物俑等,2件为单体长方形,整体结构为1幢房屋,屋前或屋后有一院落和围栏;6件为双合体曲尺形,2件为三合体凹字形,另4件较残[③](图12)。1981年出版的《广州汉墓》一书,按时代介绍了出土的陶屋。西汉中晚期墓葬出土的多为干栏式陶屋,基本为2层,上为人居,下为畜圈。上层平面为横长方形,屋内一侧为厕所,门前设楼梯以供上下;下层近方形,主屋架筑在前,后半围墙高起,有圈栏,无地板。东汉前期墓葬出土陶屋中,干栏式陶屋基本为2层,下层多为饲养牲口的圈栏,上层前为正堂,后为厕所。M4005:47,厕所大,长方形;M4015:4,厕所小,位于一隅,其余部位有墙围成的后院。东汉后期的陶屋中,M5008:2,曲尺式,正屋高敞,为横堂式,后有1廊屋,二者的一侧有鸡舍和厕所;M5007:6,为楼阁式,分前后两排,中间为进深极小的天井,前排是较高的单层建筑,后为主体建筑,作上下两层,中为一长方形两层主楼,周围有回廊相绕,窗户为透窗式,较少见,楼的下层有鸡、猪和簸米陶俑;M5070:1,采用均衡对称的一堂二室布局,前为堂屋,后有矮墙相连成的后院,有走廊,后为2廊屋,单层能为畜舍,双层能为厕所[④]。

图12:广州番禺汉墓出土陶屋

陶楼也有较多出土。河南灵宝出土陶楼与干栏式房屋相似,但下层无禽畜圈,四川新津等地出土的东汉陶楼也大致如此。湖北云梦癞痢墩M1出土陶楼的主楼分两层,上层有并列4室,下层有并列3室,均作起居作用,配室如炊间、厕所、望楼、猪圈等设在主楼后。整体设计结构严谨,布局合理,高低错落有致[⑤](图13)。徐州地区仅东汉墓葬出土有陶楼,

① 魏坚编著:《内蒙古中南部汉代墓葬》,北京:中国大百科全书出版社,1998年,第270—271、263页。

② 广西壮族自治区文物工作队、合浦县博物馆:《合浦风门岭汉墓——2003—2005年发掘报告》,北京:科学出版社,2006年,第91、94、110、111页。

③ 广州市文物考古研究所、广州市番禺区文管会办公室:《番禺汉墓》,北京:科学出版社,2006年,第292—296页。

④ 广州市文物管理委员会、广州市博物馆:《广州汉墓》,北京:文物出版社,1981年,第226—227、282—284、420—423页。

⑤ 云梦县博物馆:《湖北云梦癞痢墩一号墓清理简报》,《考古》1984年第7期。

基本为长方形院落，墙顶多有小檐，前开一门，楼为主体建筑，多为两层，少量多层，门窗齐备，部分还带有装饰①。

图 13：湖北云梦癞痢墩 M1 出土陶楼

河南灵宝 M5：48，庑殿重檐三层楼阁，修有腰檐，无平座，底层面阔两间，左侧一门洞开，其上为四阿式腰檐，第二层上为四阿式腰檐，第三层有五扇镂孔菱形格子窗，再上是四阿式顶，下层门前有一廊，根据楼内伴出的乐舞俑，推测该楼可能为具有娱乐性质的建筑②。辽宁旅大市出土三层彩绘陶楼，第二层底部刻有“高楼”二字③。有的陶楼在腰檐上置平座，平座上施勾栏，可满足凭栏眺望的功能，而各层腰檐与平座搭配方式多样，使得外观富于变化。河南淮阳出土陶楼，为三层四阿式方形楼阁，第一层后为仓楼，楼门前有“八”字形梯道，上立守门俑，下有负袋俑，二、三层楼均在腰檐上立柱承托平座、平座中放置卧榻，四角采用裸体人柱，楼顶正脊中央卧一只口衔彩带的鸟。楼形体细高，结构精巧，外观极为

① 刘尊志：《徐州汉墓与汉代社会研究》，第 230 页。

② 河南省博物馆：《灵宝张湾汉墓》，《文物》1975 年第 11 期。

③ 于临祥、王珍仁：《大连市出土彩绘陶楼》，《文物》1982 年第 1 期。

精美[①](图14)。河北望都M2出土陶楼3件,均为3层,方形2件,上中两层均有平座栏杆围绕,平座栏杆与顶檐下均有一斗五升的斗拱承托,下层正面有独门扇;长方形1件,斗拱为一斗二升[②]。

图14:河南淮阳出土陶楼

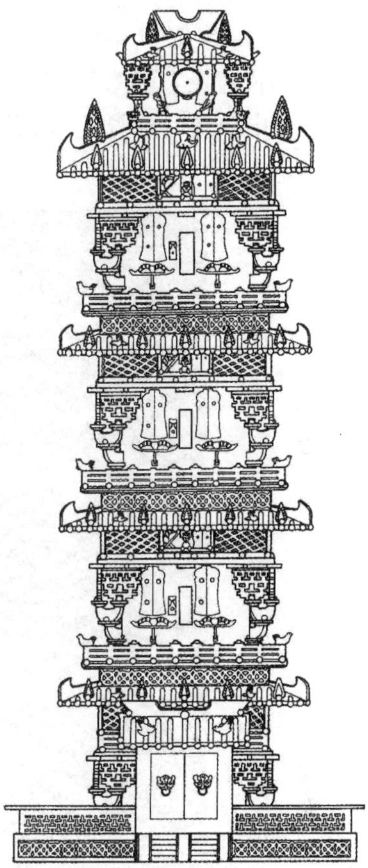

图15:河北阜城桑庄M1出土陶楼

望楼具有一定的军事性质,楼内亦供人居住,与居住有着密切的关系。广州汉墓4028:18,平面曲尺形,正中有一座近方形分上、下两层的主楼,楼下正面辟门,上层同大,四阿盖顶,楼板右边留出1/3的地方作梯口,以通上下。前窗处有一陶俑,一手持盾,凭倚窗前,正在守望戒备,另有一俑倚伏在盖顶上。楼外绕以"凹"字形回廊,后面的右边是院落,有门与回廊相连,左边有1小房,可能为厕所。该楼当属瞭望台之类的防御性建筑[③]。河北阜城桑庄M1出土1座较高的陶楼,外部以腰檐平座分割成5层,另有4个夹层,计9层。每层均置有盾、弩等武备,顶层还有一较大的圆形响器,两旁有人守护。应为望楼,亦或可称为

① 孔俊岭、王学敏、牛爱红:《淮阳汉代绿釉人柱陶楼》,《中原文物》2012年第6期。

② 河北省文化局文物工作队:《望都二号汉墓》,北京:文物出版社,1959年,第8页。

③ 广州市文物管理委员会、广州市博物馆:《广州汉墓》,第338页。

碉楼[①](图 15)。甘肃武威擂台汉墓出土陶碉楼的周围四角各筑建有 2 层,以阁道互相连接的角楼,防御功能较为明显[②]。

水亭与水上楼阁模型也有出土。西安新筑镇三里西村汉墓出土绿釉陶水亭,位于圆形水池之中,环绕池周塑有人物、马、鹅等。亭为两层,下层置梯,上层平座栏杆之内,四阿顶,脊端与檐负均饰禽鸟,而其平座四隅皆有张弩控弦的武士,亦表明其高层有一定的军事或防御功能[③]。河南省灵宝张湾 M2、M3 各出土 1 件陶水上楼阁,方盘式水池,M2:4,四角攒尖顶的亭,平坐中矗立单檐楼阁,楼阁四角立柱;M3:24,下为方形盘形池塘,池中央矗立三层方形望楼[④]。

图 16:西安新筑镇三里西村汉墓出土绿釉陶水亭

汉代画像中建筑图案较多,徐州出土汉代画像中,单间单层房屋较多,其内多为主人与客人会谈、宴饮或对弈,结合其他画像内容,推测其应为前堂,另有一些其他功用的单间单层房屋;楼房也有一定数量,各层功用不一,另有一些其他类型的房屋。十里铺汉墓出土的一块画像中,房屋为单层单间,有多层斗拱;另一画像中,前为双阙,后为一单层单间屋,内有二人对坐饮酒[⑤],更证明该屋应为前堂。总的来看,徐州汉代画像中的前堂均较为宽敞,而且多有布幔等装饰,铜山县茅村汉墓出土的一块画像中,前堂画像前端为二男性宴饮对

① 河北省文物研究所:《河北阜城桑庄东汉墓发掘报告》,《文物》1990 年第 1 期。

② 甘肃省博物馆:《武威擂台汉墓》,《考古学报》1974 年第 2 期。

③ 中国国家博物馆:《文物秦汉史》,北京:中华书局,2009 年,第 198—199 页。

④ 河南省博物馆:《灵宝张湾汉墓》,《文物》1975 年第 11 期。

⑤ 江苏省文物管理委员会、南京博物院:《江苏徐州十里铺汉画像石墓》,《考古》1966 年第 2 期。

弈,后有三女性,二人在会谈,两组人物有较大间隔且有远近之分①,可见前堂的宽敞程度。一些单层单间房亦作他用,铜山县洪楼出土祠堂画像中,一块中左侧为饮酒会谈,右侧一屋稍小,内有女性会谈;另一块画像中,左侧屋中有女性正在纺织,右侧屋中有一些男性观赏乐舞②。楼房也较多见,睢宁县散存的一块画像石上,中间为 1 门楼,2 层,门楼两侧排列房屋数间,均单层单间③。利国画像石墓的另一画像的主体为对称式楼房,2 层,上下各 3 间,上层 3 间中,中部 1 间略高,下部 3 间大小和高度皆较一致,两侧为马,中间为驭马者④。邳州白山故子东汉 M1 第一石,刻楼房一座,楼下有大门,建筑富丽,立柱皆饰斗拱,较为壮观⑤。铜山县檀山集散存画像石所刻楼房奇特,为 2 层,上部为 1 单间房,两侧有斜向内的楼梯,梯上搭有小亭,下部正中为 1 大斗拱,支撑上部房屋,斗拱两侧与楼梯处各有 1 组庖厨和乐舞者⑥。贾汪白集出土的 1 块画像石刻双层楼阁,下宽大,上窄小,另一画像中刻多层多组楼阁,与前一画像相似⑦。睢宁墓山汉墓出土的一画像中,前堂为单层单间,周边有围栏,其后有一略高单层单间房与之相连,内有乐者,前堂左侧有一较小的房子,可能为厕所,3 间房屋后为一栋两层楼房,下宽敞,上层面积小,有 2 人坐于其中,另有 1 人坐于门外,该组建筑应为多组合的房屋⑧(图 17)。沛县栖山汉墓出土西汉晚期画像中还见有干栏式建筑,其中一幅画像中,上部内坐 1 人,下部为干栏,内有 1 禽,干栏一侧有梯;另一画像中,上部内有 2 人饮酒对弈,下部为干栏,内有 3 人,并有 1 梯可至上部房屋⑨。山东微山县出土画像石中的一些建筑与徐州汉画像石中的部分建筑相似,如前堂、楼房及相关房屋等⑩。一些房屋的功用在徐州汉画像中少见,如两城乡出土的一块画像石中,右侧为一两层楼,上下各有 1 人,右侧为单层单间房屋,内置 1 车可能为专门放车的房子。两城乡还出土有三重檐小型城楼画像和瞭望楼画像,其中三重檐的建筑在汉画像中少见,瞭望楼中部有高且突出的楼阁。该处出土建筑画像中,还有一定数量建在水上的房屋画像,该类房屋为水榭,主体建筑高出水面很多,一侧有斜向带栏杆的楼梯由地面通向主体楼阁,主体楼阁下有多层斗拱支撑,最下层斗拱伸入水中。主体楼阁内有主人或主人与宾客,楼梯上有较多人员凭栏观望,水上有行船和捕鱼者(图 18)。水榭建在水上,环境优美,同时也体现出当时的建筑技术和艺术风格。

---

① 王献唐:《徐州市区的茅村汉墓群》,《文物参考资料》1953 年第 1 期。
② 徐州博物馆:《徐州汉画像石》,图第 76、77。
③ 徐州博物馆:《徐州汉画像石》,图第 248。
④ 江苏省文物管理委员会、南京博物院:《江苏徐州、铜山五座汉墓清理简报》,《考古》1964 年第 10 期。
⑤ 南京博物院、邳县文化馆:《江苏邳县白山故子两座东汉画像石墓》,《文物》1986 年第 5 期。
⑥ 徐州博物馆:《徐州汉画像石》,图第 179。
⑦ 南京博物院:《徐州青山泉白集东汉画像石墓》,《考古》1981 年第 2 期。
⑧ 仝泽荣:《江苏睢宁墓山汉画像石墓》,《文物》1997 年第 9 期。
⑨ 徐州市博物馆、沛县文化馆:《江苏沛县栖山汉画像石墓清理简报》,《考古学集刊》(第 2 集),第 106—112 页。
⑩ 马汉国:《微山汉画像石选集》,北京:文物出版社,2003 年,第 90—93、180—181、186—187、210—211 页。

图 17:江苏睢宁墓山 M1 第三石建筑画像

图 18:山东微山两城乡出土水榭画像

综上所述,秦汉时期一般庭院与房屋的内容较为丰富多样,既考虑到生活所需,又体现出实用与美观的结合,同时还反映了等级的差异。很多内容在继承前代的基础上取得了新的突破,展现出较强的时代特征,而这一时期的一般庭院与房屋又体现出因地制宜的特点,反映出相应的地域特征。就秦汉时期一般庭院布局与房屋建造来讲,又与这一时期的其他物质生活内容紧密结合,综合反映出社会的发展,而其虽有诸多的差异性存在,但总体的特征又有较强的统一性,在一定程度上折射出秦汉尤其是汉代文化多元一体的基本特征。

**作者简介:**刘尊志,南开大学历史学院考古学与博物馆学系教授。

# 唐五代时期的凤冠

## ——基于物质文化史和形象史学的考察

李志生

【摘　要】本文的第一部分，探讨了“冠”的定义和凤冠在中国历史上的初现。第二部分讨论的是唐宋后妃的礼服头饰与等级，唐时，凤冠并未进入后妃、命妇的礼服之制；宋时，凤冠上凤与龙搭配与否，标志着后与妃及其他命妇的等级差别。第三部分分析的是唐五代时期敦煌壁画所见的两种凤冠形制，第一类实是冠状造型的首饰，第二类是华贵的花钗凤冠配翟衣礼服或钿衣礼服。第四部分探讨了唐五代时期凤冠流行的原因，它与唐代统治者（特别是武则天、唐玄宗）对道教的推动有直接关系，而上清派女冠的“飞云凤气之冠”，或是唐时凤冠流行的源头。第五部分是基于日常生活史理论，而对唐五代凤冠流行于妇女日常生活影响的分析。第六部分是对本文运用的方法和材料的审视，本文运用了物质文化史和形象史学等理论。

【关键词】唐五代时期；凤冠；敦煌壁画；道教法服；日常生活史；形象史学

在一般人的认识中，凤冠霞帔是旧时女子出嫁时的至荣装束，但关于凤冠的形制、演变等，从目前的研究看，尚有较大的探讨空间①。

## 一　“冠”的定义与凤冠的初现

何为冠？按《说文解字》，冠，“絭也，所以絭发，弁冕之总名也”②；再按《释名·释首

① 就目前的研究而言，在中国古代服饰史专著中，对凤冠的论述均较疏略，如周锡保：《中国古代服饰史》，北京：中国戏剧出版社，1984 年，第 288 页；黄能馥、陈娟娟：《中国服饰史》，上海：上海人民出版社，2004 年，第 187 页、313 页；周汛、高春明：《中国历代妇女妆饰》，上海：学林出版社、香港：三联书店（香港）有限公司联合出版，1997 年，第 92 页。对凤冠的具体研究，则以关注明清时期为多，如董进：《图说明代宫廷服饰（七）——皇后礼服》，载《紫禁城》2012 年第 4 期，第 116—117 页；徐文跃：《明代的凤冠到底什么样？》，载《紫禁城》2013 年第 2 期，第 62—85 页；朱曼：《论明代凤冠霞帔的定制与婚俗文化影响力》，载《美术教育研究》2013 年第 9 期，第 44—45 页；苏士珍：《明代凤冠装饰特点及其对现代首饰设计的启示》，中国地质大学（北京）硕士学位论文，2014 年。对凤冠在历史上的发展演变，学界研究鲜少且分析简单，如罗微：《人类学视野的古代汉族凤冠符号象征意义》，载《青海民族研究》第 17 卷第 1 期，2006 年 1 月，第 3—4 页；李小虎：《〈明史·舆服志〉中的服饰制度研究》，天津师范大学硕士学位论文，2009 年，第 15 页；袁恩培、张璐：《定陵凤冠装饰艺术探究》，载《大舞台》2015 年第 7 期，第 226 页。关于唐五代时期凤冠的形制及发展演变的原因，以笔者所见，目前尚无专文探讨。

② 许慎：《说文解字》七下，北京：中华书局，1963 年，第 156 页下。

饰》，“冠，贯也，所以贯韬发也”①。所谓“韬发”，按《仪礼·士冠礼》郑注释“纚”：“一幅长六尺，足以韬发而结之矣”②；《急就篇》颜师古释“帻”：“韬发之巾，所以整嫧发也，常在冠下，或但单著之。”另，颜师古同注释“冠”：“冠者，冕之总名，备首饰也。”③由此，在汉唐时人的理解中，冠的本初功能为“韬发”，易言之，戴冠时，发应蔽于冠之下，对于发的处理可参见后代，参见图1、图2、图3，所以戴冠前，要以纚、帻等先行束发。

图1　爵弁④

图2　宋英宗宣仁圣烈皇后真像⑤

图3　戴凤冠的明代贵妇⑥

明确了古人对冠的定义，再来探讨凤冠的出现。现当代学者一般以为凤冠起自汉代，如孙晨阳、张珂编著的《中国古代服饰辞典》对“凤冠”的定义就是：“皇后、嫔妃及皇亲、贵族妇女所戴的礼冠，冠上装饰有金玉制成的凤凰形饰品。汉代只有太皇太后、皇太后、皇后入庙行礼时才戴。”⑦如此定义，当是源自《续汉书·舆服志》中的一段文字：

> 太皇太后皇太后入庙服……剪氂蔮，簪珥。珥，耳珰垂珠也。簪以瑇瑁为擿，长一尺，端为华胜，上为凤皇爵，以翡翠为毛羽，下有白珠，垂黄金镊。左右一横簪之，以安蔮结。⑧

欲探讨汉代的凤冠形制，须先对这段史料中的一些关键名词予以理解。“蔮”，又作簂或帼，“帼，恢也，恢廓覆发上也”⑨。入庙是礼制规定的重要场合，故入庙者的头饰当以不露髻为前提，“在不露髻的场合中，汉代妇女多戴帼”⑩（见图4）。“擿”，“实际上就是绾发、

① 刘熙：《释名》卷四《释首饰》，《丛书集成初编》本，北京：中华书局，1985年，第71页。
② 《仪礼注疏》卷二《士冠礼》，《十三经注疏》本，北京：中华书局，1980年，第950页下。
③ 史游撰、颜师古注、王应麟补注：《急就篇》卷三“冠帻簪簧结发纽”颜注，上海：商务印书馆，1936年，第206页。
④ 聂崇义：《新订三礼图》卷一，宋淳熙二年（1175）刻本。
⑤ 高山泽编著：《中国历代帝后像》，上海：有正书局，1916年。
⑥ 周汛、高春明：《中国历代妇女妆饰》，图121明人《朱夫人像》，第99页。
⑦ 孙晨阳、张珂编著：《中国古代服饰辞典》，北京：中华书局，2015年，第217页。
⑧ 司马彪：《续汉书》第三十《舆服志》，《后汉书》，北京：中华书局，1965年，第3676页。
⑨ 《释名》卷四《释首饰》，第74—75页。
⑩ 孙机：《汉代物质文化资料图说》（增订本），上海：上海古籍出版社，2008年，第283页。

簪发”之具[①](见图5)。“华胜”,按《汉书·司马相如传》颜注:“胜,妇人首饰也”[②](见图6、图7);《释名·释首饰》:“华胜:华,象草木华也;胜,言人形容正等,一人著之则胜也,蔽发前为饰也。”[③](戴胜、戴华胜,见图8、图9)。“爵”,“即略切”[④],音雀,“凤皇爵”也即凤皇雀,它是以金凤形象为主的步摇,“汉之步摇,以金为凤,下有邸,前有笄,缀五采玉以垂下,行则步摇”[⑤]。(汉代妇女戴步摇之状,见图10、图11)。而“下有邸”,也可从汉代皇后的谒庙服中看到:“假结,步摇,簪珥。步摇以黄金为山题,贯白珠为桂枝相缪,一爵九华,熊、虎、赤罴、天鹿、辟邪、南山丰大特六兽……诸爵兽皆以翡翠为毛羽。”[⑥]所谓“山题”,当是山状基座,“步摇应是在金博山状的基座上安装缭绕的桂枝,枝上串有白珠,并饰以鸟雀和花朵。至于熊、虎等六兽如何安排,《志》文未说清楚”[⑦]。另,《续汉书·舆服志》此段记载的入庙服者,是为太皇太后、皇太后,而不包括皇后。由此可知,汉代太皇太后、皇太后入庙服的凤冠形制(皇后入庙服与此不同),当是以帼(蔮)覆发,以擿绾发,擿端安华胜,头顶安基座,基座上插凤形步摇。

图4 帼

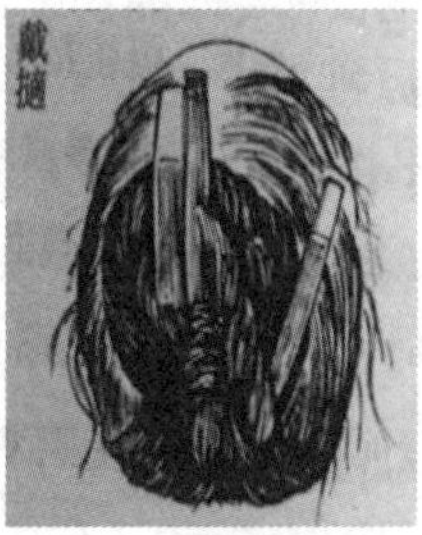

图5 戴擿

图6 胜

图7 胜

图8 戴胜

图9 戴华胜⑧

① 孙机:《汉代物质文化资料图说》(增订本),第283页。

② 《汉书》卷五七《司马相如传》颜师古注,北京:中华书局,1962年,第2598页。

③ 《释名》卷四《释首饰》,第75页。对“胜”和“华胜”的释义,参见孙机:《汉代物质文化资料图说》(增订本),第283—284页。

④ 《说文解字》五下,第106页下。

⑤ 王先谦:《后汉书集解·舆服志下》引陈祥道云,北京:中华书局,1984年,第1358页下。

⑥ 《续汉书》第三十《舆服志》,《后汉书》,第3676—3677页。

⑦ 孙机;《步摇、步摇冠与摇叶饰片》,载《文物》1991年第11期,第55页。

⑧ 孙机:《汉代物质文化资料图说》(增订本),第282页。

图10　戴步摇的汉代贵妇(湖南长沙马王堆一号墓“T”型帛画局部〔辛追像〕)①

图11　戴步摇(汉代妇女)②

如此,以上述汉唐时人对“冠”的定义衡量,汉代并没有出现严格意义上的凤冠,其时太皇太后、皇太后入庙礼服的构成之一——“簪珥”上装饰的“凤皇爵”,其实只是一种步摇头饰,并不能称为“冠”,从凤皇爵到步摇冠之间,还是有距离的,“如果进一步将巾帼改用更硬挺的材料制成类似冠帽之物,再装上多件步摇,就可以称之为步摇冠了”③;而且汉晋时人、包括《续汉书》的作者司马彪(?—306),也并未将其称为凤冠。当然,今人对“冠”的理解多是广义的,关于广义之“凤冠”,有学人就做如此定义:“它可以从两方面解读,一方面可以说是聚集了华美珠宝的‘一种帽子’,另一方面可以说是用于头部佩戴的且成冠状造型的‘一种首饰’。”④(下文简称此定义为“广义的凤冠”)如果以此广义的定义进行理解,称汉代已出现凤冠,确也名副其实。

从汉唐间大的历史时段看,汉代太皇太后、皇太后的步摇凤冠只是昙花一现,并未对赵宋之前的贵妇礼服冠制产生影响,并且汉后唐前,凤形头饰也十分鲜见,仅见的,也只有石崇为爱婢翔风所制的凤冠之钗:“石季伦爱婢名翔风,魏末于胡中买得之。……使翔风调玉以付工人,为倒龙之珮,萦金为凤冠之钗,言刻玉为倒龙之势,铸金钗象凤皇之冠。”⑤翔风的凤冠之钗,仅是石崇奢侈生活的一个小点缀而已。

## 二　唐宋后妃的礼服头饰与等级

凤冠进入后妃的礼服之制,始于宋而非唐,这在史文中有明确记载,本无须多言,但因其涉及凤冠于唐五代时期流行的原因,故不殚重复,再探之如下。

关于唐代皇后礼服中的头饰,《旧唐书·舆服志》载武德七年(624)年衣服令:

---

① 山西博物院、湖南省博物馆:《马王堆汉墓文物精华》,图16,太原:山西人民出版社,2011年,第12页。

② 孙机:《汉代物质文化资料图说》(增订本),第282页。

③ 孙机:《步摇、步摇冠与摇叶饰片》,载《文物》1991年第11期,第56页。

④ 苏士珍:《明代凤冠装饰特点及其对现代首饰设计的启示》,中国地质大学(北京)硕士学位论文,2014年,第1—2页。

⑤ 王嘉撰、萧绮录,齐治平校注:《拾遗记》卷九《晋时事》,北京:中华书局,1981年,第214—215页。

> 《武德令》，皇后服有袆衣、鞠衣、钿钗礼衣三等。
> 袆衣，首饰花十二树，并两博鬓……①

鞠衣、钿钗礼衣与袆衣的头饰同。《大唐开元礼·序例下·衣服》载开元七年(719)令：

> 皇后服首饰花十二树。小花如大花之数，并两博鬓。②

唐代皇后的三类礼服头饰，均以花钗十二株(或再加小花钗十二株)、博鬓两扇③构成，而无冠饰。此类头饰大致可从《送子天王图》、《太真上马图》等窥见一斑(见图12、图13)。而明人所绘则天皇后像(见图14)，头戴凤冠，明显与唐制不符。

图12　传〔唐〕吴道子《送子天王图》④

图13　或为〔宋〕李公麟《太真上马图》⑤

图14　明人《则天皇后像》⑥

① 《旧唐书》卷四五《舆服志》，北京：中华书局，1975年，第1955页。

② 《大唐开元礼》卷二《序例下·衣服》，北京：民族出版社，2000年，第29页上。按，唐代曾数次删定《衣服令》，见诸史载的有三次——武德七年(624)、开元七年(719)、开元二十五年(737)。《旧唐书·舆服志》所载为《武德令》；《新唐书·车服志》则采开元七年令，兼以《开元礼》(开元二十年〔732〕颁行)为另一重要史源，因《新唐书》修撰时的"文省事增"原则，故开元七年《衣服令》的相关内容，更多地保存于《大唐开元礼》与《唐六典》、《通典》中；而开元二十五年《衣服令》，则史文阙载。关于新、旧《唐书·舆(车)服志》的史料来源，学界有不同看法，谢保成认为，《旧唐书·舆服志》采自《大唐开元礼》和《唐会要》(见氏文《〈旧唐书〉的史料来源》，载荣新江主编《唐研究》第1卷，北京：北京大学出版社，1995年，第363—364页)；而刘亚坪通过仔细勘比，认为《旧唐书·舆服志》所载为《武德令》(氏著《唐代后、妃、命妇礼服制度考析》，北京大学硕士学位论文，2013年，特别是第36页)。笔者赞同刘亚坪的观点。

③ 关于博鬓，学界有不同认识。有以其为簪钗者(如广池千九郎训点、内田智雄补订《大唐六典》，柏市：广池学园事业部，1973年，第110页下；纳春英：《唐代服饰时尚》，北京：中国社会科学出版社，2009年，第11—13页)；另有以其为假鬓者(如周峰：《中国古代服装参考资料(隋唐五代部分)》，北京：北京燕山出版社，1987年，第299页；赵斌、吕卓民、周怡：《唐代宫廷服饰》似亦持此观点，西安：西安出版社，2013年，第124—125页)；还有以其为冠旁左右如两叶状饰物者(如周锡保：《中国古代服饰史》，第289页；黄能馥、陈娟娟：《中国服饰史》，第313页)。笔者赞同周锡保等的观点。按，命妇饰两博鬓自隋代已现(见《隋书》卷十二《礼仪志》，北京：中华书局，1973年，第260页)，而除隋、唐、宋等朝皇后头饰为两博鬓外，明代皇后冠服为"三博鬓，左右共六扇。"(李东阳等撰、申时行等重修：《大明会典》卷六十《冠服一·皇后冠服(册宝附)》，扬州：江苏广陵古籍刻印社，1989年，第1082页下)。如此，"博鬓"当是两两相对，或四扇(两博鬓)、或六扇(三博鬓)。

④ 周锡保：《中国古代服饰史》，男图一，第181页。

⑤ 周锡保：《中国古代服饰史》，女图十三，第204页。

⑥ 王圻、王思义：《三才图会》，上海：上海古籍出版社，1988年，第565页。

关于宋代后妃礼服中的凤冠,《宋史·舆服志》载:

> 后妃之服。一曰袆衣,二曰朱衣,三曰礼衣,四曰鞠衣。……妃首饰花九株,小花同,并两博鬓,冠饰以九翚、四凤。……
>
> 中兴,仍旧制。其龙凤花钗冠,大小花二十四株……博鬓……皇后服之,绍兴九年所定也。①

如上记载文字杂错,前段仅载妃之冠饰,而未及皇后;后段对时间的记载,又不甚清晰。另按《文献通考·王礼考》:

> 政和三年,议礼局上所定皇后服饰制度,首饰花十二株,小花如大花之数,并两博鬓,冠饰以九龙四凤。②

《文献通考》对皇后冠饰的配置及初定时间,所载清晰。综合《宋史》和《文献通考》的相关记载,我们可以清楚地看到,宋代后与妃的冠饰区别,主要在有龙与否,即龙凤相配的冠饰,才是其时身份最高的皇后所戴之冠,单纯的凤冠,则居于龙凤冠之下。关于这一差别,还可从宋代公主的礼服冠饰上看到。宋制,"公主笄礼。年十五,虽未议下嫁,亦笄。……冠笄、冠朵、九翚四凤冠,各置于桌,蒙以帕"③。公主人生中重要的笄礼之冠,也是凤冠。

宋代皇后龙凤冠的图像材料,可见宋真宗皇后、神宗皇后、徽宗皇后的真像(见图15—17)。在此三像中我们还注意到,虽然皇后的冠饰为九龙四凤,但凤的形象显然更加突出,在真宗皇后和徽宗皇后的真像中,可以很清晰地看到,在皇后之冠的左上部,斜插着一个完整的凤饰。

图15　宋真宗皇后真像

图16　宋神宗皇后真像

图17　宋徽宗皇后真像④

① 《宋史》卷一五一《舆服志》,北京:中华书局,1977年,第3534—3535页。

② 《文献通考》卷一一四《王礼考·后妃命妇以下首饰服章制度》,北京:中华书局,1986年,第1032页中、下。

③ 《宋史》卷一一五《礼志》,第2730页。

④ 《中国历代帝后像》。

直至明代,皇后的礼冠依然是龙凤冠,并且龙凤冠仍居于凤冠之上:"皇后冠服。洪武三年定……其冠,圆匡冒以翡翠,上饰九龙四凤,大花十二树,小花数如之。两博鬓,十二钿";"皇妃、皇嫔及内命妇冠服。洪武三年定……冠饰九翚、四凤花钗九树,小花数如之。两博鬓九钿"①。明代皇后的龙凤冠,见图18(1)、(2)、(3)。

图18(1)　明太祖皇后真像②

图18(2)　明代皇后三龙二凤冠(参考定陵出土实物绘制)

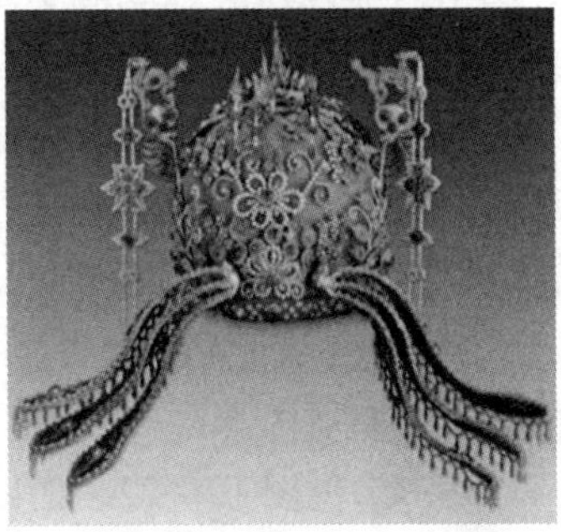

图18(3)　明代皇后六龙三凤冠背面(定陵博物馆藏)③

关于龙凤的两性意义,今人一般以龙为皇帝的象征,凤为皇后的代表,但"凤的象征意义从总体上说,到唐代还没有完全女性化",而"龙凤象征意义的两性分化,至迟在北宋初年,已为人所确认"④。至于皇后冠饰上既有凤、亦有龙,学者解释为:"后妃是为皇室传宗接代的,因此在服饰上也还沾些龙气,如皇后冠饰除金凤形象外,还有翠龙衔珠的形象,表示她是皇帝的嫡妻,生下的儿子还要做皇帝;皇妃冠饰就只有凤,没有龙。"⑤

综此,在礼制层面上,唐时,凤冠并未进入后妃、命妇的礼服之制;而至宋代,凤冠虽进入了后妃命妇的礼服行列,但其与龙搭配与否,则昭示着这些社会身份最高的妇女间的等级差别。所以,单以凤冠论宋至明(清代皇后的礼冠已无龙饰⑥)的命妇礼服,其间的细微差别,依然无法全面揭示。

## 三　唐五代时期敦煌壁画所见凤冠形制

虽然在唐代《衣服令》中,凤冠并未进入后妃命妇的礼服之制,但它早已出现在了唐时宫廷乐舞的舞服中,这从如下材料中便可看到:

① 《明史》卷六六《舆服志》,北京:中华书局,1974年,第1621、1623—1624页。

② 《中国历代帝后像》。

③ 图18(2)、(3),引自董进:《图说明代宫廷服饰(八)——皇后常服》,载《紫禁城》2012年第6期,第119页。

④ 王维堤:《龙凤文化》,上海:上海古籍出版社,2000年,第273、274页。

⑤ 王维堤:《龙凤文化》,第275、276页。

⑥ 见《清史稿》卷一〇三《舆服志》(缩印本),北京:中华书局,1998年,第821页下。

《天授乐》，武太后天授年所造也。舞四人，画衣五采，凤冠。[①]

唐明皇造《光圣乐舞》，舞者八十人，凤冠，五采画衣，兼以上元圣寿之容，以歌王业所兴也。[②]

而关于这些舞服中凤冠的形制，史文则阙载。它是"一种聚集了华美珠宝"的帽子，还是"用于头部佩戴的且成冠状造型"的首饰？这还需从唐代的图像材料中寻找答案，而敦煌壁画为我们提供了若干线索。

关于敦煌壁画中的凤冠，有学者指出："敦煌壁画唐、五代、宋供养人戴凤冠的不少，都与(《乐廷瑰夫人行香图》[③]中)女十三娘一样，多为一只展翅卷尾的单凤。"[④](见图19)这一说法似嫌笼统。从敦煌壁画看，首先，凤冠上的凤未必都呈展翅卷尾状；其次，在凤冠的形状、形制上，也存在着若干明显差异。所以，以广义的凤冠定义度之，敦煌壁画所呈现的凤冠，至少有如下两类：

第一类，见图19—22。四图所呈现的凤冠，实是冠状造型的首饰。从图19(局部)我们可以很清晰地看到，都督女十三娘的凤冠，实是饰有大、小两凤的凤形步摇——或展翅、或不展翅而卷尾的单凤形状，只不过大的是固定于顶发中心。此类凤冠或是盛唐时期高级品官女眷的礼服头饰之一，按唐制，"内外命妇服花钗，施两博鬓，宝钿饰也"[⑤]，而在钗、钿的造型上，实态中或已有以凤为之者。图20、图22显示的，则是平民新娘的凤冠形象。关于平民女子婚嫁时的头饰，唐制规定，"花钗礼衣，庶人嫁女则服之"，"其钗覆笄而已，其两博鬓，任以金银杂宝为饰"[⑥]。而图20、图22中新娘所戴的头饰，不属钗而为钿[⑦]，它们也是以凤为型，这明显超越了唐代礼、令的规定。它或许反映的是中国古代的一种婚俗——"摄盛"，所谓"摄盛"，是指新郎、新娘举行婚礼时，可在车、服等方面超越常制，以示贵盛[⑧]。而

① 《旧唐书》卷二九《音乐志》，第1061页。

② 陈旸：《乐书》卷一八〇《舞·光圣舞》，《文渊阁四库全书》本(电子版)。

③ 在谭婵雪主编的《敦煌石窟全集》24《服饰画卷》中，此图名"都督夫人与女眷盛装"(图103，香港：商务印书馆(香港)有限公司，2005年，第123页)。

④ 杨树云：《〈乐廷瑰夫人行香图〉初探》，载郑学檬、冷敏述主编：《唐文化研究论文集》，上海：上海人民出版社，1994年，第309页。

⑤ 《旧唐书》卷四五《舆服志》，第1956页。

⑥ 《大唐六典》卷四"礼部郎中员外郎之职"条，第95页下。

⑦ 关于钗和钿，贺昌群认为，唐代妇女的髻鬟上有发饰和鬓饰，"宝钿花钗为鬓饰"(氏著《唐代女子服饰考》，收入氏著《贺昌群文集》第一卷，北京：商务印书馆，2003年，第266页)。而钗和钿的区别，"单股的为簪，双股的为钗"(孙机：《唐代妇女的服装与化妆》，载氏著：《中国古舆服论丛》(增订本)，北京：文物出版社，2001年，第244页)，"钿是用黄金、翡翠、珠宝等所制成的花朵形首饰，又名'花钿'"，"钿应是由钗发展而来的一种有镶嵌物的首饰"(武复兴：《唐代长安的妇女服饰》，载《人文杂志》1987年第6期，第22页)。

⑧ 所谓"摄盛"，《仪礼》郑注云："士而乘墨车，摄盛也。"(《仪礼注疏》卷四《士婚礼》，《十三经注疏》本，第963页下)。按《周礼·巾车》："服车五乘：孤乘夏篆，卿乘夏缦，大夫乘墨车，士乘栈车，庶人乘役车。"(《周礼注疏》卷二七《春官·宗伯》，《十三经注疏》本，第824页下—825页上)。据此，《仪礼》贾疏云："案《周礼·巾车》云：'……大夫乘墨车，士乘栈车，庶人乘役车。'士乘大夫墨车为摄盛。"(《仪礼注疏》卷四《士婚礼》，第963页下)。故"三礼"中所言"摄盛"，乃指车服超越常制一等。对敦煌壁画中摄盛情况的解释，参见谭婵雪主编：《敦煌石窟全集》25《民俗画卷》，上海：上海人民出版社，2001年，第112页。

唐时地方统治者对民间的摄盛情况，或也予以了默认。

图 19　敦煌莫高窟 130 窟，盛唐，《都督夫人与女眷盛装》①及局部

图 20　敦煌莫高窟 116 窟，盛唐，《新郎与新娘》②

图 21　敦煌莫高窟 158 窟，中唐，王后礼佛图③

图 22　敦煌莫高窟 12 窟，晚唐，《新娘》④

第二类，出现在五代时期的敦煌，它为华贵的花钗凤冠配翟衣礼服或钿衣礼服。图 23 和图 24 是《敦煌石窟全集·服饰画卷》的作者，依据敦煌诸壁画，综合而成的“五代贵妇花钗凤冠与翟衣”和“唐代贵妇礼服”，两图所显示的贵妇礼服，存在着明显的差别。

① 全图及图名引自谭婵雪主编：《敦煌石窟全集》24《服饰画卷》，图 103 说明，第 123 页；局部图引自常沙娜《中国敦煌历代服饰图案·历代服饰部分效果图》，图 3，北京：中国轻工业出版社，2001 年，第 248 页。

② 谭婵雪主编：《敦煌石窟全集》25《民俗画卷》，图 99，第 114 页。

③ 段文杰、樊锦诗主编：《中国敦煌壁画全集》7《中唐》，沈阳：辽宁美术出版社、天津：天津人民美术出版社，2006 年，第 50 页。《敦煌石窟全集·服饰画卷》认为，此为敦煌最早出现的凤冠（第 227 页）。

④ 谭婵雪主编：《敦煌石窟全集》25《民俗画卷》，图 102，第 115 页。

图23 《五代贵妇花钗凤冠与翟衣》①

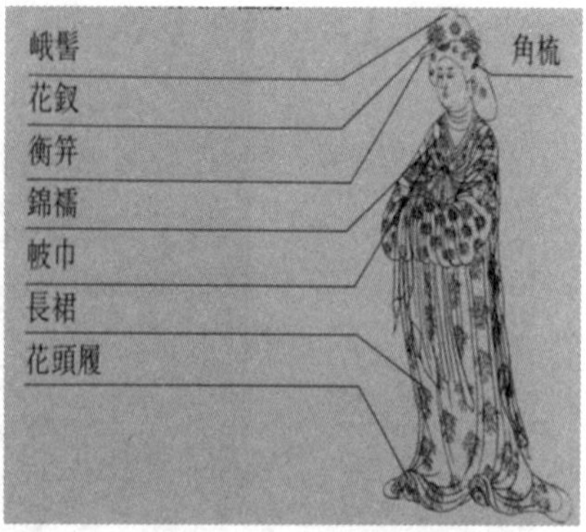


图24 《唐代贵妇礼服》②

图24所示的唐代贵妇礼服，基本有据可寻，其大致符合唐代《衣服令》的规定，当是命妇的第二等礼服——钿钗礼衣。按，唐时命妇有礼服三等——花钗翟衣、钿钗礼衣和礼衣，关于花钗翟衣和钿钗礼衣，《旧唐书·舆服志》载：

> 内外命妇服花钗，施两博鬓，宝钿饰也。翟衣青质，罗为之，绣为雉，编次于衣及裳，重为九等而下。第一品花钿（钗）③九树，宝钿准花数，以下准此也。翟九等。第二品花钿（钗）八树，翟八等。……第五品花钿（钗）五树，翟五等。并素纱中单，黼领，朱褾、襈，……蔽膝，……大带，……青衣，革带，青袜、舄，珮，绶。……钿钗礼衣，通用杂色，制与上同，唯无雉及珮绶。去舄，加履。第一品九钿，第二品八钿……第五品五钿。④

图24描绘的命妇礼服头饰花钗，衣的纹饰非翟（翟饰，参见图25），足衣为履，符合钿钗礼衣的形制。

① 谭婵雪主编：《敦煌石窟全集》24《服饰画卷》附录《服饰名词图释》，附图8，第252页。

② 谭婵雪主编：《敦煌石窟全集》24《服饰画卷》附录《服饰名词图释》，附图7，第252页。

③ 花钿，因注文有“宝钿准花数”，故“花”当为“花钗”。孙机则以其为“花钿”（见《两唐书舆（车）服志校释稿》卷二，载氏著：《中国古舆服论丛》（增订本），第434页）。关于钗和钿的区别，参见注47。

④ 《旧唐书》卷四五《舆服志》，第1956页。开元七年《衣服令》与武德七年令大体相同，见《大唐开元礼》卷三《序例下·衣服》，第31页上。

图 25　王后礼服之袆衣、褕（揄）翟、阙翟①

图 23 五代贵妇的花钗凤冠与翟衣礼服，则与唐制有较明显的不同。依其衣上所带的翟纹纹饰——夹杂其中而非“重为九等”，此服或为命妇礼服的第一等花钗翟衣，而唐制规定的花钗翟衣的头饰，为花钗、博鬓和宝钿，非凤冠。由图 23 推测，唐后期至五代初，中原后妃命妇礼服之制中，或已加入了凤冠这一元素，并在敦煌地区的命妇图像中得以保存。做此推测的理由有两点：

第一，敦煌壁画对命妇服饰的描绘，一般是本于制度，《乐廷瑰夫人行香图》可证此。依敦煌莫高窟第 130 窟题记，此窟甬道北壁西向第一身供养人题名为：“朝议大夫使持节都督晋昌郡诸军事守晋昌郡太守兼墨离军使赐紫金鱼袋上柱国乐庭瑰供养时”；与之相对的甬道南壁西向第一身女供养人题名为：“都督夫人太原王氏一心供养”②。对此，贺士哲推测，“乐庭瑰夫妇供养像可能就是他在晋昌郡任职期间专程来莫高窟所做的佛事功德”③。按唐制，朝议大夫为散官正五品下，其妻可着花钗翟衣和钿钗礼衣，《乐廷瑰夫人行香图》中王氏之服无雉，且为红色，不符合花钗翟衣之制（“翟衣青质”），而合钿钗礼衣之制（“通用杂色”、“无雉”）。并且，王氏之服的红色，或依据的是唐令“寻常服饰”（常服）之制。关于常服之色，太宗贞观四年（630）八月诏：“冠冕制度，以备令文，寻常服饰，未为差等。于是三品已上服紫，四品五品已上服绯，六品七品以绿，八品九品以青。妇人从夫之色。”④王氏为五品官夫人，“衣色与乐庭瑰同，即封建社会制度规定的‘妇人之衣从夫色’”⑤（见图 26）。并且，王氏鬓上的花钗也当为五枚（左侧应还有对称的两枚）。由此推测，敦煌壁画中五代时期贵妇的花钗凤冠与翟衣之制，也当有制度所本。

① 聂崇义：《新订三礼图》卷二《后服图》。按《周礼》卷一《天官冢宰》：“内司服掌王后之六服，袆衣、揄狄、阙狄、鞠衣、展衣、缘衣。”（《周礼注疏》，《十三经注疏》本，第 691 页上）。

② 贺士哲：《从供养人题记看莫高窟部分洞窟的营建年代》，载敦煌研究院编：《敦煌莫高窟供养人题记》，北京：文物出版社，1986 年，第 62—63、204—205 页。

③ 贺士哲：《从供养人题记看莫高窟部分洞窟的营建年代》，载敦煌研究院编：《敦煌莫高窟供养人题记》，第 205 页。

④ 《唐会要》卷三一《章服品第》，北京：中华书局，1955 年，第 569 页。

⑤ 段文杰：《莫高窟唐代艺术中的服饰》，收入氏著：《敦煌研究艺术研究》，兰州：甘肃人民出版社，2007 年，第 330 页。亦请参见杨树云：《〈乐廷瓌夫人行香图〉初探》，载郑学檬、冷敏述主编：《唐文化研究论文集》，第 305 页。

图26 敦煌莫高窟130窟，盛唐，《都督夫人与女眷盛装》①（《乐廷瑰夫人行香图》）（局部）

第二，虽然在目前所见的唐代《衣服令》的命妇服制中，并无凤冠之配，但唐时宫中女官戴冠，却早已在现实中存在。如在懿德太子李重润之墓的石椁上，就有两位戴冠的宫中女官形象。这两位“头戴凤冠”②的女官，“高冠卷云，前后插金玉步摇，其佩玉制度亦极严整，在唐代图像中为仅见材料”③（见图27）。其冠制为“顶部插五树花钿钗，前部正中有一圈串珠，内镶五颗宝石。左右两侧绘两层圆珠，前后插凤头金簪，凤嘴衔长缨，长缨之下有步摇，步摇由玉珩、玉琚、玉璜、冲牙、组绶组成”④。按唐制，命妇的第三等礼服为礼衣，“六尚、宝林、御女、采女、女官七品以上大事之服也。通用杂色，制如钿钗礼衣，唯无首饰、佩、绶”⑤。依此，礼衣并无冠饰、甚至首饰之配，但懿德太子墓的女官形象显示，宫中的女官礼服对此早已有所改动⑥。这种冠饰的变化，或在唐朝后期、五代初期，便进入了正式礼制之中，演变为了五代时期贵妇的凤冠。

图27 《唐懿德太子墓石椁线雕》⑦及《复原图》⑧

---

① 谭婵雪主编：《敦煌石窟全集》24《服饰画卷》，图103，第122—123页。

② 陕西省博物馆、乾县文教局唐墓发掘组：《唐懿德太子墓发掘简报》，载《文物》1972年第7期，第27页。

③ 沈从文：《中国古代服饰研究》，上海：上海书店，2005年，第300页。

④ 樊英峰：《李重润墓石椁线刻宫女图》，载《文博》1998年第6期，第70页。

⑤ 《新唐书》卷二四《车服志》，第523页。也见《大唐开元礼》卷三《序例下·衣服》（第31页上—下）、《大唐六典》卷一二“内官尚服之职”条（第255页上）、《通典》卷一〇八《开元礼纂类三·序例下》（王文锦等点校，北京：中华书局，1988年，第2806—2807页）。

⑥ 关于懿德太子墓女官冠饰与制度的相左及原因，纳春英：《唐代服饰时尚》一书略有言及（第20—21页）。

⑦ 《唐懿德太子墓发掘简报》，载《文物》1972年第7期，第27页。

⑧ 沈从文：《中国古代服饰研究》，插图79，第295页。

五代时期贵妇的凤冠,实例可见图 28、图 29。图 28 出自敦煌莫高窟第 98 窟,也即曹氏家窟[①],其为归义军节度使曹议金家族的女眷贵妇形象。从品阶上讲,曹议金为从二品[②],其子妇们身着礼服,并在闫氏的头饰中,也出现了凤冠,其凤冠中的凤呈展翅卷尾状。图 29 所绘的于阗公主为沙洲归义军节度使曹延禄妻,“于阗公主的装束基本仿效唐制礼服”[③],她“身著高贵的唐制礼服,头戴高耸的大型莲花凤冠,上有花钗步摇”[④],其服色为绛红色,无翟饰,不符合花钗礼衣之制(“翟衣青质”),而合钿钗礼衣之制(“通用杂色”、“无雉”),故当为钿钗礼衣,其冠上之凤呈卷尾非展翅状。在敦煌壁画所见的唐五代时期的两类凤冠中,此类凤冠更为华贵,“凤冠和项饰上镶满翠玉宝石”[⑤]。类似的凤冠,还出现在五代至宋初归义军节度使曹元忠夫人翟氏(凉国夫人)、曹延恭夫人、于阗王李圣天皇后曹氏的画像中。见图 30(1)—(4)。

图 28　敦煌莫高窟 98 窟,五代,《节度使曹议金家族贵妇服饰》及局部[⑥]

① 关于莫高窟第 98 窟的建造时间,参见贺世哲《从供养人题记看莫高窟部分洞窟的营建年代》,载敦煌研究院编:《敦煌莫高窟供养人题记》,北京:文物出版社,1986 年,第 217—219 页。

② 对曹议金加官的考证,参见荣新江《归义军史研究——唐宋时代敦煌历史考索》,上海:上海古籍出版社,1996 年,第 95—103 页。

③ 谭婵雪主编:《敦煌石窟全集》24《服饰画卷》,第 243 页。

④ 谭婵雪主编:《敦煌石窟全集》24《服饰画卷》,图 238 说明,第 248 页。

⑤ 谭婵雪主编:《敦煌石窟全集》24《服饰画卷》,图 238 说明,第 248 页。

⑥ 谭婵雪主编:《敦煌石窟全集》24《服饰画卷》,图 219(范文藻摹),第 233 页。

图 29　敦煌莫高窟 61 窟，五代，《于阗公主礼服》及局部①

图 30(1)　敦煌莫高窟 427 窟，五代至宋初，《凉国夫人凤冠》②

图 30(2)　敦煌莫高窟 454 窟，五代至宋初，《节度使曹延恭夫人服饰》③

图 30(3)　敦煌莫高窟 98 窟，五代，《于阗皇后供养像》④

图 30(4)　敦煌莫高窟 61 窟，五代，于阗王李圣天皇后礼服⑤

① 谭婵雪主编:《敦煌石窟全集》24《服饰画卷》,图 238,第 248 页。

② 谭婵雪主编:《敦煌石窟全集》24《服饰画卷》,图 224,第 236 页。

③ 谭婵雪主编:《敦煌石窟全集》24《服饰画卷》,图 225,第 237 页。

④ 段文杰、樊锦诗主编:《中国敦煌壁画全集》9《五代·宋》,沈阳:辽宁美术出版社、天津:天津人民美术出版社,2006 年,图版六,第 6 页,图版六说明,第 3 页。

⑤ 常沙娜:《中国敦煌历代服饰图案·历代服饰部分效果图》,图 11,第 256 页。

## 四　唐五代时期凤冠流行的原因

综上我们看到,南北朝之前,凤冠的存在与否有着很大争论,但至隋唐时期,它却在国家礼制层面外较多地出现了。关于这一现象出现的原因,当前的学界并未给出答案[①],学者谈论较多的,也只是武则天对凤与女性关系的推动[②],而这并不足以说明其时凤冠较流行的原因。

再检索文献,我们看到,在唐代,戴凤冠最多的实是女冠[③]。兹引《太平广记·神仙》、《太平广记·女仙》诸卷的三条材料如下:

> 三更后,闻户外珩璜环珮之声,异香芳馥,俄而青衣报女郎且至,年可二八,冠碧云凤翼冠,衣紫云霞日月衣。[④]
>
> (赵旭)见一神女在空中,去地丈余许……戴金精舞凤之冠,长裙曳风。[⑤]
>
> 太原郭翰……乘月卧庭中,时有清风,稍闻香气渐浓,翰甚怪之,仰视空中,见有人冉冉而下,直至翰前,乃一少女也。……衣玄绡之衣,曳霜罗之帔,戴翠翘凤凰之冠,蹑琼文九章之履。[⑥]

按,《太平广记》集录的女仙故事或传记,实专指女道士的所为或修炼情况,其中的一些还被收于《道藏》的其他典籍中,但相较之下,《太平广记》的成书年代较早,引用的版本、所载的情况也更近古。由上引三条材料我们可以看到,凤冠乃是唐时一些女道士(或称女冠、女官)冠服的常见配制,这也恰符唐时女冠的法服规制。关于女冠的法服,约成书于隋末的《洞玄灵宝三洞奉道科戒营始》[⑦]规定:

> 科曰:女冠法服衣褐并同道士,唯冠异制。法用玄纱,前后左右皆三叶,不安远游。

① 如杨树云在《〈乐廷瑰夫人行香图〉初探》一文中,只略提及了此图中的凤冠而不及其原因(载郑学檬、冷敏述主编《唐文化研究文集》,第309页)。

② 参见王维堤:《龙凤文化》,第269—271页;罗微:《人类学视野的古代汉族凤冠符号象征意义》,载《青海民族研究》第17卷第1期,2006年1月,第2—3页。

③ 女冠虽属女身,但身份特殊,她们被载于专门户籍中,“凡道士女道士、僧尼之簿籍,亦三年一造”(《大唐六典》卷四“尚书礼部祠部郎中员外郎之职”条,第103页);在量刑、受田方面,她们也与“凡人”有别,“诸道士受《老子经》以上,道士给田三十亩,女官二十亩。”(仁井田陞:《唐令拾遗·田令》,东京:东方文化学院东京研究所,1933年,第638页。)

④ 《太平广记》卷五三《神仙·杨真伯》,北京:中华书局,1961年,第330页。

⑤ 《太平广记》卷六五《女仙·赵旭》,第405页。

⑥ 《太平广记》卷六八《女仙·郭翰》,第420页。

⑦ 对《洞玄灵宝三洞奉道科戒营始》成书年代的探讨,参见大渊忍尔:《道教とその经典》,东京:创文社,1997年,第206—217页;Livia Kohn(孔力维),*The Daoist Monastic Manual: A Translation of FengDao Keji*, New York: Oxford University Press, 2004, 第23—49页。

若上清大洞女冠，冠飞云凤气之冠。①

图 31　上清大洞女冠法服②

也即在道教上清派法服中，女冠的冠饰为“飞云凤气之冠”(见图 31)，在冠制上，它与凡常女冠法服的区别一目了然(见图 32)。

图 32　凡常女冠法服③

而道教在唐代的地位及广泛影响，或将上清派女冠的“飞云凤气之冠”，带到了现实中。如众所知，道教号称唐朝的国教④，李唐建国伊始，高祖便下诏规定：“老教，孔教，此土先宗；释教后兴，宜崇客礼。令老先，次孔，末后释。”⑤因此，有唐一代，道教对其时的社会产生了广泛影响⑥。另外，上文谈到，唐代世俗社会中的凤冠，是较早出现在宫廷乐舞中的，目前可爬梳到的最早的凤冠，是为武则天改周后《天授舞》舞者所戴。如此，我们就必须首

① 《洞玄灵宝三洞奉道科戒营始》卷五《法服图仪》，收入《道藏》第 24 册，北京：文物出版社；上海：上海书店；天津：天津古籍出版社，1988 年，第 761 页中。

② 图 30，《洞玄灵宝三洞奉道科戒营始》卷五《法服图仪》，收入《道藏》第 24 册，第 761 页中。

③ 图 31，《洞玄灵宝三洞奉道科戒营始》卷五《法服图仪》，收入《道藏》第 24 册，第 761 页下。

④ 关于唐高祖到玄宗时的崇道政策及举措，参见卿希泰主编：《中国道教史》(修订本)第二卷，成都：四川人民出版社，1996 年，第 31—118 页。

⑤ 唐高祖：《先老后释诏》，载《全唐文》附《唐文拾遗》卷一，上海：上海古籍出版社，1990 年，第 1 页。

⑥ 关于道教与唐代社会诸层面的关系，参见王永平：《道教与唐代社会》，北京：首都师范大学出版社，2002 年。

先审视武则天与道教的关系，以剖析《天授舞》舞者的凤冠，是否与女冠的"飞云凤气之冠"有关。

一直以来，人们谈论更多的是武则天的佛教信仰，以及她以佛教为统治和登位的工具，"女皇幼小时曾穿缁衣，青年时也曾为尼，当了皇后以后，更是以种种方式奉献于佛教，所以她的信仰不容置疑"[①]。但与此同时，无论在做皇后、还是登基后，武则都没有放弃对道教的崇奉与利用[②]。王永平在《道教与唐代社会》一书中，称唐时道教的发展有三个高潮，其中之一就是高宗、武则天时期——从显庆五年(660)武则天参政，到弘道元年(683)高宗驾崩。在此期间，武则天参与了各种崇道活动，如亲临老君故里，科举考试中首次加试老子《道德经》，以道士、女冠隶宗正寺——宗正寺掌天子族亲属籍，召见茅山宗宗主(此宗承上清派)，大规模兴建道观和度人入道，搜讨和整理道经等等。而更为凸显武则天崇道的，则是她两次安排爱女太平公主为女冠。第一次在咸亨元年(670)，武则天母荣国夫人卒，她以太平公主为女冠，特于颁政坊置太平观，"以幸冥福"。第二次在仪凤(676—679)中，吐蕃请婚太平公主，"后不欲弃之夷，乃真筑宫，如方士薰戒，以拒和亲事"[③]。即使在武则天登基后，"虽然她曾颁布过一些不利于道教发展的政策，这主要也是从改唐为周的政治方面来考虑的。综观她的一生没有对道教下过类似唐初诸帝限制和禁止佛教发展之类的命令，相反道教的势力在武周政治生活中仍很活跃，尤其是她提出佛、道齐重的宗教政策，更具有特殊的重要意义，这就使得她所统治的时期，成为高宗和玄宗两个崇道高潮之间的重要过渡时期"[④]。

武则天在崇道的同时，还是凤与女性联系的重要推动者，"武则天做皇帝，不搞龙瑞而制造凤瑞，有自比为凤的意思"[⑤]。如上元三年(676)十一月，武则天以"陈州言凤凰见于宛丘"[⑥]，而改元仪凤；再如高宗死后的第一年，身为皇太后的武则天，将中书省改称凤阁；更为明显的一事，是载初二年(690)九月五日，"群臣上言：有凤皇自明堂飞入上阳宫"[⑦]，四天之后，武则天就"革唐命，改国号为周。改元为天授"[⑧]。"可见，武则天是煞费苦心要把凤和自己联系起来的"[⑨]。

武则天既崇道又以凤自比，如此，在她与道教、特别是上清、茅山等派、宗女冠的接触中，这些女冠所戴的"飞云凤气之冠"是否对她有启发呢？这是极有可能的。我们知道，唐前，"(秦)始皇又金银作凤头，以玳瑁为脚，号曰凤钗"[⑩]；另有东汉太皇太后、皇太后入庙的凤冠。但这些都与武则天相距遥远，钗和冠的形制亦或不清。最有可能引发她及其手下想到的凤冠，当是其时上清派女冠的"飞云凤气之冠"。一顶凤冠无疑会将道教与崇凤紧密

---

① 雷家骥：《武则天传》，北京：人民出版社，2001年，第313页。

② 参见卿希泰主编《中国道教史》(修订本)第二卷，第70—80页。

③ 《新唐书》卷八三《诸帝公主・太平公主传》，第3650页。

④ 王永平：《道教与唐代社会》，第56页。

⑤ 王维堤：《龙凤文化》，第270页。

⑥ 《旧唐书》卷五《高宗纪下》，第102页。

⑦ 《资治通鉴》卷二〇四武则天载初元年(690)九月戊寅条，北京：中华书局，1956年，第6467页。

⑧ 《旧唐书》卷六《则天皇后纪》，第121页。

⑨ 王维堤：《龙凤文化》，第270页。对武则天制造凤瑞的叙述，亦参考了此书。

⑩ 马缟：《中华古今注》卷中"钗子"，李成甲校点，沈阳：辽宁教育出版社，1998年，第21页。

联系在一起，凤冠出现在武则天时《天授舞》舞者的头饰中，当是这一联系的现实体现。

至于唐玄宗《光圣乐舞》中舞者的凤冠，除了有对《天授舞》舞服的继承，更是明皇自己对道教崇佞的彰示。玄宗崇奉道教是史书确载与学界公认的事实，"玄宗御极多年，尚长生轻举之术。于大同殿立真仙之像，每中夜夙兴，焚香顶礼。天下名山，令道士、中官合炼醮祭，相继于路。投龙奠玉，造精舍，采药饵，真诀仙踪，滋于岁月"①。除了政治上、生活中的崇道，玄宗还亲自将道教的元素，嵌入了其时的乐舞中，最典型的莫过于《霓裳羽衣曲》和《舞》了。关于《霓裳羽衣曲》的渊源，《唐会要》载为"婆罗门改为霓裳羽衣"②；而在唐代的其他文献中，则将此曲与道士和仙女联系在了一起："罗公远多秘术，尝与明皇至月宫，仙女数百，皆素练霓衣，舞于广庭，问其曲，曰霓裳羽衣。帝晓音律，因默记其音调。"③罗公远是玄宗最宠幸的道士之一，屡被召策问，奏答莫不称旨。虽罗公远与明皇至月宫的传说并不称信，但这些文字足证此曲与玄宗、与道教有着密切关系。而依此曲编排的舞蹈，也被学者称为"刻画仙女形象最成功的作品"，此舞"中序入拍起舞，舞者扮若仙女，服饰典雅华丽"④，这典雅华丽的服饰，就是白居易《霓裳羽衣歌 和微之》所描述的"不著人家俗衣服，虹裳霞帔步摇冠"⑤。这种仙女服饰的构成，实多衍于道教的法服。按《洞玄灵宝三洞奉道科戒营始》，没有获得任何法位的"凡常女冠法服，玄冠，上下黄裙，帔十八条"⑥，也即冠、裙、帔的搭配。其他取得法位的道士和女冠的法服：

正一法师，玄冠黄裙，绛褐绛帔，二十四条。

高玄法师，玄冠黄裙，黄褐黄帔，二十八条。

洞神法师，玄冠黄裙，青褐黄帔，三十二条。

洞玄法师，芙蓉冠，黄褐黄裙，紫帔，三十二条。

洞真法师，元始冠，青裙紫褐，紫帔青裹，表二十四条，裹十五条。

大洞法师，元始冠，黄裙紫褐，如上清法，五色云霞帔。

三洞讲法师，元始冠，黄褐绛裙，九色离罗帔。⑦

---

① 《旧唐书》卷二四《礼仪志》，第934页。

② 《唐会要》卷三三《诸乐》，第617页。

③ 王建：《霓裳辞十首》解题，载《全唐诗》卷二二，北京：中华书局，1960年，第289页。

④ 王克芬：《中国舞蹈发展史》，上海：上海人民出版社，2004年，第187、209页。

⑤ 白居易：《霓裳羽衣歌 和微之》，载《白居易集》卷二一，顾学颉校点，北京：中华书局，1979年，第459页。

⑥ 《洞玄灵宝三洞奉道科戒营始》卷五《法服图仪》，收入《道藏》第24册，第761页下。

⑦ 《洞玄灵宝三洞奉道科戒营始》卷五《法服图仪》，收入《道藏》第24册，第760页下—761页上。

也即冠、褐、裙、帔的搭配。如此,《霓裳羽衣舞》的服饰构成——虹裳、霞帔、步摇冠,大致与“凡常女冠法服”的搭配相符。再有“羽衣”,按《汉书·郊祀志》颜师古注,“羽衣,以鸟羽为衣,取其神仙飞翔之意也”①。故羽衣也一直为道教所沿用,这也可从多首描述道士的唐诗中看到:“落日衔仙宝,初霞拂羽衣”②;“日照昆仑上,羽人披羽衣,乘龙驾云雾,欲往心无违”③。

综此,在《霓裳羽衣曲》和《舞》中,道教元素渗透深入,而其中仙女们头戴的步摇冠,是否也如十三娘的凤形冠(见图19)或上清大洞女冠的飞云凤气冠的冠式(见图31)呢?这种可能也是存在的。所以,缘着玄宗对道教的崇奉并将其运用于乐舞中的态度,《光圣乐舞》中舞者佩戴凤冠,也就不仅是承袭二字可以解释的了。

因最高统治者的提倡,道教对唐时妇女的生活产生了巨大影响,“在众多的宗教中,道教以追求现世的享乐和相对较少歧视妇女的特色,吸引了广大的妇女信众,产生了巨大的影响”④。中唐以后,妇女们听到、看到的舞者凤冠,亲历或听闻了武则天以凤自比的事例,亲闻或道听途说了曾为女冠的太平公主、杨太真的故事——作为女子的太平公主,曾在政治上叱咤一时;而受明皇宠幸的杨贵妃,则被“当时谣咏有云:‘生女勿悲酸,生男勿喜欢。’又曰:‘男不封侯女作妃,看女却为门上楣。’其人心羡慕如此”⑤,因此出现了“遂令天下父母心,不重生男重生女”⑥的情况。那么,一些身处中上层的贵妇们,是否也会考虑在自己的礼服中,加入凤这一元素,以期获得更为腾达的未来呢?另一些经济能力尚可的家庭,是否也会尝试在女儿人生的重要时刻——出嫁时,试着戴戴凤冠(凤饰),以求得荣华富贵和好运呢?凤冠在民间的潮流涌动,又刺激了命妇礼制的变化,最终在北宋时,正式确定进入了后妃的礼服之制中。由宫廷到民间,再由民间到官方礼制的凤冠流动,也恰能从道教、乐舞材料和敦煌壁画中找到线索,此见按时代先后排列的如下诸图:

上清大洞女冠法服(《天授乐》、《光圣乐舞》中的凤冠或源于此)

敦煌莫高窟130窟,盛唐,《都督夫人与女眷盛装》

① 《汉书》卷二五上《郊祀志》,第1225页。

② 张说:《道家四首(之一)奉敕撰》,载《张说集校注》卷九,熊飞校注,北京:中华书局,2013年,第460页。

③ 李华:《咏史十一首(之一)》,载《全唐诗》卷一五三,第1586页。

④ 王永平:《道教与唐代社会》,第441页。

⑤ 陈鸿:《长恨歌传》,载《白居易集》卷一二,第236页。

⑥ 白居易:《长恨歌》,载《白居易集》卷一二,第238页。

敦煌莫高窟116窟，盛唐，《新郎与新娘》

敦煌莫高窟158窟，中唐，王后礼佛图

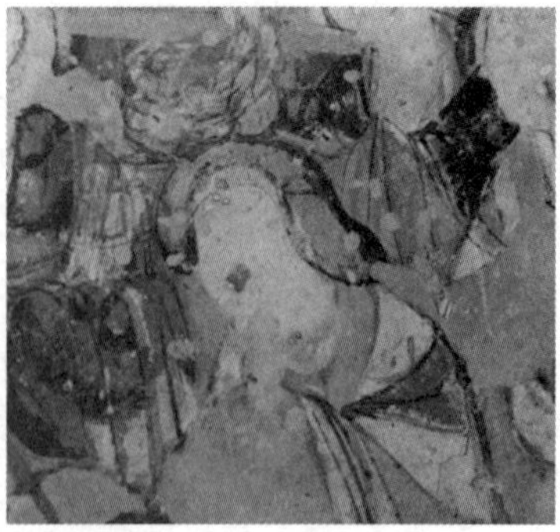
敦煌莫高窟12窟，晚唐，《新娘》

敦煌莫高窟98窟，五代，《节度使曹议金家族贵妇服饰》(局部)

敦煌莫高窟61窟，五代，《于阗公主礼服》

宋真宗皇后真像

宋神宗皇后真像

宋徽宗皇后真像

凤在中国历史上，最终衍变成了妇女的指代符号，凤冠更成了妇女尊贵身份的象征，凤冠的这一特征，唐五代实是最重要的肇基时期。

## 五　日常生活史下的唐五代凤冠

日常生活史的出现，是对历史结构主义批判的结果，“日常生活史学者认为，空谈‘社会结构’，而忽视个人在日常生活中的感受，必然导致对历史规律认识的简单化”；“史学‘科学化’的最大弊端是‘见物不见人’，而抽掉了‘人’这个内核，任何社会现象都不能得到正确的解释”①；日常生活史“应当紧扣其打通个人与社会结构之间桥梁这一研究主旨”②。而从日常生活史的视角，观察唐五代时期的凤冠，至少可以做如下三方面的思考：

第一，凤冠的流行，反映了其时之人的趋贵心理。如上所析，在唐五代凤冠衍变与流行的过程中，武则天和唐玄宗无疑是重要的顶层推动者。身为女子的武则天，为突出或获取最高权力与地位，大搞凤瑞，这也推动了凤与妇女、特别是妇女高贵身份的联系。受武则天影响，中宗时，善于逢迎的重臣、诗人李峤，以中宗生日与韦后爱女长宁公主的满月重合，而赋诗“神龙见像日，仙凤养雏年”③，以神龙喻中宗，以仙凤喻公主。凤与皇后、女皇以及公主的联系，大大提升了凤在人们心目中的地位。另外，在武则天时，凤冠还进入了宫廷乐舞的舞服。而玄宗时乐舞舞服对凤冠的承继与发展，愈使凤与凤冠的突出地位进一步加强。或许是受武则天、唐玄宗等顶层人物崇凤、舞人头饰凤冠的影响，盛唐时，“朝议大夫使持节都督晋昌郡诸军事守晋昌郡太守兼墨离军使赐紫金鱼袋上柱国乐庭瑰”女十三娘的头上，便出现了凤冠，此当是以凤冠彰示自己尊贵身份的一种反映。而五代时期贵妇头戴的凤冠，或已进入高等命妇的礼服之制——钿钗礼衣（花钗礼衣的情况暂不明），这从曹氏家族女眷贵妇的头饰中，可窥见一斑，它也凸显了这些妇女身份的尊贵。而平民女子出嫁时头戴凤冠，应属摄盛，这是百姓为求得荣华富贵，而做的超越常制之举。

第二，从凤冠的流行，还可看到唐五代时妇女对佛教的崇奉。按唐制，“外命妇嫁及受册、从蚕、大朝会”服花钗礼衣，“外命妇朝参辞见及礼会”服钿钗礼衣④，据此，我们尚不能明了唐五代贵妇在进行重大佛事活动时，穿着礼服、佩戴头冠的情况。而《都督夫人与女眷盛装》图中贵妇的冠服，则可补唐代正史及衣服令记载的不足。如前所述，晋昌郡守乐廷瑰的妻女，当是在乐廷瑰任职晋昌郡期间，专程随其赴莫高窟做佛事功德的。由此图推测，唐五代时，重大佛事活动是极受重视、被视为非常重要且严肃场合的，因此，高级品官的女眷在进行重大佛事活动时，都表现得极为隆重，身为命妇的乐廷瑰夫人王氏，就身着正式的吉礼之服——钿钗礼衣，其女十三娘也头戴凤冠。这些贵妇对佛教的虔诚，通过她们身上穿戴的礼服和凤冠，可以明显表现出来。这一点，还可从敦煌莫高窟第 61 窟归义军节度使曹

① 刘新成：《日常生活史：一个新的研究领域》，载《光明日报》2006 年 2 月 14 日 12 版。强调日常生活史的人性叙述，是受夏炎先生在“中国史上的日常生活与物质文化”学术研讨会上论文和发言的启发（南开大学中国社会史研究中心主办，2015 年 10 月），特此致谢。

② 胡悦晗、谢永栋：《中国日常生活史研究述评》，载《史林》2010 年第 5 期，第 181 页。

③ 李峤：《中宗降诞日长宁公主满月侍宴应制》，载《全唐诗》卷五八，第 691 页。对李峤此诗性别意义的分析，参见王维堤：《龙凤文化》，第 272 页。

④ 《旧唐书》卷四五《舆服志》，第 1956 页。

议金家族女眷的着装上看到（图33）。

图33　敦煌莫高窟61窟，五代，《女供养人服饰》（归义军节度使曹议金家族女眷）①

第三，莫高窟第98窟的壁画，向我们提示了五代时期外命妇参与家祭时的礼服情况。按《开元礼》的规定，唐时主妇并不涉家祭之仪②，但她们可以参与祭祀，六品已下官妻还可身穿祭服，而祭服则是以其最高等礼服花钗礼衣为之："进贤冠者……六品以下私祭皆服之"，其祭寝"祭服以进贤冠，主妇花钗礼衣"③。但外命妇参与家庙、宗祠祭祀时，是否穿着祭服，史书阙载，而莫高窟第98窟壁画描绘的情况，又可补此。如众所知，敦煌莫高窟第98窟为曹氏家窟，敦煌世家大族"在莫高窟营造的'家窟'，实际上起着自己宗族祠堂的作用，甚至起着一般的祠堂起不到的作用"④。由《节度使曹议金家族贵妇服饰》⑤（图28）推测，曹氏家族女眷入家窟行祭时，当穿着礼服（祭服），并且在一些女眷的礼服中，还加入了凤冠这一元素。而五品以上官妻参与家祭时，是否也如六品已下官妻，穿着最高等级礼服花钗翟衣呢？从目前的材料看，尚不能确定。按颜真卿《和政公主神道碑》，其称颂肃宗女和政公主："每至伏腊，礿祠蒸尝，必具礼衣花钗之饰，以躬中馈堂室之奠。"⑥依此，和政公主在家祭时，所着即为第一等礼服花钗翟衣。而从第98窟曹议金家族贵妇的服饰看，其应为第二等礼服——钿钗礼衣（"通用杂色"、"无雉"），这实际也更符合官员祭祀时穿着礼服的等级。关于官员私祭的礼服等级，《新唐书·车服志》载：

玄冕者……三品以下私祭皆服之。

① 谭婵雪主编：《敦煌石窟全集》24《服饰画卷》，图221，第234页。

② 参见拙文：《唐人理想女性观念——以容貌、品德、智慧为切入点》，载荣新江主编：《唐研究》第11卷，2005年，第167页。

③ 《新唐书》卷二四《车服志》，第521、347页。

④ 马德：《敦煌莫高窟史研究》，第250页。

⑤ 谭婵雪主编：《敦煌石窟全集》24《服饰画卷》，图219（范文藻摹），第233页。

⑥ 王谠撰、周勋初校证：《唐语林校证》卷五《补遗》，北京：中华书局，1987年，第509页。

> 爵弁者……五品以上私祭服之。

而三品以下、五品以上从祀之服的等级为：

> 玄冕者，五品之服也。
> 爵弁者，六品以下九品以上从祀之服也。
> 毳冕者，三品之服也。
> 絺冕者，四品之服也。①

也即三品以下、五品以上官员私祭时，其所着礼服之等，是低于从祀之服的。依着妇人“出嫁从夫”的儒家“三从”观念，五品以上命妇在参与家祭时，身着第二等礼服，也就合乎礼教规范了。

## 六　赘语：方法和材料的审视

在中国历史上，凤冠是一种符号，它最终成为了汉族妇女至高身份和荣誉的象征。但它演变的历史漫长而模糊，虽然通过缕析有限的史文资料及敦煌图像材料，我们大致梳理出了如下的线索，即唐至五代可以看作民间发展的一个节点（五代或已进入礼制），宋代则是发展的另一个节点——明确进入了礼服行列，但由唐至宋递进的原因，则并无史文可征，所以，本文在阐释变化的原因时，借鉴了物质文化史的研究方法。

关于物质文化史研究的路径及结论的开放性，高彦颐在《从唐宋身体文化试论缠足起源》一文中谈到：“文化史并不是要探讨一种历史的真理或不确定性，更大的意义在于一种解释和商讨的过程：在文字和实物、现实和过去、历史学家和历史学科之间，缠足起源的研究与其他历史研究一样，最后的分析是为了探讨未知的和不可知的。”②凤冠演变的历史也一样，它或可称为另一个“未知的和不可知”的话题，本文也仅是提供了一种分析而已。

在分析凤冠演变的过程中，我们无法回避对图像资料的运用，而这又涉及形象史学③。关于形象史学，彼得·伯克（Peter Burke）在《图像证史》一书中谈到：

> 一两代人以来，历史学家极大地扩展了他们的兴趣，所涉及的范围不仅包括政治事件、经济趋势和社会结构，而且包括心态史、日常生活史、物质文化史、身体史等等。如果他们把自己局限于官方档案这类由官员制作并由档案馆保存的传统史料，则无法

---

① 《新唐书》卷二四《车服志》，第519—520页。

② 高彦颐（Dorothy Ko）：《从唐宋身体文化试论缠足起源》（“In Search Footbinding's Origins”），载邓小南主编：《唐宋女性与社会》，上海：上海辞书出版社，2003年，第409页。

③ 关于形象史学的概念、研究方法及可能存在的问题，参见刘中玉：《形象史学：文化史研究的新方向》，载《河北学刊》2014年第1期，第19—22页。

在这些比较新领域中从事研究。

出于这一原因，范围更加广泛的证据被越来越多地使用，其中除了书面文本和口述证词外，图像也占了一席地位。①

凤冠于历史上的演变，再次证明了在物质文化史研究中，图像资料运用的重要性：如果没有敦煌壁画所描绘的凤冠形象，我们仅以文字史料作研究对象，将无法知晓唐五代时期凤冠的具体形制及种类；并且，对敦煌图像资料的运用，在一定程度上，也佐证了“图像证史”的重要意义，“即以图像证文献不能证之史，以图像激发舍弃图像而不能发之史观，由此而扩大人类理解自身历史的视野与范畴”②。

当然，如学者业已指出的，在形象史学研究中，也存在着需警惕之处，“如果以为这类图解性的描述毫无问题地反映了某个特定地点和时间的技术状况，而不去做进一步的史料考证，不去识别制作该画的艺术家是谁……甚至不去认真考证有关该艺术家的史料，也有可能犯错误”③。关于中古敦煌洞窟壁画的绘制者——无论是高级画家还是普通画匠，无论是官宦画师还是民间画工，都自始至终绘制敦煌石窟的佛教壁画④，他们虽然也会因此而获取报酬——“缠盘”⑤，但许多人将造窟活动视为一种功德而少取工价，或者完全是义务劳动，特别是在为寺院或僧团造窟时，更是如此⑥。所以，因着对佛教的信仰及虔诚，这些画家对绘制壁画的认真态度，是毋庸置疑的。并且，敦煌壁画于佐证历史的意义，学界已多有研究，段文杰就曾指出：“世俗人物服饰，如故事画中的人物，特别是供养人像，都是有名有姓的现实人物的写照。……宗教壁画中人物的衣冠服饰，不仅有现实依据，而且是随时代的改变而变化的。因此，它对于研究我国衣冠服饰发展演变的历史，是具有一定科学性的。”⑦在一定程度上，敦煌壁画中的服饰，是这一地区某一时期服饰文化的综合特征写照。关于敦煌壁画的综合特征写照问题，沙武田在研究了敦煌画稿后指出：

鉴于敦煌的绘画集中在一个地区，绘画者画工画匠的时代、组织、师承等各方面会由于空间的关系而产生紧密联系，洞窟壁画本身相互间也会产生影响。各种因素综合作用，特别是粉本画稿的使用，使得敦煌壁画较早地形成了一定的模式，并进而使得壁画艺术走向程式化。通俗地讲，就是壁画之间的相似性或一致性特征。

---

① 彼得·伯克(Peter Burke)：《图像证史》，杨豫译，北京：北京大学出版社，2008 年，第 3 页。

② 曹意强：《图像证史——两个文化史经典实例》，载《新美术》2005 年第 2 期，第 37 页。

③ 彼得·伯克(Peter Burke)：《图像证史》，第 109 页。在既有的研究中，学者对宋元以后书画家的生活及其艺术品的买卖、订作、收入、赞助等，已多有关注，如高居翰：《画家生涯：传统中国画家的生活与工作》，杨宗贤等译，北京：三联书店，2012 年；白谦慎：《傅山的交往和应酬：艺术社会史的一项个案研究》，上海：上海书画出版社，2003 年；李铸晋编，石莉译：《中国画家与赞助人：中国绘画中的社会及经济因素》，天津：天津人民美术出版社，2013 年。

④ 参见马德：《敦煌画匠称谓及其意义》，载《敦煌研究》2009 年第 1 期，第 4 页。

⑤ 见 S. 3929V1、V2《节度押衙知画行都料董保德等建造兰若功德(二通)》，载中国社会科学院历史研究所等合编《英藏敦煌文献(汉文佛经以外部分)》第 5 卷，成都：四川人民出版社，1992 年，第 214 页。关于敦煌画师的收入，参见姜伯勤《敦煌艺术宗教与礼乐文明——敦煌心史散论》，北京：中国社会科学出版社，1996 年，第 16 页。

⑥ 参见马德：《敦煌工匠史料》，兰州：甘肃人民出版社，1997 年，第 21 页。

⑦ 段文杰：《敦煌壁画中的衣冠服饰》，载氏著：《敦煌石窟艺术研究》，第 299 页。

> 敦煌佛教艺术中存在的艺术推动力主要是人们的模仿思想，而非想象力；想象力虽然有，但和模仿思想比较起来，其表现出来的壁画数量非常之少。[①]

特别是五代以后，敦煌壁画中程式化的倾向更为明显，“（这一时期）艺术表现的程式化也逐渐严重起来”[②]，“供养人画像千篇一律，……女像桃形凤冠，饰步摇”[③]。这种程式化带来的结果利弊参半，其有利的一面在于，唐五代时期的凤冠，当是在参照现时现地的基础上，对现实礼冠的一种提炼、模仿而非想象，它反映的是唐五代时期妇女礼冠的综合特征。之所以称这些凤冠是现实的而非想象的，又涉及“观者”的问题[④]。毫无疑问，所有敦煌石窟的建造者，都是以积功德、求福报为目的的，但其中一些洞窟的壁画，也兼具其他功用，它们或在讲经时配合解释经文[⑤]，或拥有弥合现实政治的意义[⑥]。配合解释经文，就需要通俗易懂、吸引信众，而对真实场景或实物的描绘，无疑更能拉近信众与宗教教义间的距离，因此也更能达到弘扬佛法的目的；而弥合人际政治关系，更需要这些政治人物及其眷属的观瞻与认同，也必须体现他们于现实中的政治、宗教地位。他们身著的礼服或法服，也须匹配与反映他们的身份，也即这些画像及服饰，是须得到这些画像人物认可的，而工匠、画师遵从其现实的礼服冠制，就是一种最明智的选择了。而这样一种绘画理念，就是敦煌石窟肖像画中的“邈影如生”，“‘邈影生同’作为肖像画的标准，反映了当时仍有一种追求写实的时尚”[⑦]，虽然这一观念在与程式化的较量中，或许并不占上风。

虽然敦煌石窟壁画有显示衣冠服饰发展的意义，但唐五代时期的敦煌毕竟偏居一隅，其凤冠的样式到底与中原有着怎样的同异？它更多反映的是地方习俗还是整个唐境的服饰特征？这些都是有待进一步探讨的。无论如何，敦煌壁画所描绘的两种凤冠，无疑提示我们，它与中原凤冠的流行一定有着某种联系，否则将无法解释宋代后妃礼服中凤冠的加入，这也是本文将其纳入唐五代时期凤冠演变思考的初衷。

**作者简介：**李志生，北京大学历史系副教授。

---

① 沙武田：《敦煌画稿研究》，北京：中央编译出版社，2007 年，第 396、398 页。

② 史苇湘：《关于敦煌莫高窟内容总录》，载《敦煌莫高窟内容总录》，北京：文物出版社，1982 年，第 182 页。

③ 沙武田：《敦煌画稿研究》，第 399 页。

④ 对敦煌壁画观者的讨论，参见巫鸿：《何为变相？——兼论敦煌艺术与敦煌文学的关系》，载氏著：《礼仪中的美术——巫鸿中国古代美术史文编》，郑岩等译，北京：三联书店，2005 年，第 364—365 页。

⑤ 对敦煌石窟壁画承担讲经作用的讨论，参见巫鸿：《敦煌 172 窟〈观无量寿经变〉及其宗教、礼仪和美术的关系》，载氏著《礼仪中的美术——巫鸿中国古代美术史文编》，第 411—412 页。

⑥ 如莫高窟第 98 窟曹议金功德窟，就打破了此类洞窟一般只绘制自家亲属画像的常例，而将归义军的文臣武将、僧官大德，也统统绘入其中，此做的目的，就是为笼络各方人士，巩固自己的政权。参见荣新江《归义军史研究——唐宋时代敦煌历史考索》，上海：上海古籍出版社，1996 年，第 241—243 页。

⑦ 姜伯勤：《敦煌艺术宗教与礼乐文明——敦煌心史散论》，第 87—89 页。

中国社会历史评论　第十八卷　2017 年　第 42—50 页

# 河北地区宋代墓葬及相关问题研究*

耿　超

【摘　要】河北地区北宋早期墓葬发现较少，主要为简单砖室墓和土洞墓，自中期始发现的宋墓逐渐增多，出现仿木结构砖室墓，此外还有土洞墓、石室墓和竖穴土坑墓。北宋晚期仿木结构砖室墓更为流行，墓内饰有砖雕和彩绘，展示墓主生前的日常生活场景。河北地区宋代墓葬中的随葬品鲜少，主要为瓷碗、瓷壶、瓷瓶、瓷碟及瓷枕等生活用器，俑类明器鲜少发现，这可能与纸质明器的流行有关，也反映了宋人的丧葬观念与鬼神观念。从埋葬方式看，有单人葬，但大多数墓葬都采用夫妇二人或三人合葬的形式，也有的墓葬采用了火葬的形式，可能是受到了佛教以及契丹等少数民族风俗的影响。

【关键词】河北地区；宋代墓葬；葬俗

河北地区在宋代属河北路，为边疆重地。新中国成立以来，河北地区发掘了大量宋代墓葬，虽有学者在研究中涉及了河北地区宋墓的问题①，但尚未见著文专述者。本文即在前人研究成果基础上，对河北地区的宋代墓葬进行类型学研究并对其所反映的丧葬习俗与日常生活等问题进行探讨，错漏之处，祈请专家指正。

## 一　墓葬形制的类型学研究

根据目前发表的资料，河北地区的宋代墓葬主要有砖室墓、石室墓、土洞墓与土坑墓。

### （一）砖室墓

墓室主体用砖砌而成，根据墓葬形制的不同可分为简单型的砖室墓与仿木结构砖室墓。

A 型　简单型的砖室墓，即仅用砖砌墓室，此外无装饰，可分为四个亚型：

Aa 型，圆形单室砖墓，墓室平面呈圆形或近似圆形，大多坐北朝南，墓道位于墓室南面，墓室前有券门，门内有甬道。有的墓内用砖平铺顺砌，墓室内有棺床，有的墓室底部未

* 基金项目：本文系河北省社会科学基金项目“河北地区宋代墓葬研究”（编号 HB17LS008）的阶段性研究成果。

① 陈朝云：《我国北方宋代砖室墓的类型和分期》，《郑州大学学报（哲学社会科学版）》1994 年第 6 期；赵明星：《宋代仿木结构墓葬形制及对辽金墓葬的影响》，《边疆考古研究》（第 4 辑），北京：科学出版社，2005 年；夏素颖：《河北地区宋金墓葬研究》，《文物春秋》2012 年第 2 期。

砌棺床，仅用横竖砖并排铺地，如石家庄市柏林庄 M2、M3[①]，曲阳涧磁村 M7[②]。

Ab 型，半圆形单室砖墓，墓室平面呈半圆形，目前此种形制墓葬河北地区仅发现一座，即博野县刘陀店 M24[③]，由墓道、甬道、封门、墓室组成。墓道位于墓室之南，阶梯式，梯形甬道南接墓道，北接墓室，券顶过洞式，棺床位于墓室北部。

Ac 型，梯形单室砖墓，墓室平面呈梯形，底部铺有地砖，南端用乱砖封门。如博野刘陀店 M41[④]。

Ad 型，长方形砖室墓，由墓道、封门和墓室组成，在长方形墓道内砌砖室，南部留出墓道，墓室平面呈长方形。如博野刘陀店 M117、M18[⑤]。

B 型　仿木结构砖室墓，即墓葬仿照地上木结构建筑而成，一般都由墓道、墓门、甬道、墓室组成，根据墓室的形状，可以分为：

Ba 型　圆形仿木结构单室墓

墓室平面为圆形或近似圆形，穹隆顶。墓门券顶，用砖封堵。墓室内用彩绘和砖雕表现出门、窗、斗拱等仿木结构装饰。墓室内砌有棺床，骨架位于棺床上，如曲阳南平罗村政和七年纪念墓[⑥]、静海东滩头 M3[⑦]、石家庄市柏林庄 M1[⑧]、河南临城岗西村宋墓[⑨]、武邑崔家庄、龙店宋墓[⑩]、平山县两岔 M3、M5、M6[⑪]、临城山下 M2[⑫] 等。

Bb 型　方形仿木结构单室墓

由墓道、墓门、甬道与墓室构成。墓门正面为仿木构件筑的门楼，墓室平面呈方形或长方形，内作仿木结构装饰，四角砌方形倚柱或以兰额、普柏枋斜抹承托斗拱，各倚柱、兰额间砌壁面，上绘壁画或砌砖雕。如井陉县柿庄宋墓 M6，M2、M7[⑬]，又如平山东冶村 M2[⑭]。

Bc 型　六角形仿木结构单室墓

墓门券顶，用砖封堵，正面为仿木结构门楼，有的墓顶外砌须弥座式建筑，墓室平面呈六角形，或于各转角处单砖竖砌倚柱六颗，或摹仿木构的抹角式做法，柱头枋上置斗栱，墓

---

① 唐云明：《河北省石家庄市柏林庄宋墓清理简报》，《考古通讯》1957 年第 5 期。

② 河北省文化局文物工作队：《河北曲阳涧磁村发掘的唐宋墓葬》，《考古》1965 年第 10 期。

③ 河北省文物研究所：《河北省博野县刘陀店宋金墓群发掘简报》，载河北省文物研究所编：《河北省考古文集（二）》，北京：北京燕山出版社，2001 年。

④ 河北省文物研究所：《河北省博野县刘陀店宋金墓群发掘简报》，载河北省文物研究所编《河北省考古文集（二）》。

⑤ 河北省文物研究所：《河北省博野县刘陀店宋金墓群发掘简报》，载河北省文物研究所编《河北省考古文集（二）》。

⑥ 保定地区文物管理所、曲阳县文物保管所：《河北曲阳南平罗北宋政和七年墓清理简报》，《文物》1988 年第 11 期；

⑦ 邸明：《河北静海东滩头发现宋金墓》，《考古》1995 年第 1 期。

⑧ 唐云明：《河北石家庄市柏林庄宋墓清理简报》，《考古通讯》1957 年第 5 期。

⑨ 邢台市文物管理处等：《河北临城岗西村宋墓》，《文物》2008 年第 3 期。

⑩ 衡水市文物管理处：《河北武邑崔家庄宋墓发掘简报》，《文物春秋》2006 年第 3 期；河北省文物研究所：《河北武邑龙店宋墓发掘报告》，载河北省文物研究所编：《河北省考古文集（一）》，北京：东方出版社，1998 年。

⑪ 河北省文物研究所：《河北平山县两岔宋墓》，《考古》2000 年第 9 期。

⑫ 临城县文物保管所：《临城山下宋墓清理简报》，《文物春秋》2014 年第 6 期。

⑬ 河北省文物局文物工作队：《河北省井陉县柿庄宋墓发掘报告》，《考古学报》1962 年第 2 期。

⑭ 河北省文物研究所：《河北平山发现宋墓》，《文物春秋》1989 年第 3 期。

门两侧和墓室内一般施以彩绘,有的墓室内壁砌出假门、窗、桌椅等。如井陉北孤台 M1、M2,柿庄 M3、M8[①],平山县两岔 M1[②]。

Bd 型　八角形仿木结构单室墓

墓室平面呈八角形,转角处用砖砌仿木倚柱,墓室周壁饰砖雕图案,砖雕出斗拱、假门、直棂窗、桌椅、灯檠、剪刀、熨斗等,有的墓内还有彩绘装饰。如平山县两岔 M2、M7[③],邯郸北 M10、M11[④],井陉县柿庄 M1、M10[⑤]。

Be 型　中字形仿木结构双室墓

中字形仿木结构的砖室墓,目前河北地区仅发现一座,即正定野头 M14[⑥],平面呈中字形,由墓道、甬道、前室和后室四部分组成,前室平面近方形,后室居前室之前,平面为长方形。此墓遭到严重破坏,但墓室内发现大量残砖,还有大量砖壁倒塌堆积,墓中出土连花纹瓦当,当面与瓦身用一块整砖雕成,应是墓葬砖作仿木结构的一部分。

**(二)砖石混筑墓**

墓室大部分用石块砌成,一部分用砖砌,如井陉县柿庄 M9[⑦],此墓结构亦由墓道、墓门、甬道、墓室四部分组成,墓门用石块迭砌成方形,顶不起券,墓室平面近似方形,棺床位于墓室后部,作长方形,只外缘砌砖一道,内为土筑。

**(三)石室墓**

目前河北地区发表的石室墓,仅见于平山县两岔 M4[⑧],该墓墓道在墓室南,墓门有石块垒砌封门,甬道为平顶过洞式,墓室平面呈圆形,穹隆顶,墓室西部为半圆形棺床,正面用石块垒砌,内填沙土。骨架已被扰乱。

**(四)土洞墓**

墓道均朝南,为竖井式,南宽北窄或南窄北宽,平面呈梯形,根据墓室形状,可分为两型:

A 型　椭圆形土洞墓

墓门用砖封堵,墓道底部南端有 3—4 级台阶,墓室平面呈椭圆形、拱形顶、墓室内置棺床或木棺,在棺床上或木棺内葬有人骨,有的亦不设棺床,如邢台泽丰小区宋墓[⑨]、石家庄市赵陵铺宋墓[⑩]。

B 型　长方形土洞墓

墓室平面呈长方形,墓门用砖或青石垒封。石家庄市赵陵铺宋墓群[⑪]中有此种形制墓

---

① 河北省文物局文物工作队:《河北省井陉县柿庄宋墓发掘报告》,《考古学报》1962 年第 2 期。

② 河北省文物研究所:《河北平山县两岔宋墓》,《考古》2000 年第 9 期。

③ 河北省文物研究所:《河北平山县两岔宋墓》,《考古》2000 年第 9 期。

④ 李忠义:《邯郸市区发现宋代墓葬》,《文物春秋》1994 年第 3 期。

⑤ 河北省文物局文物工作队:《河北省井陉县柿庄宋墓发掘报告》,《考古学报》1962 年第 2 期。

⑥ 辽宁省文物考古研究所:《河北正定野头墓地发掘简报》,《文物》2012 年第 1 期。

⑦ 河北省文物局文物工作队:《河北省井陉县柿庄宋墓发掘报告》,《考古学报》1962 年第 2 期。

⑧ 河北省文物研究所:《河北平山县两岔宋墓》,《考古》2000 年第 9 期。

⑨ 李军、李恩玮:《河北邢台泽丰园小区宋墓的发掘》,《考古》2007 年第 5 期。

⑩ 河北省文物管理委员会:《河北石家庄市赵陵铺镇古墓清理简报》,《考古》1959 年第 7 期。

⑪ 河北省文物管理委员会:《河北石家庄市赵陵铺镇古墓清理简报》,《考古》1959 年第 7 期。

葬九座,墓室长 1.1 米—2.9 米,宽 0.55 米—1.05 米,墓中人架横陈,头南脚北。又如邢台总运输公司宋墓①,坐北朝南,墓室拱形顶,南部稍宽,长 3.04 米,宽 1.16 米—1.18 米、高 1 米—1.3 米,墓底用长方形砖平铺。

### (五)砖椁墓

平面呈长方形,在竖穴土坑内砌砖椁或棺。鹿泉西龙贵墓地发现的砖椁墓编号为 M64②,墓葬墓坑长约 3.5 米、宽约 1.9 米、现深约 1.05 米,砖椁下部保存基本完整,平面近长方形,南北两端略向外凸。墓壁为单层墙体,多为残砖砌成,均错缝横砌,厚 0.14 米—0.16 米。椁底部无砖,砖为长方形。河北邢台食品公司发现的两座宋墓③,均南北向,墓室全部用黑色素面小砖铺成。又如 1982 年发掘的静海东滩头 M4④,单砖砌成,底宽上窄,逐渐收缩,无铺地砖,内有中年女性骨架一具,仰身屈膝。

### (六)竖穴土坑墓

此种墓葬形制较为简单,由地面向下垂直挖成竖穴,死者置于坑内葬具之中,如邢台旅馆宋墓 02XLM38⑤,此墓长 2.5 米、宽 1 米、深 2 米,距地表深 3.5 米,墓室北部有长方形木棺遗迹,棺内有一头向南、面向上、仰身骨架。此外,石太高速公路南海山北墓区⑥、在邢台曹寅庄古墓群⑦中也存在此种形制墓葬。

## 二 墓葬分期

根据上述墓葬形制的分析结合纪年墓的资料,河北地区宋代墓葬可以分为三期(表一):

① 李军:《邢台宋墓出土"官"字款瓷碗》,《文物春秋》2005 年第 5 期。

② 四川大学历史文化学院考古系:《河北鹿泉市西龙贵墓地唐宋墓葬发掘简报》,《考古》2013 年第 5 期。

③ 唐云明:《河北邢台发现宋墓和冶铁遗址》,《考古》1959 年第 7 期。

④ 邸明:《河北静海东滩头发现宋金墓》,《考古》1995 年第 1 期。

⑤ 李敏、李恩伟等:《邢台旅馆汉唐宋墓葬的发掘》,载河北省文物研究所编《河北省考古文集(三)》,科学出版社,2007 年。

⑥ 河北省文物研究所石太考古队:《石太高速公路北新城南海山墓区发掘报告》,载河北省文物研究所编《河北省考古文集(一)》。

⑦ 唐云明:《河北邢台清理的宋墓》,《考古》1961 年第 3 期。

表一　河北地区宋代墓葬分期

| 墓葬形制<br>分期年代 | | 砖室墓 | | | | | | | | | 砖石混筑墓 | 石室墓 | 土洞墓 | | 砖椁墓 | 竖穴土坑墓 |
|---|---|---|---|---|---|---|---|---|---|---|---|---|---|---|---|---|
| | | A 型 | | | | B 型 | | | | | | | A 型 | B 型 | | |
| | | Aa 型 | Ab 型 | Ac 型 | Ad 型 | Ba 型 | Bb 型 | Bc 型 | Bd 型 | Be 型 | | | | | | |
| 第一期 | 北宋早期 | √ | | | | | | | | | | | √ | √ | | |
| 第二期 | 北宋中期 | √ | | | √ | √ | | | | | | | √ | √ | | √ |
| 第三期 | 北宋晚期 | √ | √ | √ | √ | √ | √ | √ | √ | √ | √ | √ | √ | √ | √ | |

第一期：北宋早期①

这一时期宋墓发现资料较少，墓葬形制主要有简单型砖室墓、土洞墓，这两种墓葬类型在河北地区一直持续到北宋晚期，此时期尚未发现仿木结构砖室墓。

第二期：北宋中期

此阶段，河北地区宋代墓葬的发现逐渐增多，并出现仿木结构砖室墓，此外，还有土洞墓、石室墓和竖穴土坑墓。土洞墓主要发现在邢台地区，自北宋早期延续到晚期。竖穴土坑墓构造简单，自新石器时代出现后一直延续，在河北地区只在中期出现，笔者推测大概有两方面的原因，一是发表的资料不多，二是此时期的土坑墓中有明确纪年的较少。北宋中期河北地区出现的仿木结构砖室墓墓室均为圆形，纪年墓发现两座，一为武邑龙店二号墓②，在甬道入墓室处有一块大砖，其上墨书“庆历二年正月十六日”，仁宗庆历二年即公元1042 年；另一为临城岗西村宋墓③，墓中出土的塔式罐上墨书“至和”等字样，但因为其余部分漫漶，难以辨识，所以此墓确切的纪年无法推断，但大致可知，此墓的年代为北宋仁宗至和年间（1054—1056 年）。

第三期：北宋晚期

到北宋晚期，仿木结构的砖室墓更为流行，大多为单室，有的在墓室中砌有棺床，棺床有半圆形或凹字形，墓内饰有砖雕和彩绘。圆形仿木结构砖室墓在河北地区最为常见，其次是方形、六角形与八角形，中字形仿木结构砖室墓在河北地区仅发现了一座，即正定野头M14，此墓也是唯一的一座双室墓。此时期还发现了少量的石室墓、砖石混筑墓和砖椁墓。

① 本文的分期采用秦大树先生对北方宋墓的分期标准，第一期为北宋开国到仁宗天圣年以前（公元 960—1022 年），第二期为仁宗天圣元年到哲宗元祐元年以前（公元 1023—1085 年）；第三期为元祐元年到北宋末（公元 1086—1127 年）。参秦大树：《宋元明考古》第 144—145 页，北京：文物出版社，2004 年。

② 河北省文物研究所：《河北武邑龙店宋墓发掘报告》，载河北省文物研究所编：《河北省考古文集（一）》。

③ 邢台市文物管理处等：《河北临城岗西村宋墓》，《文物》2008 年第 3 期。

## 三　相关问题的探讨

### (一) 随葬品

河北地区宋墓的随葬品主要有瓷器、陶器、铜钱等。

1. 瓷　器

随葬瓷器中以瓷碗、瓷壶、瓷瓶、瓷碟等生活用器最为常见。从随葬瓷器的釉色与造型来看,多种窑口的产品共存,如定州寨南村宋墓①出土钧窑碗一件,圆唇、敛口、腹稍外鼓,天青釉,釉汁肥厚润泽。邢台丰泽园小区 M4② 出土的耀州窑系瓷碗,微敛口,斜腹,矮圈足,器内外满施青釉,碗心釉下贴一莲花。但本地窑口磁州窑、定窑、邢窑生产的瓷器在河北地区宋代墓葬中更为多见。有学者指出,"随葬品是墓主将世俗生活延续到冥世的叙事道具。从单个墓葬的随葬品可以看出墓主人认为什么是必要之物,从这样一系列他们优先考虑的事物中我们可以获知他们的想法"③。可见,在平民墓葬中随葬这些日常生活中必不可少的饮食用器,即是希望墓主在冥世能继续使用这些器物,饮食无忧。

除以上生活用器外,瓷枕也是河北地区宋墓中习见的随葬品,瓷枕在墓葬中多位于墓主头部下方,有的位于头部一侧,形状多样,有长方形、六角形、八角形和椭圆形,多为磁州窑、定窑的产品,枕面装饰花纹题材丰富,多表现日常生活情景,如人物、花卉、鸟兽等,有的还题有诗句。如邢台食品公司宋墓中出土的两件瓷枕,一件为六角形,胎很粗,表面涂一层很薄的牙色釉,上面用茶黑色绘有梅花鹿,笔调简单,生动逼真,背面印有张家造戳记,另一件为椭圆形黑色剔菊花枕,背面亦存一"张"字,也应是磁州窑的产品④。瓷枕的烧造与使用始于隋代,在宋代已成为一种重要的日常生活用具,北宋诗人张耒在《谢黄师是惠碧瓷枕》中言,"巩人作枕坚且青,故人赠我消炎蒸。持之入室凉风生,脑寒发冷泥丸惊",是说瓷枕具有祛暑安寝之功效,已被文人作为礼物互相赠送,著名词人李清照之词"玉枕纱橱,半夜凉初透",亦是赞美景德镇的青白瓷枕。随葬的瓷枕应是墓主生前所用器物,死后以瓷枕随葬,表明了瓷枕在宋人日常生活中的重要地位,这既是对生前就寝方式的模仿,亦是希望死者能够高枕无忧、安眠于地下。此外,2009 年发掘的鹿泉西龙贵墓地宋墓中,墓主头部下方没有瓷枕,而是头枕板瓦,板瓦上宽下窄,凸面为素面,凹面满饰布纹,有的朱书楷书"定"字⑤,可能具有镇墓驱邪之意。石家庄市赵陵铺古墓群、博野刘陀店宋金墓群中有的墓则以碎砖代替瓷枕来随葬,碎砖位于墓主头部下方或两侧,表明墓主人经济条件低下。

2. 陶器

陶器主要有陶罐和陶塔式罐。陶塔式罐是唐代墓葬中习见的随葬品,宋墓中少见,但

---

① 定州市博物馆:《定州市寨南村宋代墓葬发掘简报》,《文物春秋》1991 年第 3 期。

② 李军、李恩玮:《河北邢台泽丰园小区宋墓的发掘》,《考古》2007 年第 5 期。

③ [英]杰西卡·罗森著,邓菲、黄洋等译:《祖先与永恒》,第 202 页,北京:生活·读书·新知三联书店,2011 年。

④ 唐云明:《河北邢台发现宋墓和冶铁遗址》,《考古》1959 年第 7 期。

⑤ 四川大学历史文化学院考古系:《河北鹿泉市西龙贵墓地唐宋墓葬发掘简报》,《考古》2013 年第 5 期。

近年来河北邢台地区宋墓中陆续出土了几件塔式罐。如临城岗西村 GXM1 出土了黄绿釉陶塔式罐一件[①];邢台运输总公司 M1 中出土一件灰陶塔式罐,器表有彩绘,但大部分脱落[②]。比较典型的是邢台泽丰园小区的四座宋墓中均出土了塔式罐[③]。宋墓中出土的塔式罐一般由器盖、陶罐、器座三部分组成,但也有的由器盖、罐、扶梯、器身、器座五部分组成,泽丰园 M3、M4 出土的塔式罐则有两层器座。塔式罐的出现,一般认为与佛教有关,有学者推测塔式罐仿自一种金属佛具,大概是铜盆[④],但邢台泽丰园小区宋墓出土的塔式罐器座外部除贴塑一佛二菩萨、飞天等佛像外,还贴塑一天尊一鹿二真人等道教人物和神兽,这种佛、道同塑一器的现象,不见于唐代,也不见于其他地区,表明墓主既信仰佛教,又信仰道教,或与宋代邢台地区佛、道二教合流有关。

3. 铜钱

随葬铜钱多位于墓主身下,头骨、臂部、背部、腰部、腿部下方均有发现,即垫背钱,少则几枚、十几枚,多者一百多枚,如邢台泽丰园小区 M4[⑤],墓主为 50—55 岁男性,身下有开元通宝 138 枚、乾元重宝 3 枚。垫背钱应是取"后辈有钱"之意,既是希望墓主死后生活的富足,也是对生人财运旺盛的寄托。此外,还有一种情况,铜钱含在墓主口中,即口含钱,如石家庄市柏林庄宋墓 M2 中[⑥],男性墓主口含开元通宝一枚。这种口含习俗,大概起源于新石器时代晚期,商周时期已盛行含玉含贝的习俗,李朝全先生认为这种习俗"不仅具有'不忍虚其口'的含义,同时还有供死者死后花费的实用功能"[⑦],并指出死者口含钱币的含义当与此相似。

河北地区宋代墓葬中随葬器物并不丰富,仅以少量生活用器随葬,唐代墓葬中习见的墓龙、仪鱼、观风鸟、镇墓兽等神煞明器鲜见,有的墓葬甚至无随葬品,如武邑龙店宋墓 3 号墓[⑧],这可能与北宋时期的丧葬习俗有关,一方面欲借壁画器物或砖雕器物来代替实物,另一方面也与当时流行纸质明器有关[⑨]。

**(二)墓内砖雕与彩绘**

砖雕与彩绘不只能表现那些无法以其他方式展示在墓中的物品,而且能更完整地叙述和动态地展示日常生活场景。在古人"事死如生"的观念中,墓葬是墓主在冥世的居所,河北地区宋代墓葬往往用砖雕和绘画装饰成生人的居室。灯具是人们生活照明的必备用品,仿木结构砖室墓中亦常砖雕灯檠,砖雕灯檠的位置常在墓室门两侧,如:邯郸北 M11[⑩] 墓室平面呈八边形,南壁为墓门,门内西侧砖雕灯檠;平山西石桥 M1[⑪] 在墓门内两侧各砖雕灯

---

① 邢台市文物管理处等:《河北临城岗西村宋墓》,《文物》2008 年第 3 期。

② 李军:《邢台宋墓出土"官"字款瓷碗》,《文物春秋》2005 年第 5 期。

③ 李军、李恩玮:《河北邢台泽丰园小区宋墓的发掘》,《考古》2007 年第 5 期。

④ 袁胜文:《塔式罐研究》,《中原文物》2002 年第 2 期。

⑤ 李军、李恩玮:《河北邢台泽丰园小区宋墓的发掘》,《考古》2007 年第 5 期。

⑥ 唐云明:《河北石家庄市柏林庄宋墓清理简报》,《考古通讯》1957 年第 5 期。

⑦ 李朝全:《口含物习俗研究》,《考古》1995 年第 8 期。

⑧ 河北省文物研究所:《河北武邑龙店宋墓发掘报告》,载河北省文物研究所编《河北省考古文集(一)》。

⑨ 宿白:《白沙宋墓》,第 94 页,文物出版社,2002 年。

⑩ 李忠义:《邯郸市区发现宋代墓葬》,《文物春秋》1994 年第 3 期。

⑪ 河北省文物研究所:《河北平山发现宋墓》,《文物春秋》1989 年第 3 期。

檠；武邑崔家庄宋墓[①]在临近墓室门的西壁砖雕一盏长明灯，灯座为三角形，中间直立一砖作为灯柄，两侧各斜立一砖作为倚柱，灯柄上托莲花座，座上再立一砖，两侧各雕一如意纹图案，顶部为灯碗。灯通高 0.8 米，座宽 0.5 米。有的灯檠上还放有灯碗，灯碗中还有腐朽的灯芯。墓内砖雕长明灯和灯檠寓意给死者的世界驱除黑暗、带来光明。

有学者指出，宋代家具的最大特点是普遍使用桌子和椅子[②]，河北地区宋墓内壁，常砖雕一桌一椅或一桌二椅，桌子多为方桌，桌面罩有桌布，桌上或有短流执壶、鸡腿瓶、酒瓶、酒杯、小碗和盏托等器具，有的小碗与盏托内还墨画有桃子、石榴等水果，椅子多为立背平板椅或交椅。有的墓室内壁还砖雕小柜、立柜、衣架，在小柜上有针线笸箩、剪刀、熨斗等生活用具，立柜上放置长靴等衣物。这些都是墓主生前日常生活的重要组成部分。此外，有的砖雕和壁画还表现墓主的日常生活场景，如武邑龙店二号墓[③]西壁衣柜北侧上方，雕刻一圆形镜，旁边墨绘一女子对镜而照。

这些墓葬用砖雕与绘画相结合的方式表现出的日用器物与日常生活场景，既是对墓主生前生活的描绘，也是对死后生活的憧憬，在古人“事死如生”的观念中，希望墓主死后能得到涵盖冥世生活的一切设施，仍然可以过着祥和欢乐、丰衣足食的生活。

**（三）葬具、葬式**

河北地区目前发现的宋墓，基本都为单室，有的墓室中棺床上置木棺，有的无葬具，尸骨直接置于棺床上。大多数墓葬都采用夫妇合葬的形式，多数为二人合葬，也发现了三人合葬墓，男性位于棺床外侧，女性位于棺床内侧，大都头西脚东，男、女墓主生前的配饰均放在各自身侧，如石家庄市柏林庄宋墓 M2[④] 即是一座夫妇合葬墓，刀形器与残铁器放在男性墓主身旁，发钗放在女性墓主头部。有的墓葬为迁葬时合葬，如静海东滩头 M3[⑤] 中，男性尸骨仰身直肢位于棺床外侧，女性尸骨一堆，位于棺床内侧。鹿泉西龙贵 M64[⑥] 为砖椁墓，墓中有三具人骨，均北向，可分为两组，其中东侧两具人骨为一组，下葬时间可能稍早，一具较完整，为仰身直肢，另一具为二次葬。西侧一具人骨下葬时间可能较晚，在头部下枕有一块板瓦。笔者推测，各墓主可能为夫妻关系，东侧较完整的尸骨应为男性墓主，另一具二次葬的为其原配妻子，西侧的人骨下葬时间较晚，概为其第二任妻子。除夫妻合葬外，还发现了成人与儿童的合葬墓，涉县台村 M46[⑦]，为长方形竖穴土洞墓，南北长 1.6 米、东西宽 1.2 米，墓室内无棺，发现已腐朽的骨架两具，均用鬃麻制品裹身，北侧为成年人，南侧为一儿童，推测概为母子合葬。

有的墓葬还采用了火葬的形式。如邯郸北 M11[⑧]，中部放置东西向木棺，据灰痕可知棺长 1.25 米，宽 0.56 米，高 0.50 米，棺内中部为火烧骨骸，疑为二次葬。武邑龙店家族墓地

① 衡水市文物管理处：《河北武邑崔家庄宋墓发掘简报》，《文物春秋》2006 年第 3 期。

② 朱瑞熙：《宋代的生活用具》，《上海师范大学学报》1996 年第 3 期。

③ 河北省文物研究所：《河北武邑龙店宋墓发掘报告》，载河北省文物研究所编《河北省考古文集（一）》。

④ 唐云明：《河北石家庄市柏林庄宋墓清理简报》，《考古通讯》1957 年第 5 期。

⑤ 邸明：《河北静海东滩头发现宋金墓》，《考古》1995 年第 1 期。

⑥ 四川大学历史文化学院考古系：《河北鹿泉市西龙贵墓地唐宋墓葬发掘简报》，《考古》2013 年第 5 期。

⑦ 河北省文物研究所、邯郸市文物研究所、涉县文物保护管理所：《河北涉县台村宋金及清代墓葬发掘简报》，载河北省文物研究所编《河北省考古文集（三）》。

⑧ 李忠义：《邯郸市区发现宋代墓葬》，《文物春秋》1994 年第 3 期。

中M1、M2、M3[①]中均未发现棺椁，仅在墓室淤泥或棺床边缘发现零星被烧过的人骨碎块，当为火化后放入墓内的。这种焚尸后将骨灰葬入墓中的习俗在北宋时期颇为盛行，在河南、山西、福建、四川等地都发现了火葬墓，徐苹芳先生认为宋代火葬的盛行与佛教的影响有关[②]，其说有一定道理，但笔者认为，河北地区火葬墓的出现与契丹等少数民族的火葬习俗也有一定的关系，从埋葬方式看，河北地区的火葬墓与其他地区的宋代火葬墓有一定差异，但与北京地区的辽代火葬墓极为相似，如武邑龙店火葬墓的埋葬方式与北京龙泉务辽代火葬墓[③]基本相同，都是将骨灰或碎骨直接置于棺床上。

## 四　结语

综上所述，河北地区宋代墓葬形制多样，既有简单砖室墓、仿木结构砖室墓，亦有土洞墓、土坑墓、砖椁墓、石室墓。从埋葬方式看，有单人葬，但大多数墓葬都采用夫妇合葬的形式，且男性均位于棺床外侧，女性位于棺床内侧，墓葬中的“男外女内”的埋葬方式应是墓主生前“男外女内”性别规定的反映。有的墓葬还采用了火葬的形式，除佛教影响外，也应与契丹等少数民族的火葬习俗也有一定的关系。

河北地区宋墓中随葬品较少，以瓷碗、瓷壶、瓷瓶、瓷碟及瓷枕等生活用器最为常见，墓龙、仪鱼、观风鸟等唐墓中常见的俑类明器不再出现，这可能与当时社会出现纸质明器有关。仿木结构砖室墓多用砖雕与彩绘相结合的方式表现出的日用器物与日常生活场景，既是对墓主生前生活的描绘，也是对死后生活的憧憬，表明宋人对冥世生活与鬼神的认识与唐人相比有一定的进步。

**作者简介**：耿超，河北大学历史学院副教授。

① 河北省文物研究所：《河北武邑龙店宋墓发掘报告》，载河北省文物研究所编《河北省考古文集（一）》。

② 徐苹芳：《宋元时期的火葬》，《文物参考资料》1956年第9期。

③ 北京市文物研究所：《北京龙泉务辽金墓葬发掘报告》，北京：科学出版社，2009年。

中国社会历史评论 第十八卷 2017 年 第 51—59 页

# 北宋中后期举子的科举交游网络

## ——以秦观应举为中心的考察*

孙 继

【摘 要】秦观在长达八年的科举生涯中,先后三次赴京应试,借由地缘、血缘、学缘的关系以及行卷的方式,构建起一个以士大夫群体为主体的人际网络。透过秦观的例子,可以看到北宋中后期举子的人际网络是以地方关系为中心,借由应举、游历的契机逐步向外扩展的,其形成是举子依据个人身份、志趣、价值观等诸多因素,在当时社会环境下自觉选择的结果。在与士大夫的互动中,举子们进一步型塑了个人的文学素养和政治立场,从而为其入仕后的社会政治关系奠定了基础。

【关键词】秦观;举子;交游;党争;科举

尽管宋代科举制度的改革与完善,使读书业举成为广大孤寒之士的奋进之阶,但他们如何在竞争激励的科举考试中脱颖而出呢?一般而言,除努力为学、积极备考外,日常生活场域中的交游活动亦是举子提升自身科举竞争力的有效途径。因而,宋代举子在读书应举之余,积极整合身边各种社会资源,谋求与社会名流尤其是京城达官显宦的交游。宋初名儒孙何说:"今士子名为乡举,其实自媒,投贽于郡府之门,关节于公卿之第。"①正是对这一现象的真实写照。

近年来,随着学界研究视野的拓宽与下移,宋代士人的交游活动受到学者们的普遍关注,相关研究成果层出不穷②。但总的来看,已有的成果多侧重于士大夫的交游活动,而对

* 基金项目:本文系教育部人文社会科学重点研究基地南开大学中国社会史研究中心重大项目"辽宋西夏金元日常生活"(13JJD770018)的阶段性研究成果。

① 李焘:《续资治通鉴长编》卷四二,至道三年九月壬午条,北京:中华书局,2004 年,第 882 页。

② 参见邓小南:《北宋苏州的士人家族交游圈——以朱长文交游为核心的考察》、《龚明之与宋代苏州的龚氏家族:兼谈南宋昆山士人家族的交游与沉浮》,收入氏著《朗润学史丛稿》,北京:中华书局,2010 年,第 372—447 页;黄宽重:《南宋士人的乡里师友与地方关怀——以孙应时为例》,《新史学》2014 年第 3 期;方健:《北宋士人交游录》,上海:上海书店,2013 年;梁建国:《朝堂之外:北宋东京士人交游》,北京:中国社会科学出版社,2016 年。

举子交游的研究则相对薄弱[①]。本文拟在前人研究的基础之上，以秦观应举经历为例，探讨北宋中后期举子如何在当时的政治环境下建构起科举交游网络。

秦观（1049—1100），字太虚，后改字少游。从宋神宗元丰元年（1078）到八年，秦观先后三次赴京应举，在此过程中创作了大量社交性作品，并在其文集中得以保存[②]。秦观应举的时代正是党争激化时期，官僚集团因政见不同而群分结党、攻讦不已，即使是身处庙堂之外的举人群体也深受影响。这些无疑为我们观察举子交游活动与当时政局之间的关系提供了一个有益的个案。

## 一　秦观的家世及教育背景

皇祐元年（1049），秦观出生在高邮军的一个官宦仕家，其先世五代时为南唐武将，后迁徙高邮以农为业，到祖父时始以进士“起家”，官于南康。秦观的祖父非常重视子孙的教育，在他的培育与熏陶下，长子游太学，次子秦定更是在熙宁三年登进士第，授会稽尉。在秦观生活的北宋中后期，科举选官制度是世家大族及其子弟向上流动最主要的通道，众多地方家族像高邮秦氏一样借由这条通道实现了由农而仕的转型[③]。

高邮秦氏是宋代社会中非常典型的耕读家庭，其家庭成员在外仕宦的同时，亦致力于家乡产业的经营。秦观曾自述其家有“敝庐数间”、“薄田百亩”，但由于“聚族四十口”，日常开销所费不赀，“田园之入，殆不足奉裘褐、供饘粥”，所以他时常感叹：“家贫素无书。”[④]可见，尽管秦观祖、父两代先后入仕，但其家族经济实力仍相当有限，应属于中产之家。

秦观之妻乃潭州宁乡主簿徐成甫之女。徐氏系高邮“右族”，“金钱邸第甲于一乡”，能“聚书几万卷”，财力之雄厚，可见一斑[⑤]。高邮秦、徐两家互为姻亲，反映出北宋地方士族借由姻亲关系结成更为亲密的联系，以便子弟在未来的科举道路上互相支持、互为奥援的

① 学界对宋代举子交游的研究主要集中在行卷活动上，如［日］东英寿：《从行卷看北宋初期的古文复兴——以王禹偁为线索》、《北宋初期的古文家与行卷——从科举的考前活动看古文复兴的开展》、《欧阳修的行卷——着眼于科举的考前活动中与胥偃的关系》（收入氏著：《复古与创新：欧阳修散文与古文复兴》，上海：上海古籍出版社，2005 年，第 1—58 页），［日］高津孝：《宋初行卷考》（收入氏著：《科举与诗艺：宋代文学与士人社会》，上海：上海古籍出版社，2005 年，第 1—24 页），祝尚书：《论宋初的进士行卷与文学》（收入氏著：《宋代科举与文学考论》，郑州：大象出版社，2006 年，第 340—362 页）。此外，柳立言：《科举、人际关系网络与家族兴衰：以宋代明州为例》（《中国社会历史评论》第 11 卷，天津：天津古籍出版社，2010 年，第 1—37 页）、平田茂树《从小说史料看宋代科举社会的人际结合》（收入刘海峰主编《科举制的终结与科举学的兴起》，武汉：华中师范大学出版社，2006 年，第 347—354 页）、梁建国：《朝堂之外：北宋东京士人交游》等论著，都从不同侧面涉及举人的交游活动。

② 关于秦观生平及其作品的研究，参见秦观撰、徐培均笺注：《淮海集笺注》，上海：上海古籍出版社，2000 年；秦瀛：《淮海先生年谱》，《宋人年谱丛刊》，第 5 册，成都：四川大学出版社，2003 年；徐培均：《秦少游年谱长编》，北京：中华书局，2002 年。张海鸥的《淮海居士未仕心态平议——兼与后山居士比较》（《文学遗产》1997 年 6 期）一文，虽从心态史的角度对秦观入仕前的交游活动进行了考证，但未将其置于时代脉络中进行详细的分析。

③ 关于宋代科举与世家大族的研究，参见王善军师：《“尽有诸元”：科举与宋代浦城章氏家族的发展》，《中国史研究》2014 年第 3 期。

④ 《淮海集笺注》卷三〇《与苏公先生简》其三、四、一，第 988、991、984 页。

⑤ 《淮海集笺注》卷三六《徐君主簿行状》，第 1173—1175 页。

发展模式，此乃地方士族维系家族地位、开拓新的人际关系的重要途径[①]。

秦观的家乡高邮，位于运河之畔，介于扬楚之间，南北水道之要冲，“为东南咽领，连带陂湖，转入江、淮”[②]。开宝四年（971），宋太祖在此建军：“彼高邮古称大邑，舟车交会，水陆要冲，宜建军名，以雄地望。”[③]北宋时期，高邮是京师名宦往返东南经济文化发达地区的必由之经，这就为秦观后来游历江浙并结交当地名士提供了地利条件。

秦观的父亲元化公早年游太学时，师从北宋著名教育家胡瑗，史称：“瑗既为学官，其徒益众，太学至不能容，取旁官舍处之。礼部所得士，瑗弟子十常居四五。”[④]并有缘结识一批有识之士。其中，与“相继举进士中第”的王观、王觌兄弟最为熟知，“数称海陵王君观及其从弟觌，有高才力学，而文流辈无与比者”。因这层关系，早年的秦观“以故人子，获从之游”，并受王觌的影响与指导，在词赋方面展现了颇高的天赋[⑤]。

秦观早年亦曾因父亲的关系受教于苏轼的同乡好友鲜于侁门下，他在《与鲜于学士书》中追忆道：“观重惟结发以来，明公以先人之故，比诸子弟而教诲之。”[⑥]后来，鲜于侁知扬州时，命教授马希孟编《扬州集》，秦观欣然为之作序。鲜于侁逝世后，秦观又为其作行状感念其知遇之恩：“某被遇最厚，又尝辱书荐于朝。”[⑦]

秦观授业恩师还有同乡名儒孙觉，《奉和莘老》云：“童子何知幸最深，久班籍湜奉登临。挟经屡造芝兰室，挥麈常聆金玉音。”[⑧]孙觉，字莘老，皇祐元年登进士第，长期任馆阁、台谏等清要之职，声名显赫，与苏轼等当世名臣相从甚密。和秦观父亲一样，孙觉早年“从胡瑗受学”[⑨]，或许正是这种共同的教育经历才使秦观得以忝列门墙，“屡奉所赐教，诲慰殷勤，虽父兄之于子弟，无以过此”。另外，他们之间还有亲戚情谊，二人妻室当同出高邮徐氏，所以秦观在给他的信中称其妻为“姨婆”[⑩]。《淮海集》中仅赠咏孙觉的诗赋就有 20 首之多，足见他们关系之笃深。

由上所论，秦氏家族成员为官虽不显赫，但祖、父两代先后入仕所积累的财富和人脉，为秦观早期读书提供了重要条件，并使秦氏家族得以跻身地方“士族”之列。这种身份作为一种“文化资本”，无形中赋予其更多结识地方宿儒的机会。

---

① 参见黄宽重：《宋代的家族与社会》，北京：国家图书馆出版社，2009 年，第 233—251 页。

② 祝穆：《方舆胜览》卷四六，北京：中华书局，2003 年，第 827 页。

③ 王象之：《舆地纪胜》卷第四三，北京：中华书局，1992 年，第 1761 页。按：熙宁五年（1072），高邮军被废为县，隶扬州。元祐元年（1086），复为军。（《宋史》卷八八《地理三》，北京：中华书局，2010 年，第 2181 页。）

④ 李焘：《续资治通鉴长编》卷一八四，嘉祐元年十二月乙卯条，第 4461 页。

⑤ 《淮海集笺注》卷三三《李氏夫人墓志铭》，第 1094 页。

⑥ 《淮海集笺注》卷三七《与鲜于学士书》，第 1207 页。

⑦ 《淮海集笺注》卷三六《鲜于子骏行状》，第 1163 页。

⑧ 《淮海集笺注》后集卷三《奉和莘老》，第 1437 页。

⑨ 《宋史》卷三四四《孙觉传》，第 10925 页。

⑩ 《淮海集笺注》卷三〇《与孙莘老学士简》，第 997 页。

## 二　秦观科举经历及其交游网络的建构

元丰元年(1078),已是而立之年的秦观为“衣食所迫”,踏上了赴京应举的征程。在此后长达八年的科举生涯中,秦观除居乡备考外,先后三次赴京应举,并数次游历湖州、越州、杭州等地,广泛接触社会各方人士,构建起一个多元的交友圈。现按时间顺序,对其科举交游情况概述如下:

### (一)第一次应试

元丰元年,秦观在孙觉的推荐下,赴京应举的途中特意绕道徐州,以诗文拜谒当时因党争移知徐州的文坛领袖苏轼:“我独不愿万户侯,惟愿一识苏徐州。”①对其极致仰慕之忱。苏轼亦作诗和之:“江湖放浪久全真,忽然一鸣惊倒人。”②称赞他有一鸣惊人之才。自此,秦观拜入苏轼门下。

到京后,秦观结识了同是举人的钱节,“一见握手相狎侮,不顾忌讳,如平生故人”。钱节乃“吴越文穆王之苗裔,翰林之孙,起居之子”③。吴越钱氏系北宋望族,自国主钱俶纳土后,便在宋朝政治、经济方面具有重要影响④,钱节“一燕费十余万钱”即彰显了钱氏家族雄厚的经济实力。钱氏家族在文坛上也享有盛誉,钱易、钱彦远、钱明逸父子三人先后中制举,所以时人咏歌有“贤良方正举,父子弟兄同”之句⑤。

在京期间,秦观还曾以“诗文合七篇”投献时任国史编修、修起居注的王存。王存,字正仲,润州丹阳人,庆历六年进士及第,因“忠实无党”而备受宋神宗赏识,“在馆十年”,文名盛极一时,“道德文章,为一时君子之所望”⑥。然而,此次交游活动并未取得预期效果,秦观最终名落孙山。

### (二)第二次应试

科场失意的秦观“退居高邮”,“杜门却扫,以诗书自娱”⑦,后来又随苏轼和诗僧道潜游历湖州、越州、吴兴、杭州等地。在湖州,以文见知于知州李常;在越州,与集贤殿修撰、知越州程师孟一见如故;在杭州,与曾任参知政事的知州赵抃友情甚笃。

元丰五年(1082),秦观再次赴京应举。在此之前,好友道潜已将其诗推荐给国史院编

---

① 《淮海集笺注》卷四《别子瞻学士》,第135页。

② 《苏轼诗集》卷一六《次韵秦观秀才见赠,秦与孙莘老、李公择甚熟,将入京应举》,北京:中华书局,1982年,第828页。

③ 《淮海集笺注》卷三九《送钱秀才序》,第1270页。按:徐培均认为“翰林”指钱易,“起居”是钱彦远,然钱彦远神道碑子辈中未见钱节,姑且存疑。(苏颂:《苏魏公文集》卷五二《钱起居神道碑》,北京:中华书局,2004年,第794页。)

④ 参见柳立言:《北宋吴越钱家婚宦论述》,收入氏著《宋代的家庭和法律》,上海:上海古籍出版社,2008年,第109—152页。

⑤ 苏颂:《苏魏公文集》卷五二《钱起居神道碑》,第789页。

⑥ 杜大珪编:《名臣碑传琬琰集》集中卷三〇《王学士存墓志铭》,文渊阁四库全书本,第450册,第434页;《淮海集笺注》卷三七《谢王学士书》,第1200页。

⑦ 《淮海集笺注》卷三三《掩关铭》,第1097页。

修曾肇。曾肇,"南丰七曾"之一,其兄曾巩与苏轼齐名,并列唐宋八大家。他在给秦观的回信中说:"他日以示一二同舍,皆咨嗟爱玩,然后信其真灵蛇之珠、荆山之璞也。"①可见,曾肇曾将秦观诗文推荐给同舍,并获得他们的肯定和称誉。

**(三)第三次应试**

元丰七年(1084),苏轼将秦观诗推荐给王安石,王安石称赞道:"清新妩丽,与鲍谢似之。"②是年秋,秦观赴扬州参加发解试,并向扬州知州吕公著投卷。吕公著,北宋名相吕夷简之子,熙宁年间为翰林学士、知开封府,因极言青苗法不便出知扬州。此次行卷取得较好的效果,秦观不仅顺利发解,而且还获得吕公著宴于扬州云山阁的机会。

翌年,秦观第三次赴京参加省试。此时的政局颇为微妙,随着宋神宗病逝,哲宗即位,反对变法的高太后当权,旧党人士开始陆续回朝,一场新的政治风波正在酝酿之中。秦观在父亲同乡好友乔执中的推荐下,向时任左仆射兼门下侍郎的王珪行卷。此时,王珪因"逮承顾命,立今天子"之功晋封为金紫光禄大夫、岐国公,大权在握,声望正隆③。不久,又代其侄王仲甫撰表。通过与王氏叔侄交往,秦观在京城上层士人圈中渐具声誉。五月,秦观终登南宫之阶。

通过上述的叙述,我们可以看到秦观科举交游活动主要是围绕着京朝官群体展开的。为向京朝官行卷,秦观曾专门"索文稿于囊中,得数百篇,辞鄙而悖于理者,辙删去之",遂成《淮海闲居集》④。秦观之所以如此重视与他们的交游,是因为根据宋代科举制度,省、殿试的考官主要来源于这个群体。尽管誊录、封密制度的施行使考官徇私在制度上得以杜绝,但在评判答卷时,考官仍主观上选用志同道合之辈。如欧阳修知贡举时,就曾痛排"为险怪奇涩之文"的太学体,而将擅长古文的苏轼兄弟置于高科⑤。可以说,考官赏识与否很大程度上决定了举子科举事业的成败,所以在宋人心中,"举子与试官有关节"⑥是一件颇为欢喜的事情。通过主动与京城达官显宦交游,一方面有助于提升举子在士林中的名声,建立全国性的声誉;另一方面可以借此熟知对方文风,从而无形中提升了自身的科举竞争力。

吕公著、李常、程师孟、赵抃等地方长官,亦是秦观结交的重要对象。宋代地方长官多是外任的京朝官,在文坛、政坛上往往拥有较强的影响力和人脉,一旦朝局发生变动就有入朝为官的可能。元祐元年(1086),吕公著在高太后掌权后入朝授尚书右仆射兼中书侍郎,即为一例⑦。因而,他们的延誉对举人张扬声名、拓展人脉大有助益。秦观能在京城文声卓著,就得益于孙觉、吕公著等地方官的推赏与延誉。对地方官来说,与举子交游,一方面是他们"兴教化、修政治、养百姓"⑧的重要方式;另一方面也是向朝廷传递地方政绩的有效途

---

① 《淮海集笺注》附录四《曾子开答淮海居士书》,第 1817 页。

② 王安石:《临川先生文集》卷七三《回苏子瞻简》,北京:中华书局,1959 年,第 776—777 页。

③ 《淮海集笺注》卷三七《上王岐公论荐士书》,第 1192 页。

④ 《淮海集笺注》后集卷六《淮海闲居集序》,第 1531 页。

⑤ 《欧阳修全集》附录卷二《四朝国史本传》,北京:中华书局,2001 年,第 2679 页。

⑥ 王君玉:《杂纂续》,丛书集成初编本,第 90 册,第 34 页。

⑦ 杜大珪编:《名臣碑传琬琰集》卷下一〇《吕正献公公著传》,第 734 页。

⑧ 《司马光集》卷一八《三德》,成都:四川大学出版社,2010 年,第 527 页。

径。因而,宋代文献中关于地方官与境内士子交游的记载可谓比比皆是。

就交游方式而言,诗文行卷是秦观与士大夫群体缔结人际关系最主要的途径。所谓行卷,是指举子科举之前将诗文投献给达官显宦,以求增加及第希望的一种手段[①]。学界一般认为,这种方式肇始于唐代,宋初依然盛行,自宋仁宗实行誊录、封密制度以后,以取解、登科为目的的行卷即已消失[②]。然而,从秦观参加扬州发解试时,向知州吕公著行卷,赴京应试时亦曾投献王珪、曾肇、王存等朝中重臣的史实来看,北宋中后期举人应举时仍进行着频繁的行卷活动。这种方式基于双方共同的身份认同和志趣相投的基础之上,因而往往可以达到较佳的交游效果。

就交游关系而论,秦观与诸人的关系并非同质的,表现出亲疏有别的特征。其中,与苏轼的关系最为亲密:二人志趣相投,生活方式相近,平时寄情山水,"以吟诗饮酒戏谑度日"[③];人生境遇亦相似,秦观蹭蹬科场累年,壮志难酬,而苏轼科举虽然顺利,但仕宦偃蹇。元丰二年(1079),苏轼因"乌台诗案"入狱,秦观寄诗"七年三过白苹洲,长与诸豪载酒游",抒发对恩师的思恋之情[④]。后来苏轼贬居黄州,秦观不远千里前往探望,他们也因此缔结了深厚的师生之谊。从苏轼与秦观来往的书信来看,其内容多关涉私人生活,语气也极为随意。如苏轼在《答秦太虚书》写道:"舍弟初到筠州,即丧一女子,而轼亦丧一老乳母。悼念未衰,又得乡信,堂兄中舍九月中逝去。异乡衰病,触目凄感,念人命脆弱如此。"[⑤]俨然将他视为知己。时人叶梦得说苏轼"于四学士中最善少游",绝非虚妄之词[⑥]。而《东坡问答录》中关于东坡之妹乃少游之妻的记载[⑦],虽出于"委巷小人之所为"[⑧],却反映了秦观与苏轼私交甚密的事实。可以说,秦观的交游活动主要依从于以文坛领袖苏轼为中心的社交圈中,这种现象的形成是由举人在士人社会中的身份序列所决定的。举人群体作为官僚集团的后备军,虽具有"士"的身份与特权,但归根结底仍属于"民",在以"官—民"为身份区格的宋代,这种身份差异是难以跨越的鸿沟。

尽管秦观努力为学、勤奋备考,积极经营科举交游网络,但前两次科举考试仍以失败告终。自熙宁四年(1071)以来,以王安石为代表的改革派对科举制度进行一系列改革:进士科专以经义、论策取士;编撰《三经新义》,使王学成为官方学说。在这种情况下,王氏新学成为科举考试唯一的评判标准,"令天下学官讲解及科场程试,同己者取,异己者黜"[⑨],因而导致不擅经义的秦观在科举之路上屡遭废黜。朱熹对此分析的尤为精辟,他说王安石"宁取吕吉甫(即吕惠卿),而不取秦少游辈"是因为"吉甫犹看经书,少游翰墨而已"[⑩]。由此可见,北宋中后期举人的科举生活深深地烙上了党争的烙印。

---

① 傅璇琮:《唐代科举与文学》,西安:陕西人民出版社,2003年,第248页。

② 梁建国:《北宋东京的士人拜谒——兼论门生关系的生成》,《中国史研究》2008年第3期。

③ 黎靖德编、王星贤点校:《朱子语类》卷一三〇,北京:中华书局,1986年,第3113页。

④ 秦观:《淮海集笺注》后集卷四《霅上感怀》,第1466页。

⑤ 苏轼:《苏轼文集》卷五二《答秦太虚七首》,北京:中华书局,1986年,第1535页。

⑥ 叶梦得:《避暑录话》卷下,《全宋笔记》第2编第10册,郑州:大象出版社,2006年,第286页。

⑦ 《问答录·坡妹与夫往来歌诗》,丛书集成新编本,第90册,台北:新文丰出版公司,1985年,第43页。

⑧ 纪昀等:《四库全书总目提要》卷一四四《东坡问答录一卷》,石家庄:河北人民出版社,2000年,第3710页。

⑨ 《司马光集》卷五二《起请科场札》,第1083页。

⑩ 刘克庄撰、辛更儒笺校:《刘克庄集笺校》卷一三〇《答林公掞监场》,北京:中华书局,2011年,第5286页。

## 三　秦观交游网络的特征

秦观在长达八年的科举生涯中,借由地缘、血缘、学缘的关系以及行卷的方式,构建起一个错综复杂的人际网络,并在交游对象、空间、时间上呈现出一些鲜明的特征。

首先,从交游对象上看,秦观科举期间的交友相当广泛、多元,当中既有王珪、曾肇、王存等朝中显宦,亦有鲜于侁、吕公著等守护一方的朝廷命官,也不乏苏轼等寓居地方的文坛领袖,还有钱节这样的同道举子,就连方外之士亦藏身其中。尽管他们的社会地位有高低之分,仕宦有显隐之别,但大多具有"士"的身份特征。邓小南先生曾指出,北宋时期士人对其身份的认同,主要建立在文化修养的基础之上,他们"在'择群'时所看重的,主要不在于对方以往或目前的仕宦身份,不在于一时的'穷达',更注重其本人的社会文化背景"①。所谓的"文化背景",在很大程度上表现为创作诗文的能力,秦观等人与僧人道潜的交游,就极为看重其诗人的身份形象,如陈师道称他为"士林之秀,而诗苑之英也"②,晁公武亦说:"其诗清丽,不类浮屠语。"③尽管秦观科举交游相当广泛,但就政治身份而言,其交游对象主要以苏轼、孙觉、吕公著、李常等旧党士人为主。熙、丰年间进行的政治改革,不仅造成官僚集团"交党相倾,势利相轧"④,即便是身处朝堂之外的举人也深受影响。在这种政治环境下,举人与政治倾向相近的士大夫由于拥有共同的话语,更容易聚合在一起,经过长期的交往这种倾向得以强化,从而形成极具政治色彩的士人交游圈。

除旧党士人外,秦观的交游对象中亦可以看到像王安石这样的新党士人的身影。前述元丰七年(1084),秦观在苏轼引荐下与王安石结识,然而王安石自熙宁九年(1076)罢相以来,以使相判江宁府,而秦观长期居乡备考,离江宁止一江之隔,加之屡次外出游历,何以八年后才在苏轼的引荐下与其交往呢?其实,秦观在与旧党士人的交游中,逐渐塑造了对熙宁变法的认识。他在《与苏子由著作简》中说:"乡闾士子类,皆从事新书,每有所疑,无从考订。"⑤即已透露出对王氏新学的不满,在《王定国注论语序》中更是直言道:"自熙宁初王氏父子以经术得幸,下其说于太学,凡置博士,试诸生,皆以新书从事,不合者黜罢之,而诸儒之论废矣。"⑥秦观之所以数年后才与王安石交往,是其自身所持的政治立场使然,同时也是他在朋党之争的政治环境下刻意为之的结果,诚如清人秦镛所说:"使先生(即秦观)肯就游,亦何待苏公之介绍哉?"⑦两人的交游过程折射出北宋中后期朋党之争对举人交游活动的影响之深远。

其次,从空间上看,秦观结交的友人多是家乡及附近地区的士人,而其中扬州及京城尤

---

① 参见邓小南:《北宋苏州的士人家族交游圈——以朱长文交游为核心的考察》,第407页。

② 陈师道:《后山集》卷一一《送参寥序》,文渊阁四库全书本,第1114册,第620页。

③ 晁公武撰、张猛校证:《郡斋读书志校证》卷一九《参寥集十二卷》,上海:上海古籍出版社,1990年,第1049页。

④ 张方平:《乐全先生文集》卷二七《论新法》,宋集珍本丛刊本,第6册,北京:线装书局,2004年,第62页。

⑤ 《淮海集笺注》卷三〇《与苏子由著作简》,第1003页。

⑥ 《淮海集笺注》卷三九《王定国注论语序》,第1273页。

⑦ 秦瀛:《淮海先生年谱》,第3183页。

为其交游之重点。据笔者统计,秦观入仕前的交游对象达 59 人之众,其中籍贯可考者 41 人,淮南东西路 17 人,两浙路 7 人,江南东西路 5 人,成都府路 6 人,其他 6 人;再以结交地点而论,主要集中在高邮、扬州、开封、楚州、湖州、越州等地。这显然与秦观长期居乡读书备考,亦曾游历江浙地区,并三次赴京应举的科举经历相契合。

再次,从时间上看,秦观科举交游网络的建构并非一蹴而就的,而是经历了一个渐次扩张的过程。秦观早期交游以家乡扬州高邮为中心,辐射临郡湖州、杭州等地,交游对象也以当地名士为主,表现出明显的地方性特征。随着三次赴京赶考,开始与苏轼、王存、曾肇、吕公著等名臣交游,人际关系得到逐步拓展,声名也得以跃出地方走向全国。由此可见,秦观的科举人际关系大致呈现出一个以家乡及临郡为中心的不规则网络,并借由游历、应举的契机逐步向京城甚至更远的地方延伸。

最后,随着秦观登科入仕,科举人际关系对其以后的仕宦产生了相当深远的影响。元丰八年(1085),秦观登焦蹈榜丙科,初授选人初阶定海县主簿①。元祐三年(1088),在苏轼、鲜于侁等人的举荐下,秦观赴京应"贤良方正"科;五年,又在曾肇的保举下,进入秘书省任职②;八年,兼国史院编修官,与黄庭坚、张耒、晁补之并列史馆,时称"苏门四学士"。秦观之所以能在短短数年之内以进士丙科出身,从选人最低阶官跳出选海,进入京朝官序列,乃至成为"宠光优渥"、"朝廷要选"③,为士人所艳羡不已的馆职,无疑与其应举期间结交的师友苏轼、鲜于侁、曾肇等人的荐举密切相关,这说明举人科举期间所营建的人际网络为以后的发展、仕宦创造了条件。

## 四　结　语

秦观的交游活动为我们展现了北宋中后期一个地方中层家庭出身的举人的科举生活。从中可以看到,在秦观应举的时代,家族为子弟的成长与发展提供了重要平台,家族积累的人脉是其科举人际关系展开的基本因素;而乡里关系亦是地方士子构建人际网络的重要依托,由于出自同一地区,生长环境相似,因而极易产生强烈的地域认同,这种地域认同正是举子人际网络建立与拓展的基础,也是其声名由地方走向全国的起点。

同时,举子的交游网络是以地方关系为中心,借由应举、游历的契机逐步向外扩展的,其形成是举子依据个人身份、志趣、价值观等诸多因素,在当时社会环境下自觉选择的结果。在与士大夫的互动中,举子们进一步型塑了个人的文学素养和政治立场,从而为其入仕后的社会政治关系奠定了基础。

最后,北宋中后期举人的交游活动深深地烙上了党争的烙印:一方面,科举改革是熙宁

---

① 《楼钥集》卷五二《定海县淮海楼记》,杭州:浙江古籍出版社,2010 年,第 969 页。

② 曾肇:《曲阜集》卷二《荐章处厚吕南公秦观状》,文渊阁四库全书本,第 1101 册,第 356 页。按:文末署"右元祐八年十月上",但从文中所称"蔡州学秦观"来看,该文应作于元祐五年之前。

③ 孔平仲等:《清江三孔集》卷一二《谢校书陈学士启》,宋集珍本丛刊本,第 16 册,北京:线装书局,2004 年,第 537 页。

变法的重要组成部分,其变动直接关系到举人的科举事业,进而影响他们的交游活动;另一方面,士大夫群体作为举子交游之主体,所具有的政治身份决定了举子与政局有着千丝万缕的联系。由此可见,北宋中后期的朋党之争不仅影响到庙堂之上的政治生态,亦深深地波及身处江湖之间的普通民众的日常生活。

**作者简介**:孙继,西北大学历史学院博士研究生。

中国社会历史评论 第十八卷 2017 年 第 60—74 页

【法制与社会】

# 元代江南地区的司法秩序与地域社会

## ——以湖田争讼案件为中心*

郑 鹏

【摘 要】由于国家管制放松等原因,元代江南地区的围湖垦田以及由此引发的讼争十分普遍,其相应的司法实践则反映出地方权力关系对元代江南司法秩序的深刻影响。蒙古诸王、贵族、官员、军将以及僧道等权贵势力是元代江南地域社会中的强势力量,他们享有特殊的政治地位和特权,往往以权力破坏司法规则,导致法律的失效和司法秩序的异化。以士人、富民为主体的地方精英是地域社会的领导者,他们既协助司法运作,又时常有武断乡曲、把持官府的现象,凸显出地方官府功能的不足以及统治的吃力。不同地方势力在司法运作中的角色,不仅体现出元代江南地区司法秩序与地域社会之间的复杂关系,亦折射出元代江南地区的地域社会秩序。

【关键词】元代;江南地区;司法秩序;地域社会;围湖垦田

现实中的司法秩序是司法场域运作的动态呈现①,而司法场域一方面有其自身规则,同时又与其所根植的"元场域"——地域社会密不可分②。质言之,司法实践的参与者本身来自地域社会,地域社会中的秩序结构同样会投射到司法之中。因此,只有将司法秩序置入地域社会中进行观察,才能对其予以更为深刻的理解。从另一方面来说,司法秩序也是观察地域社会的一个切入点。

---

* 基金项目:本文系国家社会科学基金重点项目"元、明前期的江南政策与社会发展脉络"(项目编号:12AZS006)的阶段性成果。

① 法国学者皮埃尔·布尔迪厄(Pierre Bourdieu)解释"司法场域"说:"司法场域是一个围绕直接利害相关人的直接冲突转化为由法律规制的法律职业者通过代理行为进行的辩论而组织起来的社会空间。它也同时是这种辩论发挥作用的空间。这些法律职业者具有共同的知识,他们都接受法律游戏的规则,即司法场域本身的成文法和不成文法,甚至是要求不顾法律的文字表述而打旅官司的法则。"见[法]布迪厄:《法律的力量——走向司法场域的社会学》,强世功译,《北大法律评论》第 2 卷第 2 辑,北京:北京大学出版社,1999 年,第 518 页。这一解释显然是立足于西方法秩序而言的,若从更为宽泛的意义上使用这一概念,大致可表述为:由司法活动中所有参与者之间的关系网络组成的一个相对独立的社会空间。司法秩序有应然与实然两重涵义,现实中的司法秩序即司法活动中的行动者运用各种策略和资本进行的实践行为及其所呈现出的秩序状态,亦即司法场域运作的动态呈现。

② 日本学者森正夫曾从两个层面阐述"地域社会"的涵义,一是实体性的地域性框架,二是广义上的再生产的场,或者说人们生活的基本的场。参见[日]森正夫:《中国前近代史研究中的地域社会视角——"中国史研讨会'地域社会——地域社会与指导者'"主题报告》,载[日]沟口雄三、小岛毅编:《中国的思维世界》,孙歌等译,南京:江苏人民出版社,2006 年,第 502—503 页。这里所谓"元场域"的地域社会侧重于其第二重涵义。

元代江南地区继承自原南宋故地[①],是与北方汉地、草原地区并列的一大政治泛区,在社会经济状况与统治政策方面有其独特性。在先行研究中,学者们对于元代江南地区司法秩序与地域社会之间的关系已经有所关注,特别对地方力量在纠纷解决中的参与进行了较为丰富的讨论[②]。近来党宝海对碑刻资料中所见庆元、镇江两地学田案的研究,则展现出江南地域社会中儒学、豪民、高官以及地方官府间错综复杂的关系[③]。不过总的来说,现有研究对于地方权力关系对江南司法秩序的影响缺乏整体的考量,余义尚多。在元代江南地区,由围湖垦田引发的讼争是当时十分突出的社会现象,这种讼争通常不是一家一户之争,而是民众与地方强势力量的对抗,在案件的诉讼与审判中充斥着各种参与者的积极行动。本文拟在前人研究的基础上,从湖田争讼案件,特别是两个典型案例——花屿湖案与永安湖案切入,对元代江南地区的司法秩序与地域社会进行更为深入的考察。因学识所限,或有舛误,请学界方家不吝指正。

## 一 元代江南地区的围湖垦田与讼争

江南多湖泊薮泽,围田(又称圩田)是土地开发的普遍形式,有地土肥沃、不惧水旱之利[④]。江南地区的围田很早便已出现,不过早期围田多是开垦沼泽草荡,大规模围湖造田则始自北宋[⑤]。先是,庆历、嘉祐年间,民间"盗湖为田"者渐盛,到徽宗政和间设应奉局,官府亦大肆废湖为田。马端临《文献通考》曰:"圩田、湖田多起于政和以来,其在浙间者,隶应奉局,其在江东者,蔡京、秦桧相继得之,大概今之田昔之湖。"[⑥]在官方与民间的合力下,江南大量湖泊被围淤为田,主要集中于江东与两浙。宋南渡后,军国之需仰赖东南半壁,许多

---

① 所谓"江南",在不同历史时期指涉的区域盈缩不一,大概不出长江中下游一带,尤多指长江三角洲及宁绍平原。在元代,"江南"又被称作"蛮子田地"、"江南田地",蒙语作"Nangγiyas – unγaja"。在行政区划上,元代江南包括江浙、江西、湖广三行省以及河南江北行省南部。其中江浙、江西、湖广三行省并称"江南三省",此三省亦正是元代江南行台的监察范围。

② 参见周绍泉:《退契与元明的乡村裁判》,《中国史研究》2002 年第 2 期;苏力:《元代地方精英与基层社会——以江南地区为中心》,天津:天津古籍出版社,2009 年,第 51—63 页;[日]中岛乐章:《明代乡村纠纷与秩序:以徽州文书为中心》,郭万平、高飞译,南京:江苏人民出版社,2012 年,第 62—67 页。

③ 党宝海:《略论元代江南学田与地方社会——以碑刻上的学田訴訟案为中心》,《13、14 世紀東アジア史料通信》第 11 号,2009 年。

④ 关于围田,宋人杨万里《圩丁词》云:"江东水乡,堤河两岸,而田其中,谓之圩。农家云:'圩者,围也,内以围田,外以围水'。盖河高而田反在水下,沿堤通斗门,每门疏港以溉田,故有丰年,而无水患。"见(宋)杨万里:《诚斋集》卷 32《圩丁词十解》,《景印文渊阁四库全书》第 1160 册,台北:台湾商务印书馆,1986 年,第 345 页下。王祯《农书》又云:"各处富有之家,度视地形,筑土作堤,环而不断,内地率有千顷。旱则通水,涝则泄去,故名曰'围田'。又有据水筑为堤岸,复叠外护,或高至数丈,或曲不等长至弥望。每遇霖潦,以扞水势,故名曰'圩田'。内有沟渎以通灌溉,其田亦或不下千顷,此又水田之善者。"见(元)王祯:《农书》卷 3《农桑通诀三》,《景印文渊阁四库全书》第 730 册,第 338 页下。简而言之,围田即围占湖泊薮泽开垦而成。

⑤ 关于宋代围田的研究很多,主要可参见宁可:《宋代的圩田》,《史学月刊》1958 年第 12 期;郑学檬:《宋代两浙围湖垦田之弊——读〈宋会要辑稿〉"食货""水利"笔记》,《中国社会经济史研究》1982 年第 3 期;张芳:《宋代两浙的围湖垦田》,《农业考古》1986 年第 1 期;张建民:《对围湖造田的历史考察》,《农业考古》1987 年第 1 期。

⑥ (元)马端临:《文献通考》卷 6《田赋考六 · 湖田围田》,北京:中华书局,1986 年,第 71 页中。

豪强大族亦围占日甚。由于围田不加节制，弊端逐渐开始显现，特别是由于湖泊萎缩，应对水旱灾荒的能力大大减弱。有鉴于此，许多官员建议禁止开垦、废田还湖。南宋政府亦曾多次颁布禁令，特别是乾道年间曾将一些已废弃的湖泊重新恢复。然而由于政府本身亦赖围田之利，政策反复无常，终成具文。开禧二年(1206)，卫泾上书中曰："隆兴、乾道之后，豪宗大姓相继迭出，广包强占，无岁无之。陂湖之利，日朘月削，已亡几何，而所在围田则遍满矣。以臣耳目所接，三十年间，昔之曰江、曰湖、曰草荡者，今皆田也。"①

入元后，江南地区围湖垦田之势不改，甚至许多南宋时期开垦后被恢复的湖又重新废弃为田，"一圩动是数百顷"②。其中一部分是官圩，据王祯《农书》，当时屯戍江淮诸将仿效当地围田的做法，"令兵众分工起土"，"故官民异属"③。更为常见的情况是，一些地方豪民大肆围占，浙西太湖流域湖群与浙东宁绍平原湖群受害尤烈。如松江淀山湖，西通太湖，东流入海，"周回几二百里"④。宋时禁止在淀山湖围田，且设有撩洗军人，专掌修治。入元后，军卒裁撤，遂为豪民侵占，"二百余里湖面大半为田"⑤。湖中有山有寺⑥，宋时在湖水中心，东有出水港，"各阔十余丈，深五七尺"。到元代，由于围湖垦田，山寺已在田中，"虽有港溇，阔不及二丈，湖泥淤塞，深不及二三尺，潮水、湖水不相往来，来住去水"⑦。上虞夏盖湖，本唐长庆中以民田开辟，周一百五十里，灌溉十三万亩，在宋代曾屡经兴废。元代官府监管不力，周围居民在湖堤私种，元贞间营田使又垦田三十顷。此后一发不可收拾，湖几乎不存。至正十二年(1352)，县尹林希元复之。至正十九年(1359)，豪民侵种，县尹李睿又复之。后行台在此驻兵，屡为兵将屯种，最后赖行台御史，湖幸免于被废⑧。同处上虞的白马湖⑨、西溪湖⑩亦有类似的遭遇。

不可否认，围湖垦田是江南地区人多地少情况下的产物，本身有其合理性。最明显的是，经过围垦，大大增加了土地数量。在平江路，二县四州共有围田 8829 围⑪，其田赋也因此从宋代的 30 余万石升至元代的 80 余万石⑫。在当时文人笔下，围田不缺美好的意象，舒頔诗曰："稻满圩田水满陂，石桥松径槿花篱。鸡鸣犬吠日将夕，一带人家似旧时。"⑬但同

---

① (宋)卫泾:《后乐集》卷 13《论围田札子》,《景印文渊阁四库全书》第 1169 册,第 654 页上。

② (元)王奕:《玉斗山人集》卷 2《黄池大水歌》,京都大学人文科学研究所藏本。

③ (元)王祯:《农书》卷 11《农器图谱一》,第 416 页上。

④ (元)任仁发:《水利集》卷 4《大德八年江浙行省咨都省开吴淞江》,《续修四库全书》第 851 册,上海:上海古籍出版社,2002 年,第 43 页上。

⑤ (元)任仁发:《水利集》卷 4《大德八年江浙行省咨都省开吴淞江》,第 43 页上。

⑥ 黄溍诗中云:"最忆淀山湖北寺,白云堆里看青天。"见(元)黄溍:《金华黄先生文集》卷 2《松江舟中偶书》,《四部丛刊初编》,上海:商务印书馆,1922 年。

⑦ (元)潘应武:《决放湖水议》,(清)陈其元等修,熊其英等纂:《光绪青浦县志》卷 5《水利》,《中国方志丛书》,台北:成文出版社,1970 年,第 386—388 页。

⑧ (元)贡师泰:《玩斋集》卷 7《上虞县复湖记》,《景印文渊阁四库全书》第 1215 册,第 620 页上—621 页上。

⑨ (元)张守正:《白马湖记》,(清)唐煦春等修,朱士黼等纂:《光绪上虞县志》卷 20《舆地志 · 水利》,《中国方志丛书》,台北:成文出版社,1970 年,第 424 页下。

⑩ (元)贡师泰:《玩斋集》卷 7《上虞县核田记》,第 621 页上—622 页下。

⑪ (明)王鏊:《姑苏志》卷 15《田地》,《景印文渊阁四库全书》第 493 册,第 309 页下。

⑫ (明)王鏊:《姑苏志》卷 15《田赋》,第 309 页下。

⑬ (元)舒頔:《贞素斋集》卷 7《青山之旁曰眉山乔木俨如昔时因其事而赋之》,《景印文渊阁四库全书》第 1217 册,第 642 页下。

时,围湖垦田带来的弊端愈发凸显。至正十二年,翰林应奉林希元任上虞县尹,着力恢复被废的西溪湖,他在《西溪湖当复条议》中仿苏轼论西湖之言,提出西溪湖有“五不可废”,笔者不烦其冗,迻录于下:

> 窃观西南溪涧之水,盘旋交曲注入于湖,达于运河,溉上管、孝义、峨眉三乡之田,包纳湖面三千七百亩有奇,荫田供税全赖湖水蓄积,若雨不时降,则民拱手以视禾稼之焦枯耳,此湖之不可废者一也。
>
> 虞邑南距群山,北面大海,东倾姚江,西抵曹娥,地势高仰,河渠东流,其水易涸,若以湖属田,遇旱则沟港断流,农民坐以待毙,是官常亏赋,民常告饥,公私悉系于是,此湖之不可废者二也。
>
> 虞之四陲,其在西南地势高,东北地势下,为诸大川之所会,华渡、孟宅、诸畈其地甚洼。方春积雨连朝,则浩淼泛涨,奔溃莫御,平原之野必致冲激荡决之患,且有啮堤崩岸之虞,及天一霁,则水之既去者不可复留而病涸矣!惟为堤以防其渗漏,置闸以时其启闭,旱则决水以灌溉,涝则导水以入江,庶积水汪洋,永藉沾渥之休,禾黍登场,咸乐平康之福,此湖之不可废者三也。
>
> 西南一境多大山深谷,砂瘠土硗,盖藉湖内攏污泥划草芽以为种植之本,若以湖为田,农夫必无所取,畎亩何得而饶?所谓霈而田畴,淤而泥涂,翠浪千里,玉粒如峙,炊粳酿秫,既甘且旨者,无复可望,此湖之不可废者四也。
>
> 傍湖穷人家,无粒食之储,惟赖入湖采取鱼虾贸易钱米以资口食,若以湖为田,鱼虾既不蕃息,穷民无所采取,是犹扼喉吭而夺之食,生意微矣,此湖之不可废者五也。[①]

在此《条议》中,林希元所言很好地总结了西溪湖废湖为田的弊端,而这不仅适用于西溪湖,也是江南地区的共同问题。湖泊泽沼等水体本身具有重要的水利功能,旱可以引水灌溉,涝可以调蓄洪水。同时,湖泊也是重要的资源,是许多农民赖以谋生之所。不计后果地将湖泊围垦,虽然围田本身肥饶而无水、旱,但整个区域内的水系却因此破坏,民田无法灌溉,抵御水旱灾害的能力更是大大降低。而水旱过后,作物减产甚至绝收,很容易造成饥荒。这一系列的问题在元代两浙地区尤为突出。松江淀山湖被围垦后,每遇霖雨,长兴、宜兴、乌程、归安等地皆洪水泛滥,“皆因下流不决,积水往来为害”[②]。上虞白马湖,由于不断被豪黠侵占,渐为其私有,最后“湖之存仅一线”,“旱则独专其利,涝则决以病民,为害莫甚”[③]。马端临言:“徒知湖中之水可涸以垦田,而不知湖外之田将胥而为水也。”[④]参与围垦的多是地方豪强势力,实际上是以私利而害众利。普通民众无法享围田之利却受其害,故而与围垦的权豪形成强烈的矛盾。

---

① (元)林希元:《西溪湖当复条议》,(清)唐煦春等修,朱士黼等纂:《光绪上虞县志》卷21《舆地志 · 水利》,《中国方志丛书》,台北:成文出版社,1970年,第447页下—448页上。

② (元)潘应武:《决放湖水议》,第387页。

③ (元)张守正:《白马湖记》,第424页下。

④ (元)马端临:《文献通考》卷6《田赋考六 · 湖田围田》,第71页中。

对于泛滥围垦之害，元政府并非没有注意，特别是当因围垦造成区域水利严重破坏，引起严重灾害时，政府亦会主持疏浚，淀山湖是其中代表。世祖末年，太湖水系日渐淤塞，浙西水利灌溉已出现很大问题，修复之议渐起。至元二十八(1291)年，江淮行省参知政事燕公楠言"有淀山湖者，富豪之家占据为田，以致湖水涨漫，损坏田禾"，中书省遂命人主持开挑。至元二十九年(1292)，开浚沟浦三百余处。但这次成效不大，所开沟浦"并无一处通彻"。至元三十年(1293)，又值霖雨，中书省命江南行枢密院佥院董士选等择选通晓水利者潘应武等会计勘察。至元三十一年(1294)开工，"即湖田开新港三条，阔越三十余丈，及浚赵屯、大盈二浦，活疾湖流而遂辍焉"[①]。这次工程用民夫达二十万[②]，是成效比较大的一次。不过，就整体而言，终元一代江南地区围湖垦田的现象一直没有得到有效遏制，往往反复无常。之所以出现这一现象，除了人地矛盾这一客观因素外，更重要的是主观原因：

第一，由于围田有大利可图，一些地方豪民往往不顾地方官府的阻止而盗垦。他们拥有雄厚的资财而得以交通权要，有的甚至本身就是权贵，即使有人提出异议，往往亦无力相抗。在淀山湖的疏浚中，当朝中有议及此事，"辄受赂而止"[③]。其后行省命人察视，亦"每为势力所阻"[④]。淀山湖疏浚后，官府曾在现有湖田设立界限，然而富家豪民"巧计瞒官仍复回付"。到大德间任仁发主持浙西水利，"淀山之围田愈广，太湖之流愈迟"[⑤]。

第二，正如植松正所指出的，元政府必须依靠豪民与胥吏在江南进行经营和征税，这决定了其统治政策很大程度上是与地域社会相妥协的[⑥]。更何况，这些湖田本身就是元政府税赋的重要来源。元代很少像南宋那样颁降禁止围垦的法令(虽然即使颁布也不一定有效)，即使需要修建水利、疏通河湖，也基本不会触动现有的围田。在淀山湖的疏浚中，潘应武言："究得淀山湖东大小漕港、斜沥口、汊港口，固是水之尾闾门，今为权豪占据为田，此处水路卒难复旧。"[⑦]他其实亦认识到，这些被权豪占据的湖田是很难再被恢复为湖的。在镇江练湖，"豪势之家于湖中筑堤围田耕种，侵占既广，不足受水，遂致泛溢"，世祖末年参政暗都剌奏请疏治，但对侵占者的措施仅是"验亩加赋"[⑧]。至正十二年，林希元谋复西溪湖，当时有人提议部分恢复即可，既可存湖之名，"税易足供而民力可省"。林希元认为土地乃天子所有，"湖废而田废，田废而无其税，可也"[⑨]。林希元的想法显然太过于天真，而其复西溪湖的努力也最终未果[⑩]。

终元一代，江南地区的围湖垦田一直十分严重，而国家却很少进行有力的制约。在这

---

① (元)杨维桢：《淀山湖志》，(明)张国维：《吴中水利全书》卷18《志》，《景印文渊阁四库全书》第578册，第664页下。

② (明)宋濂等：《元史》卷65《河渠志二·淀山湖》，北京：中华书局，1976年，第1638页。

③ (元)吴澄：《吴文正公集》卷32《元荣禄大夫平章政事赵国董忠宣公神道碑》，《元人文集珍本丛刊》第3册，台北：新文丰出版公司，1985年，第543页上。

④ (元)潘应武：《决放湖水议》，第387—388页。

⑤ (元)任仁发：《水利集》卷4《大德八年江浙行省咨都省开吴淞江》，第43页上。

⑥ [日]植松正：《元朝统治下的江南地域社会》，载[日]近藤一成主编：《宋元史学的基本问题》，北京：中华书局，2010年，第168—187页。

⑦ (元)潘应武：《决放湖水议》，第388页。

⑧ (明)宋濂等：《元史》卷65《河渠志二》，第1633页。

⑨ (元)林希元：《西溪湖当复条议》，第448页上。

⑩ (明)徐渭：《西溪湖记》，(清)嵇曾筠：《浙江通志》卷262《艺文》，《景印文渊阁四库全书》第526册，第111页下。

种情况下，围垦的权豪与水利被侵的当地民众产生激烈的矛盾，由此而生的讼争也就不可避免。相比普通的诉讼案件，这类案件有其特殊性。被告的豪民拥有远超告诉者的经济资本、社会资本甚至政治资本。可以想见，进入诉讼后，这些豪民绝不会俯首认罪，他们所拥有的各种资本都会转化为影响案件审断的力量。这种情况对于地方司法者来说是巨大的考验。下文将通过两个湖讼案例做进一步的具体分析。

## 二 案例分析：永安湖案与花屿湖案

按照元代的司法制度，湖讼并非刑名重事，官方文书中少见提及，对于个案的详细记录更是缺乏。幸运的是，笔者在方志材料中搜得浙东地区两例湖讼案件，叙述尚称完整。下面将叙述两个案例的具体情况，并在此基础上进行分析。

### （一）永安湖案

永安湖又名"澉湖"，为一泻湖，属嘉兴路海盐州，位置在海盐州城西南四十五里，其东北方五里左右即是唐代以来名港澉浦。永安湖三面环诸小山，"曰麃山、曰飏山、曰荆山、曰庙山、曰窦家山、曰葛家山"[①]，一面向海，"久雨水弥漫，则东南入于海上"[②]。永安湖自宋代便为一名胜，宋人常棠《澉水志》中记曰：

> 永安湖在镇西南五里，周围一十二里，元以民田为湖，储水灌溉，均其税于湖侧田上，税虽重而田少旱。四围皆山，中闲小堤，春时游人竞渡行乐，号为"小西湖"。[③]

可见，永安湖不仅有风景之胜，本身即为民田开掘而成，其功能主要在于水利。海盐多雨，风雨骤来即成水涝；又滨海地低，雨水虽多却难以蓄积。故而当时民众自愿将农田开掘为湖，以调节丰枯。虽然因开掘永安湖减少了农田，湖面原先的税赋加到周边田地，因而税重，但因无水、旱之患，宋末以前此地甚为丰饶。不过，自至元十三年（1276）海盐归附元朝，情况发生了变化。根据至正四年（1344）东坡书院山长赵若源所撰之《复永安湖碑记》，先是驻守澉浦镇的招讨使王熔强令当地民夫在永安湖西南面筑堤，得围田三百八十亩，每秋纳粮三十八石。至元二十六年（1289），王熔之子王四万户"过佃召业"，应该就是在这时候湖田又归于招讨使杨思谅。此后，沿湖居民渐渐效仿，直欲将永安湖全部围垦为田。由是滨湖之澉墅、澉浦、石帆三村村民"屡经旱患，民食不给，多流徙四方者"。大德三年（1299），当地村民王仁具状向海盐州告诉，讼争遂起。不过，海盐州虽立案鞫治，"犹未削诛"。案件的最终解决是依靠寓居澉浦的前南宁州安抚使王济。王济将此事上报中书省，中书省和御史台同时遣官审问此案。到大德四年（1300）七月，江浙行省平章政事彻里与都

① （明）赵瀛修，赵文华纂：《嘉靖嘉兴府图记》卷6《物土一·山川》，《中国方志丛书》，台北：成文出版社，1983年，第303页。

② （明）李贤、万安等纂修：《明一统志》卷39《嘉兴府·山川》，《景印文渊阁四库全书》第472册，第974页下。

③ （宋）常棠：《海盐澉水志》卷2《水门》，《中国方志丛书》，台北：成文出版社，1983年，第32页。

水监官员、府州官员共同亲临纠治,永安湖得以恢复[①]。《光绪嘉兴府志》中收有一通《结勘永安湖状》,应为当时社长人等的保结核察文书,录文如下:

> 德政乡十三都澉墅、石帆村社长张千五等,照勘得本里古有永安湖三千七百亩,积诸山之水,灌溉澉浦、澉墅、石帆三村官民田八千三百余亩。此湖原系民田为湖,其税均于湖侧田上输纳。就湖东际石砌斗门,木板为闸,以时启闭。每遇天旱,开闸放水,下流灌救田苗。或天雨连绵,湖水涨溢,却有东南葛母山下古置浑水闸,放泄入海。是以三村农田,岁无水旱之忧。至元十三年归附初,镇守管军官王招讨,将永安河西南际湖面筑捺,围里成田三百八十亩,纳官粮三十八石。于后至元二十六年,招讨男王四万户将上项湖田过佃召业,却于湖田南际掘开海塘,创造石闸。连年每遇春水汛涨之时,将湖水奫夜放泄入海。及至夏旱,又被管佃户坝塞。致有三年两旱,田禾不收。若蒙官司将上项湖田仍旧开掘为湖,积水灌田,实为民便。元大德(十六)〔四〕[②]年六月初一日结。[③]

大德四年(1300)永安湖恢复后,又得以重现旧观。至正间顾瑛与友人刘季章、夏仲信等游永安湖,其诗中言"啄花莺坐水杨柳,雪藕人歌山鹧鸪"[④]。

这个案件本身并不复杂,但参与者众多:一是以王仁为代表的德政乡村民,二是被告人王熔父子以及招讨使杨思谅,三是初受理此案的海盐州,四是将案情上诉于省部的寓公王济,五是最后处理此案的省台官员。就被告人的身份来说,海盐州官员其实很难对案件作出应有判决。宋本曰:"国制,用中原兵戍江南列城,非大故不易,而兵若民异属。万夫长、千夫长、百夫长恃世守,凌轹有司,欺细民,细民畏之过守令。其卒群聚为虐,或讼之有司,举令甲召其偏裨,共弊则诺而不至,事率中寝,民苦无可奈何。"[⑤]即使普通军卒涉讼,地方有司亦很难进行审断,遑论此处涉及的又非普通军卒,"犹未削诛"其实是很正常的结果。最终案件出现转机是有赖于寓公王济,他将案情直接上报中书省,促成省台过问此案。可以说,案件的最终解决并非纯粹依靠司法运作本身,而是引入了更为强势的权力干预。

### (二)花屿湖案

相比永安湖,慈溪花屿湖的遭遇要曲折得多,此案主要记载在顺帝后至元五年(1339)慈溪县令程郇所作之《花屿湖记》。慈溪位于庆元路北部,其田位于东侧滨海地带,内侧有群山,水出山后奔流汗漫,容易枯竭,必须借助湖塘调蓄,才能进行灌溉。唐贞元十年(794),明州刺史任侗与慈溪县令房琯共同主持修筑花屿东、西二湖,共计一十七顷四十余

---

① (元)赵若源:《复永安湖碑记》,(清)许瑶光等修,吴仰贤等纂:《光绪嘉兴府志》卷29《水利》,《中国方志丛书》,台北:成文出版社,1970年,第713页上—713页下。

② 这里所谓"大德十六年"明显有误。据《复永安湖碑记》,王仁始向海盐州状告在"大德己亥",即大德三年,案件于大德四年七月结绝。故推断此应为"大德四年"。

③ (元)张千五等:《结勘永安湖状》,(清)许瑶光等修,吴仰贤等纂:《光绪嘉兴府志》卷29《水利》,第713页上。

④ (元)顾瑛:《玉山璞稿·次韵刘季章治中邀夏仲信郎中游永安湖》,《景印文渊阁四库全书》第1220册,第139页下。

⑤ (元)宋本:《绫溪县尹张公旧政记》,(元)苏天爵:《国朝文类》卷31,《四部丛刊初编》。

亩，灌溉农田六千余亩[①]。在早先，花屿湖其实叫做“花墅湖”，“中有小墅，春花明媚，多于众山，故名”，“湖多鱼及莼菱，并湖之人资以为利”[②]。其后，此湖一度为豪民围垦为田，逐渐废弃。至宋嘉祐间，当时的慈溪县主簿成立主持修治，加高堤岸，并在湖边立碑，述湖之利弊，防止再有人侵盗。

入元后，花屿湖曾三废三复：第一次是在归附后不久。先是东皋寺僧人占十余亩，种植蒲莲。到大德初年，浙东廉访司副使家奴朱珍与江浙行省左丞家奴周寿，在此筑田十七顷，纳粮二百余石。大德七年（1303），里民黄国瑞等向行省和行台告诉，“誓以死争”。大德八年（1304），都水使冯君辅分治浙东，“公端毅正直，不避豪贵，按图考牒，即日坏其田，除其粮，囚其人，遂复为湖”。第二次在天历初年。当地豪民勾结道士李至善等，通过道教所申闻省部，获得许可后决堤放水，试图复占为田。当地民众群集向有司告诉，值廉访分司按治，豪民的意图没有得逞。第三次在顺帝后至元五年（1339）。当时以两浙田土失实，朝廷派遣使者核察。温州路同知杨某按治庆元，道士李至善等人趁机复起，贿赂上下官员，议定废湖为田。当吏员将已拟好的文书呈给县尹程郇时，程郇拒不签署，并向杨某谏言，废湖之议遂寝[③]。花屿湖在元代累筑为田而累复，但最终并没有逃脱被围垦的结局。明洪武三十一年，就有当地人建议以湖为田。到永乐五年（1408），最终以定海卫陈详所奏，废湖为田[④]。

有元一代，花屿湖不断面临被权豪侵占的危险，引起的讼争也断断续续地从成宗大德年间延续到顺帝时期。相比永安湖案，花屿湖中参与围湖的力量不仅有权豪，还有道教势力，后者在后两次废湖危机中起到了关键作用。元代道教势力虽不如佛教，但亦十分兴盛，其中北方以全真道为尊，南方以正一为首。道教提倡清静无为，然而当时江南的许多道士却倚仗特殊身份行枉法之事。郑介夫就曾讥诮道：“道家以老子为宗，惟在清净无为。祖师系赤松子的孙，惟求辟谷，弃人闲事。今张天师纵容姬爱，广置田庄，招揽权势，凌轹官府，乃江南一大豪霸也。”[⑤]道士的一大优势是其管理独立于有司，除中央有集贤院，“天下郡县置道官，又置南北道教所以领之”[⑥]。根据元代司法制度，除刑名重事外，普通户婚田土案件要有司与道官约会断决[⑦]，这无疑为其阻挠诉讼的正常审理提供了方便。在这一案件中，李至善更是通过江南道教所这一道教机构直接上通省部，促使批准围湖造田。在诉讼中，民众之所以能够获胜，多有赖于司法者不畏权贵，特别是监察官员起到了重要作用。元代虽有越诉之限，但对于控告官员不法情形则没有限制，“被扰的百姓上位根底到不得，近的

---

① （元）王元恭修，王厚孙、徐亮纂：《至正四明续志》卷 4，《宋元方志丛刊》第 7 册，北京：中华书局，1990 年，第 6495 页。按《续志》中本作“贞观十年”，查《延祐四明志》，载明州刺史任侗贞元九年修广德湖之事，《续志》应误。

② （宋）胡榘修，方万里、罗濬纂：《宝庆四明志》卷 16，《宋元方志丛刊》第 5 册，第 5208 页下。

③ （元）程郇：《花屿湖记》，（元）王元恭修，王厚孙、徐亮纂：《至正四明续志》卷 4，《宋元方志丛刊》第 7 册，第 6496 页。

④ （清）嵇曾筠：《浙江通志》卷 56，《景印文渊阁四库全书》第 520 册，第 455 页下。

⑤ （元）郑介夫：《上奏一纲二十目》，《元代奏议集录》（下册），邱树森、何兆吉辑点，杭州：浙江古籍出版社，1998 年，第 110 页。

⑥ （元）揭傒斯：《揭文安公全集》卷 7《乐丘碑》，《四部丛刊初编》。

⑦ （元）《元典章》卷 33《礼部六 · 释道 · 道教 · 宫观不得安下》，陈高华等点校，天津：天津古籍出版社，北京：中华书局，2011 年，第 1136 页。

台里告,远的廉访司里告呵”[①]。因此,黄国瑞等才能直接向行省和行台告诉。而在第二次诉讼中,更直接依靠按治的廉访分司官员。这在一定程度上反映了元代地方监察机关在司法中的重要作用。

这两例案件最终都以民众的胜诉告终,湖泊最终得以保全。不过,若将此作为元代的普遍情况则过于乐观。之所以现在能看到的案例多以胜诉告终,很大程度上是因为经过努力保全湖泊后,当地民众和地方官员往往会撰文刻石,以资纪念。若保湖努力失败,湖泊最终消失,当时发生的讼争或许没有刻石记录。实际上,即使有时民众赢得诉讼,依然不能保证围田者退田。如杭州路富阳县有定塘,原可灌溉十顷。当地豪民将其围垦为田,民众不堪忍受而告争,案件直达中书省。中书省将案件下发户部,议定将定塘还民,但富阳县吏却畏惧豪民势力而不敢奉行[②]。从上述案件可以看出,司法之外的权力关系在很大程度上影响着司法本身的正常进行。在这种情形下,地方司法者的态度固然是影响案件走向的重要因素,但要最终实现案件的公正判决,很大程度上取决于是否能够引入足以与权豪相对抗的权力。

## 三　进一步的讨论:元代江南司法中的地方势力

江南地区的湖讼案件从一个侧面展现了地域社会中的强势力量在案件审断中的重要影响,我们不妨进一步在宏观层面上,对各种地方势力在司法运作中通常所扮演的角色进行更为全面的检视。需要强调的是,笔者认为中国古代的地域社会本身是各种力量相互交结的场域,因此这里所谓“地方势力”是在比较宽泛的意义上使用的,并不局限于“国家”或者“社会”。从这一角度来说,元代江南的司法场域中主要有两种地方势力在发挥重要影响:一是权贵势力,二是以士人、富民为核心的地方精英。

### (一)权贵势力

元代江南的权贵势力比前代更为复杂,包括蒙古宗王、贵族势力,官员、军将,乃至僧、道等宗教势力皆可划入这一范畴。元代征服江南后,许多民户被分封给诸王、贵族,他们在江南设立各种投下机构。同时,大批官员和军将前往江南各地进行行政管理和镇戍,尤其是军将,他们世袭其职,逐渐形成军事家族。得益于元代的宗教政策,僧、道等宗教势力亦成为一大特权阶层,特别是僧道官,“出入驺从甚都,前呵后殿,行人辟易,视部刺史、郡太守无辨”[③],为僧录、道录者“与三品正官平牒往来”[④]。这些群体以其政治身份拥有不同特权,严格来说并不属于“地方”,而是“统治精英”及其附庸,但同时又在地域社会中有着重要影响。

在司法中,权贵势力所拥有的身份与权力很容易成为破坏性的因素,当他们进入司法

① (元)《元典章》卷53《刑部十五·诉讼·称冤·称冤赴台陈告》,第1768页。
② (元)黄溍:《金华黄先生文集》卷32《承务郎杭州路富阳县尹致仕倪公墓志铭》。
③ (元)吴澄:《吴文正公集》卷25《抚州玄都观藏室记》,第446页下。
④ (元)郑介夫:《上奏一纲二十目》,第111页。

场域中,往往以权力秩序取代司法本身的规则。无论作为诉讼一方或是第三方,当权贵群体通过自己的权势左右审断结果,便出现"法律失效"的现象。具体来说,特权群体干预司法的方式通常有两种:

第一,直接干预司法者的审断。如曹伯启任常州路推官时,路民赵友谅之妻与邻居汤氏子私通,赵友谅杀汤氏子而放过了自己妻子。其岳父为一千夫长,耻于其女通奸之污名,遂诬称赵友谅酗酒杀人,"遍赂当要"。若非曹伯启,赵友谅极可能最终以酗酒杀人而被断死罪①。

第二,引入外部权力干预司法。阿里海牙之子和尚为湖南道宣慰使,颇为骄横,私取当地织官所造尚服。廉访司佥事李栋欲纠劾,和尚反而上报中央,诬告李栋强质醴陵民田,促使御史台派官审问李栋,同时恐吓田主和证人,几乎致李栋于死地②。

实际上,慑于权贵的威势,地方官吏本身在司法中很难秉公审断,甚至主动阿附。在湖州路归安县,白云宗僧沈某"冒名爵、凌官府",为当地豪霸。沈某与二人有隙,欲置之死地,使人诬陷二人入狱,典史徐泰亨欲平冤,吏坚持不可,曰:"此沈公意,孰敢拒也?"③吉安守将恣横不法,因地方官员不从其言,竟然派遣兵卒将官员之子绑缚于城门,吉安地方官吏集体向守将求情才得释放,监察官员听闻后亦"一无所诘"④。

### (二)地方精英

中唐以降,士绅阶层便从走向"平民化"后进一步走向"地方化"⑤。宋元易代后,江南士人出现了两个明显的动向:一方面,随着朝代更替,特别是科举中辍,元代江南士人在仕进机会以及社会地位上确实比前代有所不及⑥。另一方面,正因为入仕途径的缩窄,众多江南士人被抛向社会,他们以地方社会为中心进行治生、合族以及兴学等活动,地方性格进一步增长⑦。相比士人,宋元易代对富民的影响显然小得多。富民阶层在唐宋之际开始崛起,蒙古统治不仅没有对其造成大的冲击,反而因政令的疏阔使其赓续和壮大⑧。明人言:"元平江南,政令疏阔,赋税宽简,他无征发,以故富家大族,役使小民,动至千百,至今佃户苍头,有至千百者,其来非一朝一夕也。"⑨元代江南的士人、富民虽然很少有政治上的特权,但他们因文化、经济与社会资源的优势而成为地方社会的领导者,是元代江南地方精英的

① (元)曹鉴:《大元故资善大夫陕西行御史台中丞赠体忠守宪功臣资政大夫河南江北等处行中书左丞上护军追封鲁郡公谥文贞曹公神道碑铭》,(元)曹伯启:《曹文贞公诗集后录》,《景印文渊阁四库全书》第1202册,第535页下。

② (元)虞集:《道园学古录》卷20《李象贤传》,《四部丛刊初编》。

③ (元)黄溍:《金华黄先生文集》卷34《青阳县尹徐君墓志铭》。

④ (元)傅若金:《傅与砺文集》卷9《故百丈尹张先生行状》,《北京图书馆古籍珍本丛刊》第92册,北京:书目文献出版社,1988年,第98页上。

⑤ 鲁西奇:《"小国家"、"大地方":士的地方化与地方社会——读韩明士〈官僚与乡绅〉》,《中国图书评论》2006年第5期。

⑥ 萧启庆:《元代的儒户:儒士地位演进史上的一章》,载氏著:《内北国而外中国——蒙元史研究》,北京:中华书局,2007年,第371—414页。

⑦ 参见周鑫:《儒士新地方性格的成长:以元代江西抚州儒士为中心》,南开大学博士学位论文,2007年。

⑧ 林文勋、杨瑞璟:《宋元明清的"富民"阶层与社会结构》,《思想战线》2014年第6期。此外,陈得芝在有关元代江南地主阶级的研究中也指出,蒙古灭宋对江南地主阶级冲击不大,元代江南地主阶级的经济实力依然沿着南宋时的发展趋势不断增长。参见陈得芝:《元代江南之地主阶级》,《元史及北方民族史研究集刊》第7辑,1983年。

⑨ (明)于慎行:《山谷笔麈》卷12《赋币》,北京:中华书局,2007年,第139页。

核心群体。在先行研究中,学者对元代江南地方精英在平讼中的重要作用予以了积极评价①。实际上,如果进行更为全面的审视,他们在司法中往往同时具有两种截然不同的形象。

一方面,士人、富民等地方精英是地方司法中重要的辅助力量,这首先体现在精英群体参与调解民间纠纷。洪氏为歙县大族,“环里甲中数百家皆洪氏,无他姓”。洪味卿在世时,“人有是非曲直,一处以公,乡闾讼争者所诣府君求直”。洪味卿去世后,乡里讼争纷然,时人叹曰:“安得复见洪公,以白吾心也。”②建康张文盛少习儒术、医药,元平江南,转而从商,“为大区广陵市中,家童数百指。北出燕齐,南抵闽广,懋迁络绎,资用丰沛”。乡里凡有争讼多由其调解,“君为剖析枉直,谕之以理,皆愧让而退”③。抚州吴德新平素常周济乡里,“亲旧邻里之贫,有贷未尝计息。衣其寒,食其饥。疾不能医者助药费。死不能葬者助葬费”。里中有讼争,吴德新常予以劝解,“片言解纷,一出公是非,靡不心服”④。类似记载在元代比比皆是,虽然多有溢美之词,但也在一定程度上反映了当时现实状况。其实,相关的案例在《元典章》中也可以找到。如大德十一年(1307)临江路审断的一个案例,封丘县人王成与祈阿马相争田土,官府尚未判决,即有与二人相识之郑直等人劝和,恰逢冬天寒冷,二人遂自愿商议休和⑤。

除调解纠纷外,地方精英在正式司法中同样发挥着重要作用。地方精英居于乡里,往往知晓地方官员不知道的信息,而由于他们的特殊身份,地方官员对其所言通常比较重视,甚至有时地方精英与官员之间本身就有私人关系。特别当亲友有冤抑之时,地方精英时常利用自己的力量使案件得到公正判决。如熊朋来的一个事例:

> 刘公宣之持宪节也,尤敬先生,与先生论经义无虚日。间以政事为问,先生愀然曰:“郡学上丁释奠,诸生有与执事者,公固见之。而是日有盗劫伤人者,南昌贼曹执而掠之,幸儒者善柔,不能自白,诬之狱成矣。耳目所及尚有此,又何问乎?”刘公曰:“有是哉?”即日审得实,立破械出此儒,即以械械贼曹。诸公由是益知先生有用于世者,而终不敢以事溷先生也。⑥

在这一案例中,熊朋来通过与宪司官员的关系使得案件在最短的时间内得到解决。类似情况在元代十分常见,如婺源汪庭桂就通过向地方官员进言,“平反冤狱者二家,出伪楮株连者百人”⑦。吴江州同知陆某,因得罪权豪,被诬陷治罪,谢应芳与其他士人一起为其

---

① 苏力:《元代地方精英与基层社会——以江南地区为中心》,天津:天津古籍出版社,2009 年,第 51—63 页。

② (元)程文:《洪府君(味卿)墓志铭》,(明)程敏政编:《新安文献志》卷 89,《景印文渊阁四库全书》第 1376 册,第 463 页下。

③ (元)陆文圭:《墙东类稿》卷 13《巽溪翁墓志铭》,《元人文集珍本丛刊》第 4 册,第 603 页下。

④ (元)吴澄:《吴文正公集》卷 41《故抚城吴居士墓志铭》,第 13 页上。

⑤ (元)《元典章》卷 53《刑部十五・诉讼・告拦・田土告拦》,第 1789—1790 页。

⑥ (元)虞集:《道园学古录》卷 18《熊与可墓志铭》。

⑦ (元)王球:《存耕处士汪公(庭桂)墓志铭》,(明)程敏政辑撰:《新安文献志》卷 92 上,《景印文渊阁四库全书》第 1376 册,第 515 页下。

陈言,希望“俯察本官之冤枉”[①]。有些地方官员还经常主动以狱讼事请教地方人士。如富州人熊升,“诸公贵人仕于其乡,知公忠信,皆争取,下狱有疑,多所请教,公缘是直冤者生死者甚众”[②]。歙县人唐如介,不仅精研儒学,且通律法,“县有大狱疑谳,咨君勘治”[③]。平江路推官冯某,恐断案失当,或为吏所欺,“在署审成案未察,退参所疑于父老宾客,故月朔作乡约于父老宾客,使之过有以告”[④]。

另一方面,地方精英也有倚仗权势、财富干预正常司法运作的现象。其常见者有二:

一为出脱己罪。抚州豪民龚胡造伪钞十余年,后惧罪发,向官府自首。官府疑有不实,于其家中得伪钞、钞板,为其所自首数量之数倍。案件审定后,省部遣使处决,龚胡贿赂使者,被改断为“减死”[⑤]。奉新县庖人于豪民家治庖,与豪民家女婢私通,被豪民之子见而杀死,投尸水中。庖人之兄寻弟不得,豪民予其谷千斗,使其勿讼。庖人之兄告诉于官府,豪民贿赂胥吏,反而诬称其诬告,屈打成招[⑥]。

二为构陷他人。昌国州富商贿赂州将,将平民诬为盗贼,“死者殆十二三”[⑦]。宁都县有富民与人争田,乘夜派人将未熟的稻子收割,守田人在打斗中用竹椿将割稻者打伤,割稻者一天后身死。富民贿赂胥吏,“以夜为昼,以斗为杀,以竹椿为田器,论置重辟”[⑧]。安仁县豪民闻得仇家与妻前夫女通奸,通过贿赂官吏,将仇家以与亲女奸断死罪[⑨]。

更有甚者,有些地方精英成为武断乡曲、把持官府的豪横,通过利诱威逼使官府听命于己,司法成为其私人工具。在这种意义上,他们即郑介夫所言的“在乡之豪”:

> 凡有词讼必须经手,若不禀白而径陈之有司者,则设阱寻隙,陷之于刑。既已归命于己,而官吏有不顺从者,则别生事端,累赃诬告,其齑粉可立而待也。威势既成,动皆如意。村落居民事之如父母,敬之如神明。郡县守宰颐指气使,俯首听命而已。间有一二刚方自立,奋然出为冤民施一援手,仅能抑之一时,被罪还家之后,故态依然,真是法制所不能及,礼义所不移。[⑩]

袁桷曰:“今之为县,常患夫土豪之控持也。”[⑪]在元代江南,这种把持官府的地方豪横

① (元)谢应芳:《龟巢集》卷7《诸士友陈言陆同知诬枉事启》,《四部丛刊三编》,上海:商务印书馆,1936年。

② (元)赵文:《青山集》卷6《熊刚申墓志铭》,《景印文渊阁四库全书》第1195册,第82页上。

③ (元)唐元:《筠轩集》卷12《唐处士墓志铭》,《景印文渊阁四库全书》第1213册,第581页上。

④ (元)杨维桢:《东维子文集》卷4《送平江路推官冯君序》,《四部丛刊初编》。

⑤ (元)欧阳玄:《有元赠中奉大夫湖广等处行中书省参知政事护军追封鲁郡公许公神道碑铭有序》,罗振玉编:《金石萃编未刻稿》卷中,《石刻史料新编》第1辑第5册,台北:新文丰出版公司,1977年,第3691页下。

⑥ (元)吴澄:《吴文正公集》卷26《江西等处行中书省照磨李侯平反疑狱之碑》,第462页上。

⑦ (元)朱文刚:《庆元路总管正议王侯去思碑》,(清)阮元编:《两浙金石志》卷17,《石刻史料新编》第1辑第14册,第10620页上。

⑧ (元)吴澄:《吴文正公集》卷40《元承事郎同知宁郡州事计府君墓志铭》,第644页上。

⑨ (元)揭傒斯:《揭文安公全集》卷11《善余堂记》。

⑩ (元)郑介夫:《论抑强状》,《元代奏议集录》(下册),邱树森、何兆吉辑点,第119页。

⑪ (元)袁桷:《清容居士集》卷18《慈溪县兴造记》,《四部丛刊初编》。

甚多。永嘉县豪猾孟某,“贿上下,肆毒邻里,煽民讼,因为居间,持吏长短不敢问,必从其所向”①。金溪余氏、宜黄陶氏、乐安廖氏、临川之许氏,“皆以哗讦持长吏短长,恣睢不法”②。湘乡州豪民陈清,“素武断乡曲,握持官府事,家资累巨万。复众募奸人伪造钞其家,久辄杀其人以灭口,阴结大官为势援,所为不法,人莫敢谁何”③。

实际上,无论片言解纷还是把持官府,其本质都是地方精英利用自身资源影响司法。正如梁庚尧指出的,地方精英同时具有“豪横”与“长者”两种类型,而这两种类型人物由于政府功能的不足同时存在④。日本学者小野泰认为,元代的地方官、地方领导者与农民相互协调,成为一种“地域共同体”⑤。就江南地方精英在司法中的双重面相来看,这一论断似乎稍嫌简单化。不过,地方精英在江南地域社会中的重要地位是显而易见的。相比宋代,元代江南的地方精英作为“身份性精英”的色彩有所退却,主要是布衣。但他们在经济实力上的增长同样为其在地域社会中发挥领导作用提供了坚实的基础。元代豪民问题的突出,亦正是反映了当地方精英实力增长以后,地方官府的控驭已经力不从心。

综上所述,元代江南地区的地方势力在司法中扮演着各种不同的角色:权贵势力往往以其所拥有的特权干预司法,破坏司法本身的规则;地方精英在司法中则具有双重面相,既是协助司法运作的辅助性力量,也是武断乡曲、把持官府的豪横。

## 四　结　语

从北宋开始,江南围湖垦田的现象急剧增多,到元代,国家对围湖垦田的管控力度有所放松,不仅不断有新的湖泊被围占,许多入元以前已经被恢复的湖泊又重新被围占。权豪为了私利将湖泊围垦,由此产生的生态后果却给普通民众带来很大损失,双方之间经常发生讼争,永安湖案与花屿湖案是两个典型案例。在这类案件的司法实践中,被告论者的权豪身份给地方司法者带来不小困难,案件最终的圆满解决不仅依靠司法者不惧权贵,更多是依靠外部权威的介入。由此引申开去,可见元代江南地区司法秩序与地域社会之间的密切关系,其核心是各种地方势力对司法所施加的影响。随着元代对江南的征服,蒙古诸王、贵族将势力扩展到江南,大量文武官员前往江南进行统治,僧道势力亦取得了前代所不拥有的特权地位。这些权贵势力在司法场域中往往以权力秩序代替司法规则,成为司法秩序的破坏者。相比之下,以士人、富民为核心的地方精英在司法中的角色则更为复杂。他们有时是辅助司法的重要力量,同时又常展现出豪横的一面,武断乡曲、把持官府。

① (元)吴海:《闻过斋集》卷5《故翰林直学士奉议大夫知制诰同修国史林公行状》,《元人文集珍本丛刊》第8册,第274页下。

② (元)欧阳玄:《元故翰林待制朝列大夫致事西昌杨公墓碑铭》,(清)卞永誉:《式古堂书画汇考》卷18《书十八》,《景印文渊阁四库全书》第827册,第821页上。

③ (明)王祎:《王忠文公文集》卷22《元中宪大夫金庸田司事致仕王公行状》,《北京图书馆古籍珍本丛刊》第98册,第398页下。

④ 梁庚尧:《豪横与长者:南宋官户与士人居乡的两种形象》,《新史学》第4卷第4期,1993年,第93页。

⑤ [日]小野泰:《13—14世纪中国的乡村社会》,《河合文化教育研究论集》第10号,2012年。

司法秩序本身是江南地域社会秩序的一个缩影,其中最引人注意的动向是地方精英的迅速壮大与多种面相。在元代统治下,江南士人的仕途变得异常狭窄,即使延祐开科以后,由于取士人数远远不能和前代相比,亦没有从根本上改变江南士人的入仕困难。但这种境遇并没有使他们沉沦到"九儒十丐"的境地,士人所拥有的文化资源其实在很大程度上使得他们很容易进行职业的再选择。更为重要的是,元代统治者在经济上基本延续了宋代以来的政策,富民阶层不仅没有衰落,反而以前所未有的速度在崛起。元代江南地方精英虽然相比前后的宋、明两代缺乏政治身份,但这并不影响他们在地域社会中的影响力。世祖以降,元代文献中关于"豪民"的记载越来越普遍,正如在司法场域所表现出来的,他们形象中"豪横"的一面更甚于"长者"。有些豪民甚至交结在江南的权贵,特别是投下官司,获得官职,"以建康一路言之,如勾容县豪民王训,白身人钦受宣命承务郎、大都等处打捕鹰房民匠总管,同居叔王熙亦受宣命奉训大夫、中瑞司丞,唐兴宗元系江西行省理问所令史,见任建康财赋提举,似此不可枚举"①。从大德后期开始,元政府不断颁布禁治豪霸的格例,如大德七年(1303)规定:

> 奸豪猾吏把持官府者,置立板牓,所在官司悬挂,仍大字书写粉壁,再犯断罪移徙,以惩后来,比以明刑之要务。②

又大德八年(1304)格例:

> 各处豪霸凶徒〔非理〕害民,凌犯官府,合准奉使宣抚所拟,严加禁约。敢有违犯之人,初犯痛行断罪,于各处门首泥置粉壁,书写过名,若三年改过,许令除籍,其有不悛再犯者,加等断罪,迁徙迤北地面屯种相应。③

类似格例在元代不胜枚举。可见,元政府之所以禁止"豪霸",针对的行为主要是其把持官府的行为。所谓"把持官府",其本质其实是地方力量对官府的权威形成冲击,甚至凌驾其上。无论这些豪民本身作为如何,其背后所反映出来的是地方力量的迅速壮大已经威胁到了元代在江南的地方统治秩序,故越来越引起元政府的紧张。地方力量的强势与地方官府能力的孱弱形成鲜明对比,从某种程度上凸显了元代在江南统治的吃力。

如李治安所说,中唐以降国家对基层社会的支配方式发生了根本性变化,由设置乡官直接掌控转为间接支配,"拉开了'县令之职,犹不下侵'的序幕"④。正规的乡里行政组织不复存在,以往由乡官所承担的众多功能则出现空缺。在宋元时期,明代中期以后那种能够承担多种社会功能的"乡绅"尚未完全成熟,地方官府不得不直接面对广大民众的各种纠纷,所谓民风"好讼"与此不无关联。在这种情况下,元代国家与江南的地方官员,都选

---

① (元)《元典章》卷8《吏部二·官制二·承荫·禁治骤升品级》,第260—261页。
② (元)《元典章》卷48《刑部十·诸赃三·杂例·罗织清廉官吏》,第1617页。
③ (元)《元典章》卷57《刑部十九·禁例·禁豪霸·豪霸红粉壁迤北屯种》,第1918页。
④ 李治安:《宋元明清基层社会秩序的新构建》,《南开学报(哲学社会科学版)》2008年第3期,第44页。

择将部分调解纠纷的任务分配给一些地方人士承担，已在一定程度上显现出地方治理对地方力量的依赖。同时，地方力量本身在元代亦迅速发展，其中一些豪民甚至已经开始与官府争夺权力。到明初，朱元璋一方面大力打击豪民，同时在元代社制的基础上建立老人制，赋予其“小事诉讼的排他性管辖权”①。这很大程度上应是朱元璋吸取元代经验教训的基础上，对基层社会秩序的重新调整。

**作者简介**：郑鹏，南开大学历史学院博士后。

① 有关明代老人制，以及老人参与诉讼的研究，可参见［日］中岛乐章：《明代乡村纠纷与秩序：以徽州文书为中心》，第51—140页。

中国社会历史评论 第十八卷 2017 年 第75—86 页

# 习惯与国法的角力

## ——以龙映姜、杨翠桃争产案为例*

谢开键

【摘　要】习惯是世界上最古老、最普遍的法律渊源，常以国家法的补充角色维系着一方土地的社会秩序，二者长期调适共生。它们在民间处理财产继承时都曾发挥重要的作用。然而随着清末及民国政府的法制改革的不断深化，特别是《中华民国民法·继承编》的颁布，民间财产传递习惯和国家制定的财产继承法条之间冲突不断，在具体实践中产生诸多问题。民国贵州天柱县的一起持续多年的继承财产案，充分地展现了国法和习惯扞格的情况。由于习惯的强大力量，新制度尚未成为新安排，国家法缺乏强有力的执行力度及法律的不健全等现实因素致使案件的当事人争讼不断。虽然国法在与习惯的角力中最终获胜，但如何调适二者的关系，使其相辅相成，在当今社会语境下仍值得认真对待与反思。

【关键词】国法；习惯；天柱文书；财产继承权

习惯是世界上最古老、最普遍的法律渊源，尤里安以为："没有理由不把根深蒂固的习惯作为法律来遵守（人们称它是由习俗形成的法）。事实上，我们遵守它们仅仅是因为人民决定接受它们。那些在无成文法的情况下人民所接受的东西，也有理由为所有人所遵守。"①习惯在人们的日常生活中发挥中重要的作用，特别在民族众多、疆域广袤的中国，早在先秦便有"百里而异习，千里而殊俗"②之说，后又有"十里不同风，百里不同俗"的俗语。学界对于中国乡村社会纠纷中国家法和习惯法的关系有较多的研究。日本学者滋贺秀三从中国古代法文化的角度讨论了清代民事审判性质问题，他的观点可归纳为"情、理、法"③。黄宗智提出在民间调解与官方审判之间存在第三领域的概念，即清代"有大批争端，虽然随着呈递告状，而进入官方审理过程，但在正式堂审之前，都获得了解决。在此中间阶段，正式制度与非正式制度发生某种对话，并有其既定程序，故而形成一个半官半民的

* 基金项目：本文系国家社科基金重大项目"清水江文书整理与研究"（项目编号：11&ZD096）成果。

① ［意］桑德罗·斯奇巴尼著：《民法大学选译：正义和法》，黄风译，北京：中国政法大学出版社，1992 年，第 62—63 页。

② 吴则虞：《晏子春秋集释》，北京：中华书局，1982 年，第 221 页。

③ ［日］滋贺秀三著，范愉译：《清代诉讼制度之民事法源的概括性考察——情、理、法》，王亚新、梁治平编：《明清时期的民事审判与民间契约》，北京：法律出版社，1998 年，第 19—53 页。

纠纷处理地带”①。寺田浩明从理解习惯法的角度来解释民事审判的性质问题②。赵晓力通过近代中国农村土地交易分析了民间习惯和国家正式法之间的关系，归纳了法制近代化运动开始之后二者关系的三种变化，即“官方正式法继承了从前限制、废除民间习惯的态度，只不过原因有所不同”，“官方正式法把民间习惯纳入到它的体系中”，“民间习惯被国家正式法‘双重制度化’”③。梁治平利用村规民约和案例资料来解释国家法与民间法的关系，并将其归纳为“秩序的多元化”④。赵旭东通过民间纠纷的具体解决过程来揭示国家法与民间习俗的多元互动实践，“这样的互动表现在具体的纠纷解决中，就应当是一个运用多项原则来做出决策的过程。如此一来，其中就隐含着一个法律多元的过程。可以说，在一起民间纠纷的解决过程中看到国家法律以及其他权力关系对纠纷解决多方位、多层次的影响”⑤。

习惯约束着人们社会经济活动，常以国家法的补充角色维系着一方土地的社会秩序，而面对各地不同的习惯，国家法也时有让步，以清代为例，清律不时作出调整，补充条例，便是对习惯作出让步，适应社会习惯的发展。各地区、各民族形成的习惯一直沿袭，直到南京国民政府所颁行的《中华民国民法》，对人们以往的习惯产生了巨大的冲击，特别是有关男女平等享有继承财产的权利。本文以《天柱文书》收录的龙映姜、杨翠桃争夺遗产案为中心，以《中华民国民法》中有关继承的法律条文和地方继承习惯为视角，考察国家法在具体实施过程中同地方习惯的冲突与角力。

## 一　龙映姜、杨翠桃争夺继承财产案始末

有关龙映姜、杨翠桃争夺继承财产案，已有学者撰有专文讨论⑥，但该文（以下称徐文）对涉及龙映姜、杨翠桃争夺继承财产的文书和国家法的解读存在一些误读，而且笔者对这一争夺继承财产案争讼不休的原因有不同的解释，故有必要撰文论述。首先梳理一下龙映姜、杨翠桃争夺继承财产案发生始末。涉及该案的民间文书有十五件之多，案件持续时间较长，为方便论述，笔者采用直叙的方法展现案情。案件起因在于一块名为老映冲⑦的土地买卖：

---

① ［美］黄宗智：《清代的法律、社会与文化：民法的表达与实践》，上海：上海书店出版社，2001年，第107页。

② ［日］寺田浩明著，王亚新译：《权利与冤抑——清代听讼和民众的民事法秩序》，王亚新、梁治平编：《明清时期的民事审判与民间契约》，第191—265页。

③ 赵晓力：《中国近代农村土地交易中的契约、习惯与国家法》，《北大法律评论》第1卷第2辑，北京：法律出版社，1999年，第490—492页。

④ 梁治平：《乡土社会中的法律与秩序》，王铭铭、王斯福编：《乡土社会的秩序、公正与权威》，北京：中国政法大学出版社，1997年，第415—487页。

⑤ 赵旭东：《权力与公正：乡土社会的纠纷解决与权威多元》，天津：天津古籍出版社，2003年，第7页。

⑥ 参见徐钰：《乡俗与国法之争——以〈天柱文书〉中龙映姜、杨翠桃争田案为例》，《贵州大学学报（社会科学版）》2014年第4期。

⑦ 天柱地区长期为侗族、苗族等少数民族聚居之所，汉文化水平普遍不高，所以在书写文书之时常常以同音字或近音字代替，如老映冲有时又书写为老英冲，本案的主人公之一龙映姜有时书写为龙现江等。

立卖田契字人杨翠桃，今因超荐严父金宝、慈母龙氏金银，缺少洋用，自愿将到先父遗下老映冲田大小田二坵……请中上门问到长冲村伍绍南全兄弟二人名下承买……

凭中　张重华　押　姚子裕　押

代笔　张祚槐①

民国三十年(1941)②，杨翠桃将名为"老映冲"的田产变卖给伍绍南、伍绍全兄弟，作为"超荐(即超度)严父金宝、慈母龙氏金银"的费用。正是这一看似平常的土地交易，引发了长达近十年的争讼。买主伍氏兄弟在安稳地耕种两年之后突遭变故：

自喊诉人伍绍全，年五十，伍宏开年二十，南平乡攸洞住农，枪射围捉拼命逃脱，喊恳拘办事情，民于五月二十七日即夏历二十五日，在地名老英冲田中栽秧。午后二时，突有数人由山林中碰出，将田围住，疾声喊捉。民见事出奇怪，必定是捸肥羊而为。捉命之鬼拼命直跑，前被拦路一人，确认得系摆洞无产阶级，无所不为之龙登品，向民开枪射击，弹中民宏开，脚后跟草鞋粉碎。民竭力直上，幸遇勒洞龙凤吉疾叱，其匪不敢追逼，然龙登品手持快枪，经凤吉确见可质。……民则随奔，伸鸣保甲及乡公所外，然而案关军法，请求钧长派队协警，迅速拘提到案律办。③

民国三十二年，伍绍全父子在田栽秧之时，以当地"无产阶级"④龙登品(即龙登柄)为首的数人手持快枪"将田围住，疾声喊捉"，并朝伍氏父子射击，将伍宏开脚后跟草鞋打碎。所幸"遇勒洞龙凤吉疾叱，其匪不敢追逼"，二人才幸免于难。劫后余生的伍绍全"伸鸣保甲及乡公所外"，并请求"派队协警，迅速拘提到案律办"。何故龙登品持枪射击伍氏父子？原因在于其要霸佃伍氏之田⑤。那伍氏之田又为何会遭到龙登品霸佃？接着看下一份文书：

为自施业权舍甲图乙辩，恳讹明劈究以分泾渭，免受拖累事。缘民荆妻杨氏翠桃，乃故岳丈杨金宝亲生之女，因岳丈于民国二十九年二月逝世，叹其年逾花甲尚无子嗣，惟生翠桃、翠青姐妹二人……虽有庶母二人，各存意见，大不相睦。翠桃无奈，念其生身德大，乃挺身措办丧事，遵礼成服，于次年三月初一为始修建道场，悼荐先灵。叠两大事需款甚巨，故请族戚计议，将土名老映冲田大小五坵，收花十余挑，出卖与伍绍楠、绍全以应开支。……不料有杨朝福垂涎岳父金宝之遗产，欲夺继承，权衡遂串庶母龙

① 《民国三十年二月二十五日杨翠桃卖田契》，载张新民主编：《天柱文书》(第一辑)，南京：江苏人民出版社，2014年，第12册，第20页。

② 有关民国纪年，以下可以类推，不再逐一标示。

③ 《民国三十二年五月二十八日伍绍全、伍宏开诉龙登品伙同他人开枪伤人状》，载张新民主编：《天柱文书》(第一辑)，第12册，第37页。

④ 非阶级意义上的无产阶级，在当地指的是游手好闲，无赖之意。

⑤ 《民国三十二年十月六日龙启森等出具杨翠桃卖田引发霸佃耕种纠纷证词(草稿)》，载张新民主编：《天柱文书》(第一辑)，第12册，第39页。

氏现江起诉至一审、二审，沐高等法院判结金宝之遗产依现行民法继承编第一千一百三十八条第一款规定，翠桃对于杨金宝遗产自有继承权，龙现江等不得争夺。①

该诉讼状由杨翠桃的丈夫书写，杨翠桃之父金宝娶妻三人，一为龙金银，即翠桃、翠青的生母；另有两个庶妻，一为龙映姜，另外一人不详，所以龙金银应是杨金宝的正室。徐文以为龙金银为金宝庶妻，殊不知龙金银也已去世，且翠桃姐妹为龙金银所生，哪有称生母为庶母之理？在弄清龙映姜和杨翠桃的关系之后，对于龙映姜为何将老映冲之田佃给龙登品便好理解，龙氏以金宝的遗孀身份替亡夫保管产业，故而能将老映冲之地佃与龙登品耕种，从而引发龙登品霸种伍氏之田的纠纷。又有"杨朝福垂涎岳父金宝之遗产，欲夺继承，权衡遂串庶母龙氏现江起诉至一审、二审"，而法院也依法作出裁决：将老映冲之田判与杨翠桃，龙映姜不得争夺。然而此案直接受害者并非杨翠桃，而是买主伍氏兄弟。他们不仅遭到龙登品射击，而且田中稻谷被龙登品收获，虽经龙启森、谭政标等人劝解，但未取得成效，伍氏兄弟为维护权益，向法院状告龙登品霸种：

为野性难驯，抗判估霸，声请迅予执行，押缴赔偿，并追返还业权事。窃民兄弟于民国三十年，得价买杨翠桃土名老映冲田大小五坵。自买之后，方耕种两季，突有该寨地虎龙登炳，假佃种为名，擎枪实弹，霸种迄今，瞬五六载，经民兄弟起诉数年，迄未终结。……当奉到钧处三十六年民字第一五四号判决一份，着被告龙登炳，应将老映冲田大小五坵，返还与原告，并应返还原告稻谷三十老石等因，奉此，实深感戴。查龙登炳不服原审判结，复串合龙氏映姜，控诉于高一分院，又蒙高一分院仍维持原判。计上判颁发以来，又经半年，龙登炳尚怙恶不逊，钉恨尤深，屡提枪向民隙寻，恃蛮抗判，莫此为极。惨民损失过巨，业权丧失，现又收获在即，为特不胜烦渎，声请迅予拘提执行，赔偿损失，返还业权，待命之。②

从上引文书可知，民国三十六年伍氏兄弟便已取得胜诉，法院要求龙登品"应将老映冲田大小五坵，返还与原告，并应返还原告稻谷三十老石"，但龙登品"复串合龙氏映姜，控诉于高一分院"，但"高一分院仍维持原判"。龙登品依旧"怙恶不逊"，"恃蛮抗判"，在判决书下达之后半年并未执行法院的判决。因此，民国三十七年伍氏兄弟又续告龙登品，请求归还田地和稻谷。无果之下于当年 9 月，再次请求派警拘提龙登品，但是收效甚微。但伍氏兄弟仍不放弃，又于 11 月再次上诉，"总祈按名拘案追偿于后，以制野蛮，而昭法令，待命之至"③。在伍氏兄弟追讨土地所有权和稻谷时，龙映姜也提起诉讼：

---

① 《民国三十二年十月杨翠桃诉讼状》，载张新民主编：《天柱文书》（第一辑），第 12 册，第 40—41 页。

② 《民国三十七年八月十三日伍绍南、伍绍全续告龙登炳霸种抗判诉讼状》，载张新民主编：《天柱文书》（第一辑），第 12 册，第 86 页。

③ 《民国三十二年五月二十八日伍绍全、伍宏开诉龙登品伙同他人开枪伤人状》，载张新民主编：《天柱文书》（第一辑），第 12 册，第 37 页。

为盗窃执照，偷卖遗产……氏缘薄命，先夫杨金宝早于民二十八年逝世，氏属故夫原配，故夫遗产应依民法继承编第一章第一千一百四十四条，明文载定，配偶有五相（项）继承遗产权[①]。无如张祚槐包藏祸心，暗怀谋产，恃属女婿身份，笼讽代阅先夫遗契，氏乃女流之辈，信以为然，乃将先夫遗契，合盘寄出。该槐早稔妇不识字，乘机盗窃老映冲田执照，假名女子继承，暗将此田偷卖。……讵料张祚槐贪婪复萌，乘氏承继人杨廷熙，中签往服兵役，兼之寡妇可欺，复串假承买人伍绍全恃蛮妄控，而杨判长不问去来，妄法理，滥将老映冲田大小五坵，判归原告所有。试问所呈管业执照二纸，属谁名姓？如载张祚槐之名，则任祚槐书立卖契。若果实载杨金宝或如椿字样，即应先有配偶继承，何以杨姓之业，反归张姓出卖？有是理乎？……若云龙登炳霸种，又何有杨姓书立佃卖契呈府耶？况氏不甘赠与，即属愿意，理合于相赠时推收过粮，负担赋税，何得五六年之久尚在杨姓完纳？[②]

从龙映姜的诉状来看，关于老映冲的田产归属不仅与杨翠桃所述大相径庭，而且还驳斥了杨翠桃和伍氏兄弟的控告。第一，龙映姜认为自己是金宝的原配，依据《中华民国民法》第1144条规定，她有继承丈夫遗产的权利；第二，龙氏指责杨翠桃夫妇假借女子继承的名义，盗契卖田，伍氏兄弟见利，合串承买，甚至“恶人”先告状；第三，也是要害的一条，老映冲这块田产的赋税一直由杨氏负担。结合其他契约，逐条分析龙氏的状词。第一条涉及财产继承的合法性，下文将会专门讨论，故不赘述。第二条所述是否属实呢？从前引杨翠桃卖田契中可以看出，杨翠桃为卖主，凭中却是张重华、姚子裕，代笔不是别人就是杨翠桃的丈夫——张祚槐。在天柱文书中土地买卖契约中，中人多是由卖主的族人或同姓充当[③]，以保证土地买卖的“合法性”。由此看来，杨翠桃卖田的程序确实存在违背当地习惯的情况，极有可能如龙映姜所说，张祚槐盗契卖田。关于第三条，杨翠桃将土地卖给伍氏兄弟，按理老映冲田产的赋税应当由买主承担，这也侧面反映出杨翠桃卖田程序的不完整性。

以上是三方（龙映姜、杨翠桃及伍氏兄弟）对田产归属的看法，那么作为旁观者的乡人对此事的态度如何呢？从下份文书可看出一些端倪：

其证明人龙启森、谭政标、陈通昌、张又新……为证明实情，公恳核夺事情。证明人保内有女子继承之杨翠桃于民国三十年，以土名老映冲田大小五坵，卖与攸洞伍绍南全为业，作超荐父道场费用，已经伍姓买主耕收两季无异。今年有杨廷全熙勾串无产阶级龙

① 此点是龙氏对法条的误解，《中华民国民法》第1144条全文是：配偶有相互继承之权，其应继分依次为，一、与第1138条所定第一顺序之继承人同为继承时，其应继分与他继承人平均；二、与第1138条所定第二顺序或第三顺序之继承人同为继承时，其应继分为遗产二分之一；三、第1138条所定第四顺序之继承人同为继承时，其应继分为遗产三分之二；四、无第1138条所定第一顺序至第四顺序之继承时，其应继分为遗产全部（见徐百齐编辑：《中华民国法规大全·中华民国民法》，上海：商务印书馆1937年版，第86页）。法条所传达的意思是配偶在这四种情况下能够得到的遗产份额，而非龙氏所说的五项继承遗产权。

② 《民国三十七年龙氏映姜诉讼状》，载张新民主编：《天柱文书》（第一辑），第12册，第88页。

③ 林东杰：《族戚为证：天柱文书所见中人初探》，载张新民主编：《探索清水将文明的踪迹——清水江文书与中国地方社会国际学术研讨会论文集》，成都：巴蜀书社，2014年，第334页。

登炳，□□运动霸佃耕种。八月收获时，互相争持，请经证明人等劝解，然登炳虽系霸佃，亦□苦力，收其佃种半股，所有半股收与业主伍绍南全兄弟了事[①]。

从这份证词当中可知，乡人既认可杨翠桃的卖田行为，同时也承认龙登品等人的行为事出有因，所以才劝解双方均分粮食。虽然乡民认可杨翠桃的卖田行为，并不能说明他们认可杨翠桃具有继承杨金宝遗产权利。从前引《杨翠桃卖田契》和《杨翠桃诉讼状》可知，杨翠桃卖田缘于超度父母，但"需款甚巨"，所以只能将老映冲之田出卖作为费用。所以，乡民更大程度上认可的是杨翠桃的孝行，而非卖田这一事实。

伍氏兄弟经过多年的申诉，终于民国三十七年取得了老映冲田产的合法权益，但是却放弃了之前一直索赔的"霸收稻谷三十老石"[②]。至此，持续近十年关于老映冲田产归属权的争讼案才正式告终。

然而还有诸多疑惑不能冰释，这个并不复杂的案件为何持续如此长的时间？三方各执一词，争讼不休，这争讼背后究竟蕴含着怎样的文化逻辑？解决这一问题的关键在于：谁才是杨金宝遗产的合法继承人。

## 二 两个视角——国法和习惯——考量杨金宝遗产的合法继承人

龙映姜和杨翠桃双方争夺的焦点归根结底是杨金宝遗产。那究竟谁才是金宝遗产的合法继承人呢？两人构讼时都依据《中华民国民法》来证明自己有财产继承权，所以必须用国家法这一尺度来衡量她们谁具有财产继承权利。但是还存在一股不可忽视的力量，即习惯。在女性财产继承权利方面，国法和习惯是一致还是相悖呢？所以，要以国法和习惯两个视角来考量、论证杨金宝遗产的合法继承人，才能更好地解释争讼背后的文化逻辑。

在论述之前有必要解释一下"继承"这个词，近现代民法上所指的"继承"与中国古代的"继承"非同一概念。"继承"一词在中国古代称为"承继"，其含义正如滋贺秀三所说，包含三层意思——第一是继人（人的后）的关系，即继嗣；第二是承担祭祀（承祀）；第三是继承财产（承业）——且这三者不是各自分开的事态[③]。一个人成为继人时，既享有继承财产权利，也应履行祭祀的义务。《中华民国民法》废除了宗祧继承制度，其所说"继承"专指财产继承，不包括继嗣和祭祀。本文所指的继承便是近代民法上的意义。

### （一）国法视角

案件牵涉的是财产继承问题，所以与此相关的国法便是《中华民国民法》，具体而言乃是《继承编》。该编坚持的一个重要原则是确立男女继承权[④]，即男女平等地享有财产继承

---

① 《民国三十二年十月六日龙启森等出具杨翠桃卖田引发霸佃耕种纠纷证词（草稿）》，载张新民主编：《天柱文书》（第一辑），第12册，第39页。

② 《民国三十七年伍绍南、伍绍全捐赠卖主杨翠桃庶母霸种霸收退还稻谷字》，载张新民主编：《天柱文书》（第一辑），第12册，第89页。

③ ［日］滋贺秀三著，张建国、李力译：《中国家族法原理》，北京：商务印书馆，2013年，第126页。

④ 胡长清：《中国民法继承论》，上海：商务印书馆，1936年，第7页。

权,亦即南京国民政府在法律上赋予女性财产继承权。《继承编》施行法第1条说:女子对于其直系亲属、尊亲属之遗产亦有继承权[①]。法定继承人除配偶外,依次还有直系卑亲属、父母、兄弟姐妹、祖父母,即便是养子女亦有继承财产的权利[②]。所以,女性可以配偶、女儿(或孙女)、母亲、姐妹和祖母的身份继承财产。根据民法第1144条可知,配偶或与第一顺序继承人平均分配,或得遗产1/2,或得遗产2/3,或得遗产全部[③],这主要看与她同为继承者的顺序,来确定她继承财产的多寡。作为女儿,其有权和其他兄弟姐妹平均继承父母财产,父母一方健在,则与健在的父或母及其他兄弟姐妹均分遗产(因继承始于被继承人的死亡)。同时民法立法者为防止家长只把财产传给儿子而不给女儿,他们制定了相当于应得份额一半的强制性"特留分"[④]。

根据以上规定,在国法层面,有学者认为龙、杨二人均是杨金宝遗产的合法继承人[⑤]。实际是否如此呢?笔者以为在本案中,杨金宝的合法继承人只有两个——杨翠桃和杨翠青。法院也是如此认为,这从他们的判决结果可以看出,因为杨翠桃和伍氏兄弟是利益共同体,承认伍氏对老映冲田产的合法所有便是承认杨翠桃继承遗产的合法性。那为何声称为杨金宝"原配"的龙映姜却被排除在合法继承人之外呢?原因便在于龙映姜的身份。据杨翠桃所称,龙映姜为其庶母(伍氏兄弟也如此认为),这便表明了龙氏的身份,即龙氏非杨金宝原配,而是杨金宝的妾。《中华民国民法》坚持的是一夫一妻制度的精神,而且废除了纳妾制度,所以妾的身份在民法颁布后便十分尴尬。正如谢振民所说:"妾之制度,亟应废止,虽事实上尚有存在者,而法律上不容承认其存在。"[⑥]表明法律是不容有妾的存在。但是不承认并不代表不存在,为处理这一现实问题,国民党的立法者将妾视为家庭成员之一。妾在民法颁布之前属于准夫妻关系,但民法颁布之后,夫妾之间不存在婚姻关系,妾再嫁亦不属重婚。在财产继承方面,家长(夫或妻或其子女)对妾有扶养义务[⑦]。男方死亡之后,妾没有财产继承权,但亲属会议可以依据妾所受扶养程度及其他关系,酌给遗产[⑧]。白凯根据实际案件,得出民法颁布后,妾只能视为被扶养的家属得到扶养费,而无权利继承男方财产[⑨]。无论是从法理层面还是具体的实证研究,妾只能是扶养的对象,无权继承"丈夫"的遗产,所以也就否决了龙映姜是杨金宝遗产的合法继承人身份(虽然她坚称自己有权继承)。

**(二)习惯视角**

前文证实,在国家法层面上,杨翠桃是杨金宝遗产的合法继承人。那么依据当地的习

---

① 徐百齐编辑:《中华民国法规大全·中华民国民法》,第92页。

② 徐百齐编辑:《中华民国法规大全·中华民国民法》,第85—86页。

③ 徐百齐编辑:《中华民国法规大全·中华民国民法》,第86页。

④ 徐百齐编辑:《中华民国法规大全·中华民国民法》,第89页。

⑤ 徐钰:《乡俗与国法之争——以〈天柱文书〉中龙映姜、杨翠桃争田案为例》,《贵州大学学报(社会科学版)》2014年第4期。

⑥ 谢振民编著:《中华民国立法史》下册,北京:中国政法大学出版社,2000年,第786页。

⑦ 史尚宽:《亲属法论》,北京:中国政法大学出版社,2000年,第528—529页。

⑧ 徐百齐编辑:《中华民国法规大全·中华民国民法》,第86页。

⑨ 参见[美]白凯(Kathryn Bernhardt)著:《中国的妇女与财产:960~1949年》,刘昶译,上海:上海书店,2003年,第173—180页。

惯,情况又如何呢?一般而言,古代的女性没有私财,甚至会因改嫁失去嫁妆。在清代,寡妇改嫁是以失去嫁妆及夫家财产继承为前提,即"夫家财产及原有妆奁,并听前夫家为主"①。《大清律例》规定:"妇人夫亡无子守志者,合承夫分",且"须凭族长择相当之人继嗣"②,即孀妇"合承夫分"的前提是"守志",财产也不归寡妻所有,而是归嗣子所有,妻实际上仅是中间承继人③。在儿子或嗣子未成年之前,孀妇只有行使财产管理权的资格④。女儿的财产继承权利也是相当有限的,只有当户绝"果无同宗应继之人"时,女儿才有机会承受⑤。且是承受而非承继,二者存在区别:夫继承云者,不惟承接其产业,实即继续其宗祧。故惟所继人之直系卑亲属为有继承权。若其人并无子孙,则第处置其遗产,与嗣续问题无涉,故不曰继承而曰承受⑥。郑爰诹对此解释道:"吾国习惯,女子无承继财产之例,若非父母特别给与遗产,为女子者,不得主张财产承继权,故例文不曰承继而曰承受,谓其非正当之承继人。"⑦按照郑氏之解释,女儿为非正当之继承人,没有财产继承权,只享有父母另外留给财产。

在天柱地区,人们遵循的便是上述文化逻辑,即女儿无权从父亲手中得到财产。在当地,作为父亲,他们依旧遵照习惯,即通过书写分关文书的形式,将财产均分给儿子⑧,男性从父亲手中继承的仍是滋贺秀三所说的三个方面,即财产继承、继嗣和祭祀,而非近代民法意义的继承(仅指财产)。这从天柱地区遗存的大量分家文书和立嗣文书中可以得到印证⑨。作为女儿,在父母主持分家时,父母或兄弟常给未嫁之女留有嫁妆,一般以一块或者数块土地的收益为嫁妆之资,需指出的是,这并非将土地直接分给未嫁女性,而是待其出嫁之后,土地可能归还与父,或作为养老田,或由其兄弟均分。如民国十八年,杨氏三兄弟分家之时,将"内出水井门首田一坵,收谷三运;又屋当门田一坵,收谷四挑"二坵田作为满妹⑩的陪嫁之田,且"弟兄不得言长言短"⑪;又如民国三十一年,龙清魁分家之时,给其女桂花留有两丘田土作为"在家供食",实际为其嫁妆之资。待桂花出嫁后,其食产由兄弟均分⑫。姑娘田带有更多的是习俗性质,很难将其视为对父母财产的继承,笔者的研究也表明

① 田涛,郑秦点校:《大清律例》卷八《户律》,北京:法律出版社1999年版,第179页。

② 田涛,郑秦点校:《大清律例》卷八《户律》,第179页。

③ 张晋藩:《清代民法综论》,北京:中国政法大学出版社,1998年,第224页。

④ 瞿同祖:《中国法律与中国社会》,北京:中华书局,2003年,第114页。

⑤ 田涛,郑秦点校:《大清律例》卷八《户律》,第187页。

⑥ 《中华民国民法制定史料汇编》上册,台北:中国台湾地区"司法行政部",1982年,第949页。

⑦ 郑爰诹:《现刑律民事有效部分集解》,上海:世界书局,1928年,第148页。

⑧ 当然也存在一些不是均分财产的情况,具体参见谢开键:《清水江分家文书档案考析》,《浙江档案》2013年第6期。

⑨ 关于分家文书的研究可参见李士祥:《18至20世纪中期清水江地区分家析产探析——以〈清水江文书考释·天柱卷〉分关文书为中心的考察》,《贵州大学学报(社会科学版)》2013年第2期;立嗣现象的考察可参看张新民:《晚清至民国时期乡村社会生活的出继文化现象——以清水江流域天柱文书为中心》,《贵州大学学报(社会科学版)》2015年第3期。

⑩ "满"为当地方言,意为"小","满妹"即小妹。

⑪ 《民国十八年三月八日杨胜全分关合同第三号阄字》,载张新民主编:《天柱文书》(第一辑),第1册,第54页。

⑫ 《民国三十一年五月二十二日龙清魁遗嘱分关字》,载张新民主编:《天柱文书》(第一辑),第22册,第75页。

当地女性没有财产继承权[①]。另外徐钰的研究也表明，寡妻有权暂为亡夫保管财产的权利，并有权为丈夫立嗣[②]。所以，依据当地的习惯，龙映姜身为寡妻，有权替丈夫挑选承继之人，而龙映姜也这么做了。龙氏为杨金宝所选的继嗣人即龙映姜诉状中提及的"氏承继人杨廷熙"，因此杨金宝的财产当由继嗣人杨廷熙承继。但杨廷熙中签出征，故而金宝的遗产暂由龙氏代为保管，这是符合当地习惯的。值得注意的是龙氏只有代为保管和处置权，而不是继承权[③]。

由以上论述可知，天柱地区的女性无论是作为女儿还是妻子，都无权继承男性的财产，但是作为妻子，有代为保管亡夫遗产的权利。所以，对于当地居民来说，杨翠桃"私卖"父亲的遗产不符合当地习惯，而龙氏暂为杨金宝的承继人杨廷熙保管金宝的遗产符合当地习惯。换言之，相对杨翠桃而言，龙氏对田产的处置更加符合当地的习惯，也更为当地多数人所认可。习惯与国法背道而驰，二者便不可避免地发生冲突，以致于案件争讼近十年才得以解决。

## 三 争产案持续多年的原因分析

龙映姜和杨翠桃争夺财产的过程，实际上也是国法和习惯角力的过程。徐钰从法、理、情三个方面论证了龙映姜和杨翠桃争夺财产案持续多年的原因[④]，但笔者以为这似乎不足以解释这一现象。除此之外，习惯对人们的影响，国家法缺乏强有力的执行力度及法律的不健全都是造成该案件争讼不断的现实原因：

第一，习惯作为人们的一种记忆，长期存在于某一族群的脑海当中，约束着人们的日常生活。记忆是一种集体的社会行为，现实的社会组织或群体都有其对应的集体记忆[⑤]，对于当地居民来说，财产传递的习惯就是一种集体记忆。遵行习惯便是在实践这一记忆，人们每一次的实践即是对这一集体记忆的加深。中国传统的财产继承是通过书立分家文书，以诸子均分为原则来实现的，这一习惯最早确立于战国时期[⑥]，之后为历朝所沿袭，为乡民普遍接受。这种家产继承方式已深刻地印入乡民的脑海，并成为他们的一种记忆，即当乡民遇到财产传递的时候，他们首先想到的便是通过宗祧继承的方式，将财产转移给下一代的男性，在他们的脑海中没有将财产传递给女儿的记忆。

---

① 谢开键：《民国时期天柱分关文书所见妇女的权利与地位》，张新民、朱荫贵编：《民间契约文书与乡土中国社会——以清水江流域天柱文书为中心的研究》，第242—260页。

② 徐钰：《乡俗与国法之争——以〈天柱文书〉中龙映姜、杨翠桃争田案为例》，《贵州大学学报（社会科学版）》2014年第4期。

③ 陈雁以"龙爱蕊分家"为例表明女性具有继承权（见陈雁：《财产与性："清水江文书"中的寡妇》，《山西师大学报》2014年第3期），但笔者以为该案更多的是反映龙氏具有较大的财产分配权，而非继承权。

④ 徐钰：《乡俗与国法之争——以〈天柱文书〉中龙映姜、杨翠桃争田案为例》，《贵州大学学报（社会科学版）》2014年第4期。

⑤ 王明珂：《华夏边缘：历史记忆与族群认同》增订本，杭州：浙江人民出版社，2013年，第22页。

⑥ 据邢铁考证，这一习惯起源于商鞅在秦国变法时采取的措施，见邢铁：《家产继承史论》，昆明：云南大学出版社，2000年，第1—7页。

作为一种记忆,在有足够强大的外来力量干涉的情况下,新的记忆才能覆盖、取代旧有的记忆。在诸子均分的财产继承原则确立之前,中国实行的是分封制和宗法制,故而财产的继承采用的是长子继承制,之后商鞅凭借强有力的国家行政力量,废除分封制度和宗法制采用诸子平均析产方式,使得这一财产传递方式在中国沿袭两千多年。换言之,商鞅借助了强有力的国家行政力量来改变国民对以往家产传递的记忆。然而《中华民国民法》缺乏让当地人民改变以往记忆的力量,即难以覆盖或消除当地人们对旧有习惯的记忆。当这也就是杨翠桃卖田引发争讼不休的根源所在。即便是两位当事人也是如此,杨翠桃在援引法条证明自己有财产继承权的同时说道父亲"承嗣无人";龙映姜在坚持自己是杨金宝"原配"的同时,为杨金宝立嗣。龙、杨二人的行为都表明了,旧有的财产传递习惯深深地存在于她们的记忆当中,她们之所以援引法条只是在维护自身的权益,并不能表明她们是认可这些法条。也是这种习惯在她们脑海中留下了深刻的记忆,她们才会时不时地表现出来。

第二,新民法尚未成为一种被广大人民所接受、认可的制度安排。在民国,对国人特别是广大的农村地区的国人来说,女性要从父母处继承财产,是匪夷所思的,大多数人依旧遵循的是旧有的财产传递方式。女性继承父母财产尚未成为一种制度安排,很难得到多数人的认可、遵循,正如朱苏力所说:"一个先例仅仅只是一个起点,而只有在这一先例为后人所遵循且必须遵循才能成为一种制度。"[①]而要为后人遵循,这"后人"必须是为大多数人,即林毅夫所说说:"只有当一个社会的大多数人都放弃了旧的安排,采纳新安排后,新制度安排才能成为一个被社会认可的新规则。"[②]等到新的国家法为大多数人民所适应、接受,他们就会放弃旧安排(习惯),认可和服从新安排(国法)。显然,民国时期的天柱地区,绝大多数人(包括两位主要当事人)未放弃旧安排,新安排无法得到社会的认可。

第三,具体到《中华民国民法》而言,其落实缺乏强有力的执行力量。瞿同祖曾说:"法律的颁布使用存在着这样一个问题,即法律的保护者是否有使用法律来保护自身利益的主动诉求,缺乏这种观念,法律对她们来说仅是一纸空文。"[③]诚如瞿氏所言,法律的保护者缺乏利用法律来维护自身利益的主动诉求,法律只是一纸空文。在民国时期,政府对贵州山区少数民族生活区域的控制,比较薄弱。加上案件发生和持续都处在战争动乱时期,所以即使法律的保护者有寻求法律援助的理念,但是法律却不能得到实际执行,法律的保护者最终还是未能保障自身利益,从这一角度来看,法律同样形如虚设,不能发挥其应有的作用。正是因为司法机关缺乏强有力的执法力量,才使得这场争讼持续如此之久。民国三十二年,伍氏父子便已状告龙登品持枪射击,但是却未得到回应;同年,在《杨翠桃诉讼状》之前,该案已经经过一审、二审,杨翠桃继承权利得到法律的认可,但是却未得到执行;接着民国三十六至三十七年,伍氏兄弟多次向天柱县司法处申请执行判决,却没有得到立即执

① 朱苏力:《制度是如何形成的?——关于马歇尔诉麦迪逊案的故事》,《比较法研究》1998 年第 1 期。

② 林毅夫:《再论制度、技术与中国农业发展》,北京:北京大学出版社,2000 年,第 38 页。

③ 瞿同祖:《中国法律与中国社会·导论》,第 1 页。

行[①],拖至民国三十七年十二月之后方得到执行。

第四,法律不够健全。法律不健全则容易让人钻空子,逃脱法律的惩罚或制裁,当事人的权利也就无法得到保障。《中华民法民法》并不十分完善,兹举两例以说明其不足。其一为女儿继承父亲的财产问题。为了防止家长只把财产传递给儿子而不给女儿,南京国民政府的立法者制定了相当于应得份额一半的强制性的"特留分"。正如傅秉常所说是为"防止借遗嘱不让女儿继承的做法"[②]。但是该法同时拥护一个人在生前可以有处置财产的原则,且继承的效力始于被继承人死后[③],所以这一规定的实际效果是:许多父亲依然采用旧法——分关(分家),在生前将他们的财产分配给儿子,女儿也就无所谓的财产继承了。尽管立法者的本意是良好的,但是实际上广大的农村女儿很少能够继承她们父亲的土地。其二就是关于妾的问题。妾制在民国备受舆论的抨击,其理由是妾制是古代社会的糟粕之一,知识分子更是强烈呼吁废除这一制度,"然而文明逐渐发达,畸形制度便都逐渐打倒,纳妾制度的弊害,早以(已)无须多讲,法律当然要加以禁止"[④]。妾制虽不被认可,但是《中华民国民法》却对妾制采取回避态度,法律坚持一夫一妻制度,也就相当于废除了妾制,但是法律对纳妾是否要受到刑罚却没有相关规定,故其实质是放纵、默许纳妾行为[⑤]。据《中华民国民法》第1123条规定:"虽非亲属而以永久共同居住为目的的同居一家者,视为家属。"[⑥]虽取得了家属身份,但是作为妾的女性,其权利却很难得到法律保障。也正是因为对妾的身份定义不清,才导致龙氏认为自己是杨金宝的"原配",而龙氏也正是借助这一身份和杨翠桃争夺财产继承权。

## 四 结语与反思

综上,龙映姜和杨翠桃争夺继承财产一案,其实也是国法和习惯角力的过程,最终国法以微略的优势赢得胜利,但习惯的力量不容小觑。在国法和习惯角力的过程中,来自习惯,甚至来自国法本身(如法律执行力度不足)的诸多因素制约着国法的力量,使得国家法在具体的实践中举步维艰。这一局面值得我们深究。

按照诺思对制度的分类,我们可以将国家法视为正式约束,习惯则相当于非正式约束。虽然正式的法律和产权为生活和经济提供了秩序,然而正是规则,即便是在那些最发达的经济中,也只是型塑选择的约束的很小一部分,尽管其非常重要。非正式约束普遍存在于

① 此点还可以从天柱县司法处给伍氏兄弟的批文及司法印纸联单看出,这些批文和联单包括:《民国三十六年十一月二十一日伍绍南代用司法印纸联单》、《民国三十七年九月贵州省天柱县司法处答复伍绍南、伍绍全批文》、《民国三十七年十二月三日贵州省天柱县司法处答复伍绍南等批文》等,载张新民主编:《天柱文书》(第一辑),第12册,第77、83、87页。

② 黄宗智:《法典、习俗与司法实践:清代与民国的比较》,上海:上海书店出版社,2003年,第64页。

③ 徐百齐编辑:《中华民国法规大全·中华民国民法》,第86页。

④ 陆承平:《我国纳妾制度的成因及现行法上对此制度的补救》,《东吴法声》1933年第1期。

⑤ 许莉:《〈中华民国民法·亲属〉研究》,北京:法律出版社,2009年,第51页。

⑥ 徐百齐编辑:《中华民国法规大全·中华民国民法》,第85页。

人类的日常生活当中，非正式约束并非简单地作为正式规则的附庸，它有着相当重要的作用[①]。又社会的构成在任何时候都不可能依赖某一个制度，而需要的是一套相互制约和补充的制度；这些制度不仅包括成文宪法和法律明确规定的，而且可能更重要的是包括了社会中不断形成、发展、变化的惯例、习惯、道德和风俗这样一些非正式性的制度[②]。所以作为非正式约束的习惯，是作为正式约束的国家法的补充，同时它也和正式规则一样，在人类的社会经济生产、生活等方面发挥着重要的作用。

正式的约束容易因诸如朝代变革等因素而遽变，非正式约束则不容易发生改变。中国财产继承方式因《中华民国民法》的颁布而发生改变，而作为非正式约束的民间财产传递方式因其在中国沿袭已久，已为广大乡民所接受，且有其自身的延续性和稳定性，受朝代的更替、统治思想变化等因素的影响较少，没有像赋役制度那样呈现明显的阶段性的变化[③]，故而很难立即对正式约束的变化做出反应。由此，已经发生改变的正式约束就同持续存在的非正式约束发生不可避免的矛盾。因此，如何调适二者之间的矛盾，使之相辅相成，是中国法制现代化进程中不得不面对、也是亟须解决的现实问题，应当引起我们认真对待和反思。

**作者简介**：谢开键，复旦大学历史学系博士研究生。

---

① ［美］道格拉斯·C. 诺思著：《制度、制度变迁与经济绩效》，杭行译，上海：上海人民出版社，2014 年，第 43—44 页。

② 朱苏力：《制度是如何形成的？——关于马歇尔诉麦迪逊案的故事》，《比较法研究》1998 年第 1 期。

③ 邢铁：《家产继承史论》，第 48 页。

中国社会历史评论　第十八卷　2017 年　第 87—103 页

【民国社会】

# 民国时期殡葬礼俗的奢华风尚及其成因

## ——以“大出丧”现象为中心

冯志阳

【摘　要】民国时期,“大出丧”现象风靡南北。这些“大出丧”,耗费巨资,仪仗更是纷繁复杂,花样百出,因而具有极大的观赏性。一个盛大的出殡仪式,不仅可以在当地造成万人空巷的观看效应,还可以吸引众多周边城镇的观者。“大出丧”现象,充分体现了民国时期殡葬礼俗的奢华风尚。这种奢华风尚的形成,是由于民国废除了丧礼的等级制,而人们内心又向往着更高的社会等级,于是通过“大出丧”这种炫耀性消费,来展示和提升自己的社会地位。

【关键词】大出丧;等级制;炫耀性消费

出丧,又称出殡,在整个丧葬仪式中,以其活动空间的公共性而备受瞩目,是丧礼中场面最壮观、耗资也最大的环节。民国时期的报刊媒体上常常使用“大出丧”一词,来突显当时出丧仪式的规模宏大和引人关注。风靡南北的“大出丧”现象,充分展示了民国时期丧葬礼俗的奢华风尚。这种奢华风尚的形成,与民国时期的礼崩乐坏、社会失序密切相关。

## 一　盛宣怀“大出丧”与上海社会

提起民国时期的大出丧,则盛宣怀大出丧不能不提。在当时的报刊媒体中,“沪人所最喜观者,莫如大出丧”①,而在整个民国时期一直被上海人津津乐道,并不断拿来与此后的大出丧进行比较的,正是盛宣怀大出丧②。

盛宣怀的出丧日期是 1917 年 11 月 18 日,早在 10 月 25 日便由上海总商会总董朱葆三、副董沈联芳联名致函公共租界工部局,请求发给出殡路由执照。所谓路由,是指出殡时的经行路线。如果出殡从租界经过,那么路由就须得到租界当局的批准,发给执照。这种

① 自由谈,《申报》1919 年 2 月 17 日。

② 张舍我:《沪滨随感录》,《申报》1920 年 4 月 30 日;恂如:《大出丧之感想》,《申报》1922 年 5 月 3 日;杨小仲:《大出丧》(上),《申报》1926 年 11 月 13 日;《从南京路说到南京城》(上),《申报》1932 年 1 月 18 日;《借死人出风头》,《申报》1932 年 1 月 28 日;清癯:《人死观》,《申报》1933 年 10 月 21 日;《未死以前的丧礼》,《申报》1936 年 8 月 17 日。

做法在清末已经实施,违者要受到处罚①。久而久之,成为惯例。一些富贵人家还会预先将出殡路由同讣告一起登报广告,俾众周知②。盛宣怀大出丧最初拟定的路由是:“午前十一时,由静安寺路一百十号出发,向东循南京路至河南路口,折入河南路,向南直至洋泾浜,向西转湾沿洋泾浜折入西藏路,至四马路口向东沿四马路而至黄浦滩,向南入法租界,直达金利源码头。”考虑到11月18日是星期天,西人在这天早晨要赴教堂礼拜,南京路势必车马繁多,恐于出殡不便,所以将出殡时间改至午后一时至三时。另外,总商会还与电车公司接洽,商讨电车暂停办法。电车公司表示,如果工部局允许电车暂停,则最好;即使未便全停,也当谕令缓驶,务必使殡仪经过时不生妨碍。为了获得出殡执照,盛家还将仪仗执事须用地方绘呈一图,指明排道地点,供工部局参考。

工部局回复表示,“殡仪行经南京路与黄浦滩一层,除不得已者外,工部局向不允许,今重以尊谕,工部局特别通融,愿允盛氏殡仪行经静安寺路、南京路,直至广西路口,然后向南折入四马路至黄浦滩入法界,或由广西路不入四马路,而入他路,直往黄浦滩亦可,悉听盛家自择,但须由总巡核准,且不得将殡仪折回至四马路以北”。因为工部局“向不允许”出殡行经南京路与黄埔滩,所以出殡时若能经过南京路和黄埔滩,就成为一种特殊的荣耀,能够彰显死者与众不同的地位。按《申报》的说法,盛宣怀之父盛康在1902年出殡时,“费五万元,以曾经过英大马路为特殊之荣”③。多年之后,盛宣怀也因此被人艳羡④。盛宣怀大出丧最终确定的路由是:由静安寺路盛宅出发,朝东过泥城桥,走大马路至广西路,转弯朝南至福州路,朝东转弯至黄浦滩,朝南过外洋泾桥至法租界,一直至招商局南栈金利源码头上船。这条路线与工部局所示完全吻合。按照工部局的要求,“殡仪不得于午后一时前出发,阔以四人并肩为限,照料殡仪者宜竭力保全秩序,并服从巡捕之指示”。工部局还规定,当盛宣怀出殡之时,相关道路除电车外,不许其他车辆通行⑤。

报刊媒体连篇累牍地报道盛家即将为盛宣怀举行大出丧,极大地调动了上海人的观看热情。“四马路一带各大菜馆、酒楼洋台座位已预定一空,各茶肆更特别买票,每位取洋一元或五角不等”。租界巡捕房也事先做好准备,“除于午后一时起至三时止,凡灵柩经过之处,无论何项车辆,暂阻交通外,尤恐人众挤轧,洋台不固,发生危险之事,故特谕饬总巡捕房及新老闸两捕房捕头,届时派员分往调查,并饬中西探捕沿途照料,以免肇事”⑥。对于大出丧的盛况,《申报》有详尽报道:

> 昨为盛杏孙出殡之期,所有经过各马路,无不人山人海。四马路一带更无容足之地,两旁店铺大都暂停营业,布置坐位,或则供给亲友,或则收费卖座。且有人在马路

---

① 《出殡违章》,《申报》1910年9月6日;《出殡违章》,《申报》1910年11月10日。

② 《恕讣不周并出殡路由》,《申报》1913年1月11日;朱汝兰:《节省丧葬的消耗费以兴办地方公益事业》,《申报》1923年11月19日。

③ 《周扶九父子大出丧记》,《申报》1922年4月23日。

④ 杨小仲:《大出丧》(上),《申报》1926年11月13日。

⑤ 《商定盛杏孙出殡路由(节译工部局报告)》,《申报》1917年11月8日;《再志盛杏孙出殡之预备》,《申报》1917年11月15日。

⑥ 《哄动远近之大出丧》,《申报》1917年11月18日。

两边搭台设椅,收取看资,每位亦取洋六角。是以绣云天、升平楼、长乐等处,拥挤不堪,咸无隙地。而在马路中观看者,更如潮涌。外滩各洋房,屋脊之上,亦只见人头乱挤,实为从来所未有。

时届一点,英美总巡麦嵩云君,即饬老闸捕房派出通班中西探捕,分投弹压。总巡捕房除派印度马巡,驰往护道外,并选中西各捕,沿途巡护,以防滋扰。灵榇发引,本定晨间巳时,后因筹备稍迟,排道出发已钟鸣一下,始由盛宅起马,迤逦至泥城桥,已届二时。前导为印度马巡徐行清道,次即开路神,又次洋号旗枪马四十余骑,后肃静、回避牌,旌亭、马执事全副;又洋号一班,香亭一座,銮驾全副,马上清音一班,诰命亭,钦赐福寿字亭,罗办臣西乐洋照衔牌;又军乐一班,卫队百余名,对马八匹;又执事一班,及洋照亭、花伞、花旗,中间参以招商局北栈、南栈工役百余人执香步行,继而各轮买办奠幛数十幅;又杂以极大花亭,并冬青扎成狮子一对,牌伞亭台童男童女鹿鹤轩轿一座,均冬青扎成;后又有绣花旗伞、銮驾全副,花伞清客串一班,花汽车一辆;又洋号全班,及花亭花牌楼花人物花狮象等数十对,祝文亭一座,纪念碑一座,銮驾全副,德政牌数十对,汉阳铁厂赠送旗伞,及大冶铁矿同人赠旗伞各数十事,清音一班,萍乡煤矿员司工役赠旗伞银鼎等件;又音乐提香,又洋照亭一座,(其照外玻璃已碎,据称于二时一刻行至英大马路小菜场前,被人从人丛中用石子抛掷致遭击破。)后全猪全羊两亭,亭后谋得利洋乐全班,花铁路龙头车一辆;又执事全班,铜像一尊,天津锣鼓一班,台搁两座,每座上饰小孩二人,该台搁由一人负之,颇觉费力;又清客串一班,后有铁路大臣亲兵百余名,再后彩马、花牌、珠车、轩轿、清客串、军乐、彩汽车、道士、挽联幛数百轴、僧人尼姑三四百人、上海孤儿院学生五十人;又清客串一班,花马车一辆,江宁公所等赠花亭四座,三新纱厂等奠幛;又军乐一班,花伞花旗;又清客串一班,各工厂纪念伞等数十百事,花十锦、花銮驾、花逍遥伞数十对,八拍旧音乐全班,花圈、龙亭、花清道、花匾额、花奠幛、花龙船、花四兽、花东洋车、花大轿、花鹿鹤等件;继而闸北惠儿院穿以极新式之蓝色制服军乐一班,计四十人,颇为整齐;留云禅寺僧二百余人,纸亭四座,内供纸鼎福寿字等类;广东锣鼓一班,中国救济妇孺会军乐三十二人,留养男女孤儿全体,亦执香谨送,后素对马八匹,素顶马一骑,卫队百余名,随后茅山道士约数十人,穿道服步行,上海贫儿院军乐二十四人,学生五十人,肩背花圈随送,后即魂轿、素衔牌,及鸡亭,亭后有穿绣花红白彩之彩童十六人,或执九节灯,或执提炉,或捧香及烛,再后乃功布诸亲族,执香步行于后,多有穿前清礼服者,亲族后又有警厅所送军乐全班,军乐后警察厅骑巡队十余匹,即在柩前及左右护送而行。灵柩系红缎绣花,罩上盖金顶一事,余无可异之点,惟扛夫系向天津广春局雇来,故稍特式,计六十四名。惟行道太迟,而招商局、华兴公司、通商银行等,又沿路路祭,致灵柩抵招商码头,天已黑暗。送客马车轿子亦甚多。

惟闻当拥挤之时,四马路望平街口有年二十余岁之怀孕少妇,被挤倒地,不省人事,由其夫大声呼救后,见数人扛起向东而去。汇芳门首有一五六岁之小孩,竟被众挤死。新世界左近轧倒浦东乡老二人、小孩一人,后经旁人呼救始得出险。至于呼妻觅子、寻哥叫弟,以及失落鞋帽者,不可计数。法界新开河太古码头上有衣服华丽之中年妇两人,被众挤落码头底下,后经旁人救起,满身泥污。在三点数分,时哭声大起于江边者即此也。[①]

从出殡仪仗来看,盛宣怀大出丧反映了北洋时期丧葬仪式的典型特征,即新旧杂糅,中西并用。整个出殡仪式被影片公司完整地拍摄下来,作为电影在戏院、影院播放。其中有广告这样介绍盛宣怀大出丧的整个排场:

> 印度马巡队,十番古乐队,海军军乐队,军警游巡队,汉冶萍旗队,招商局伞队,钦差护勇队,海潮寺僧队,锡山尼姑队,道士音乐队,清音细乐队,前清卤簿队,仿古丧礼队,宫禁銮仪队,北京龙杠队。至于殡仪中的"诰命"、"铭旗亭"、"功布"、"云霎"、"雪柳"、"魂轿"、"灵车"等一切仪仗,应有尽有,不及备述。[②]

出殡仪仗的显赫繁多,不仅可以显示丧家的财大气粗,也可以反映丧主的一生经历和作为。如盛宣怀出殡仪仗中的"招商局北栈、南栈工役百余人执香步行"、"各轮买办奠幛数十幅",显然是盛宣怀与轮船招商局关系的一种体现;"汉阳铁厂赠送旗伞,及大冶铁矿同人赠旗伞各数十事、清音一班,萍乡煤矿员司工役赠旗伞银鼎等件",则是盛宣怀与汉冶萍公司关系的一种展示;"花铁路龙头车一辆"和"铁路大臣亲兵百余名",展现的是盛宣怀与中国铁路事业的关系;"江宁公所等赠花亭四座,三新纱厂等奠幛"和"中国救济妇孺会军乐三十二人,留养男女孤儿全体,亦执香谨送"等,则分别呈现了盛宣怀在同乡组织、慈善组织和新式企业上的关系和影响。可以说,出殡仪式成为丧主一生经历和成就的展示舞台。

盛宣怀大出丧之所以被上海人念念不忘,最关键还不在这些繁杂的仪仗,而在于其空前的社会影响。因为大出丧,所经马路两旁店铺大都暂停营业,布置座位,收费卖座,而外滩各洋房的屋脊之上,人头乱挤,更让巡捕房担心洋台不固,发生危险之事。可以说,盛宣怀大出丧使得上海真正达到了万人空巷的地步。事实上,盛宣怀大出丧的影响并不局限于上海一埠,而是辐射到了周边众多市镇。早在出殡前,上海报刊便报道:"外方来沪观看者亦甚多,连日火车、轮船均极拥挤,各旅馆生涯颇盛"[③];出殡后,又报道:"昨日午前后,该两路火车搭客亦甚多,大半为观看出殡而返者。如沪宁路之苏锡昆山南翔等处,及沪杭路之嘉兴、警善、枫泾、松江等处搭客,每次开车均挤轧不堪,甚至有人搭于兽车之内,亦所不惜。而开往各埠之小轮船,亦无不利市三倍。"[④]大量外埠人士涌进上海,对于上海商家而言,无疑是个巨大商机,因此借着盛宣怀大出丧而大做广告的商家亦不乏其人:

日里看盛公馆出丧
夜里看笑舞台好戏

① 《盛杏孙出殡之盛况:应有无不有,不应有亦有》,《申报》1917年11月19日。

② 《申报》1924年6月16日。

③ 《哄动远近之大出丧》,《申报》1917年11月18日。

④ 《盛杏孙出丧之劳民伤财》,《申报》1917年11月20日。

今日大马路、四马路拥挤不堪，外埠的人趁着轮船火车赶到上海来，无非是看盛公馆出丧。诸君日间看了出丧，夜间用何法消遣咧？当以到笑舞台看好戏为第一。看出丧是悲的，看戏是喜的；看出丧是动的，看戏是静的。有悲有喜，有动有静，才与精神有益，身体有益，所以今夜到笑舞台看戏，不独娱乐，且很合卫生之道。

这是戏院的广告。

看大出丧者鉴：

外埠绅商纷纷挈眷来申看大出丧，固一时豪兴也，其顺道购办衣料首饰等，自亦不乏其人。本号为洋装金银首饰最著名之老号，如有需用洋镶首饰，及文明结婚各种饰品，或各式银器洋冬馈赠礼品者，请驾河南路抛球场一百二十一号，自当格外优待。时和洋装金银首饰老号谨启。①

这是洋装首饰店的广告。

这些广告都刊登在大出丧当日的《申报》上，目标客户也相当清楚，即前来上海观看大出丧的外埠人士。除了住宿和饮食外，看戏和购物，是现代城市旅游消费中的重要环节，因此由这两大行业的商家做广告也是可以理解的。显然，盛宣怀大出丧吸引了大批外埠人士前来上海观看，客观上推动了上海的城市消费。

可以体现盛宣怀大出丧社会影响之大的，除了外埠人士大量涌进上海观看之外，再就是观看过程中的事故频发。前文所引材料曾述及，有怀孕少妇，被挤倒地，不省人事；有中年妇女被挤落码头，满身泥污；甚至还有一个五六岁小孩，竟被众挤死等；“至于呼妻觅子、寻哥叫弟，以及失落鞋帽者，不可计数”。事后，上海的报刊媒体又连续报道了盛宣怀大出丧当日的各种事故及其后续结果：

匪徒洪阿才于盛杏孙出殡之日，在新世界附近攫得小孩缎帽一顶，旋将帽上饰物珠寿字披霞拆去，质洋十三元。化用后经包探李明泉查获，吊出原赃，昨解公共公廨经中西官讯明判洪押西牢二月，赃存捕房，候查明失主给予领回。②

沪城北张家衖口木匠杨某，于旧历本月初四日，带同五岁男儿出外观看盛杏孙出殡，忽在四马路中与子失散，找寻无着，杨痛不欲生，旋经热心邻人广发传单，于昨午有人将子送回，杨喜出望外称谢不置云。③

住居沪城唐家弄之某甲，向在北市某保险行执业，家有二女，年均及笄。旧历十月初四日下午，由女佣伴同出外，至金利源码头观看盛杏孙出丧，因人多挤轧，致将两女

① 《申报》1917 年 11 月 18 日。

② 《大出丧匪徒得间》，《申报》1917 年 11 月 21 日。

③ 《珠还合浦》，《申报》1917 年 11 月 25 日。

及女佣挤落浦中，当时由各杉板船将甲之长女及女佣立时救起，其次女则迄未捞获。前昨等日，甲已自悬重赏，分投知照各帮船户，留心打捞，不知尸身将于何日出现已也。[①]

从财物被盗，到子女走散，以至于多人被挤死、被挤落水淹死等各种事故频出，尤其是人员伤亡等严重事故的发生，充分表明了盛宣怀大出丧造成上海全城如痴如醉观出丧的疯狂景象，特别是这些事故还都是在租界巡捕全班人马都出动维持秩序的情况下发生的。

毫无疑问，盛宣怀大出丧引起了广泛的议论。其实，报刊媒体在报道大出丧的前前后后时，报道本身便蕴含了价值评判，恰如这些新闻的标题："盛杏孙出殡之盛况：应有无不有，不应有亦有"、"盛杏孙出丧之劳民伤财"和"盛杏孙出丧之害人"等。当然，专门的评论更是必不可少。有人指出，上海人爱看大出丧由来已久，至盛宣怀大出丧，可谓是登峰造极。然而，远近来观者，绝非出于对盛宣怀一生经历的好奇，更不是出于对"盛氏遗尸有所崇拜"，只是借花样繁多的大出丧"稍博耳目之娱悦"。在论者看来，短短数小时内，"消蚀数十万之巨款于冥冥之中"，既无补于盛氏之勋名事业，更使社会白白浪费大量金钱，而与此同时，还有很多灾民，"其求一粟一浆，且难若登天之不可得"，由此可见，"中国人之徒重外观，而绝少已溺已饥之同情"[②]。这主要是从盛宣怀大出丧太过奢侈靡费的角度进行批评。

也有批评是从大出丧的内容展开："盛氏此番之大举动，非有若何新奇之发见，不过旧丧式之较为增多，而附益之以神会装演之故事。耳目充溢于行间者，惟是前清所遗留之种种陈腐印象。注视移时几何，而不使人已忘乎今日之尚为民国也。"批评者站在民国的立场，认为盛宣怀大出丧充斥于耳目之间的不过是"前清所遗留之种种陈腐印象"。在批评者看来，盛氏子孙如此出丧，"为其一姓人之行动"，无需深究，但"一般社会之憧憧往来，徒作此竟日无味之纷扰"，就实在令人担忧"一般社会之国民常识"，"势必种族也不之知，国家也不之知"，从而"影响于吾民国前途"[③]。更甚者作赋以讽之：

电车歇马，路轧死尸，阔丧仪赫，耗费三十余万，有天无日。路由东行而南折，直抵招商，坐道拥观，密若堵墙。客栈洋房，茶楼酒阁，在坑满坑，在谷满谷，各占地场，争先插足，挨挨焉，挤挤焉，万头攒动，眼不知其几千百双。印巡开道，骏马如龙，彩旗飘空，不霁何虹，光辉灿烂，锦绣重重，洋号骑队，气概熊熊，中间断连，杳杳无期。一路之上，一段之间，而导子不齐。茅山道士，和尚成群，尼姑一队，亦来送殡，扭扭捏捏，好看煞人。半空摇摇，开路神也。绿云扰扰，松柏亭也。笙箫悠扬，清客串也。花团锦簇，彩童男也。雷霆乍惊，汽车过也。花枝招展，香不知其所止也。一旗一伞，穷巧极工，各联团体而致送焉。计扛灵柩者，六十四人。官宦之囊橐，商民之脂膏，实业之赢利，几十余年刮取于人，储积如山，死不能带，用来其间，糜费金钱，暴殄天物，迤逦招摇，路人

① 《盛杏孙出丧之害人》，《申报》1917年11月23日。

② 《盛氏移柩感言》，《申报》1917年11月18日。

③ 《观盛氏出丧志感》，《申报》1917年11月19日。

> 视之皆为叹息。嗟乎，一人之财，千万人之财也。人爱繁华，□戒其奢，奈何挥之如粪土，用之如泥沙，使仪仗之盛□于彰威之出殡，车马之众胜于松坡之发引，花样般般过于仓圣之赛会，人头济济逾西人之跑马，排场热闹类于梓宫之奉移，社会欢迎超于筹赈之热度。使等候之人自朝晨而至暮，望眼穿，腹中饿，失足一跌几沉黄浦（见前日报内）。呜呼，大出殡者，闹关也，无意识也。看出殡者，侈游观也，非有益也。嗟夫，使其能省此款以济灾民，则可造福于无穷，使观者知奢华之无益，则必不作无谓之游览，何至举市若狂也！盛氏不知节俭，而引人观之，众人观之而复赞之，是将使识者窃笑于其后也。[①]

该赋将盛宣怀大出丧与众多类似集会、活动进行了对比，认为其出殡仪仗胜过袁世凯之发丧，出殡车马之多超过蔡锷之发引，花样繁多过于仓圣之赛会，观者之众逾西人之跑马，排场热闹堪比帝王梓宫之奉移，受社会欢迎程度超过筹赈之热度。该赋作者认为，应将这笔款项用于赈灾，并预言“盛氏不知节俭，而引人观之，众人观之而复赞之，是将使识者窃笑于其后也”。

恰好，摄影技术的出现，使得盛宣怀大出丧被完整地保留下来。将盛宣怀大出丧拍摄成影片的是商务印书馆，最初的放映则是在社交场合[②]。后来，影片被出租给各影戏园，“盛杏荪大出丧”便长期成为各影戏院的保留节目。

> 请看盛宫保出殡之新片影戏
>
> 盛宫保出殡，为海上从来未有之盛举，然出殡时观者众多大半向隅。今由著名影片公司，将其全景照出，本俱乐部特商允该公司先至本俱乐部映演，自本月二十二起至二十五为止四天，除现在连映之马戏奇缘长片及滑稽趣片照常开映外，每天日夜加映此新片一次，以供众好，还祈各界降临一扩眼界是荷。大世界俱乐部启。[③]

这是盛宣怀出殡后不久的影片广告，七年之后仍有不少影戏院以此招徕观众：

> ……三本有“哈同花园”……各种好情节，好布景！四本有“盛杏荪大出丧”，特别排场，真好看！“炮打制造局”，满台开花炮，特别火景，真惊人！开幕甚早，请早光临。汕头路广西路笑舞台……[④]

当然，更有意思的是，此后沪上每当有新的大出丧，观者总是要将其与盛宣怀大出丧进行一番比较。1922年4月，当时报刊上被称为“江西首富”的周扶九父子大出丧轰动一时，

---

① 谛观：《观大出殡赋傚阿房宫赋体》，《申报》1917年11月22日。

② 《青年励志会举行交谊会》，《申报》1917年12月3日。

③ 《请看盛宫保出殡之新片影戏》，《申报》1917年12月6日。

④ 《申报》1924年6月19日。

有人认为“今日之大出丧比前年盛氏之大出丧更为盛也”①，但也有人认为“今周氏之丧，非其比伦，或可认为出奇制胜”。所谓“出奇制胜”，当是指“北京雇来之藏经亭、金银山亭两座京派大乐”，“奏乐者均带前清红缨帽，雍和宫喇嘛僧人二十四人（费三千七百元），其首领喇嘛二人，红顶、黄缨、黄马褂”②。周扶九大出丧也被拍摄成影片，有论者宣称“周扶九丧仪之盛使胜于盛杏荪”，因为“其执事仗仪，皆属不易见者”③。1931 年底，永安公司总经理郭标的大出丧又引起了一番议论：

> “郭标盖过黄楚九了。”“远不及盛宣怀！盛宣怀那次出丧，哄动了几百万人，在上海总算是空前绝后。”街上的人你一句他一句的在那儿闲谈。④
>
> 听说从前盛宣怀死后大出丧，哄动了好几十万人都赶来上海看热闹。不久以前永安公司总经理郭标出丧，我虽没曾亲眼看见，但据一般舆论批评，似乎也还“呒啥”。⑤

盛宣怀大出丧几乎成为一个标杆，成为衡量其他大出丧显赫程度的标准。事实上，盛宣怀大出丧已经成为奢华出殡的代名词。1933 年 9 月 22 日，陈炯明去世，吴稚晖表示：

> 竞存先生身后萧条，一身以外无长物，正彼所能含笑入地者。乃时论反以为不能瞑目，岂意中以为得如盛宣怀之大出丧、倪嗣冲冯国璋之死后有争产讼，方算合格乎？⑥

无论是一般民众或舆论的津津乐道，还是有识之士的严厉批评，盛宣怀大出丧作为民国上海出殡仪式的极致，某种程度上已经成为民国时期奢华丧礼的一种象征。可以说，盛宣怀大出丧及其在上海人心目中的持久影响，充分展现了民国时期上海丧葬礼俗的奢华风尚。

## 二　风靡南北的“大出丧”现象

大出丧绝非上海一隅的特殊现象，而是全国各地都存在的普遍现象。盛宣怀在上海举行大出丧后，灵柩运往苏州留园暂停。于是，在上海出现的一幕在苏州再次上演，“经过马路等处，茶馆酒肆楼座均停止营业一天，以免观者拥挤”⑦。几年后，盛氏灵柩运往常州老家下葬，路过无锡，“锡人之看大出丧者，几于万人空巷”⑧。

---

① 恂如：《大出丧之感想》，《申报》1922 年 5 月 3 日。
② 《周扶九父子大出丧》，《申报》1922 年 4 月 23 日。
③ 俊丰：《评中国影片公司之新片》（二），《申报》1923 年 3 月 19 日。
④ 《从南京路说到南京城（上）》，《申报》1932 年 1 月 18 日。
⑤ 《借死人出风头》，《申报》1932 年 1 月 28 日。
⑥ 《吴稚晖挽陈竞存》，《申报》1933 年 9 月 25 日。
⑦ 《申报》1918 年 11 月 9 日。
⑧ 《申报》1923 年 4 月 7 日。

再以杭州为例。1919 年 9 月 6 日为浙江督军杨善德出殡之日,“前昨两日远近吊客及来观大出丧者,火车站拥挤不开,省城骤增二万余人,旅馆涨价数倍”。

> 上午五时半前,各行人及送丧军警齐集城站楼外楼后面空地,共分十二队。第一队:巡道乘马宪兵官长一员,继以巡道乘马宪兵引导,徒步警官,徒步警察,路径牌,开路神,头亭,头对金锣,头吹,第一师骑兵,命令亭,陆上警察,第一师军乐队,总统祭文亭,总统挽联,总统挽额亭,水上警察,各界公祭亭;第二队:长吹衔牌,勋位亭,金锣,督署及一二四师德政牌,赐品亭,马上吹手,警备队,各区德政牌,文虎章亭,水陆警,及各界德政牌,马上清音,嘉禾章亭,金锣,各界德政伞,宝光嘉禾章亭;第三队:行政司法各机关花幡及祭文亭,各界花圈、花幡,及花亭、彩绣旗、生肖旗、孔雀旗、会吹、九狮、刀亭、弥陀经伞、礼服亭、逍遥伞、凝真观道侣引魂亭、各银行花亭、海潮寺和尚香亭;第四队:宪兵,第一师炮兵,对马官,顶马官,清音,提灯,提炉,香盘,魂轿,跟马;第五队:葫芦灯,弥陀片,缎幡金片,接引亭,葫芦灯,弥陀片,缎幡,华藏寺和尚西方亭,葫芦灯,弥陀片,缎幡,长吹,二星亭,葫芦灯,弥陀片,缎幡,及画幡,凝真观道侣供养亭;第六队:警备队,第一区士兵,看护士兵,楼外楼音乐,神骑,绣旗、长生会音乐,道侣神轩;第七队:葫芦灯,弥陀片,珠幡,幢幡,金锣,粮食亭,葫芦灯,仙鹤幡,幢幡,华藏寺和尚藏经亭,葫芦灯,弥陀片,狮象幡,幢幡,清音,金山亭,葫芦灯,弥陀片,织幡,幢幡,佑圣观道侣银山亭;第八队:看护士兵,第二师步兵,第一师军乐队,对马官,顶马官,清音,提灯,提炉,香盘,像亭;第九队:第四师步兵,第四师军乐队,铭旌(齐耀珊题);第十队:明器(即纸扎),送殡人,悲吹,功布,亚牌,主伞;第十一队:执绋亲友,孝帏,接引仙童,灵举杠童;第十二队:后勇灯,丧轿,送丧轿,护警。
>
> 每队各派干事五员,沿途照料。八时由督署出发,经过之处,交通断绝,全城巡警一律派拨临时岗位,并假舒莲记扇庄、西园花店、义源金铺、城站、聚丰园为送殡人茶座地点。舒莲记对门信和衣庄,泰二旅馆后门义源金铺,对门裱画店、城站、旅馆,为卫生队地点。路祭共分十八起,新任卢督军并派本署参副两处全体职员在城站月台致祭,第四师各上级官佐则护送灵榇至上海,稽查长吴长龄等十二员护送至江宁,督署谘议官王瑞侯稽查周熙臣护送至安徽怀宁,铁路任局长亦特备花车迎送,约下午四时登车起程。①

由上可知,因为浙江督军的大出丧,杭州几乎是全城动员。一年之后,江苏督军李纯在南京的大出丧亦不遑多让。“李故督出殡,由督署出发,至下关码头下船渡江。沿途路祭者,如总商会、警察厅、中交二银行,及其他各机关,计有四十余处之多。仪仗中有僧道一百余人,陆军一旅,美国海军四十名,金陵各学校学生一千余人,勋亭、命令亭等有十余座。一路由警务处王桂林每离五丈派双岗四名,并有陆军随处保护。一时观者人山人海,几无立足地。沪宁路因见镇江各地往宁观者乘客甚为拥挤,故特开专车一次,以便观客即日回

---

① 《杨故督出殡纪》,《申报》1919 年 9 月 7 日。

家。"[①]南通巨绅张謇去世后,其出殡盛况被论者认为"通邑历来所未有"。出殡仪仗绵延里许,"其衔牌因啬公前清及民国功勋甚多,故壮阔为常人所难及","各界所送挽联因多至数千付,抉择甚难,遂一并未列殡仪中"。"养老院各老人,及盲哑校、育婴堂全体,均整队送葬。各校学生及军警,因人数过多,只各推派代表执绋","执绋者有万余人之多,沿途设祭者比比皆是,观者异常拥挤"[②]。

这些军阀、巨绅,某种程度上曾是其所在城市的一城之主,因而他们的大出丧能够动员全城,让一座城市为一个人送行。时人对于观看大出丧的热情,在这些人物身上也表现得最为明显。同上海周边市镇的人们不辞辛劳,专程赶往上海一睹盛宣怀大出丧一样,杨善德、李纯的大出丧,也将数万人吸引到了杭州、南京,造成火车拥挤、旅馆涨价等现象。事实上,一些普通富贵人家的大出丧也能够引来大量观众。无锡某纺织厂主人的母亲去世,"一切仪仗颇极繁盛,如军乐、旗伞各种丧礼应用之物,均向苏沪等处赁来。行丧之际,交通断绝,足有里许之长。乡城男女之特来瞻仰者,满坑满谷,万人空巷"[③]安徽亳州有一大出丧,"仪仗延长十五里,丧费不下二十万元,当栗主奉入宗祠时,所费尤巨,共发出请柬三千份,雇厨役一百名,准备筵席,并从上海聘致名伶演剧酬神"[④]。

在北方,大出丧同样屡见不鲜,且为时人喜闻乐见。传统时代,出丧最隆重的,当属帝王。进入民国后,前清隆裕太后的奉安仪式依然吸引了大量观者,以致造成正阳桥坍塌,两人死亡,多人受伤的惨剧[⑤]。与上海一样,华人在天津举行大出丧,也以经过租界为荣。媒体在报道 1928 年 7 月黎元洪在天津的大出丧时,特别强调"灵柩通过英法中街,自有租界以来,此为第二次;用武装军警护灵,通过日法英各租界,为破天荒第一次,故中外拍照片者多至三十余人"[⑥]。

直至 20 世纪 40 年代,大出丧仍能在北方社会造成轰动效应。1940 年 1 月 24 日的吴佩孚大出丧,给老北京人留下了深刻印象,这次大出丧也成为传统丧葬礼仪的一次回光返照。殡列由伪治安军骑兵部队开道,然后是一系列的纸扎神灵:纸扎"哼哈"二将,高一丈四尺,站立于纸扎的"虎皮石"立座上,下安木轮,由人推行;纸扎的开路鬼、打道鬼各一,俱高丈余,立于纸扎的"虎皮石"立座上,下安木轮,由人推行;纸扎的"喷钱兽"、"喷云兽"各一,均高七尺许,走在开路鬼、打道鬼中间,由人牵拽而行;纸扎的石碑一对,碑文为吴氏生平事迹,高丈余,由石龟驮之,下有木轮,由人推行;纸扎的"武判儿"一名,高八尺许,古代武官形象,脚下安座,座下有木轮,由人推行;纸扎的地藏王菩萨,高丈许,骑在一头名为"谛听"的兽背上,"兽"脚下安有木轮,由人推行。这些纸扎神灵皆为主管幽冥地府的诸神,"都来给吴氏带路"。

接下来是五半堂的执事:伪北京市警察局乐队 49 名,奏《送君归》等乐曲;铭旌,高两丈一尺,由永盛杠房的 32 名杠夫抬行;雍和宫番经送殡;松活,包括松狮一对、松亭一座、松八

① 《李故督出殡盛况》,《申报》1920 年 11 月 1 日。
② 《张南通举殡之盛况》,《申报》1926 年 11 月 4 日。
③ 《杨氏之大出丧》,《申报》1918 年 10 月 14 日。
④ 《特别大出丧》,《申报》1925 年 5 月 27 日。
⑤ 《清后奉移时之惨剧》,《申报》1913 年 4 月 8 日。
⑥ 《黎元洪昨日举殡》,《申报》1928 年 7 月 20 日。

仙人一堂、松桥一座、松匾四方和松鹤、松鹿等，由人抬行；催压旗6面、催压锣6面；金执事八对；“肃静”、“回避”浑金虎头牌各一对；红缎绣花幡、伞各6把。（此为第一半堂）纸扎冥马队24骑，由人擎举而行；纸扎冥汽车一辆，挂一车牌，上书“吴宅自用1330”字样，冥汽车前后有纸扎冥挎斗保卫车各一辆，冥汽车两侧还有纸扎整列的全副武装卫兵，均由人擎举而行；官鼓大乐一班，包括拉号一对，官鼓4面，唢呐、海笛、笙各两对，九音锣一对，跟锣一面；汉旗子8对；蓝缎绣花幡、伞各6把。（此为第二半堂）伪北京市政府西乐队一堂，48名；纸扎冥香幡、香伞若干把；白云观道经一班；香亭一座；金执事“八宝枪”8对；白锻绣花幡、伞各6把。（此为第三半堂）当时社会“名流”，伪政府要员及外宾所送的花圈、挽联；西乐队一班，48名；社会名流及伪政府要员赠送的大匾、题词；金执事4对；青缎绣花幡、伞各6把。（此为第四半堂）潭柘寺禅经送殡；纸扎冥“四季花亭”，春夏秋冬各一座；宪兵队100余人；紫缎绣花幡、伞各6把。（此为第五半堂）当然，这已经是改良后的五半堂执事，同标准的五半堂执事已有较大差异①。

五半堂执事之外，其他仪仗还有：纸扎冥步兵24名；纸扎八仙人一堂；纸扎冥“四季花盆”；西乐队一堂，48人；红云缎绣花的大座伞一柄，高约一丈多；弘慈广济寺高僧一班；各界追赠的万民旗、万民伞；清音锣鼓一班；提炉四尊；影亭，八人抬；红云缎官座伞一柄；翠峰庵尼经送殡；魂轿一乘；伪保安队数十名；拈花寺高僧一班；乐舞传习所学生组成的民族古乐队一班，24名；海会寺贫儿院院长及教职员工所率贫儿30多人；大白雪柳48杆；童子督胜盘32名，各挎一红漆托盘，内放吴氏生前所喜爱的古玩；撒纸钱，“一撮毛”；黄幡48面；黄、红两色的佛子伞48柄；大黄云缎官座伞一柄；吴佩孚孝眷；纸扎孙悟空；等等。吴氏灵柩采用的是64人大杠，杠前有杠夫两班，“大换三班”。杠前大绋，用白布600尺，分成两行，每行300尺，一头拴在大杠上，另一头由送殡者牵拽而行。执绋的有伪政府各总署要员、伪市政长官、吴氏生前“将军府”同僚、吴府幕僚、门客、社会各界名流约2000余人。大杠之后，还有金执事后拥，白轿五乘，扎蓝、白两色彩绸的四轮马车30余辆。其他相关车辆还包括吴氏治丧处执公车，来宾车100多辆，伪北京市警察局弹压车，伪北京市消防大队消防车和伪北京市卫生局救护车等。

吴氏灵梓上午十时出堂，殡列经由东四、灯市口、王府井、东长安街、天安门、西长安街、西单北大街、缸瓦市、西四南大街，向东经西安门外大街、西安门内大街、文津街，跨北海御河桥，经北海前门，进景山西街，经地安门内大街、地安门外大街、鼓楼西大街、旧鼓楼大街，进入石桥胡同，至停灵处拈花寺，已是下午五点半。吴氏大殡，几乎是沿着北京市内各主要繁华街道绕了多半圈。沿途各界的路祭棚共11座；路祭桌、茶桌鳞次栉比，不计其数。几乎所有居民都自动跑到街上观礼，形成万人空巷之势。甚至有从天津、保定、石家庄，以及京郊四乡八镇赶来看热闹的。大殡所经过的各街道，两旁的茶楼酒肆、饭馆，楼上楼下临街的客座事先都被顾客以重金（比平日高数倍价钱）包了下来，以作为临时观礼台②。

由上所述可知，无论南北，大出丧都能吸引众多观者，包括从周边地区远道而来的观者。某种程度上，这些大出丧就像是所在城市的一大盛事，不但使得城市自身万人空巷，还

---

① 周吉平：《北京殡葬史话》，北京：北京燕山出版社，2002年，第47、48页。

② 《吴佩孚的葬礼》，秦虹编著：《名人丧葬逸事多》，开封：河南大学出版社，2005年，第145—155页。

能招徕众多异地游客。大出丧，及其民众对观看大出丧的热衷，在民国时期显然是一种普遍性的社会现象。这样一种普遍现象，必然会引起民国社会的广泛关注、讨论和争议。

## 三　“大出丧”现象的成因及其影响

对于大出丧现象，民国社会有着广泛的讨论。有批评出丧音乐的，认为丧事本来是一件伤心事，但“军乐队所奏的歌，大半是外国顶快活的爱情或跳舞的歌谱”[①]，“丧事而用丝竹、锣鼓、军乐”，是“对死人而举乐也，是送丧者乐此棺中人之死而相与庆贺也”，主张“若出丧，则旗伞僧道固万不宜有，锣鼓丝竹更当屏绝勿用，音乐则宜用学校或贫儿院之音乐队轻奏哀乐，若雇用专以谋利之音乐队，则所奏非军队中之进行曲，即学校中之歌曲，与举哀之旨无涉，徒贻笑于大方”[②]。有讽刺出丧仪仗的：“大出丧中最有趣的是三教合一的制度。魂轿中的神主是儒教的象征；夹在仪仗中的和尚道士，代表着释道二教的权威。中国人彻底聪明，把儒释道三教兼收并蓄，死人的灵魂不成圣则成佛，不成佛则成仙，好比打三十六门花会，总有一门着。”[③]有揭露“像赞”造假的：“讣闻里面，充满着叠床架屋的像赞，乡下阿木林死了，至少要请村长、区长做像赞；城里杂货店老板死了，至少要请实业部长、商会会长做像赞。”这些，还算是按照着自己的身份。更有荒谬的，伪造着要人的像赞，什么“功留民国”、“仁心侠骨”，文不对题的都刊载在上面。“如最近一个包揽词讼者死了老子，翻印着他人讣告上的像赞，把中央要人的姓名都在讣闻上大书特书，以致被官厅拿办闹出一场求荣反辱的趣闻。”[④]有嘲笑打执事的：“大出丧中肩旗打伞的夫役，也很耐人寻味。他们都是上海人所谓‘瘪三’之流，在平时是蓬头垢面；身上的衣服非但是脏得‘有玷国体’，而且破得‘有伤风化’。但在大出丧时，他们却头戴红缨帽，身穿绣花袍，冠冕堂皇，气势十足，虽然袍襟底下还是一双泥腿。”[⑤]也有痛心于学生不得不参与送殡的：“今大出丧，中学生送殡亦视为必要之条件。男生、女生、男童子军、女童子军，亦居然与背花圈之乞丐、扛魂亭之苦力，同一陈列于通衢大道中。呜呼，此是何等痛心事！”之所以如此，是因为“学校募捐款不易，送一次殡，而可得若干捐款，遂视送殡为募捐之一法”。在论者看来，丧家捐钱使学生送殡，“与扛魂亭、背花圈之雇值无异也”[⑥]。

当然，更多的批判火力集中在丧主身上。“大出丧中最重要的似乎是棺材中的死人”，“棺木之名贵和敛物之丰奢，自不必说”，单说“八八六十四杠的排场，也就够瞧的了”。“但棺材中的死人虽出足风头，其实只是一个幌子”，功布中“祸延显考”的孝子们才是大出丧的主角。“雄赳赳保镖，是只保孝子不保死人的，便是全副仪仗也不过是壮孝子的威风，何尝为死人的体面！”孝子们在讣闻上虽说“苫次昏迷”，“泣血稽颡”，其实在大出丧时，要么

① 徐志禹：《对于出殡的意见》，《申报》1920年8月2日。

② 张舍我：《沪滨随感录》，《申报》1920年4月30日。

③ 姚克：《论大出丧》，《申报》1933年12月21日。

④ 瞻庐：《像赞》，《申报》1932年11月7日。

⑤ 姚克：《论大出丧》，《申报》1933年12月21日。

⑥ 《呜呼，学生之送殡》，《申报》1921年4月12日。

盘算着“请律师打遗产官司的大事”，要么考虑着“盖新洋楼，娶姨太太”①。在人们看来，大出丧不过是“借死人装活人的门面”：

> 中国人的一举一动，似乎都是做给人家“看”的，从盛宣怀、郭标大出丧以至静安寺某公馆门前的电灯牌楼，其用意当亦不外乎“给人家看”。“给人家看”这里面还含有很深的哲学：第一表示他们贵府是多么“阔”，第二表示他们自己对于他们底“显考”、“显妣”是多么“孝”，第三表示他们底“显考”、“显妣”是多么生“荣”而死亦“哀”。

不但做“给人家看”，还有哭“给人家听”。“据说有许多阔绰的公馆里死了‘老爷’或‘太太’，所谓孝子贤孙也者，哭不出而且也不高兴哭，便雇请许多以哭为职业的专家代哭。哭而请‘代’，其理由正亦不外给人‘听’与给人‘看’。”②

既然是做“给人家看”，那么看客就是大出丧中相当关键的一个因素。因此，报刊舆论对看客的批评和讽刺也比比皆是。“亦不是五九，亦不是五卅，亦不是双十，街市上却呈出一种不安宁的景状，像有一件重大事情立刻即将发生似的。各条街道上都挤满了人群，街的两旁，店肆的门窗，楼上几层楼上屋顶上，都立满了我们的贵同胞。真奇怪，特从来没有看见这般的群众，而又这般的整齐。”“在平日娇贵的我们，这时全都不觉得只是垫起了脚跟，伸长了颈子，远远的全神贯注的忘了一切的望着”③。“男的还好，女的却挤来挤去，走投无路，可是没有法子挤出人丛，也只得珠汗淋淋的在等候”。“得不到好地位的几位少女，站在水门汀上，穿的是轻而薄的纱衫，给大雨点光顾开得不成模样，伊们娇羞的神情，实在难以形容啊”。“还有一班人，都站在先施公司门口石路、抛球场的等电车处，以为是万稳万妥，饱览无余。那无情的西捕，却拿了棍子来驱逐，可怜那般人，真弄得走投无路了”。有人吃了两棍，论者嘲讽道：“我想因看出丧而吃痛，太不值得了吧！”④看出丧的人们，“虽饱了眼福，却未免要吃些苦头，丢鞋落帽和扒去皮包，都还是小事；若不幸而发生踏伤孕妇或迷失小孩等惨剧，也只能‘打落门牙向肚里咽’罢了”。于是有人说：“最好没有看出丧的闲人，就不致于有惨剧”，论者因而评论道：“话虽不错，但既无人看，也就没有大出丧了。”⑤看客们除了看大出丧，还要比较，还要议论：

> 一个说“中国人出丧，在英大马路直走，是要很大很大的面子”，一个接着说“从前亦只有一个姓盛的”，又一个说“真不容易，连外国人亦佩服他，还有许多外国人送丧咧”，这边一个说“他以前亦是一个小出身，是做……”一个低声问说“他有几个老婆有几个儿子”，那边一个说“他事业真做得不小”，又一个叹口气说“唉，做人到这种地步亦就值得了”！⑥

---

① 姚克：《论大出丧》，《申报》1933 年 12 月 21 日。
② 《借死人出风头》，《申报》1932 年 1 月 28 日。
③ 杨小仲：《大出丧》（上），《申报》1926 年 11 月 13 日。
④ 《出丧趣屑》，《申报》1928 年 7 月 13 日。
⑤ 姚克：《论大出丧》，《申报》1933 年 12 月 21 日。
⑥ 杨小仲：《大出丧》（上），《申报》1926 年 11 月 13 日。

这段议论特别能够体现当时一般民众的价值观。对于当时大多数民众而言,一个"值"了的人生,就是事业成功,家财万贯,多妻多子,生荣死哀,被人看得起,包括洋人。显然,那些丧主多半也是秉持这样一种价值观。在他们眼中,大出丧无疑是最能合法炫富的一次机会:"欲表彰死者的名誉,及夸张自己的孝道,最荣耀最动人的,在他们意识里,要算是大出丧最出风头",因而"大出丧是一件极普遍、极寻常、极肯花费钱财的一件事情"[①]。前文所述上海人不断将盛宣怀大出丧与周扶九大出丧、郭标大出丧等进行比较,看哪个更阔气一点,更有面子一点。这样一种炫富乃至攀比的心理,正是大出丧得以出现的根本原因。

事实上,因为"操办丧事要耗费相当的财富,动用相当的人际关系",因而"在任何时代,办丧事都是对一个人(或家庭、家族)的财富、社会地位、家族势力、人情厚薄及个人能力等的一次综合检验"。丧事办得愈大,看的人愈多,丧主的脸上便越有光彩,并大为人所羡慕。于是,操办丧事就成了人们借机炫耀自己存在的一次最"合法的"机会。丧主炫耀的不仅是财富、社会地位、家族势力、人情关系、个人能力之类,而且还向外界展示了自己的一片"孝心"。这样一种社会心理,古已有之。汉景帝时,赌徒剧孟葬母,送殡者多社会上的体面人物,所乘车辆达一千多辆,轰动一时,时人钦慕不已。楚王相袁盎与剧孟交厚,有人不以为然,对袁盎说:剧孟不过是一赌徒,你堂堂郡太守一级的朝廷命官,却同他交友,岂不有失身份?袁盎说,剧孟确实是赌徒,但他母亲出殡时有那么多人送葬,可见其人不简单,因而继续与剧孟交好。袁盎以此判定剧孟的为人、社会能力等,这表明当时人非常看重并认同隆丧厚葬,它是一个人被社会承认程度的一个"标尺",人们当然要追求它了[②]。

既然这种社会心理古已有之,为何大出丧是在民国时期蔚然成风呢?有人曾指出,"概自世道衰微,而礼法不讲,比年来贻人话柄之事,随地皆是,所尤著者为大出丧之举,是赛会,而非举哀"[③]。更有论者明白表示:"政体变革以后,件件般般都从贵族化而趋于平民化;惟有办丧事,又从平民化回复到贵族化。只须肯化钱,无论死的是阿猫阿狗,都可以用着达官贵人的排场:路由牌、开路神、中西音乐、大小銮驾,甚至城隍庙里的仪仗,也可加入。博得两旁观众赞一声好场面,便以为荣耀的了不得。"[④]在民国以前的等级社会,诸如死的称呼、殡的日期、丧事的规模、陵墓的大小、祭礼的物品,乃至抬棺材人数等方面都有严格的明文规定,不同社会地位者享用不等的标准,曰"丧礼"。明清时代对何一职位者用何一等级的丧礼是非常清楚的,违之者称为"逾礼"或"违制",要受到惩罚[⑤]。进入民国后,这些"丧礼"规定都不再具有约束力,同时人们内心又向往着更高的社会等级,但民国新丧礼并不能提供关于丧礼等级的标准,于是人们对丧礼大操大办,将能够提升自己家族社会地位的仪仗尽数摆上,无论是传统社会只有达官贵人才能享用的仪仗,还是当代要人们的"像

① 徐小庭:《大出丧》,《申报》1933 年 5 月 21 日。

② 王夫子:《殡葬文化学》,第 206 页。

③ 《新式之望祭礼仪单》,《申报》1919 年 9 月 12 日。

④ 瞻庐:《像赞》,《申报》1932 年 11 月 7 日。

⑤ 王夫子:《殡葬文化学》,第 229、230、233 页。

赞”、挽联等。大出丧就是在这样一种社会环境下诞生的，它为人们在一个失序的社会中，抬高自己家族的社会声誉和社会地位，提供了一种特别的方式。究其本质，大出丧就是一种炫耀性消费。

当出丧变成一种炫耀性消费，丧事本身似乎也变了味道：

> 出丧人家，只要有钱，无论何事，都做得到。先则请许多名人题了像赞，做了行述，遍发讣告。开丧之时又请人题主，分日受吊，至出殡以前，发引路由登诸广告。仪仗之中，形形色色，不但应有尽有，竟为匪夷所思，奇形怪状，与殡仪渺不相涉。于是观者塞途，万人空巷，藉是以昭阔绰，与古人所谓丧致乎哀，实乃背道而驰。[①]

更甚者嘲讽道：“其所经出，万人如堵，仪卫既至，则欢欣鼓舞以迎之，而丧主亦必穷极壮丽，惟恐人之不欢欣鼓舞，一若忘其为丧事也者。”[②]“谓将以悦观者耶？天下惟大奸大恶之死，为众人所共快。丧也而欲人之快乐，将谓死者为何如人！”[③]这样洋洋大观的大出丧，看的人既是“其乐陶陶”，丧主看见捧场之热闹，当然也暗中自鸣得意。“结果，观大出丧者与大出丧者，皆大欢喜，丧虽凶事，今亦变成大吉大庆矣！”论者指出，丧事之会变吉庆，令人“皆大欢喜”，实因主人能倾其财力的“大出”之故。不然，那些看见仅抬有一口白棺而过的人们，就必回掩鼻而走，并大骂“触霉头！”可见，丧事毕竟是凶事[④]。

作为一项炫耀性消费，大出丧最被诟病的还不是丧礼本身的变味，而是丧礼的奢侈浪费。有人认为，“今日之大出丧，其华靡且十倍于前清之三节会，观者万人空巷，绝不知为举哀之事，既坏风俗，尤贼人心”，“继起者益复踵事增华，相与出奇争胜”，以至于那些“心实不愿奢，其力亦万不能奢”者，亦“不得独俭”，因为“丧事不奢，人以为薄于父母”[⑤]。“一次出丧所费金钱，富者数万金，贫者亦数百金”，“富者费此数万金尚不为病，而一般贫者，即数金亦难筹备，不得已典质，或向人借贷”[⑥]。“此次某姓出丧所费甚巨，他姑不论，只就菊花一项，已费六百余金云”，“此种菊花，所费虽巨，然至翌日，即委弃旷野，一钱不值矣”，“是不啻以有用之金钱，抛掷于汪洋之中，究何裨于先人哉！”[⑦]尤其是这些炫耀性消费发生在天灾迭降，战祸连年，遍地哀鸿之际，人们对于那些为富不仁者进行了辛辣的嘲讽。有人写道：“军阀和政客死命的弄钱，再也不怕钱多。这也有两种缘故：一种是做亡国奴的时候，有钱毕竟舒服些；一种是预备死后大出丧，好风光些。”[⑧]有的丧礼丧仪简单，令观者大为失望，论者借此嘲讽：丧主生前为什么不多捞几个钱，这样就可以多摆些仪仗出来，让路人称心满意的看看，“现在不论那一界的人，尤其是汉奸奸商，拼命捞钱，不顾一切，或者也为这

① 我心如水：《大出丧与纪念会之感想》，《申报》1926年11月24日。
② 《申报》1919年2月17日。
③ 《大出丧之谬妄》，《申报》1919年4月16日。
④ 赓：《续谈大出丧》，《申报》1934年2月5日。
⑤ 萱伯：《宜改良风俗以救欲俭不得之苦》，《申报》1921年10月7日。
⑥ 黄绳祖：《大出丧之不经济》，《申报》1926年5月15日。
⑦ 朱思忠：《看大出丧感言》，《申报》1923年12月19日。
⑧ 罗典文：《碧楼琐话》，《申报》1924年5月28日。

样一回事么?"[①]还有人专门创作小说,讽刺那些视钱如命的守财奴,生前"不肯浪费一文",结果死后被大出丧,"恐怕他老人家九泉有知,尚痛哭流涕了"[②]。更有人以小笑话的形式对有钱人进行嘲讽:"问富翁最后之目的何在,答大出丧。"[③]"富翁向他五岁的儿子道:我死后,你打算怎样?他的儿子道:你死后,我一定好看大出丧。"[④]

更多的人,则是针对大出丧带来的浪费现象,提出了一些建设性的意见。有人认为,花费数万金,买得道旁观者几声"有面子"、"有风光"的赞叹,出三四小时的"风头",对死者有何益处?不如"效西人之捐巨款于教育或慈善事业,而归其功于父母,或独创学校医院,而即以父若母之名名之",则"不特父母之名历久而不衰,实足为社会造人材造幸福",而"社会既蒙其利,则益归其功于其父母,而使众人企慕之"[⑤]。有人表示,那些"争场面"的做法,"顶多得到一般无智识的一个'阔'字的赞美","有智识反要瞧他不起"。如果是要为先亲扬名,不如把那些费用"在逝世人的名下捐作慈善事业,或充作教育经费,教那些贫民受他的益处,那些没有受教育的孩童也能够进学堂去学些生活的本领"。这些才是真正体面的事情!"在过世人的方面,他的令名是永远不会消灭的;在社会方面,那穷苦的人受了他多少好处;在国家方面,国内就可以添出多少能识字写字的爱国百姓。"并以美国为例,表示美国"许许多多图书馆、小学堂、盲哑学堂,是某太太或是某先生在死后,他们的儿女或夫或妻所建设的纪念品"[⑥]。

还有人认为,人们已经看惯了大出丧,所以大出丧已经不具备炫耀的功能,不如把钱省下来去做有意义的事情:

> 不过看的人把大出丧也看惯了,他们看了大出丧,正以为这是很平常的事情啊。所以大出丧这一件事情,既然不能替死的人光耀,也不能借此夸耀看的人,还不如废止了,到可以省去许多金钱呢。我想,现在正当用钱的地方很多,像赎路、储金啊,捐助灾民啊,何不废止这种虚费金钱没有实益的事情,去做那些有益的事情呢。[⑦]

当时战祸频繁,兵燹之地善后事宜,急需筹赈,但往往杯水车薪。于是,有人建议将出殡之费"拨充兵灾急赈之需",则"眼前功德昭昭,在人耳目亦可为先人留一世之纪念"[⑧]。更有人列举了可以移作兵灾善后赈款的费用,排在首位的便是"大出丧之费",其他还包括"贺年片之费"、"纸烟雪茄之费"、"备酒宴会之费"、"游戏场及看戏之费"和"购置奢侈品

---

① 《谈言》,《申报》1934年1月23日。
② 刘恨我:《死后风光》,《申报》1924年9月28日。
③ 绍基:《滑稽问答》,《申报》1922年10月17日。
④ 戴梦鹏:《赚笑小录》,《申报》1923年4月27日。
⑤ 张舍我:《沪滨随感录》,《申报》1920年4月30日。
⑥ 徐志禹:《对于出殡的意见》,《申报》1920年8月2日。
⑦ 《废止大出丧的意见》,《申报》1922年9月15日。
⑧ 实秋:《何不移大出丧费以助赈》,《申报》1924年12月2日。

之费”[①]。其他建议包括赈济灾民、开办工厂[②]、办义务学校、办义庄[③]等等。如果是穷人，“要表扬他的父母，也不必去借什么钱背什么债，他只要尽他一身的力量，勤勤恳恳振兴他个人的事业，来帮社会的忙，人家在旁就会指着他说‘他就是某人某人的有志气的儿女’”。[④]“若家本贫乏，犹讳贫，而务为虚场面，则更误矣。”“予意能继父母未了之志，勉力行善，方为真孝。”[⑤]

总体而言，这些建议都集中于慈善事业和公益事业之上。其实，这些建议并无新意，也并非国外特有。因为中国自古以来，从事慈善事业和公益事业都是获取社会名誉、提升家族社会地位的重要途径。传统时代，政府对于从事赈灾等慈善事业者，一般都有奖励。这都是明文规定，是相承日久的制度。地方社会，那些从事地方公益事业者，拥有较高的社会地位也几乎是约定俗成的惯例。进入民国后，富裕阶层宁愿通过大出丧式的炫耀性消费来展示和提升自己家族的社会地位，也不愿意将钱投入慈善事业和公益事业。事实上表明，那样一种通过慈善公益事业提升家族地位的制度性通道，像传统丧“礼”一样，已经崩坏了。在这样一种礼崩乐坏、社会失序的状况下，人们只有借助最直观，实际上也是能聚拢人气的大出丧来展示自身的社会地位。那些大出丧，事实上也都达到了丧主们的目的，即吸引尽可能多的看客和关注。几乎每次大出丧，都能万人空巷，都会收获众多赞叹，都会成为人们长久的谈资，这些不正是那些大出丧的丧主们所想要达到的效果吗?

民众对于大出丧的热衷，最终成为政治力量夺取政权以及国家力量重建秩序的最佳工具。民国时期最大规模的出丧仪式，既非军阀，也非富商，而是国民党领袖孙中山。孙中山在1925年逝世后，国民党为其举行了盛大的出殡仪式，并借机为“国民革命”进行了最广泛的社会动员，这为国民党最终取得天下作出了不小贡献。1929年，掌握了国家政权的国民党政府为孙中山举行了民国时期独一无二的“大出丧”——奉安大典，成为展示国民党在中国统治地位的绝佳舞台。在这里，家国同构，一个政权也像一个家族一样，通过“大出丧”来展现自身在中国社会中的地位。无疑，这一点也充分证明了“大出丧”在民国社会的独特地位。

**作者简介**：冯志阳，上海社会科学院历史研究所助理研究员。

---

① 月奇：《可以移作赈款之费》，《申报》1924年12月29日。
② 黄绳祖：《大出丧之不经济》，《申报》1926年5月15日。
③ 恂如：《大出丧之感想》，《申报》1922年5月3日。
④ 徐志禹：《对于出殡的意见》，《申报》1920年8月2日。
⑤ 《丧事之节俭》，《申报》1921年12月26日。

# 民国定县、邹平卫生试验区比较研究*

崔军锋　武小力

【摘　要】民国时期由政府、学校、基督教会等各方势力共同倡导的乡村卫生试验区建设运动，是一项波及全国、影响深远的社会运动。其中定县和邹平卫生试验区具有一定的代表性。二者的共同点是皆重视妇婴卫生、学校卫生和传染病预防；国家力量和社会力量共同参与到试验区建设，且在某种程度上是竞争式的发展；试验区内东方与西方文化、传统与现代理念相互借鉴、相互融合；卫生教育和卫生宣传并进以促进卫生措施的实施。二者不同之处在于：指导理念上，定县是平民教育理论，邹平是儒学再造救国论；背后支持上，定县是洛克菲勒基金会与北京协和医学院，邹平是齐鲁大学医学院；卫生体制上，虽皆为三级医疗卫生体制，但是定县的医疗卫生保健网更具西方近代公共卫生理念。当今，发展农村医疗卫生是国家卫生建设的重要方面，民国时期卫生试验区的建设经验值得借鉴。

【关键词】定县；邹平；卫生试验区；乡村卫生

民国时期由政府、学校、基督教会等各方势力共同倡导的乡村卫生试验区建设运动，是一项波及全国、影响深远的社会运动①。河北定县、山东邹平、上海吴淞和高桥、苏州唯亭山等地的卫生试验区是其典型代表②。他们多与当时盛行的乡村建设运动结合在一起，是其中非常重要的方面。其中，定县、邹平两地的卫生试验区同处华北内地，相互的社会结构差别不大，加之它们所处的时代背景一致，国家政权予以介入，卫生试验区建设有着一定的相似性；而领导人指导思想的不同又使得两地的卫生试验区建设呈现一定的差异性。这两地的卫生试验区建设无论在措施的实行还是建设的成效上，在当时都具有较大的影响力，具有较强的代表性。因此，以此两地的卫生试验区建设为例，可以明了当时全国卫生试验区建设的大致情况；通过对两地卫生试验区的比较研究，可以大致了解当时卫生试验区建设的不同路径；对于当下我国广大农村的卫生建设，亦可提供历史的经验和借鉴。

* 基金项目：本文系教育部人文社会科学研究青年项目“来华医学传教士与近代中国的妇产科学”（2014 年度，项目编号：14YJCZH016）、河北省社会科学基金项目“来华传教士与近代中国妇产科问题的历史书写”（2014 年度，项目批准号：HB14LS021）、河北省高等学校科学研究计划青年项目“近代来华医学传教士的妇产科学著述研究”（2014 年度，课题编号：SQ141125）阶段性研究成果。

① 当时关于卫生试验区的建设，有“实验区”和“试验区”等不同的称呼。称谓虽然有所不同，但其设立的出发点是为了改造乡村，在卫生上便是促进乡村医疗卫生和公共卫生建设，为其他地区卫生建设提供借鉴。为了便于行文，本文一律统称为试验区。

② 定县，即今河北省定州市。

目前学界关于民国乡村卫生试验区的研究虽已取得了一定成果,但多夹杂在对民国乡村建设运动的整体探讨中①。对民国卫生试验区的专论,有的考察其在特定区域的开展情况,有的考察政府、学校或基督教会某一方面的乡村卫生试验区建设情况②。而关于定县、邹平卫生事业的专论,多是单篇的小论文,如王丽君、杨竹、吴小翎的《定县模式村卫生员运行机制探讨》对定县村卫生员的产生、运行体制和地位进行了阐述,也对当今乡村医生的未来发展进行了思考③。张永刚、杨红星的《近代视野下的定县卫生实验区》④和孟文科的《平教会定县实验中的农村卫生工作之考察》⑤两文探讨了定县三级卫生保健网概况、治疗方式及其现代启示;孟文科的硕士学位论文《民国时期定县的卫生保健制度研究》,对定县的卫生保健制度做了较详细的考察⑥。郭洪涛的《梁漱溟创办山东邹平乡村卫生事业概述》一文对邹平县的乡村卫生事业情况进行论述,文末肯定邹平的三级医疗卫生事业在我国近代医学史上的意义。冯磊、张金钟的《民国时期乡村卫生建设中的公德教育——定县、邹平县乡建模式的异中之同》从公德教育的角度比较了定县、邹平的卫生建设⑦。

以上成果对定县、邹平卫生试验区的卫生事业进行了不同程度的探讨和反思。但必须看到的是,目前的研究缺乏揭示二者之间异同的文章,涉及这些地区的论文也多是把卫生问题作为其关注内容的某一方面,呈现出碎片化的研究现象,从中无法看出民国乡村卫生试验区的整体状况。由此,本文的用意,即在于通过对定县、邹平这两个当时颇具代表性的乡村卫生试验区的比较研究,探究它们运营方式的不同,理清卫生试验区建设概况,为当代乡村卫生事业提供经验和借鉴。

1926年晏阳初领导的平民教育促进会选取河北定县翟城村为实验区进行初步建设⑧,定县的乡村建设各项工作陆续展开,并于1929年9月正式成立卫生教育部,先后由姚寻源和陈志潜担任卫生教育部主任。邹平乡村建设试验区在1931年6月山东乡村建设研究院成立后不久而设立。1934年9月,山东建设研究院与齐鲁大学医学院合作,成立邹平乡村

---

① 关于民国乡村建设运动的研究成果不胜枚举,有代表性的有:郑大华:《民国乡村建设运动》,北京:社会科学文献出版社,2000年;刘家峰:《中国基督教乡村建设运动研究1907—1950》,天津:天津人民出版社,2008年;孙诗锦:《启蒙与重建:晏阳初乡村文化建设事业研究1926—1937》,北京:商务印书馆,2012年;魏本权,柳敏:《青岛模式与邹平模式:民国山东乡村建设模式的比较研究》,济南:山东人民出版社,2013年;吴星云:《乡村建设思潮与民国社会改造》,天津:南开大学出版社,2013年。

② 代表性的研究成果,有史红霞:《抗战时期西南地区乡村医疗卫生建设》(《求索》2015年第2期);李传斌:《教会·乡村·医疗:南京国民政府时期的基督教乡村卫生建设》(《晋阳学刊》2015年第3期)、《南京国民政府乡村卫生建设研究(1927—1937)》(《民国研究》2015年第1期)、《大学·乡村·卫生:1927—1937年间中国大学的乡村卫生建设》(《晋阳学刊》2016年第4期),Ka-che Yip, Health and Nationalist Reconstruction: Rural Health in Nationalist China, 1928-1937, *Modern Asian Studies*, Vol. 26, Issue 2, 1992, P. 395-415; Ka-che Yip, *Health and National Reconstruction in Nationalist China: The Development of Modern Health Services, 1828-1937*, Ann Arbor: Association for Asian Studies, 1995。

③ 王丽君、杨竹、吴小翎:《定县模式村卫生员运行机制探讨》,《医学与哲学》(人文社会医学版)2010年第7期。

④ 张永刚、杨红星:《近代视野下的定县卫生实验区》,《历史教学》2008年第6期。

⑤ 孟文科:《平教会定县实验中的农村卫生工作之考察》,《西华大学学报》(哲社版)2006年第1期。

⑥ 孟文科:《民国时期河北省定县的卫生保健制度研究》,北京师范大学硕士学位论文,2006年。

⑦ 冯磊、张金钟:《民国时期乡村卫生建设中的公德教育——定县、邹平县乡建模式的异中之同》,《医学与哲学》(人文社会医学版)2008年第6期。

⑧ 晏阳初:《最近一年之定县平民教育(二):到定县实验工作一年(民国十九年)的经历》,《时事年刊》1931年第1期,第569—571页。

建设研究院医院，11 月建立邹平县政建设试验区卫生院，同年还成立了齐鲁大学医学院公共卫生系，兼顾指导邹平试验区的公共卫生工作[①]。两地的卫生试验区在当地政府的帮助下开展工作，其开展的乡村卫生工作无论是在当时还是对于当下的农村卫生建设，都具有非常重要的意义。

## 一　卫生试验区建设的背景

民国乡村卫生试验区建设作为乡村建设的重要内容，其兴起有广泛的背景。20 世纪二三十年代，中国面临着严重的内忧外患。国内各地军阀连年混战，农村经济遭到极大破坏，农民的赋税沉重。加之自然灾害严重，人民生活困苦不堪。在世界经济危机的打击之下，列强加紧对中国进行政治压迫、经济剥削，更加剧了中国农村经济的衰败，社会危机日益严重。这些，都是中国近代史的常识，兹不赘述。

乡村建设运动在上述背景下蓬勃展开，参加这一运动的学术团体和教育机构有 600 多个，各地政府也参与其中，建立有 1000 多处实验区，河北定县、山东邹平、江苏无锡、上海吴淞和高桥、苏州唯亭山和徐公桥、南京江宁等地的乡村建设实验活动具有典型性与代表性[②]。除了民间团体、政府机构组织支持乡村建设运动外，一些基督教教会也参与到乡建运动之中，但是各地教会的乡建工作并不平衡，总的来说，华北地区的教会乡建工作最为发达[③]。郑大华的研究显示，尽管参加的机构团体较多，情况比较复杂，但是就其性质而言，它是一场涉及乡村自卫、乡村教育、乡村治安、乡村农业、公共卫生、乡村自治等诸多方面、维护现有社会制度与社会秩序的社会改良运动，目的是挽救衰落的农村经济，以实现“民族自救”[④]。其中，乡村卫生建设是民国乡村建设运动非常重要的一个方面。

这一时期中国乡村的卫生状况不容乐观，国人的健康状况堪忧，晏阳初曾将国人的病源概括为“愚、贫、弱、私”，其中“弱”针对的便是卫生状况[⑤]。定县的医疗卫生状况可谓是当时全国乡村卫生状况的一个缩影。据民国社会学家李景汉对当地的调查，该地普通农家衣物换洗次数少，再加上没有方便洗澡的地方和设施，冬天的衣裤很多都长有虱子[⑥]。大多数农家没有漱口刷牙的习惯，“不干不净，吃了没病”的说法很流行。农民的卧房一般紧挨着牲畜房，牲畜房往往也是厨房，通常是一边做菜做饭，一边喂养牲畜。由于经济上的贫困、营养上的不良、生活卫生的不注意，他们很容易感染流行病。在 1929 年调查的 1415 名病患中，患肠胃病的人最多，占 25%；其次是眼病，患有痧粒眼的占总人口 60% 以上[⑦]。而

① 周申主编：《山东医科大学史志》，桂林：广西师范大学出版社，1991 年，第 5 页。

② 郑大华：《民国乡村建设运动》，“前言”。

③ 刘家峰：《中国基督教乡村建设运动研究（1907—1950）》，华中师范大学博士学位论文，2001 年，第 64 页。

④ 郑大华：《关于民国乡村建设运动的几个问题》，《史学月刊》2006 年第 2 期，第 52 页。

⑤ 中国第二历史档案馆编：《中华民国史档案资料汇编・第五辑第一编・教育（一）》，南京：江苏古籍出版社，1994 年，第 766 页。

⑥ 李景汉：《定县社会概况调查》，上海：上海人民出版社，2005 年，第 260—264 页。

⑦ 李景汉：《定县社会概况调查》，第 274—275 页。

定县的医疗卫生基础设施,1930 年全县有 375 个药铺,西式医院仅 6 处。全县有 446 名医生,旧式中医占 94.44%,新式西医占 3.33%,甚至还有用巫术来治病的先生。453 座村落中,226 个村庄没有医生①。

国内战乱纷争、世界性经济危机、自然灾害等因素对乡村造成极大破坏,这是乡村建设,也是乡村卫生试验区建设的大背景,而乡村公共卫生落后更引起乡村建设者的关注。对于乡村卫生如何改进,有识之士纷纷提出自己的见解。他们认为中国的乡村卫生建设应借鉴国外的先进经验和管理制度,同时也应结合中国乡村实际情况②。当时人们将国民健康与否与国家强弱紧密联系在一起,迫切希望改善卫生落后状况,以提升国力。公共卫生已超越其本身所固有的内涵,成为衡量一个民族野蛮和文明、传统和现代的重要标尺③。在这些社会因素下,乡村卫生试验作为乡村建设的重要方面勃然兴起。下面以定县、邹平这两个颇具代表性的乡建模式为例,来看当时卫生试验建设的开展情况。

## 二　两地卫生试验区的不同建设基础与体制

### (一)理论指导

定县、邹平卫生试验是乡村建设中的一个重要实践环节,那么,指导它们的理论思想到底如何?理论对实践有指导作用,通过分析定县、邹平卫生试验的理论指导思想,有利于我们更好地理解卫生试验区建设的可能性与历史性,从而把握卫生试验的措施和内容。

#### 1. 平民教育理论

定县卫生试验区的建设主要与晏阳初和陈志潜密切相关。晏阳初(1890—1990),四川巴中人,近代中国著名的平民教育家和乡村建设家。他于耶鲁大学毕业后,自愿前往法国为华工服务。在巴黎,他亲见华工本身文化素质低、贫穷、体弱多病、自私,用四个字概括就是“愚、贫、弱、私”。这使得华工处境困苦尴尬,他们被西方人残酷地剥削、轻视与侮辱,富有民族责任心和自尊心的晏阳初决心要改变华工的状况④。其中卫生所对应的是“弱”,在后来的定县卫生试验区建设中,他指出应当对定县村民进行卫生教育,发动普通民众参与,加强农村公共卫生基础设施建设,促使人们养成良好的卫生习惯,拥有健康的体魄。卫生教育的实施有三大方式:学校式教育、社会式教育、家庭式教育。他们相辅相成,相互促进,“相依为命,不是单刀直入所能达到目的,不能专门解决一个问题”⑤。

陈志潜(1903—2000),四川华阳人,近代著名的公共卫生学家,被称为“中国公共卫生之父”,是定县卫生试验区的主要促进者。在他看来,“近五十年余,我国人所犯之病最大

① 李景汉:《定县社会概况调查》,第 282—283 页。

② 天如:《由乡村卫生制度之建设谈到邹平实验县卫生院》,《乡村建设》1936 年第 5 期,第 2 页。

③ 范铁权:《近代科学社团与中国的公共卫生事业》,北京:人民出版社,2013 年,第 208—209 页。

④ 宋恩荣总主编:《晏阳初全集 第 1 卷 1919—1937》,长沙:湖南教育出版社,1989 年,第 3—12 页。

⑤ 宋恩荣总主编:《晏阳初全集 第 2 卷 1919—1937》,长沙:湖南教育出版社,1992 年,第 13—14、282 页。

者莫过于‘瞎胡抄袭外人’”，他指出“必须首先打破‘瞎胡抄袭’之心理，振奋创作之精神”，“吾人只相信‘我们不能做成，他人当继续成之，今日不能成功，明日当能成之’，绝不敢再存‘热炒熟买’走捷径之心理。定县卫生工作亦本于此项宗旨进行，故现时所有工作系试验性质，故就此预先神明之。”①下文对于他的情况，还会有所介绍。

可以看出，定县卫生试验区的指导理论主要是平民教育，通过三大方式即“学校式教育、社会式教育、家庭式教育”加以体现；同时在乡村卫生试验中，重视引进近代西方先进的公共卫生理念，并与当地社会人文状况相结合。

2. 儒学再造救国论

邹平卫生试验区的建设与梁漱溟密切相关。梁漱溟（1893—1988），近代著名思想家、哲学家、教育家、社会活动家、国学大师。他一生的奋斗目标是解决两个问题，即人生问题和社会问题。他认为，中国的危机主要是外部冲击而引发的文化失调，危机的解决在于文化的解决。因而他主张从中国儒家文化复兴与重建的角度来开展乡村建设，从而拯救国家②。除此之外，他还认为“中国文化是以乡村为本，乡村为重，所以中国文化的根就是乡村”，因此要从农村着手，解决中国现代化问题。在乡村建设中，梁漱溟把乡学村学的建设放在首要位置③。在《乡村建设大意》中，他指出乡村建设有两点“顶要紧”的基本条件：农民自觉和乡村组织。农民自觉指的是农民积极主动地配合乡村建设的一系列工作，乡村自救是农民自己救自己；而乡村组织则是为了使大家齐心协力、有组织地去进行乡村建设而成立的机构，通过乡村组织，可以提高村民的自觉意识④。梁漱溟认为，乡村建设“实为建国运动”，因此在“中国固有精神与西洋文化的长处，二者具体事实的沟通调和”的基础之上，从乡村入手，“以理性求组织”，“成里仁之美”；设立乡农学校，以“推动社会，组织乡村”⑤。针对乡村卫生问题，他也曾在邹平全县小学教师讲习会上强调过，应当有一组织来促进邹平公共卫生实验，以便有组织地向上级汇报医疗卫生情形，使疾病的治疗方法向村民推广，更好地研究预防方案⑥。

邹平卫生试验理论在重视“中国固有精神与西洋文化的长处，二者具体事实的沟通调和”上和定县有相似之处，然其与晏阳初等乡村建设者最为不同的，是将乡村建设视为儒学文化再造，将儒家中的“里仁之美”寄念于乡村组织、卫生试验中，乡学村学等在卫生教化中发挥显著的作用。

**（二）公共卫生背后的支持力量**

近代著名公共卫生专家胡鸿基曾说，“然则公共卫生之目的，究何在耶？概言之，即为谋人类身体之健康，俾克享受人类之幸福而已，质言之，则以增长人民之寿命与愉快为目的者也。”⑦公共卫生以人为本，维护广大民众的身心利益，促进人们幸福安康地生活。也因

① 陈志潜：《定县社会改造事业中之农村卫生实验》，《卫生月刊》1934 年第 1—6 期，第 4—5 页。

② ［美］艾恺著，郑大华等译：《梁漱溟传》，长沙：湖南出版社，1988 年，第 139 页。

③ 中国文化书院学术委员会编：《梁漱溟全集 第 1 卷》，济南：山东人民出版社，2005 年，第 612—615 页。

④ 中国文化书院学术委员会编：《梁漱溟全集 第 1 卷》，第 616—617 页。

⑤ 中国文化书院学术委员会编：《梁漱溟全集 第 2 卷》，第 320、351 页。

⑥ 中国文化书院学术委员会编：《梁漱溟全集 第 1 卷》，第 621—622 页。

⑦ 胡鸿基：《公共卫生概论》，上海：商务印书馆，1929 年，第 1 页。

此，定县、邹平卫生试验区公共卫生事业的背后都有社会力量的支持。

1. 洛克菲勒基金与北京协和医学院

定县卫生试验区重视公共卫生建设。当时，洛克菲勒基金会和北京协和医学院对于定县的公共卫生事业给予了很大帮助。

从世界医学史的角度看，公共卫生作为一门独立的学科和实践领域，是在19世纪后期发现细菌和卫生条件与疾病、传染病的关系后出现的。19世纪末20世纪初，公共卫生逐渐成为世界性话题，改善公共卫生状况日益引起官方广泛的重视，这是美国洛克菲勒基金会介入公共卫生领域的前提。

洛克菲勒基金会是美国著名的石油大王洛克菲勒财团成立的慈善基金组织。它重视在华的医疗项目，其在华最初的医疗项目是以精英教育为特征的北京协和医学院。20世纪20年代后期，它开始在北京协和医学院建立公共卫生系，发展中国的公共卫生事业。中国的公共卫生事业与北京协和医学院的两个人物有重要关系——拥有“医学布尔什维克”称呼的协和医学院公共卫生专家兰安生（John B. Grant，1890—1962）和被后人称为“中国公共卫生之父”的协和医学院毕业生陈志潜。兰安生认为中国的公共卫生教育应与中国的实际情况相结合，他的课程不局限于课堂内容，而且注重学生的课下实践。1927年后他让学生们到定县或北平第一事务所参观学习公共卫生工作，四年级的学生要到这两地实习一个月，并积极倡导学生毕业后到定县工作[①]。这对于学生的实践能力和学习能力都有所提高。同时，也可以令那些生长或居住在城市里的医生、护士了解乡村医疗卫生状况，树立并增强服务农村的意识。1929年，兰安生派姚寻源到定县担任公共卫生部主任，当时姚已经参与过大量公共卫生项目，有丰富的公共卫生实践经验，协和医学院从此开始与定县合作开展公共卫生工作，兰安生、杨崇瑞、吴宪等近代医学名家都是定县乡村卫生项目的顾问[②]。

陈志潜是兰安生最才华横溢的学生，并在兰安生的引领下进入公共卫生领域。1931年陈志潜获得哈佛大学公共卫生学硕士学位，兰安生推荐他到定县卫生实验区担任卫生教育部主任，兼任协和医学院公共卫生学讲师。那时平教会在定县的工作，一是李景汉的农村调查；另一个是农民生计改良工作。从李景汉的乡村调查中，陈志潜全面了解了定县公共卫生的概况。面对定县公共卫生服务设施落后、人们的公共卫生意识差的事实，陈志潜曾说：“这时候我只希望做一点下层工作，因为下层工作要紧。”[③]他全身心地投入到定县的公共卫生事业，为定县医疗卫生事业做出了巨大贡献。

2. 齐鲁大学医学院

山东乡村建设研究院于1931年6月15日成立。其最初工作是从乡村自治和乡村自卫入手，并没有重视乡村卫生[④]。随着工作的深入，建设者们意识到乡村卫生的重要性并计划设立一所医院，梁漱溟为此多方奔走筹措。他署函上海市卫生局局长李廷安，辗转聘请

---

① 马秋莎：《改变中国：洛克菲勒基金会在华百年》，桂林：广西师范大学出版社，2013年，第335—336页。

② ［美］玛丽·布朗·布洛克著，张力军、魏柯玲译：《洛克菲勒基金会与协和模式》，北京：中国协和医科大学出版社，2014年，第152页。

③ 转引自马秋莎：《改变中国：洛克菲勒基金会在华百年》，第345—346页。

④ 《本院纪事：本院医院兼邹平实验区卫生院开幕》，《乡村建设》1934年第10—11期，第36页。

李玉仁医师为邹平乡村建设研究院主任，以指导邹平乡村卫生建设的工作[①]。1934 年 9 月，山东乡村建设研究院与齐鲁大学医学院合作，建立邹平乡村建设研究院医院，分设保健、防疫、医务、总务四组，为卫生试验区训练农村卫生员；为了确保地方卫生工作的开展，同年 11 月成立邹平县政建设实验区卫生院，作为卫生推行机关；同年创建齐鲁大学医学院公共卫生系，指导邹平卫生试验区的卫生工作，帮助建立乡村医疗卫生体系[②]。

1934 年 9 月 20 日邹平乡村建设研究院医院正式开诊。据梁漱溟在医院开幕式上的致辞，可以了解到医院的日常费用除山东乡村建设研究院负担大部分外，还由齐鲁大学、邹平县政府各负担一部分，大概每个月 1700 多元。开办费用有 4800 多元，是由山东乡村建设研究院呈请山东省政府拨发的。自 9 月 20 日至 10 月 1 日的这十多天，前来看病的有 836 人，皮肤病的居多，肠胃病种的痢疾次之。病人需缴纳几个铜元的挂号费。普通的诊病给药，医院不收取分文；如果病人十分贫苦，挂号费也可以免交。由于医院兼有卫生院职能，故除诊疗外，医院还做积极的预防工作。时人称："消极治疗，积极预防。"医院主要的预防工作有妇婴卫生、学校卫生、家庭或社会卫生、预防传染病和卫生教育等。其中，卫生教育是工作的先锋，关于卫生教育，医院计划从个人、学校、家庭、社会、训练人才等五方面着手[③]。此外，医院还负责乡村公共卫生工作，为了便捷高效地为农民服务，还在较偏远的 6 个乡设立了卫生所（下文邹平三级医疗卫生体系介绍中，会提到"乡设卫生所"）。它们除了在上午负责诊治疾病、巡回医疗外，还要在下午负责学校卫生、妇幼卫生、传染病预防注射等乡村公共卫生工作[④]。

在齐鲁大学医学院的带领和指导下，邹平公共卫生事业开展得有声有色：工作人员大力宣传公共卫生重要性及预防传染病措施，1934 年以后几乎没发生过大的传染病流行，环境卫生与学校卫生逐步得以改进，工作人员的待遇和医疗装备也得以提高和改善[⑤]。

### （三）三级医疗卫生机制

在医疗卫生机制上，定县为三级医疗卫生保健网，即设立保健员、保健所、保健院；邹平则深受其影响，设有卫生室、卫生所、卫生院。时任卫生署副署长的金宝善曾评论道，邹平医疗卫生体系和定县名称虽殊，意义却完全相同[⑥]，笔者认为，它们虽然形式上都是村、乡、县三级医疗体系，但其内部思想理念实有不同。定县的三级医疗卫生保健网更具有现代卫生理念；而梁漱溟提倡儒学再造救国论，邹平三级卫生体系的实施融合了儒学"里仁之美"、"乡约"的文化因素，重视乡学、村学卫生教化的作用。

#### 1. 陈志潜与三级医疗卫生保健网

20 世纪初美国公共卫生学专家在中国倡导并推行"预防医学"，这一西方近代医学理

---

① 山东省政协文史资料委员会，邹平县政协文史资料委员会编：《梁漱溟与山东乡村建设》，济南：山东人民出版社，1991 年，第 176 页。

② 山东省政协文史资料委员会，邹平县政协文史资料委员会编：《梁漱溟与山东乡村建设》，第 178 页。

③ 《本院纪事：本院医院兼邹平实验区卫生院开幕》，《乡村建设》1934 年第 10—11 期，第 36 页。

④ 张森：《梁漱溟、晏阳初乡村建设理论与实践之比较》，西北大学硕士学位论文，2008 年，第 33 页。

⑤ 冯磊，张金钟：《民国时期乡村卫生建设中的公德教育——定县、邹平县乡建模式的异中之同》，《医学与哲学》2008 年第 11 期，第 65 页。

⑥ 金宝善：《卫生署乡村卫生工作报告》，《中华医学杂志》1933 年第 5 期，第 755—759 页。

念深深影响了陈志潜,陈将这一理念应用到了定县三级医疗卫生体系的建设中。但是,在农村经济状况、基础设施、资源等条件落后的情况下,在农村专门安排预防人才并不现实。此外,医生、护士的工资颇高,“即使它的资源集中起来,没有一个村能够供养得起一个现代医生,甚至不能供养起一名护士”[①]。针对定县本身的问题和实践的可能性,陈志潜开始对定县卫生工作者进行多种类型的卫生培训尝试,将疾病预防与卫生教育相结合,建立了符合定县社会实际的三级卫生保健网,继承与发展了现代公共卫生理念。

村设置保健员。保健员来自平民学校毕业同学会[②],首先受两个星期的训练方可行医。他们受到团体的督促,其诊疗费用也在村民们所能承受的范围之内[③]。陈志潜认为,这种非专业性的保健员是当地人,更易获得村民的信任和支持。他们的工作是施种牛痘、管理村里的生死统计事务,但主要任务是预防疾病和提供简单的医疗卫生措施[④]。区设置保健所。保健所有医生、护士、助理员各一名,处理保健员所处理不了之事。其主要任务是灌输卫生常识、治疗较重的病情、施行预防注射、督促保健员在每个村的卫生工作。其中,卫生教育是保健所的重要任务之一[⑤]。县设置保健院。保健院作为县级最大的卫生机关,处理下级卫生机构处理不了的病情,统一组织全县的卫生防疫,派出人员进行卫生宣传,提升民众的卫生观念。此外,保健院还统一分发药品材料,保障它们的质量,减少浪费。县保健院里的医护人员都是北京协和医学院的毕业生,他们与平教会的学校教育和成人教育联系紧密[⑥]。

这样的三级卫生保健网使农民的医疗卫生负担大大降低,据李廷安《中国乡村卫生调查报告》统计,定县平均每人担负的医药费为 9 分,每家每年担负 4 角 5 分[⑦]。卫生保健网的体系扩展迅速,1932 年开始时只有 1 个保健院 2 个乡保健所,到 1934 年时,已有 7 个乡保健所,服务于 75 个村庄[⑧]。

定县的三级医疗卫生保健网根植于农村土壤,在当时中国农村缺医少药的情况下,有效地促进了定县公共卫生事业的发展,受益群众颇多。定县的村保健员是同学会的会员,是土生土长的本地人,与外来的医生、护士相比,更容易贴近群众,深入群众,获得群众的支持和信任。保健所、保健院在对村民们的卫生宣传、疾病预防等方面起到很大作用。

2. 邹平三级医疗卫生体系

邹平三级医疗卫生体系与定县三级医疗卫生保健网相比,虽不典型,但对邹平医疗卫生事业的发展起到了一定的促进作用。1934 年 10 月,邹平乡村建设研究院在齐鲁大学医

① 陈志潜:《中国农村的医学——我的回忆》,成都:四川人民出版社,1998 年,第 85 页。

② 平民学校毕业同学会简称为“同学会”,是晏阳初及平教会用以推行定县实验的基层组织。相关定县同学会的研究,可参见孙诗锦:《1930 年代定县实验中的同学会及其与乡绅的关系》,《历史教学》2011 年第 20 期,第 37—42 页。

③ 李廷安:《中国乡村卫生调查报告》,载李文海主编:《民国时期社会调查丛编 二编 医疗卫生与社会保障卷(上)》,福建:福建教育出版社,2014 年,第 11 页。

④ 陈志潜:《中国农村的医学——我的回忆》,第 87、92 页。

⑤ 李廷安:《中国乡村卫生调查报告》,载李文海主编:《民国时期社会调查丛编 二编 医疗卫生与社会保障卷(上)》,第 11—12 页。

⑥ 政协北京市委员会文史资料研究委员会编:《话说老协和》,北京:中国文史出版社,1987 年,第 184 页。

⑦ 李廷安:《中国乡村卫生调查报告》,载李文海主编:《民国时期社会调查丛编 二编 医疗卫生与社会保障卷(上)》,第 13—14 页。

⑧ 孟文科:《平教会定县实验中的农村卫生工作之考察》,《西华大学学报》(哲学社会科学版)2006 年第 1 期,第 45 页。

学院帮助下，成立了县、乡、村三级医疗卫生体系。县设卫生院，乡设卫生所，村设卫生室[①]。该体系是以邹平县原有的机构为基础进行构建的，由于受财力的限制，只先建立了 6 个乡卫生所；为了解决当地医疗卫生资源稀缺的问题，县卫生院和卫生所纷纷开设门诊，给当地人们就医提供方便[②]。卫生所、卫生室的具体工作有宣传学校卫生教育、接种牛痘、调查死亡原因、实行简易的治疗及急救、改造环境卫生等。全县分为 3 个卫生区，每区设立乡村指导员 1 人，每个卫生所设立专职卫生助理员 1 人，每个卫生室设立卫生服务员 1 人。

梁漱溟对于中国传统民间制度"乡约"进行再造，曾言："中国古有'吕氏乡约'。后来常说'乡约地保'的'乡约'，其制即本于吕氏。原古人所谓乡约，即一乡之人彼此相约共勉于为善。……总其用意，正和我们要成立村学、乡学的意思相仿。亦可以说我们正是要师法古人。"[③]这里的"乡约"，指的是以礼俗教化、道德秩序、互帮互助等作为村民共同遵循的约定。邹平三级医疗卫生体系便是体现出了这些思想，邹平县当时共有乡学 13 个、村学 25 个、村里小学 283 个。其中，乡村指导员、卫生服务员分别由卫生院医师、村学教师担任[④]。在有卫生所的乡学里，不再设立卫生室，但会成立卫生队，开设卫生课，卫生课由乡卫生员任教[⑤]。通过乡学、村学、村里小学教师对医疗卫生知识的传播，使村民们接受教化，整体上提高他们对医疗卫生的认知水平。

## 三　两地卫生试验区的主要工作

自定县、邹平卫生试验区创立以来，相关工作人员切实投入到卫生实践中，在妇婴卫生、学校卫生、传染病预防上皆做出一定的贡献。

### （一）妇婴卫生

妇婴卫生是公共卫生事业的基础，与国家富强、民族健康息息相关。中国传统的分娩习俗非常不卫生科学，使得我国的产妇与婴儿死亡率大大高于西方国家[⑥]，妇婴卫生保健成为定县医疗卫生非常重视的工作。

为解决定县的产妇和婴儿的死亡率都很高的问题，一方面，卫生建设者们对传统产婆进行改造，教她们如何采用科学的方法接生；也对旧式产婆家庭里的年轻女性进行培训。另一方面，平教会为家庭妇女们举办短期培训班，对新式接生法进行大力宣传[⑦]。保健院为促进儿童健康成长，还举行婴儿健康比赛大会，推行产前和产后卫生教育。城里的一些孕妇相对乐于接受西式助产法，愿意到保健院来生产。据 1934 年定县生命统计股的数据统

① 郭洪涛：《梁漱溟创办山东邹平县乡村卫生事业概述》，《中华医史杂志》1995 年第 1 期，第 20 页。

② 邬璐阳，胡成功：《民国时期山东邹平乡村建设》，《山西财经大学学报》2013 年第 1 期，第 176 页。

③ 张丽娜：《梁漱溟农民精神唤醒教育思想及其现代启示研究》，东北师范大学硕士学位论文，2009 年，第 30 页。

④ 郭洪涛：《梁漱溟创办山东邹平县乡村卫生事业概述》，《中华医史杂志》1995 年第 1 期，第 20 页。

⑤ 郑大华：《民国乡村建设运动》，第 319 页。

⑥ 李廷安：《中国乡村卫生问题》，上海：商务印书馆，1935 年，第 24 页。

⑦ 陈志潜：《中国农村的医学——我的回忆》，第 101 页。

计，产后新生儿破伤风的死亡率以及与分娩和婴儿有关的疾病总体呈下降趋势①。

当时山东现代助产士还很少见，随着乡村建设运动的开展，人们愈来愈重视妇婴卫生问题。梁漱溟曾在邹平乡村建设研究院医院的开幕式上提出，“有健康的母亲才能有健康的婴儿，才能成为健康的国民，才能建起强健的国家。”②1935 年 4 月，邹平乡村建设研究院医院建立了首善乡妇婴保健会，主管邹平县的妇婴卫生，为产妇义务接生，举办家庭卫生训练班，宣讲家庭卫生常识③。山东省政府也很支持山东乡村建设研究院的妇婴卫生工作，报刊上经常刊登关于妇婴卫生保健的文章，如《儿童之健康问题》、《育婴卫生常识》、《产妇卫生常识》等对妇婴卫生常识进行宣传④。

定县、邹平的卫生试验皆重视妇婴卫生问题，两县皆采用新式接生法、宣传妇婴卫生常识，这在提高人们的妇婴卫生意识、降低妇婴死亡率上取得了一定成效。

**（二）学校卫生**

学校卫生关系个人和国家的未来，而卫生观念、防病知识等都有赖于儿童时期养成。学校向学生们普及卫生常识，为儿童养成卫生观念提供了教育场所。

定县时有男女师范学校各一所，为了促进定县卫生改善和便于卫生观念的普及，平教会在这两所学校开展学校卫生教育⑤。在经费方面，平教会负责学校卫生护士的工资和车费，定县各校自己负担治疗的医药费、设备费。费用平均分派到各个学生，每人每年不到 3 角。一些地方为了培养学校卫生的专门人才，设立专门的进修班，训练各村小学的教员，并且对各区内的学校卫生进行指导教育⑥。

邹平在学校卫生方面的目标，一是培养具有卫生常识的人才，以辅助村学的卫生工作；二是教育学生养成良好的卫生习惯，促进学生健康成长⑦。医院曾在邹平县简易乡村师范学校及其附小、第十一乡乡学儿童部设立试点，制定不同学校的卫生计划⑧。当时乡村师范学校有甲级旧班和乙级新班，根据《邹平县简易乡村师范学校卫生计划大纲》规定，甲级旧班主要深入学习预防医学、急救、眼病等课程。乙级新班前三个学年则按部就班学习解剖学、生理学、急性传染病、皮肤病、预防医学等课程；课余时间统计生命，调查死亡原因，进行学校、环境、妇婴卫生调查。甲级旧班和乙级新班都是在第四学年开始实习。乡村师范学校中设有卫生室，可供毕业生实习⑨。

乡村师范学校附属小学的学校卫生，主要内容有成立卫生室、进行健康检查、矫治病态、预防接种、卫生教育，等，还举行公众演讲等公共卫生活动。第十一乡学卫生部则是由

① 陈志潜：《中国农村的医学——我的回忆》，第 97 页。

② 《本院纪事：本院医院兼邹平实验区卫生院开幕》，《乡村建设》1934 年第 10—11 期，第 30—32 页。

③ 山东省政协文史资料委员会，邹平县政协文史资料委员会编：《梁漱溟与山东乡村建设》，第 178 页。

④ 如：《儿童之健康问题》详见《山东民政公报》1933 年第 168 期；《育婴卫生常识》、《产妇卫生常识》详见《山东民政公报》1933 年第 166 期。

⑤ 《中华平民教育促进会定县实验区卫生科五年工作计划大纲》，《卫生公报》1930 年第 5 期，第 253—256 页。

⑥ 《定县乡村卫生实验报告（二十四年度）》，《民间》1936 年第 8 期，第 16 页；《中华平民教育促进会定县实验区卫生科五年工作计划大纲》，《卫生公报》1930 年第 5 期，第 253—256 页。

⑦ 郑大华：《民国乡村建设运动》，第 319 页。

⑧ 郑大华：《民国乡村建设运动之“公共卫生”研究》，《天津社会科学》2007 年第 3 期，第 132 页。

⑨ 郭洪涛：《梁漱溟创办山东邹平县乡村卫生事业概述》，《中华医史杂志》1995 年第 1 期，第 22 页。

卫生助理员和研究院学生主持办理学校卫生事务①。

**（三）传染病预防**

长期以来乡村卫生教育未能普及，人们缺乏卫生常识，对于传染病的预防并不重视，甚至排斥传染病预防措施，传染病很容易在乡间流行，导致村民的死亡率很高。由此传染病的预防是定县、邹平公共卫生极为重视的内容。随着预防工作的深入和卫生教育的普及，预防措施逐渐为人们所接受。

在疾病预防上定县、邹平着重加大力度，尤其是牛痘推广。定县的保健所一般在春天、秋天对村民进行种痘。种痘运动从 1930 年开始，经历了 3 个阶段：第一阶段是尝试期，尝试在全县进行推广；第二阶段为研究时期，调查农民的天花预防状况，并研究普遍推广牛痘的方法；第三阶段是推广时期，真正将种痘运动推广到县，种痘范围扩大②。而邹平的预防工作主要由县卫生院负责，和定县一样，也是在春季向婴幼儿和小学生种牛痘。种痘之前，医院会训练种痘人员，然后由医务人员带领种痘人员下乡种痘③，“种痘员共分七队，每队二人，于两月内全县村庄大概走遍，两月内被种人数共一万五百零五人”④。截至 1935 年，已有 240 多个村庄接种牛痘。

两县的主要措施还有改良厕所、水井卫生，调查并预防天花、白喉、猩红热等传染病。工作人员为村民免费注射预防疫苗，根据实际情况随时对村民接种预防⑤。除了进行人群传染病预防外，县医院也对家畜进行传染病预防，尤其是牛。以邹平为例，县政府拨款买来大量疫苗，为农家的牛注射。此外，县政府还对防疫机关的设立、疫苗的制造、牛的供应和屠宰进行了设想，号召一旦牛疫发生，“公私互助，家家自卫，使无传播之机”，这样邹平的牛疫传染病可以很快消退⑥。

## 四　两地卫生试验区建设的特点

定县、邹平的卫生试验区建设措施不一，各有特点。但是，当时两地乡村社会结构并没有本质区别，加之它们所处的时代背景一致，国家政权予以介入，卫生试验区建设整体上有着共同的特征。主要包括三个方面。

从政治层面来讲，国家、社会力量共同参与到两地卫生试验区的建设中来，双方都给予卫生试验区建设以资金、技术上的支持，包括政府的政策支持。虽然两种力量在某种程度上是竞争式的发展，“乡村建设和国民政府之间的对抗可以看做是古已有之的争夺地方势力的斗争”。当局认为“乡村建设（及其手段——地方自治）是把双刃剑”，乡村建设是自下

① 郭洪涛：《梁漱溟创办山东邹平县乡村卫生事业概述》，《中华医史杂志》1995 年第 1 期，第 22 页。

② 俞焕文：《定县种痘七年经过》，《民间》1936 年第 15 期，第 5 页。

③ 郑大华：《民国乡村建设运动之“公共卫生”研究》，《天津社会科学》2007 第 3 期，第 132 页。

④ 牛和清：《浅析民国时期邹平乡村建设成就》，《科学时代》2010 年第 21 期，第 364 页。

⑤ 郑大华：《民国乡村建设运动之“公共卫生”研究》，《天津社会科学》2007 年第 3 期，第 132 页。

⑥ 陈礼廷：《邹平实验县第一次牛疫预防注射大会》，《乡村建设》1935 年第 5 期，第 62—63 页。

而上的大改造,对乡村建设及其改革者并不认可[①]。而晏阳初、梁漱溟都主张学术独立,反对政府的参与。为了使乡村建设为南京国民政府服务,国民党左派汪精卫一派的内政部次长甘乃光组织了一个九省自治委员会,内政部任命各省乡建领导者为委员,而梁漱溟对此深感犹豫,“因为总的来说他是反对由‘政府’来实行地方自治或乡村改革的”[②]。南京国民政府当时刚刚建立,内忧外患不断,为了稳固政权,国民党不得不支持乡村建设派的活动。

从文化表现来看,两地卫生试验区都体现出东方与西方、传统与现代相互借鉴融合的特点。“五四”运动爆发后,各种思潮涌入中国,中国知识分子开始反思如何将西方文化与中华文化融为一体,探索出一条适合国情的道路。从思想上看,晏阳初笃信“民为邦本,本固邦宁”,继承了中国传统儒家的民本思想[③]。同时他早年受过西方高等教育并接受了西方现代化思想。梁漱溟等人代表由传统士绅向现代过渡的爱国知识分子,主张“文化救国”,将西方的生命哲学、丹麦的民众教育经验和杜威的教育思想融合在一起,对儒学进行开创性的运用。两人都对乡村建设提出了自己独到的理论,一方面,这些理论从国情出发,建立于民族传统文化之上并融合了西方现代化理论,另一方面,二人又在各自的实践中检验和发展自己的理论。因此,定县、邹平的卫生试验区建设是西方与东方、传统与现代的有机结合。

从建设方式来看,两地卫生试验区都非常重视卫生教育和卫生宣传。中华平民教育会在定县实验区的宗旨是“以教育做出发完成农村建设方案”[④],实施“四大教育”:文艺教育、生计教育、卫生教育、公民教育;以及“三大方式”:学校式教育、社会式教育、家庭式教育。梁漱溟认为,教化是社会秩序所赖以维持的要点之一,乡村建设应当从教育改造开始[⑤]。邹平的卫生实验以乡农学校、村学、乡学为依托,通过乡农学校“推动社会,组织乡村”[⑥]。村学开设卫生课程,课外活动之余,宣传传染病预防、新法接生等卫生常识[⑦]。两地都举办婴儿健康比赛大会,卫生展览大会等,最大程度地满足村民的卫生需求,这些都提高了民众的卫生意识。

## 五　两地卫生试验区建设的历史经验

1937 年日本发动全面侵华战争,乡村建设运动被迫终止。但是定县、邹平乡村建设运动在开展卫生试验过程中的经验及教训,对于今天的乡村建设仍有重要的参考价值,有以下三个方面:

---

① 艾凯:《最后的儒家——梁漱溟与中国现代化的两难》,南京:江苏人民出版社,1996 年,第 243—244 页。

② 艾凯:《最后的儒家——梁漱溟与中国现代化的两难》,第 242 页。

③ 陶维全:《解除“苦力之苦”,开发“苦力”之力》,载于宋恩荣主编:《教育与社会发展:晏阳初思想国际学术研讨会论文集》,长沙:湖南教育出版社,1991 年,第 225 页。

④ 中国第二历史档案馆编:《中华民国史档案资料汇编·第五辑第一编·教育(一)》,第 775 页。

⑤ 梁漱溟:《乡村建设理论》,上海:上海人民出版社,2006 年,第 33 页。

⑥ 梁漱溟:《梁漱溟教育论文集》,上海:开明书店,1946 年,第 138 页。

⑦ 郑大华:《民国乡村建设运动》,第 264—265 页。

首先，卫生事业的发展离不开国家的大力支持，国家支持是乡村卫生事业发展的强有力后盾。上文提到国家力量和社会力量在定县、邹平在某种程度上是竞争式的发展，但倘若没有国民政府的支持和认同，定县、邹平是不会取得如此成就的。政府可以为医疗卫生服务提供资金、技术的支持，用看得见的手来调节患者和医疗卫生机构的关系，避免医疗卫生机构为利益所驱动，从而提供公平和有效率的公共卫生服务，促进农村医疗卫生事业的平稳运行，提高村民的健康水平。

其次，发展卫生事业要坚持理论与实践相结合，工作人员要深入民间调查，以此作为乡村卫生实践的依据。晏阳初、梁漱溟都主张进行乡村社会调查，以此指导乡村卫生实践的各项任务。1928 年，平教会创立统计调查部，以社会学家李景汉为首对定县开展大规模调查，最终出版巨著《定县社会概况调查》。梁漱溟虽也主张社会调查，只是调查的范围和深入程度远远不如李景汉一行人罢了。我国地大物博，南北、东西差异较大，深入卫生调查时应坚持乡村特殊性和普遍性、个性与共性的统一，进行严谨的科学调研。

再者，发展农村卫生事业应加大对农村卫生的宣传和教育力度，形式要多样化，有实用性。如今，随着改革开放和社会主义现代化建设，我国农村建设取得了很大成就，村民的生活水平在不断提高。但是有些农村仍然对于公共卫生比较漠视，村民的卫生观念实为淡薄。我们应在基层社会采取多样方式宣传公共卫生常识，增强村民的卫生观念。

## 六　结　语

通过定县、邹平卫生试验区的比较，可以得出它们的相同点是：在卫生实践上，两县皆重视妇婴卫生、学校卫生和传染病预防；在试验区的整体特点上，国家力量和社会力量共同参与到试验区建设，且在某种程度上是竞争式的发展；试验区内东方与西方文化、传统与现代理念相互借鉴、相互融合；卫生教育和卫生宣传并进以促进卫生措施的实施。两地有三个不同点：指导理念上，定县是平民教育理论，邹平是儒学再造救国论；背后支持力量上，定县是洛克菲勒基金与协和医院，邹平是齐鲁大学医学院；卫生体制上，虽皆为三级医疗卫生体系，但是定县的医疗卫生保健网更具西方近代公共卫生理念。

定县、邹平乡村建设的卫生事业开近代中国乡村卫生现代化实践之先河，为我国农村医疗卫生事业的发展描绘了蓝图。两地的卫生实践在艰难的条件下取得了一定的成效，成为当时乡村建设运动的典范，不得不说在卫生实践的过程中确实有可取之处。当下，党的十八大报告提出要加大强农、富农、惠农政策的实施力度，十三五规划提出“健康中国”的计划，而促进农村卫生事业发展是“强农、富农、惠农”措施、“健康中国”计划的重要组成部分。我们需要汲取历史的经验教训，积极探索发展农村医疗卫生事业之路。

**作者简介：**崔军锋，河北大学历史学院讲师；武小力，河北大学历史学院学生。

中国社会历史评论　第十八卷　2017 年　第 117—125 页

【医疗卫生与社会】

# 新旧之辩

## ——20 世纪 50 年代朱琏“新针灸学”的浮沉*

张树剑

【摘　要】20 世纪 50 年代上半叶，朱琏的“新针灸学”受到高度推崇，其内在原因是其科学针灸的思想符合当时“中医进修”“中医科学化”的政策。20 世纪 50 年代下半叶，伴随着“中医科学化”被边缘化，西医学习中医运动兴起，朱琏坚持的科学化新针灸思想受到冷落，其本人更是因此在政治运动中遭遇不平对待。对朱琏与其“新针灸学”历史境遇的考查，有助于理解现代针灸理论的走向，是针灸学术史研究所必须填补的空白。

【关键词】朱琏；新针灸学；针灸学术史

20 世纪 50 年代的中国，新政权在致力于社会重建的同时，也在寻求医疗健康领域的突围。中医药在国家卫生体系中的地位，在一波接一波的卫生运动中浮沉，针灸更是裹胁其中。朱琏，一位在新中国担负较高领导职务的针灸学家，其个人命运在当时社会运动中难免受到波及，同时波及的还有她的“新针灸学”思想。20 世纪 50 年代中国针灸学术的走向也由此可窥一斑。

朱琏（1909—1978），女，江苏溧阳人，近现代著名针灸学家。早年毕业于苏州志华产科学院，20 世纪 40 年代在延安跟随老中医任作田学习针灸，从此兴趣转向针灸临床与研究、教育。延安与华北期间，曾举办过多期针灸短训班。中华人民共和国成立后，朱琏任职卫生部妇幼卫生局副局长，1950 年创建中央卫生部针灸疗法实验所，1955 年作为主要创始人之一创办中医研究院，任中医研究院副院长。1960 年赴广西，任南宁市副市长，仍然将主要精力投于针灸工作。20 世纪 50 年代，朱琏与其新针灸学思想经历曲折。对这一阶段的历史考察，不仅仅是对朱琏先生的缅怀和纪念，更是理解现代针灸学术理论所必须完成的工作。

### 一　20 世纪 50 年代上半叶中医科学化背景与朱琏“新针灸学”的风行

1950 年 8 月中央人民政府卫生部和中国人民革命军事委员会卫生部联合召开了第一

* 基金项目：本文系国家重点基础研究发展计划（973 计划），课题号：2013CB5320063；教育部人文哲学社会科学基金（13YJCZH255）资助成果。

届全国卫生会议,确定了卫生工作的三大方针:"面向工农兵""预防为主""团结中西医"。1952 年 12 月,第二届全国卫生会议又增加了"卫生工作与群众运动相结合"的方针,形成了新中国卫生工作的四大方针①。这四大方针的提出,还是符合当时的社会实际的。新中国成立伊始,国内卫生状况极其落后。据 1949 年统计,全国只有各级各类医院 2600 家,病床 80000 张,中西医药卫生技术人员共 505040 人,其中绝大部分是中医,高等医药院校毕业的医技人员只有 38875 人②。在这样的社会卫生环境下,提出"团结中西医"方针,是最大限度地利用医疗资源的明智举措。时任中央人民政府卫生部副部长的贺诚在第一届全国卫生会议的总结报告中清楚地表达了这一目的:"中医在医理上虽然缺乏科学的根据,但它实际的治疗经验很丰富,其中有许多治疗方法是暗合科学原则的。中医的人数远超于西医,而且分布于广大农村,这是一个相当大的力量,因此对于中医必须采取团结和改造的方针,使中医学习科学理论使其治疗经验获得科学的分析与整理,尤须灌输以预防医学知识,以补充中医的缺陷"③。

"灌输以预防医学知识,以补充中医的缺陷",所以,"团结中西医"方针制定的同时,中央卫生部医政处提出了《普设中医进修学校实现中医科学化案》。卫生部部长李德全在全国卫生会议上报告:"所谓中医科学化,主要包括下面几个涵义:第一要学习医学科学的基本知识,懂得生理、解剖、细菌、病理和传染病的管理。其次与科学家配合研究中药分析秘方,确定性能。研究中国的针灸、发掘古代临床的经验,使之科学化,这些都需要有一定的现代科学知识。我们举办中医进修学校,就是为了这个目的。"④1950 年 9 月 8 日,李德全又对中医进修作出具体要求:"应该责成各大行政区卫生机关,先在各大行政区大城市,以后逐步在各省、市有计划地设立中医进修学校、训练班、业余学校……以达到在二三年内使全国中医大批地获得初步科学训练。"⑤

如此,中医进修,继而科学化,服务于民众,就在逻辑与实践上都通了。中央人民政府卫生部于 1951 年 12 月 27 日颁布了《中央人民政府卫生部关于组织中医进修学校及进修班的规定》,其课程设置主要是西医课程,贯彻了中央政府卫生部关于"中医科学化"的政策。引人注目的是针灸研究专科班:"以新针灸学为讲授中心,并讲授简要基础医学(包括解剖、生理、病理、细菌、消毒法)。"⑥这里的"新针灸学"是指朱琏提出的"新针灸学"学术体系,这固然与朱琏任职卫生部较高职务有关,但其主要原因应该是以下两点:

其一,"新针灸学"实践及其声誉。朱琏在从事针灸临床的工作中,看到民间针灸医生的一些陋习,这是受过良好医学教育的朱琏所不能接受的。1951 年 3 月,她在北京中医学会针灸研究委员会筹委会上说:"针灸的确有它的特点,但是只知道好不知道缺点也是不对

① 王致谱、蔡景峰主编:《中国中医药 50 年(1949—1999)》,福州:福建科学技术出版社,1999 年,第 5—6 页。

② 黄永昌主编:《中国卫生国情》,上海:上海医科大学出版社,1994 年,第 19—21 页。

③ 贺诚:《在第一届全国卫生会议上的总结报告》,《北京中医》1951 年第 1 期,第 12 页。

④ 李德全:《中央人民政府卫生部李部长在第一届全国卫生会议上的报告》,《江西卫生》1950 年第 6 期,第 6—12 页。

⑤ 李德全:《中央卫生部李德全部长关于全国卫生会议的报告》,《北京中医》1951 年第 1 期,第 7 页。

⑥ 国家中医药管理局政策法规司编:《中华人民共和国现行中医药法规汇编(1949—1991)》,北京:中国中医药出版社,1992 年,第 172 页。

的。我在乡间见到,有些医生,因为不知道消毒针又粗,施术二间三间时,致酿成化脓,俟送到医院没办法,把手割去;又有一位产妇患子宫痛,针天枢、气海等穴,发生严重的腹膜炎(急性弥漫性)子宫内膜炎,经精细的手术后幸而得救;又有一个开甲状腺的手术,开口后血管难分离,问其原因,是在乡间经过扎针,我想可能是消毒不净所致……老先生把针由袋里掏出来,就隔着病人很脏的衣服扎了五针,大约是中脘、幽门、间使、足三里、三阴交,这也是不合理的。我在平山县行军见到公然站着扎针,因过于兴奋,使病人晕迷,而扎针的一见不好就跑了。我正走到那里,知道是晕针,急忙取出针来照人中刺一针,得到苏醒……我这样谈,不是批评讥笑中医,是在提倡中医,因为我在研究它,使它发扬光大,因为我在农村见到扎针的大夫,把人扎化了脓,说是毒出来了,没化脓说是毒散了,这样是不对的。”①所以,朱琏一直以来致力于针灸技术的革新,据其《新针灸学》自序:“1948 年冬,前华北人民政府批准我办一个实验性质的学校,内分四个短期训练班:医生班、妇婴卫生班、助产班及针灸班……各班都设有针灸课。针灸班则除主课针灸之外,还教生理卫生、细菌、解剖、病理、诊断等课,以及预防接种等技术操作。针灸课由我任教,教材是临时编写的提纲,现讲现记录。”②其课程内容与《中央人民政府卫生部关于组织中医进修学校及进修班的规定》之针灸研究专科班的课程重合度很高。

同时,朱琏的针灸训练班为“团结中西医”提供了经验:“我们通过针灸的治疗,很快取得群众信任,就可顺利地进一步开展群众性卫生运动……农村里的中医,见到我们懂得这门技术,也就乐于和我们接近并相互学习,这就使农村里的中西医的统一战线工作也能顺利地开展。”③另据朱琏给习仲勋的信:“针灸确是打开中西医团结改造门径的有力武器。我们在北京市作了改造中医的实验工作,将一百四十多名针灸中医,在 6 个月中分两期组成业余针灸研究班,提高了他们的经验,给以初等的科学方法和基础理论。过去不注意消毒和乱针乱灸的,现在基本上已纠正。因此他们治病的效率提高了,生意更好了,也因而使他们对‘中医科学化’更加有信心。许多西医过去是不相信的,反对的,但现在已有一部分西医由怀疑转为要求学针灸。”④

其二,朱琏“新针灸学”思想与针灸科学化的政策高度一致。朱琏的早期针灸训练班的实践与其身份背景容易促使她及其“新针灸学”思想在 50 年代中医进修运动中被推向前台,但更为深层的原因在于朱琏的学术思想与当时“中医科学化”政策取向是一脉相承的。

中医进修的目的是中医科学化,对于针灸一科而言也是如此。1951 年 3 月 7 日,卫生部召开了一次针灸座谈会,会议代表中西医都有,其中中医代表有高凤桐、马继兴、焦会元、胡荫培、谢汇东等。当时的中医代表发言均主动表示欢迎与接纳科学化针灸的学习。焦会元说:“作针灸大夫由民十四年就开始,一向靠旧的传授,今后愿接受科学求进步。”高凤桐:“我国针灸缺乏科学理论,应当以旧经验结合新学理才能发展。”胡荫培:“我更有一些感想,就是针灸经过西医的帮助是很可能日见发扬成为世界医学的……愿以研究态度有机

① 《针灸研究委员会召开筹委会记录》,《北京中医》1951 年第 1 期,第 34 页。

② 朱琏:《新针灸学(第二版)》,北京:人民卫生出版社,1954 年,第 17 页。

③ 朱琏:《新针灸学(第二版)》,第 18 页。

④ 1953 年 2 月 24 日朱琏致习仲勋的信,原稿藏于中央档案馆。

会在针灸治疗过程中以科学方法检查来证明针灸的作用，帮助由中医只知其当然，进一步知其所以然。”谢汇东：“针灸为物理疗法之一，应由科学帮助来研究。”①

在针灸科学化的语境下，朱琏的“新针灸学”自然成为与“旧针灸学”相对的代表科学针灸的方向。所谓“新”“旧”针灸，朱琏在华北卫生学校时，即已有了明显的分际：“原为中医的同学，听到群众说：‘新针灸，讲干净，不觉痛，又见效’，表现特别欢迎，也就深刻体会到旧针灸术有改进的必要。”②1951 年 3 月 9 日，《进步日报》对朱琏有一篇专访，讨论了新针灸与旧针灸的区别：“朱琏同志等近五六年来便努力于这一工作，组织与整理已有的病例，根据旧针灸学典籍上所载的经验，用科学的态度与方法来研究，提高和发展……朱琏同志着重指出了新针灸与旧针灸的主要的不同之处。首先，新针灸注意严格的消毒，不但医生的手、针要消毒，就是病人的施针部份也要经过消毒的。其次是‘体位’，旧针灸施针是隔着衣服的，医生但根据经验来摸索。新的则要求医生了解生理解剖，注意不刺伤血管与内脏，因为如果针刺部位不对的话，是可能引起‘昏针’的。特别是神经部份，如果部位放不对，肌肉牵引神经容易转移，部位方面大体来说可分。因此在老解放区的平山县，老百姓对针灸极为欢迎，干部们得到了这个知识之后，再也不依赖‘在进针处重重地划十字’（划十字只作刺激的标志）的老办法。此外，进针的部位必须根据病情的需要，进针深浅也是根据病者的年龄和胖瘦不同情况来决定，不是呆板的规定三分五分，总以能达到神经为目的。”③这篇访谈虽然总结了“新针灸学”的三个特点，但作者尚不能称之为朱琏的知音，没有接近朱琏“新针灸学”的实质，注重消毒与体位、了解解剖位置、根据年龄与胖瘦等针刺，这些特点大约还是“新针灸”在方法上的“新”，更深层的“新”是其针灸原理的新，这是更为革命性的“针灸科学化”，以下试阐述之。

其一，对待经络的态度。朱琏对传统的十四经络理论基本上持否认态度，在《我与针灸术》一文中说“中国古代针灸穴位根据十四经，即是分手三阴、足三阴、手三阳、足三阳和胸前背后的任脉督脉为十四经，有些地方是合乎科学的人体解剖，有些就不免牵强附会。”④（这一观点也是后来朱琏遭受批判的重要说辞）所以，在《新针灸学》中，朱琏对十四经穴的阐述极其简要，仅仅是本着尊重历史的态度，在第二版中附录了十四经穴图，她说：“从历史的观点来看，我们可以想见古人对针灸疗法的研究确曾煞费苦心，积累了丰富的经验，应当说它是我国医学和文化上的光荣，直接造福于广大人民的。”⑤在一般认识上，是否承认与接受传统经络理论是新旧针灸（或者说科学针灸与传统针灸）的最重要分别。

其二，对针灸之补泻、调气等理论的观点。朱琏主张以强刺激、弱刺激来解释针刺“补泻”，而对于补气、泻气、九六之数的说法则认为不切实际。她说：“古代针灸书上，把强弱不同的刺激，叫做‘补泻迎随’，迎也就是泻的意思，随也就是补。他们非常重视‘补虚泻实’：‘不正之气，不跳之脉，需补。气旺之时，需泻’。以进针后病人的反应很小，说虚状要

① 《中央卫生部召开针灸座谈会纪要》，《北京中医》1951 年第 1 期，第 29—33 页。

② 朱琏：《新针灸学（第二版）》，第 18 页。

③ 萧离：《新针灸与旧针灸——访中国针灸学术研究者朱琏同志》，《进步日报》1951 年 3 月 9 日，第四版。

④ 朱琏：《我与针灸术》，《人民日报》1949 年 3 月 14 日，第四版。

⑤ 1951 年 12 月朱琏手稿，原稿藏于中国中医科学院针灸研究所。

补，就相当于我们说的需要强烈的持久的刺激；以进针后病人的反应很大，或肌肉紧张，说实状要泻，就相当于我们说的只需留针不动或轻度捻针的刺激。以治疼痛、痉挛等症，说实状要泻，也相当于我们说的强刺激；以治虚脱、麻痹等症，说虚状要补，也相当于于我们说的弱刺激。”“不过认为人体内里面有一种‘气’，认为‘气’由‘神’指挥（气为神之使），血由‘气’指挥（行血者气、气为血之帅）等等说法，这是古时不知道神经系统的活动机能，凭经验感觉臆想出来的东西。他们认为针刺的不同作用，是由于泻了气，或补了气。凭经验又凭臆想创造了各种‘补气、泻气’的方法。”①

其三，对针灸作用原理的解释。朱琏将针灸作用归结于激发神经。“用针灸治病，不论是刺神经的针与出血针、皮肤针、串线针（在穴位的皮肤上，串入一线，坠以铜线，促使化脓）、火针（将针烧红刺入），也不论是瘢痕灸或无瘢痕灸，它所以能治病，主要是由于激发和调整身体内部神经的调节机能和管制机能。”②

可见，朱琏的“新针灸学”的思想的核心是用现代医学来解释针灸，这一思想与当时推行的“中医进修”“中医科学化”的指导思想完全一致，得到了高度推重，来自中医学界的赞赏更是不绝于耳。朱琏于 1951 年出版了《新针灸学》，该书是其科学针灸思想的集中体现，后来被朱琏的同事，中国中医科学院第一任院长鲁之俊评价为：“解放后运用现代医学观点和方法，摸索提高针灸临床技术与科学原理的第一部针灸著作”③。马继兴撰写书评说“本书的出版是为了要向我们医学界同仁及时提出这一有效的疗法，指出它符合科学的地方，引起学习者们的重视，以作为进一步研究的基础”④。

彼时《新针灸学》在国际上也产生了较大影响。朱琏致习仲勋的信中说，1952 年 12 月日本东京汉方杏林会出版的《针灸杂志》和《汉方杂志》上，以首页篇幅刊载着“针灸医学，在世界上今年有两件大事，一件是法国召开了十个国家的‘针灸竞技会’，一件是针灸大本营的中国，在北京出版了《新针灸学》的书，应该引起对针灸素有研究传统的日本医学界的注视”；法国一位研究中国针灸 20 多年的老教授，给卫生部马海德来信，说到法国医学界研究针灸中制造了多种针与灸的仪器，认为《新针灸学》给他的启发很大，并建议他教过的研究针灸疗法的几千名医师去尽量利用这本书⑤。当时苏联医学科学院副院长恩·维·柯诺瓦洛夫于 1952 年 6 月来信，说苏联医学界对中国古传的作用于神经系统的针灸疗法极为重视，并鼓励中国将《新针灸学》译成俄文本⑥。朱琏在给柯诺瓦洛夫的复信中说：“拙著《新针灸学》拟现在正修订，俟修订后翻译成俄文，供研究参考”⑦。

1954 年，《新针灸学》第二版出版，其中增加了苏联生理学家巴甫洛夫的高级神经活动学说。因其在神经生理学领域的成就，更因为当时的中苏关系，巴甫洛夫是 20 世纪 50 年代备受中国科学界尊崇的人物。同时，以巴甫洛夫为代表的苏联科学家被奉为中国科学界

---

① 朱琏：《新针灸学（第二版）》，第 24 页。
② 朱琏：《新针灸学（第二版）》，第 11 页。
③ 鲁之俊：《悼念针灸学家朱琏同志》，《中医杂志》1979 年第 11 期，第 21 页。
④ 马继兴：《学习中国针灸疗法的一本好书——〈新针灸学（新一版）〉》，《健康报》1954 年 10 月 29 日，第四版。
⑤ 1953 年 2 月 24 日朱琏致习仲勋的信，原稿藏于中央档案馆。
⑥ 朱琏：《新针灸学（第二版）》，第 20 页。
⑦ 朱琏手稿，原稿藏于中医科学院针灸研究所。

的标杆。朱琏作为科学化针灸的代表,被针灸界寄予极大期望,认为是有资格与苏联科学家对话的理想人选。所以,当苏联科学家福立波尔特等发现"皮肤活动点的分布图与中国的针灸图相符"后,有针灸医生感到莫大的兴奋,"盼望朱琏同志与苏联科学家密切联系,并盼望这个联系扩大起来,联结起全国的针灸工作者和研究针灸的科学工作者,多将苏联方面的研究情况向祖国各地的工作同志们传达,将来各地的同志们也会有许多宝贵的意见,藉朱琏同志的桥梁作用,把中苏医学紧密的团结起来,我想把这点建议,作为1954年的敬礼!"①

综上,在20世纪50年代初期,朱琏因由其特殊的身份,及其"新针灸学"的丰富实践经验,更因为其科学化的针灸思想与当时"中医进修""中医科学化"的主流方针相契合,成为彼时针灸学界事实上的领袖。

## 二 20世纪50年代下半叶朱琏与"新针灸学"的曲折遭遇

20世纪50年代初官方通过中医进修运动以实现中医科学化的初衷是否实现了呢?答案是否定的。当时的开业中医的受教育水平普遍较低,虽然通过进修在一定程度上丰富了科学知识,但是离政府预想的要求还是差得很远。根据当时卫生部先后出台的《中医师暂行条例》《医师、中医师、牙医师、药师考试暂行办法》等文件,1953年对全国92个大中城市和165个县登记、审查的结果,合格的中医只有14000多人,绝大多数中医被取缔②。

这一现实显然不能被中医界人士所接受,因而中医进修与科学化的政策遭到部分中医界人士的强烈反对,牢骚开始出现,有中医说"解放后人民翻了身,中医没翻身"③。卫生部门也对新中国成立以来的中医进修的路线有了动摇。1954年2月第三届全国卫生行政会议决议的口径就已经改变:"中医进修的主要目的在于提高政治觉悟和业务水平。进修内容应交流中医临床经验,同时学习一些必要的西医的基础医学知识和政治知识。交流中医临床经验的办法可请名医作报告,相互讲述经验,进行讨论。有相当经验的具有相当文化程度的较为年轻的中医,可送入医学院授以较系统的医学科学知识,以培养研究中医的人材。"决议同时指出"保证中医的正常开业。中央卫生部原已公布的《中医师考试暂行办法》和《中医师暂行条例》要求过高,不切实际,应行修改。"④这一决议事实上否定了第一次全国卫生会议上关于中医进修的宗旨。

接下来的风向进一步转变。1954年10月20日《人民日报》发表题为《贯彻对待中医的正确政策》的社论,指出"积极号召和组织西医学习研究中医学,这是当前解决问题的关

① 曾义宇:《苏联医学上"皮肤活动点"的新发现和祖国针灸学的伟大远景》,《北京中医》1954年第2期,第3—4页。

② 钱信忠:《在国家科委中医中药组成立会议上的讲话(节录)》,中华人民共和国卫生部中医司编:《中医工作文件汇编(1949—1983年)》,1985年内部发行,第216页。

③ 《周泽昭代表的发言——在全国人民代表大会上的代表们的发言》,《健康报》1954年10月1日,第二版。

④ 《第三届全国卫生行政会议决议》,《北京中医》1954年第9期,第1—6页。

键所在"[①]。次日,《人民日报》发表时任卫生部副部长、中华医学会理事长傅连暲的署名文章《关键问题在于西医学习中医》:"过去我们曾经提倡中医进修,学习西医。这固然是必要的,然而还不是最重要的。党中央毛主席指示我们说,现在的关键问题是西医学习中医。如果单纯强调中医学习西医,其结果是使中医完全变为西医,也就是丢掉中医,只要西医。唯有不仅中医学习西医而且特别强调西医学习中医,才能真正做到中医西医的互相贯通,最后发展为一个医。这一个医就是具有现代自然科学基础、吸收了古今中外一切医学成果的中国的新医学。"[②]由此,政府的态度发生了根本转变,由推动中医科学化转变为西医学习中医。

在政府号召下,"西医学习中医"迅速演变成一场社会运动。1955 年 11 月 4 日《光明日报》发表社论《积极地推动西医学习中医》:"西医学习中医学术必须采取全部接受的精神。因为中医学术在未经现代科学整理之前,是很难分别精华和糟粕的"[③]。1955 年 12 月 21 日,《光明日报》再发社论《开展祖国医学的研究工作》说:"西医学习中医学术,必须是系统地学习,全面地接受,然后加以整理和提高"[④]。1958 年 11 月 28 日,《人民日报》发表社论《大力开展西医学习中医运动》,提出"积极地组织西医学习中医,是当前的一项严重的政治任务","各级党委必须把卫生工作紧紧地放在党的领导之下,以便迅速地在全国范围内开展一个大规模的西医学中医的群众运动,把我国的卫生事业大大地向前推进一步"[⑤]。由此,西医学习中医运动渐被推向高潮。

在西医学习中医导向下,以贺诚为代表的卫生部官员最初制定的中医科学化的政策被认为是违背了党的中医政策而受到批评,并在愈演愈烈的政治运动中遭到批判。1955 年 12 月 20 日,国务院行文撤销贺诚卫生部副部长职务[⑥]。1955 年 12 月,中医研究院成立,朱琏任副院长,但是此时中医政策方向已经发生了转变,当局要求对中医系统学习,全面接受的态度与朱琏新针灸学的思想相悖。在西医学习中医方针的强调下,尤其受到 1958 年"大跃进"运动的影响,官方对待针灸的态度呈现出过热的倾向,无视针灸学术的内容与特点,一味地强调全面学习,尽快掌握,以政治运动的形式来推广针灸,不少地方提出了"放针灸卫星","全区针灸化"的口号。如:山东省副省长、山东医学院院长王哲要求"全院教师和医师在元旦前要学会针灸学,并能初步应用于临床",并指出"积极地组织西医学习中医,是当前的一项严重的政治任务"[⑦]。《福建中医药》发表文章说:"医学大革新,遍地学针灸,苦教苦练,年内实现全专区针灸化,变是龙溪专区在技术革命中发出一个响亮的号角"[⑧]。江西省卫生厅发出紧急通知:"号召全省卫生人员在 1959 年'五一'前放出普及针灸的'卫星'",做到"人人学、大家学、先普及、后提高",学习内容:"(1)针灸疗法的发展概况及基本

① 《贯彻对待中医的正确政策》,《人民日报》1954 年 10 月 20 日,第一版。

② 傅连暲:《关键问题在于西医学习中医》,《人民日报》1954 年 10 月 21 日,第 3 版。

③ 《积极地推动西医学习中医》,《光明日报》1955 年 11 月 4 日,第一版。

④ 《开展祖国医学的研究工作》,《光明日报》1955 年 12 月 21 日,第一版。

⑤ 《大力开展西医学习中医运动》,《人民日报》1958 年 11 月 28 日,第一版。

⑥ 《国务院关于撤销贺诚同志卫生部副部长的职务的决定》,《中华人民共和国国务院公报》1955 年 12 月 20 日。

⑦ 王哲:《必须大力地严肃认真地开展一个群众性的学习中医运动——在山东医学院全院人员大会上的报告》,《山东医刊》1959 年第 1 期,第 1—4 页。

⑧ 严堃鼎:《普及针灸,一马当先,龙溪专区年内实现针灸化》,《福建中医药》1958 年第 8 期,第 44 页。

理论概述;(2)十四经脉路线、穴位、分寸与病候关系的基本知识和临床使用法则。基中要着重的掌握常用穴位;(3)施针的基本手法,进针前后的操作规程和禁忌事项;(4)一般常见疾病使用针灸疗法的知识。"①从学习内容看,强调十四经脉与穴位,主旨显然不是朱琏的"新针灸学"思想。

继贺诚被批判之后,"中医科学化"就鲜被提及。全国狂热地学习中医的风气下,朱琏的"新针灸学"因为与传统的中医针灸思想不一致,这一学术领域的歧见成为朱琏被批判的理由。1958年,中医研究院整风办公室多次召开党员干部大会对朱琏进行批判。据白国云回忆:"1958年开始了批判斗争,国务院文办派来了工作组,下车伊始就宣布鲁之俊、朱琏违反党的中医政策,批判朱琏'一本书主义''搞独立王国',我因认识'跟不上',没划清界线也受到批斗。"②1959年11月30日中医研究院党委作出了"朱琏同志的错误言行"的结论,指出了朱琏的4种言行错误,第一项就是"抗拒执行党的中医政策",文件中将朱琏对传统中医理论批评的观点作为政治错误来批判:"朱琏同志对先人与疾病作斗争所积累起来的宝贵经验也采取否定的态度。她认为中医的理论大多是'因袭传统用来抵挡其它的医学科学',因此,对于极有研究价值的中医理论'十四经'也粗暴地加以否定,如在她所著的《新针灸学》初版中说:'十四经牵强附合于行度起止'……直到1958年3月还对针灸所内干部说:'管他十四经、十八经、二十经,能治好病就行'。针灸的补泻手法是祖国针灸学的重要成就,她说是'凭经验感觉臆想出来的东西,很难令人置信'。"③学术期刊上也有对朱琏的批评的言论出现:"十二经的联系在目前来说有些针灸同志认为是刺激之理想联系,因为手三阳经可以说是上肢阳面的中线及两侧线,同样手三阴是上肢阴面的中线及两侧线,下肢也是如此。头部及胸腹部的中线即奇经任督二脉之穴位,其余诸穴位也可以比较有规律地分为诸侧线。然而现在朱琏同志和马继兴同志竟然运用此法而改变了原有的十经经络线,刺激点的位置根据解剖位及神经通路作了一些修正,是有其结合现代科学的积极性的,但不是完全妥善呢?我认为这还有研究的必要,换句话来说,可能是批判太早。"④

这一时期,朱琏的心情是很低落的,可以通过1958年11月22日其丈夫陶希晋给她的信中看到一些端倪,其时朱琏正在保定参加全国中医中药工作会议,这次会议上朱琏也受到批判。陶希晋说:"我相信您那面的情况会改变的,早晚总要作出结论的……要分外谦逊,特别在领导上强调针灸的时候,更要谦逊,亦即是诚恳地自我批评,包括针灸问题工作和自己个人的工作,过去走群众路线你是不够的。""您同我有所不同之处,即不管怎样,您是改行不得的,也没有必要生改行之念。"⑤

1960年,朱琏伤心地离开中医科学院,赴广西履职,将她的新针灸事业带到了广西,继续开展针灸教育与研究,其间创办南宁市针灸研究所及南宁针灸大学。1978年5月18日,

---

① 《让全省普及针灸"卫星"早上天,江西省卫生厅发出紧急通知》,《江西中医药》1959年第12期,第5页。

② 白国云口述,张高执笔:《针灸研究所初建之忆》,邹乃俐、秦秋、袁君等编:《难忘的四十年》,北京:中医古籍出版社,1995年,第92页。

③ 1959年中医科学院党办档案,藏于中医科学院档案馆。

④ 徐立孙:《对针灸学术中几个问题的商讨》,《中医杂志》1957年第5期,第251页。

⑤ 朱琏致陶希晋的信,节录自中国法学会董必武法学思想研究会编:《缅怀陶希晋》,北京:中央文献出版社,2011年,第384页。

朱琏因操劳过度不幸病逝，在辞世前几个小时，仍在修订《新针灸学》的书稿。

## 三　结　语

1950 年代初中国医疗状况一片凋敝，医生极度匮乏。在这一背景下，卫生部制定了“团结中西医”“预防为主”等卫生方针，同时发起了中医进修运动。中医进修的目的是中医科学化，这是当时的主流语境。针灸学家朱琏的《新针灸学》成为当时中医进修的针灸主要教材。究其原因，拥有卫生部较高级别官员的身份便于她的“新针灸”学术思想的推行，同时她早在延安与华北时期就开始的新针灸学实践为其赢得了巨大声誉，当然，根本原因在于“新针灸学”思想与当时的中医科学化的官方政策相契合。从学术意义而言，新针灸学也代表了针灸学革故鼎新的科学方向。

然而，1954 年开始，有关中医的政策风向开始转变。由于中医进修运动未能取得预期的目的，多数中医人士无法合法执业，从而遭到部分中医界人士的抵制。政府基于动员一切医疗力量以完成民众健康维护任务的想法，努力地拔高中医的地位，中医进修运动渐止，代之而起的是西医学习中医运动。代表国家意志的主流媒体《人民日报》《光明日报》等连续发表社论，明示国家政策层面坚定地支持中医的态度。这样一来，是否认同与支持中医已经具备了政治隐喻的意义，甚至于对于中医理论的质疑都成为言论的禁区，中医科学化渐渐失去了语境。

“新针灸学”恰恰代表了针灸科学化的思想，而且，朱琏始终没有放弃这一学术立场，集中表现在她对于十四经络与针灸作用原理的态度上：“她认为中医所论述的经络与现代医学所论述的神经系统与血液循环系统存在一致性，针灸的作用在于调整与激发神经的功能，按照她的论点所制订的取穴与手法效果与旧有方法相比较，过无不及。”①与传统针灸理论的分歧在一波波的政治运动中被上升为“拒不执行党的中医政策”，朱琏从而受到不公正的批判，最后无奈地离开北京。

与此同时，全国上下兴起一片学习针灸的热潮，学习的内容当然转向于以十四经脉为中心的传统针灸学理论，这在当时无疑是具有政治正确的选择。自此之后，朱琏包括民国时期一批针灸科学化的先驱的努力渐渐被历史淹没，针灸理论从而折复而走向明清中医的传统。

**作者简介**：张树剑，南京中医药大学第二临床医学院副教授。

---

① 薛崇成：《缅怀朱琏同志》，邹乃俐、秦秋、袁君等编：《难忘的四十年》，第 221 页。

# 以韩中日的医案分析 17—18 世纪时的韩国伤寒医学*

[韩国]吴在根

【摘　要】本论文是为了分析 17—18 世纪朝鲜医官李寿龟之伤寒医案和同时比较当时活动于中日两国的伤寒医家医案，通过医案了解当代东亚三国的医疗倾向。为此，利用理法方药架构，分析李寿龟之《历试漫笔》和徐大椿之《洄溪医案》以及吉益为则之《建殊录》中诊断为伤寒的医案。李寿龟在伤寒临床医学上虽没有提起自己的医论，但主要收容了朝鲜医书《东医宝鉴》的见解，强调以脉诊和八纲辨证接近伤寒，并且积极利用人参，出现以温补方式治疗伤寒的倾向。徐大椿是一位尊经崇古的医家，引进汤证分类方式理解《伤寒论》，但还是重视四诊合参和六经辨证的方式来接近《伤寒论》。吉益为则也重视张仲景的著作，但通过独自的解释方式，提倡万病一毒说，否认脉诊，强调腹诊。方药的利用上，徐大椿和吉益为则都很强调严格遵守医学经典《伤寒论》的方药运用。伤寒是代表东亚医学史的疾病之一，对于伤寒的理解与治疗方式，以及依《伤寒论》为中心积累的医学知识的使用，是可以体现出三国临床医学的一面特征。18 世纪以后在中韩日的医案著作里，可以确认到伤寒医学的分歧，这是反映三国医学正在建立个别地域的医学整体性。

【关键词】伤寒；医案；李寿龟；徐大椿；吉益为则；历试漫笔；洄溪医案；建殊录；韩医学

## 一　序：在韩国是否可以谈论伤寒医学的传统

2002 年冬一种热性流行病震惊了全世界，第 2 年此病命名为严重急性呼吸道症候群（非典性肺炎，Severe Acute Respiratory Syndrome，SARS），此病到了 4 月为止，共有 29 国 8096 人被感染，其中 774 人死于 SARS①。受到最严重的国家是中国。2002 年 11 月，在广东开始流行的 SARS，到了 2003 年 6 月时，已把北京陷于全世界最危险的地域。2003 年 1 月，开始治疗 SARS 患者的广东省老中医邓铁涛，发表了依中医温病治愈 SARS 患者报告，

* 本论文是把 Historia Scientiarum 24(1) 2014 中的 The Cold Damage Medicine in 17th and18th Century Korea: Comparison through the Medical Records of China, Japan, and Korea 刊登内容翻译成中文及修正完善的。本论文的编写和构想背景，是在申东源教授的组成下，形成的韩国科学文明史研究所《历试漫笔》研讨会上。通过本论文向会员申东源和李奇馥、全钟顼博士致谢。最后感谢中国南京韩医院刘维仁院长在诊疗之中，抽空翻译本论文。

① World Health Organization Home page. Summary of probable SARS cases with onset of illness from 1November 2002to 31July 2003。Webref: http://www.who.int/csr/sars/country/table2004_04_21/en/index.htm, accessed on 1February 2014。

并引起了巨大反响,因此使中医师开始全面介入治疗SARS①。短暂而致命的SARS流行,使全世界的人再次认识到传染病的威力,由于温病学有效控制SARS的流行,因此引起了对温病学的热心关心②。

温病学是东亚传统医学在对付治疗热性流行病时所利用的一个治疗医学分支,被认为中国清代医学的代表成果形成于东汉时代医家张机的《伤寒论》的基础上。但与现存伤寒医学的病机和治疗方法大有差别③。对于是否认定温病的问题自明清到今日为止,还在进行争论④。并且SARS究竟是属伤寒还是属温病的问题,也是议论纷纷。但温病和伤寒都用在治疗热性流行病,所以两者间没有完全的差别。中国传统医学界在对付治疗SARS的问题上,是积累自东汉伤寒医家张机到清代温病医家吴瑭的经验,这是明确的事实。明清时代伤寒与温病正进行争论之时,日本医家对《伤寒论》有着深切的关注。在清代(1616—1911)有关《伤寒论》和《金匮要略》的发刊著作之数有760余种,而日本在江户时代(1603—1868)发刊的有关《伤寒论》著作之数有300余种,证实了江户时代日本医家对《伤寒论》的研究热⑤。江户时代中期出现的古方派医家在外感热病以外的其他疾病治疗上也应用了《伤寒论》的内容甚至主张《伤寒论》具备了所有疾病的治疗规范⑥。以后260年期间,主导日本《伤寒论》研究的古方派命脉,至今流传。日本医史学者小曽戸洋,诊断现日本汉医潮流是操持于古方派医家的后裔手中⑦。

那么韩国的伤寒医学则如何呢?最近韩国的一部分学者提出,韩国的传统医学对伤寒或者《伤寒论》的关心是少于中国和日本,而且主张研究伤寒或者《伤寒论》传统也不太深⑧。这些主张的根据,是因当时朝鲜内罕见有关伤寒医书的出版。实际上在三木荣《朝鲜医书志》中少见朝鲜的伤寒医书编纂和刊行⑨,所以只依靠书籍的多少来评价学术传统的话,说韩国的传统医学对伤寒没有深刻的研究,也是有道理的。然而,伤寒是推动东亚传

---

① 中医泰斗邓铁涛:《上书中央中医进入抗非主战场》,《南方日报》2013,3,29;Web ref: http://epaper.nfdaily.cn/, accessed on 1st February 2014。中国传统医学界对SARS的治疗和成果要参照邓铁涛:《论中医诊治非典》《中华实用中西医杂志》Vol. 3No. 6,2003,pp. 734 – 736;Marta · Hanson,"Conceptual Blind Spots, Media Blindfolds", in Angela Ki Cheng Leung and Charlotte · Furth,(eds.),Health and Hygiene in Chinese East Asia(Durham and London: Duke University Press,2010),pp. 228 – 254。

② WHO:SARS: Clinical trials on treatment using a combination of Traditional Chinese medicine and Western medicine,(Geneva,2004),pp. 1 – 3。

③ 彭胜权主编:《中医药学高级丛书·温病学》,北京:人民卫生出版社,2000年,第16页。

④ 张伯讷:《傷寒と温病の争いの今昔》,《日中傷寒論シンポジウム記念論集(中医臨床3,臨時増刊号)》,市川:東洋学術出版社,1982年,第172—176页;曹东义编著:《中医外感热病学史》,北京:中医古籍出版社,2004年,第203—204页。

⑤ 在中国清代有关刊行《伤寒论》著作之数是,根据《伤寒论版本大全》为基准计算的。有编纂年度的标记时,就依年度为计算标准,没有标记编纂年度,而只有记载刊发时代的时候,则没有区分只有合算(李顺保编著:《伤寒论版本大全》,北京:学苑出版社,2000年,第583—721页)。在日本江户时代有关刊行《伤寒论》著作之数是,根据《日本近世伤寒论研究见在书目录稿》为基准计算的。同样书名在反复时,没有计算。(温知会伤寒论研究部:《日本近世伤寒论研究见在书目录稿》,《日中傷寒論シンポジウム記念論集(中医臨床3,臨時増刊号)》,第245—246页)。

⑥ 松田邦夫:〈日本における《傷寒論》研究の概観〉,《日中傷寒論シンポジウム記念論集(中医臨床3,臨時増刊号)》,第20页。

⑦ 小曽戸洋:《漢方の歴史》,东京:大修馆书店,1999年,第153页。

⑧ 吴准浩:《通过两感伤寒看朝鲜后期医家的意识》,《医史学》21(1),2012,第2、19页。

⑨ 三木荣:《朝鲜医书志》,大阪:學術図書刊行會,1973年,第1—410页。

统医学发展的重要疾病之一，有着伤寒治疗方法的《伤寒论》不但立下了临床医学的完善规范，而且也确立了中国医学，所以享有被称为医经的高度评价①。于是像这种主张，导致了韩国医学在东亚传统医学脱离普遍潮流的结论。那中日医家在研究《伤寒论》之时，不同于中日的朝鲜医家到底在研究什么呢？

最近在韩国学界介绍了医案《历试漫笔》，这编医案的著作是一位17—18世纪的医官李寿龟（又名李寿祺，字景淑，1664—1740?）。他在1690年登科于医科后，历任了典医监、训导、教授等，不仅是以御医的身份直接参加治疗朝鲜国王英祖②，而且又是朝鲜时代产生25名医官的天安李氏的世医家族之一③。按照Christopher · Cullen 和Charlotte · Furth等的研究，医案不仅能描写医师和患者之间形成的诊断和治疗行为。而且也能解读当时的医学思潮和历史背景。这种一系列的医案特征，可以做为医书的补充④。《历试漫笔》正符合这种观点，130余种医案之内，叙写了患者的临床症状、诊断结果、处置过程等，甚至连患者的声音都有记录。并且介绍了太医、儒医、产婆等多种医疗人员，立体地描写了当时医疗环境。

《历试漫笔》不仅囊括了腰痛头痛等一般疾病，而且也包含了威胁生命的痢疾、霍乱、半身不遂等60余种疾病。本研究关注的是李寿龟在《历试漫笔》中，诊断为“伤寒”后治疗的27条医案。其中选择伤寒医案的理由，不仅是因为在《历试漫笔》中“伤寒”的医案之数为最多，而且期待弥补韩国伤寒医学的空白。与此同时分析《历试漫笔》中收录的伤寒医案后，比较在同一时期活动的中日医家之伤寒医案，并且议论东亚三国伤寒医学的展开过程。当然被作者或者编辑者选择的几条医案，是不能代表该医家医学的全部，也不能看做该医家的伤寒医学是中韩日伤寒医学的全部。但是可以观察到，在相同时代而又在不同地域活动的医家，对同样疾病，采取何等的辨证方法。并且比较分析各医家的临床思维，另外可以猜想如果该医家是当代的代表医家，则也可以观看到当地的伤寒医学趋势。稍有不慎，会导致一般性的差错。所以本研究不会给17—18世纪韩中日三国的伤寒医学下草率的结论。

---

① 山田庆儿：《中国医学はいかにつくられたか》，东京：岩波书店，1999年，第163页。

② 至今为止确认不到《历试漫笔》的刊行和编纂时期，但在1734年流传的，吴光运所写的跋文来看，可以推论此时期会是完成编纂《历试漫笔》的时期。对于《历试漫笔》的著者和医学史的意义要参照李奇馥：《以医案察看朝鲜后期医学》，《韩国科学史学会志》34(3)，2012，第454—455页；李奇馥：《18世纪医官李寿祺的自己认识：以技术职中人的专家意识为中心》，《医史学》22(2)，2013，第483—527页。

③ 朴薰平：《朝鲜医人志》，坡州：韩国学术情报，2012年，第385页。

④ Christopher · Cullen, "Yian", in Elisabeth Hsu (ed.), Innovation in Chinese Medicine (New York: Cambridge University Press, 2001), pp. 297 - 300; Charlotte · Furth, "Producing Medical Knowledge through Cases", in Charlotte · Furth, Judith · T · Zeiltin and Pingchen Hsiung (eds.), Thinking with Cases (Honolulu: University of Hawaii Press, 2007), pp. 125 - 148。有可以注目以下，在先行研究时，对医案中出现的患者的角色和医师的医疗行为等执行综合分析。Judith · T · Zeiltin, "The Literary Fashioning of Medical Authority", in Charlotte · Furth, Judith · T · Zeiltin and Ping - chen Hsiung (eds.), Thinking with Cases (Honolulu: University of Hawaii Press, 2007), pp. 169 - 202; Joanna Grant, Chinese Physician (London and New York: Routledge Curzon, 2003), pp. 67 - 101; Charlotte · Furth, A Flourishing Yin (Berkeley: University of California Press, 1999), pp. 224 - 265.

## 二　《历试漫笔》和《东医宝鉴》的伤寒医学

影响《历试漫笔》最多的医书是《东医宝鉴》[①]。《东医宝鉴》是依许浚（朝鲜，1539—1615）等编纂的朝鲜官撰医书，于1613年初次刊行，1659年岭南和湖南观察营刊印，1754年岭南观察营再三刊印，得以广布于朝鲜[②]。1758年被英祖评为把各种医书的长点编纂成的最高医书。《东医宝鉴》介绍了2000余种病症[③]，而对于伤寒分配了最多的分量，而且全面地进行了叙写。《历试漫笔》的著者李寿龟是在典医监负责教育医学的医官，同时又是负责治疗英祖的御医，因此《东医宝鉴》理应是他关注的医书。事实上，《历试漫笔》的医案与《东医宝鉴》在许多方面上有亲缘性[④]。

从李寿龟的《历试漫笔》中选择两个能够充分体现伤寒医学特征的医案来直接分析，利用了医学理论（理），诊断和病机（法），处方理论（方），药物理论（药）等理法方药的规则[⑤]。

> 此夫人季近六旬春间得寒战头疼别无发热且脉不浮实余以阴症伤寒处之用人参养胃汤一贴后更邀一太医论病则以谓阳症误投阴症药大打之，劝以九味羌活汤日三服之四贴，虚热反盛病势危笃奄奄垂尽举家遑遑更迎余诊治虽有假热脉甚浮虚。余曰此本不足之症，以其发散太过，故及生虚热，遂用人参麦门冬汤则随服随效，至十余贴，病虽祛而元气甚惫，不能举头，且酬酌甚难，连以补剂调治，月余而苏。[⑥]

首先，上面的医案里很难找到有关伤寒医学的理论，只能看到《黄帝内经》的“实则泻之，虚则补之”的治疗原则[⑦]。而太医也提出另一个《黄帝内经》的主张“寒者热之，热者寒之”的治疗原则来反击李寿龟的治疗原则[⑧]。但太医误诊后，再次被请来的李寿龟主张“虚证时，不可用发散之剂”，故用人参养胃汤后，取得了疗效。同时李寿龟在下文主张，治疗伤寒时，强调首先要保存元气的重要性。医书中的“元气”在《黄帝内经》是没有使用过的，最早使用“元气”的医书是《黄帝八十一难经》，但《黄帝内经》也提示了重要的治疗原则，即需

① 李奇馥：《18世纪医官李寿祺的自己认识：以技术职中人的专家意识为中心》，《医史学》22（2），2013，第483—484页。

② 崔秀汉编著：《朝鲜医籍通考》，北京：中国中医药出版社，1996年，第65页。

③ 申东源：《朝鲜人，许浚》，首尔：hanibook出版社，2001年，第206页。

④ 对于《东医宝鉴》和《历试漫笔》的关系，预定会通过以后的论文来表明。

⑤ 理法方药是指理论（theory）、法则（principle）、处方（prescription）、药物（medicinal）等，是根据医学理论确明病因病机和确定治疗原则及方法后，构成处方和运用药物，是诊断和治疗的基本程序，中华人民共和国国家质量监督检验检疫总局·中国国家标准化管理委员会：《中华人民共和国国家标准中医基础理论术语》，北京：中国标准出版社，2006年，第1页。

⑥ 《历试漫笔》No. 56。

⑦ 郭霭春编著：《黄帝内经素问校注语译》，天津：天津科学技术出版社，1981年，第495页；郭霭春编著：《黄帝内经灵枢校注语译》，天津：天津科学技术出版社，1989年，第466、543页。

⑧ 郭霭春编著：《黄帝内经素问校注语译》，第484—485页。

要仔细观察人体的气[①]。总之,李寿龟的医学也是基本上归根于《黄帝内经》。

第二,医案中可以看到,明确的记述了诊断伤寒和理解伤寒病机的方式。李寿龟是负责英祖诊脉的医官,脉诊的实力很强。他对这两次治疗过程中,脉诊起着非常重要的作用。在第一次治疗时,脉象诊为脉浮不实,诊断为阴症伤寒。第二次治疗时,脉象诊为脉甚浮虚,病机诊断为本不足之症,以其发散太过,故及生虚热。包括韩祗和在内的宋代医家认为,患伤寒后,兼状出现以前,首先脉象会发生变化,因此把脉诊当作诊断伤寒的主要标准[②]。而且《东医宝鉴》毫无疑问地把他们的主张用于诊断伤寒时,并不以症状判别为先,强调要依脉诊为先[③]。李寿龟的《历试漫笔》也是把《东医宝鉴》中所收录的伤寒特征和诊断方式原样的记录下来[④]。因此上面的医案无妨描写了《东医宝鉴》在诊断伤寒时提出的指导方针,通过李寿龟体现在临床医疗现场。

在第一次的诊断结果上提出的阴症伤寒时,李寿龟把伤寒是以阴阳表里寒热虚实,即八纲辨证的方式来理解。八纲辨证不仅是可以分析伤寒,而且还可以分析一般病症,在《东医宝鉴》里也有所介绍"治病八要"为题目的内容[⑤]。但是历代对于理解伤寒病机的争论焦点,主要是如何解释《伤寒论》所收录的太阳少阳阳明太阴少阴厥阴病等[⑥]。朱肱和韩祗和等人,主张要以六经的方式解释伤寒以后[⑦],六经辨证就成为理解伤寒的主要方式,《东医宝鉴》不仅接纳了宋代医家和明代医书《医学入门》和《医学正传》的成果,而且还充分传达了六经辨证的内容[⑧]。

> 李判书女即黄参判子妇也。季未二十得伤寒用发散之剂不解,至五六日间,有泄候日十余度,气甚困倦,一医以为大虚方,煎参茶而判相要议定用,夜深后召余诊察,六脉虽似微弱沈,按有力。余曰此非虚也。乃热伏于内,非今即明必将热发,若用参料,必危,亟用凉剂,可以救之。(中略)[⑨]

---

① 凌耀星主编:《难经校注》,北京:人民卫生出版社,1991 年,第 26 页;郭霭春编著:《黄帝内经素问校注语译》,第 510 页。

② 韩祗和:《伤寒微旨论》,上海中医学院中医文献研究所主编:《历代中医珍本集成》3,上海:三联书店,1990 年,第 2 页;叶发正:《伤寒学术史》,武汉:华中师范大学出版社,1995 年,第 62 页。

③ 许浚:《东医宝鉴》,金信根编:《韩国科学技术史资料大系·医药学篇》12,首尔:丽江出版社,1988 年,第 702、704 页。

④ 《历试漫笔》No. 31;《历试漫笔》No. 66。

⑤ 许浚:《东医宝鉴》,金根信编:《韩国科学技术史资料大系·医药学篇》12,第 597 页。八纲辨证和六经辨证等这些语汇是 1950 年新中国成立以后开始使用的,所以在《东医宝鉴》是找不到这些语汇。只是在现在医学界,已经广泛的在使用八纲辨证各六经辨证等语汇,所以不会以时代性严格地来区分使用语汇,为了方便使用八个范畴,即阴阳、表里、寒热、虚实来理解疾病时,就称八纲辨证,而使用太阳、少阳、阳明、太阴、少阴、厥阴等六个范畴来理解疾病时,就称六经辨证。

⑥ 肖德馨:《〈傷寒論〉の六經の検討》,《日中傷寒論シンポジウム記念論集(中医臨床 3,臨時增刊号)》,第 321—328 页。

⑦ 叶发正:《伤寒学术史》,第 60 页。

⑧ 许浚:《东医宝鉴》,金根信编:《韩国科学技术史资料大系·医药学篇》12,第 702 页;李主惠:《〈东医宝鉴〉·〈杂病篇〉·〈寒〉对伤寒六经病的考察》,尚志大学博士学位论文,2005 年,第 11,68 页;梁哲周:《朝鮮における〈傷寒論〉の受容》,《日中傷寒論シンポジウム記念論集(中医臨床 3,臨時增刊号)》,第 268—269 页。

⑨ 《历试漫笔》No. 57。

第一个医案是太医和李寿龟为了辨别阴阳之别，而第二个医案是两位医家为了辨别虚实产生歧见。对于李寿龟来说诊断伤寒时，以六经辨证寻找区分经络病后诊断伤寒，不如通过脉诊来区分症状的阴阳虚实，更为重要。但是在《历试漫笔》的另一个伤寒医案里有“热不退而传于心经，名越经传”的记录来看[①]，此文可以暗示李寿龟也充分地认识了六经辨证的内容。李寿龟在朝鲜内医院当医官之时，中国正在进行，以方或者以法还是以经的方法之中，要选择哪一种方式接近伤寒治疗[②]，在《历试漫笔》的伤寒医案里可以看到，李寿龟对伤寒医学，主要是通过脉诊和八纲辨证的方法来分析症状。除在中国形成的伤寒医学潮流之外，朝鲜也根据《东医宝鉴》的知识理论，诊断和分析伤寒的这种方式已当地化。

第三，太医在第一个医案上，把患者的病症诊断为阳症后，用九味羌活汤发散了肌表之热[③]。而李寿龟却把患者的病症，诊断为阴症伤寒和不足之症后，用兼有温补作用的人参养胃汤和人参麦门冬汤，解除病者之热。在《历试漫笔》中所收录的27条伤寒医案中，18条医案是诊断为虚症的伤寒医案。其中大部分医案，是被其他医者误诊为实证而误投寒性之药后，被李寿龟改投为温补之药后得以恢复的。由此，可以猜想到，李寿龟在治疗伤寒时，是具有温补倾向。此时的中国，在治疗伤寒和许多其他疾病时，强调温补法的孙一奎(1522—1619)和赵献可等命门学派医家正扬名于世。当时朝鲜内医院里藏有孙一奎的《赤水玄珠》[④]，而在李寿龟稍后的朝鲜医官周命新(1729—1798)的《医门宝鉴》中，也引用了命门学派代表医家张景岳(1563—1640)的处方。由此可以推想，似乎李寿龟也接触到命门学派的主张。但在《历试漫笔》中很难找到强调命门的内容。因此李寿龟在治疗伤寒过程中体现的温补倾向与中国命门学派医家的相关性无法确认。

李寿龟在治疗伤寒时，所使用的处方是从何处而来的呢？在《历试漫笔》中可以直接确认的处方次数和处方的来源是，《东医宝鉴》8回，《万病回春》4回，《寿世保元》3回等。并且《历试漫笔》在医案中，把《东医宝鉴》的具体处方内容，即(乳门)神效瓜蒌散，(大头瘟门)芩连消毒饮，以及(麻木门)双合汤等，对于处方的来源和方名有所阐明。在李寿龟的临床病例中，人参麦门冬汤是多次对六脉虚弱时屡次见效的处方[⑤]，并且也传授给自己的儿子，此方的来源和使用根据是《东医宝鉴·寒》(劳复食复证)麦门冬汤条文末端，所记载的“加人参尤妙”[⑥]。

最后在李寿龟的伤寒病例中最注目的药物是人参。在第一个医案里使用了包含人参的人参养胃汤和人参麦门冬汤，但在第二个医案里是劝告不可使用人参。在当时一般人认为，人参的温性作用，会导致发热的热性现象，即加重火气，因此患伤寒发热时，使用人参是

---

① 《历试漫笔》No. 53。

② 任应秋:《〈傷寒論〉研究の流派》,《日中傷寒論シンポジウム記念論集(中医臨床3,臨時増刊号)》,第14—17页。

③ 许浚:《东医宝鉴》,金根信编:《韩国科学技术史资料大系·医药学篇》12,第710页。

④ 《朝鲜王朝实录》景宗2年(1722)10月11日。Web ref: http://sillok.history.go.kr, accessed on 1st February 2014。

⑤ 《历试漫笔》No. 54;《历试漫笔》No. 79。

⑥ 许浚:《东医宝鉴》,金根信编:《韩国科学技术史资料大系·医药学篇》12,第20页。

会加重热证的热性现象,所以人参是不愿意选择的药物[①]。李寿龟本人也是在服用滋阴健脾汤时,认为人参会助长热性作用,所以只服了5贴[②]。但是能正确的通过脉诊,诊断伤寒虚实的李寿龟,是对人参有绝对的信赖,凡对治疗不足之症导致的虚热之时,积极地利用了人参[③]。李寿龟在另一个伤寒医案里,对郑交河的长孙,因患伤寒后导致的高热症状,李寿龟则加味使用人参一两便炮附子2钱之后,降下了高热症状[④],在医案中可以看到人参就是李寿龟以温补之法治疗伤寒的核心因素。李寿龟依赖最多的医书《东医宝鉴》是素称受到朱震亨之丹溪学派医家众多影响的医书[⑤]。但是李寿龟利用人参治疗伤寒案例时,反而类似于批评朱震亨之滋阴降火理论的命门学派医家汪机和张介宾的中药应用方式[⑥]。前文所言,在《历试漫笔》医案中,是确认不到温补学派医家的意见。积极利用人参治疗伤寒的方法,应要视为《东医宝鉴》以后,在朝鲜出现的一种新治疗趋势。

## 三　分析徐大椿和吉益为则的伤寒医案以及比较三位医家的伤寒医学

李寿龟的伤寒医学,确实依靠了朝鲜官撰医书《东医宝鉴》的伤寒医学成果,那么同一时期,在中国和日本活动的中日医家的伤寒医学又有什么动态呢? 中国明清时代和日本江户时代的伤寒医学医家繁多,很难轻易选出一位。为了恰当地选定比较对象,参照以下标准。第一,医家的医书和医案著作要有所流传于世。第二,在伤寒临床医学上,要持有自己独特的议论。第三,在当时的伤寒医学要受到高度评价,而且对后代伤寒医学的发展要有一定程度的影响。第四,诊断为伤寒后,要持有治愈的医案等。依此标准选定了中国医家徐大椿(1693—1771)和日本医家吉益为则(1702—1773)。在徐大椿的《洄溪医案》和吉益为则的《建殊录》中各选出了一个诊断为伤寒后,有所治愈的医案。为了补充医案的不足,同时分析了徐大椿的医书《伤寒类方》《兰台轨范》《医学源流论》和吉益为则的医书《医断》《药征》《类聚方》中所收录的伤寒医学内容。

徐大椿是在学习儒学经典之中重新学习医学的儒医,是清代尊经崇古学风的儒医代表。在康熙年间两度被康熙帝召见,并且被中国近代医史学者谢观高评为"大家"[⑦]。相反,吉益为则则是出生于日本江户时代金疮医之家的世医[⑧],他否认气的存在,主张应当把体现在身体上的症状做为治疗疾病的根本原则,而且主张万病的由来是一毒而发,这种万

① 《历试漫笔》No. 3;《历试漫笔》No. 51。

② 《历试漫笔》No. 70。

③ 《历试漫笔》No. 80;《历试漫笔》No. 97;《历试漫笔》No. 54。

④ 《历试漫笔》No. 66。

⑤ 《东医宝鉴》不仅高度依靠了朱震亨的医书《丹溪心法》,而且还依靠了属于丹溪学派医家李梴的《医学入门》和虞抟的《医学正传》等。金重权:《〈东医宝鉴〉的文献研究》,《书志学研究》11,1995,第233页。

⑥ 廖育群、傅芳、郑金生:《中国科学技术史·医学卷》,北京:科学出版社,1998年,第366—375页。

⑦ 袁枚:《徐灵胎先生传》,《小仓山房诗文集》卷三十四,上海:上海古籍出版社,1988年,第1913页;谢观:《中国医学源流论》,福州:福建科学技术出版社,2003年,第76页。

⑧ 寺泽捷年:《吉益東洞の研究》,东京:岩波書店,2012年,第20页。

病一毒说的主张在当时形成了一派，而且盛行一时①。

首先察看中国医家徐大椿《洄溪医案》中记载的伤寒医案。

> 苏州柴行倪姓，伤寒失下，昏不知人，气喘舌焦，已办后事矣。余时欲往扬州，泊舟桐泾桥河内，适当其门，晚欲登舟，其子哀泣求治。余曰，此乃大承气汤证也。不必加减，书方与之。戒之曰，一剂不下则更服，下即止。遂至扬。月余而返，其人已强健如故矣。古方之神效如此。凡古方与病及证俱对者，不必加减，若病同而证稍有异，则随证加减，其理甚明，而人不能用。若不当下者反下之，遂成结胸，以致闻者遂以下为戒。颠倒若此，总由不肯以仲景《伤寒论》潜心体认耳。②

首先在上述医案里难以确认到徐大椿在其他医书中提起的主张和有关伤寒以外的其他理论及有关元气存亡论和内伤外感论等③。只是清楚地显露了对付伤寒时的态度。对于“颠倒若此，总由不肯以仲景《伤寒论》潜心体认耳”的断定结语来讲，此言与《兰台轨范》中的“伤寒为外感之总名，传变出入，千头万绪，仲景《伤寒论》一字不可遗漏”的文章有所共鸣④，而且可以说这种尊经崇古的倾向，同样的适用于伤寒医学上。

第二，在医案上虽然记载了大便难而昏不知人、气喘舌焦等伤寒的随伴症状，但没有留下如何诊断此病的记录。在徐大椿的其他医书中也难以找到，如何诊断伤寒的内容，只是通过《医学源流论》中的记录，“若夫真脏之脉，临死而终不现者……以望闻问三者合而参观之”，“脉与症分观之，则吉凶两不可凭。合观之……其吉凶乃可定矣”⑤，通过此文可以推测，徐大椿没有把脉诊和症状区分后来诊断疾病，强调诊断疾病时，要依四诊合参的方式。可是在上述医案中，可以看到徐大椿只通过闻诊，把患者的病症诊断为大承气汤证。所谓大承气汤证，是指患者的症状，正属于大承气汤适应症的症候群时可适用。这方法是以汤证为中心，来划分伤寒症状的。徐大椿在《伤寒类方》中，已经以12个代表处方为中心，来划分整个《伤寒论》的处方后，对各处方的症状以及病因病机有所描述⑥。但徐大椿没有主张仅要以汤证来理解伤寒所有的症状。徐大椿在《伤寒类方》六经脉证中认为“欲读《伤寒论》，必先识六经之本证，然后论中所称太阳、阳明等病，其源流变态，形色脉象，当一一备记，了然于心”⑦。强调了对待六经辨证的基本观点。

第三，在上述医案中运用的处方和药物，是以通便为目标的。医案中“不必加减，书方与之”和“凡古方与病及证俱对者，不必加减”的表达方式，显示了徐大椿原样地利用了《伤

---

① 吉益为则：《医断》，吴秀三、富士川游选集校定，艺备医学会编辑：《东洞全集》，东京：吐凤堂书店，1918年，第446页；富士川游：《日本医学史》，东京：日新书院，1948年，第360页，第352—355页。最近中国学者黄煌，通过与中国不同的日本医学传统和儒医徐大椿与疾医吉益为则的医学观之差，以及到晚年不失谨慎的徐大椿与积极又过激的吉益为则的性格来分析了两位医家医学见解的差异，黄煌：《经方的魅力》，北京：人民卫生出版社，2007年，第173—185页。

② 徐灵胎著：《洄溪医案》，刘洋主编：《徐灵胎医学全书》，北京：中国中医药出版社，1999年，第379页。

③ 刘洋：《徐灵胎医学学术思想研究》，刘洋主编：《徐灵胎医学全书》，第413—418页。

④ 徐灵胎著：《兰台轨范》，刘洋主编：《徐灵胎医学全书》，第263页。

⑤ 徐灵胎著：《伤寒类方》，刘洋主编：《徐灵胎医学全书》，第163页。

⑥ 徐灵胎著：《伤寒类方》，刘洋主编：《徐灵胎医学全书》，第163页。

⑦ 郭霭春、张海玲编著：《伤寒论校注语译》，天津：天津科学技术出版社，1996年，第97、143页。

寒论》原文中的处方[①]。而且在劝告,通便后不可再服用的内容,是重复《伤寒论》大承气汤的注意事项。对于误用大承气汤后,形成结胸的忧虑,也是脱离不了《伤寒论》的原文。总而言之,徐大椿的处方和药物运用,全都是借鉴医学经典《伤寒论》是无疑的。

那么现在开始来看一下,日本医家吉益为则《建殊录》中的伤寒医案。

> 其父甲州君,年已九十余……后数年,患伤寒,心胸烦热,谵言妄语,小便不利,不进食者,凡六日,家人乃召先生视之,心胸烦满,四肢微肿,乃作茯苓饮饮之,吐出水数升而愈。初甲州君自年及六十,虽盛夏重衣犹寒,以为老而衰也。自是之后,更服绮絺,与少壮之时不异矣。以此视之,盖病也,非老衰也。[②]

上面医案是吉益为则为90岁老人,患伤寒后痛苦于多种随伴症状时,以涌吐法治疗伤寒的医案。对于病势危剧而老弱气衰的病人,金元时代吐法大家张子和也警告,禁止使用涌吐法。但是吉益为则毫不犹豫地选择了涌吐法[③]。此是起因于自己主张的万病一毒说,凡疾病的由来仅是一毒,所以除去一毒则身体就会愈合[④]。而且吉益为则在自己的医书《医断》中批评恒言补元气的医家,"若夫随年齿而旺衰者。天地之道。万物之常也。非人力之所能挽回矣"[⑤],果断的主张"随毒所在,各异处方,用之瞑眩,其毒从去,是仲景之为也"[⑥]。总而言之吉益为则利用涌吐法,除去了胸膈的痰饮,治疗了患于伤寒后痛苦于多种随伴症状的90岁老人。同时通过上述医案,公布了自己的医学在临床上的实践。

第二,通过在上述医案中的"心胸烦满"症状,可以猜看到吉益为则利用了腹部及胸部的腹诊法。吉益为则认为"人心之不同,如其面也,脉亦然……知平生之脉,病脉稍稍可知也,而知其平生之脉者,十之一二耳",因此强调"先证而不先脉,先腹而不先证"[⑦]。对伤寒"六经"的理解,吉益为则不赞成传统的六经辨证方式,强调伤寒的"六经"不是指六经有病变,而是指只是借用六经法则而已。提起治疗疾病时要以症状为主的说法[⑧]。

第三,吉益为则为了促使呕吐,所使用的处方是茯苓饮,茯苓饮有除去胸中痰饮的作用,此方是收录于唐代医家王焘《外台秘要》的处方。在现存的《伤寒论》和《金匮要略》找不到此方,但是吉益为则还是因为《外台秘要》在茯苓饮的处方说明中,有所记载,"仲景《伤寒论》同,出第十七卷中",依据此内容吉益为则就把茯苓饮视为张机的处方后收录于《类聚方》[⑨]。在临床现场上吉益为则使用《外台秘要》的处方时,是否原样或者加减使用是不知道的。只是《建殊录》的编者岩恭在凡例中所言"先生之术,专述长沙,不自立方。虽

---

① 郭霭春、张海玲编著:《伤寒论校注语译》,第97、143页。

② 吉益为则:《建殊录》,吴秀三、富士川游选集校定,艺备医学会编辑:《东洞全集》,第485页。

③ 张从正:《儒门事亲》,徐江雁,许振国主编:《张子和医学全书》,北京:中国中医药出版社,2006年,第38页。

④ 廖育群:《吉益东洞》,上海:上海交通大学出版社,2009年,第21—22页。

⑤ 吉益为则:《医断》,吴秀三、富士川游选集校定,艺备医学会编辑:《东洞全集》,第445页。

⑥ 吉益为则:《医断》,吴秀三、富士川游选集校定,艺备医学会编辑:《东洞全集》,第453页。

⑦ 吉益为则:《医断》,吴秀三、富士川游选集校定,艺备医学会编辑:《东洞全集》,第445—446页。

⑧ 吉益为则:《医断》,吴秀三、富士川游选集校定,艺备医学会编辑:《东洞全集》,第452页。

⑨ 王焘撰,高文铸校注:《外台秘要方》,北京:华夏出版社,1993年,第137页;吉益为则:《类聚方》,吴秀三、富士川游选集校定,艺备医学会编辑:《东洞全集》,第319—320页。

一药增减，必据仲景，而其有实验者"[①]，依此言来看吉益为则不会随意地加减使用处方，很可能是原样使用了处方[②]。

表1的内容是通过医案分析，整理了李寿龟、徐大椿、吉益为则的临床伤寒医学特征。首先在医学理论（理）上，在《历试漫笔》中找不到李寿龟自己特有的伤寒理论。对于自己的医术来源，只简单地表明，是学自黄别提先生，但没有说明黄别提先生的详情和通过何种医书及怎样学习医术的说明。由此可以推测，李寿龟在登科于医科时，朝廷为了选拔医官，采用了《伤寒类书》等等的教材。李寿龟很有可能通过此书掌握了伤寒医学的大体内容[③]。徐大椿和吉益为则的医案体现了当时中国和日本学界的崇古思潮。两位医家的共同点是，排除金元时代以后展开的各种医学理论和以处方为中心解释了东汉时代医书《伤寒论》，而且为了重演张机的伤寒医学做了努力。对于现有的医学经典方面，《黄帝八十一难经》和《神农本草经》等等，徐大椿是以尊经及为了阐明经典之本意下了努力[④]，而吉益为则否认阴阳五行和脏腑经络理论，通过自己特有的"万病一毒说"理论，来重新解释了张机的医学。

第二在诊断伤寒时，首先李寿龟是重视脉诊，根据脉诊的结果来区分伤寒症状的阴证或者虚证等，这种在诊断伤寒时强调脉诊和八纲辨证的内容，与《东医宝鉴》所说的是相合的。在吉益为则的医案里，记录了观察心胸烦满的内容。根据此内容可以豫料，吉益为则是通过腹诊法，诊察过患者的心胸部。可惜的是在上述医案里省略了腹诊法的具体内容，在医案里吉益为则是通过患者诉说的症状为主，决定了治疗方法，在医案中只可以确认到对症疗法而已。徐大椿的医案，也是只听儿子的话，来诊断症状和下处方，在医案里没有具体介绍诊断疾病的方法。但是在《洄溪医案》的其他医案里可以看到，有通过脉诊来诊断季节性流行病（时证）的症状和细察症状后诊断外感以后的消化不良（外感停食）的内容，通过此内容可以知道，徐大椿为了诊断伤寒，利用了传统的望问闻切，而且没有缺漏解释病症[⑤]。在徐大椿的医案中可以看到对伤寒的诊断是以汤证为特征。徐大椿在诊断伤寒时，基本是以六经辨证为基础，但还是想以处方的方式，即以"汤证"为纲来诊断伤寒。

第三，在运用处方和药物上，李寿龟主要是利用有温补功效的处方。对因患伤寒后导致发热的患者，根据诊断结果，积极使用人参的例子，就是李寿龟伤寒医案的特征事项。另外徐大椿和吉益为则，则不是用温补，而是以泻下或者呕吐为目标，运用了张机的古方。徐大椿和吉益为则对处方中的药物加减运用是确认不到的。但徐大椿在医案中所说"不必加减，书方与之"和《建殊录》"不自立方"来看，两为医家的用药观点是原样运用《伤寒论》原文中的处方。

---

① 吉益为则：《建殊录》，吴秀三、富士川游选集校定，艺备医学会编辑：《东洞全集》，第477页。

② 吉益为则的处方纪录《东洞先生投剂记录》中，有6例给患伤寒者的药物，但除了处方名外确认不到药物的构成内容。改处方名与《建殊录》中的处方名是相同，大部分在《类聚方》是可以确认到。《东洞先生答问书》中有收录吉益为则亲自创下的处方，参照铃木达彦：《吉益東洞十二律方の検討》，《日本東洋医学雜誌》63(1)，2012，第15—24页。

③ 《伤寒类书》是《伤寒类书活人总括》的简称，《伤寒类书活人总括》是把宋代杨士瀛的《伤寒论》和《活人书》一起组成后，编纂的伤寒专书，参见丹波元胤著，郭秀梅、冈田研吉整理：《医籍考》，北京：学苑出版社，2007年，第230页。

④ 丹波元胤著，郭秀梅、冈田研吉整理：《医籍考》，第46页。

⑤ 徐灵胎著：《洄溪医案》，刘洋主编：《徐灵胎医学全书》，第379—380页。

表 1　李寿龟，徐大椿，吉益为则的伤寒临床分析

| | | 李寿龟 | 徐大椿 | 吉益为则 |
|---|---|---|---|---|
| 医学理论(理) | | – | 尊经崇古(张机) | 万病一毒说/崇古(张机) |
| 法则(法) | 诊断 | 脉诊 > 症状 | 望问闻切 = 症状 | 腹诊 = 症状 |
| | 辨证 | 八纲辨证 | 汤证/六经辨证 | 对症治疗 |
| 处方(方) | | 温补法/后世方 | 下法/古方 | 吐法/古方 |
| 药物(药) | | 人参 | – | – |

## 四　17—18 世纪韩中日的医学分歧和伤寒医学

17—18 世纪时，中国形起了一种新的研究风潮。当时以古学为中心的研究思潮，影响到医学界后，触发了医界的尊经崇古学风，特别影响了古典医书《伤寒论》的关注，此时对伤寒和温病方面，也正进行了活跃的争论[1]。此时有对《伤寒论》的错简内容，主张必须要重修考订的错简重订派，有主张要维持王淑和编纂的维护旧论派，有主张要依据处方、治疗法、经络以及症状区分伤寒后治疗的辨证论治派。还有重视研究《伤寒论》版本、以《伤寒论》的观点来治外感病的经典派。有主张要吸收温病和采纳西方生理和病理学的汇通派等，在此时引发了各种议论[2]。在这种环境下，历经 30 余年研究《伤寒论》的徐大椿，不是以六经而是按照处方，编纂了《伤寒类方》。依此主张了汤证理论[3]。徐大椿认为要以《伤寒论》的代表处方为中心来诊断伤寒，这种诊断方式，流行于江苏一带[4]，对后代伤寒医学产生了巨大的影响力。

同一时期，日本儒学界出现伊藤仁斋和荻生徂来等人，引起了古学学风。之后，医学界出现借助周汉代的医术和重视临床的名古屋玄医、后藤艮山、香川修奄、山胁东洋、吉益为则等古方派医家，因而正式研究了《伤寒论》[5]。古方派医家吉益为则在《伤寒论》研究时，最重要的课题首先是探索“真仲景”[6]。为此吉益为则，把荻生徂来提出的研究经典思路，适用于研究医学经典，依此在汉唐时期的代表医书《伤寒论》中寻找张机的真面貌[7]。例如在《药征》中，利用归纳法和统计法，观察了病症与方剂和药物的关系[8]，并且在《类聚方》

① 廖育群、傅芳、郑金生：《中国科学技术史・医学卷》，第 366、380、383 页。

② 叶发正：《伤寒学术史》，第 92—132 页。

③ 徐灵胎著：《伤寒类方》，刘洋主编：《徐灵胎医学全书》，第 163 页。

④ 任应秋：《醫聖張仲景－その偉大なる業績》，《傷寒論医学の継承と発展》，市川：东洋学术出版社，1983 年，第 12 页。

⑤ 大塚敬节：《临床应用伤寒论解说》，东京：创元社，1986 年，第 50 页；富士川游，《日本医学史》，第 360、352—355 页。

⑥ 黄煌：《经方的魅力》，第 18—20 页。

⑦ 廖育群：《吉益东洞》，第 24—25 页。

⑧ 廖育群：《吉益东洞》，第 24—25 页。

中,从《伤寒论》和《金匮要略》里抽出113个张机的处方后,根据处方重新划分了症状①。吉益为则的方法,当时在日本医家中引起了巨大反响。1764年初版的1万部《类聚方》,仅在1个月全都销完,而且在1799年再版后,不知销售几十万部②。

17世纪朝鲜学界,也有重视古代儒学制度和思想的古学派学者在朝鲜活动③。但是这古学派的影响力,没能扩延到医学界,在中日两国兴起的研究《伤寒论》热潮,也没能在朝鲜兴起。1719年参与己亥使行的朝鲜通信使医官白兴铨(1677—?,号西樵)与日本医家饭田隆庆(号宽斋)的对话,反映了这时期的朝鲜医家如何在学习伤寒医学④。

> 宽斋:《伤寒论》注书,若《仲景全书》、《尚论篇》、《条辨》、《后条辨》、《集注》、《赞论》则仆尝见之,未知贵国外此等书而别有批注而行于世否。请示其目幸甚。
>
> 西樵:……《伤寒论》书,我国所有别无他注,学者尝以得仲景本意为务,而至注释不甚求索耳。⑤

对询问类似内容的筑山克修,白兴铨回答"伤寒方,张仲景有金匮玉函书,王淑和、成无己、陶华等诸人,发明为一册,名之曰伤寒全书,仆则读此书而已"⑥。当时白兴铨的官职,只不过是从六品别提而已,但他是朝鲜名医白光铉(1625—1697)的侄子,而且父亲白光璘(1647—?)也是内医院的医官⑦,因此白兴铨的这一番话显示了,中国和日本全面研究《伤寒论》之时,朝鲜医家与中日两国没能步调一致。其实,与李寿龟同一时代的白兴铨及其他朝鲜医家也是敬仰张机的医学。譬如记录朝鲜国王英祖和内医院医官之间对话的《承政院日记》中,医官金寿烇强调《黄帝内经》、李杲、朱震亨、张机、刘完素等的医学成果,还有朝鲜后期著名儒学家丁若镛在亲自编纂的医书《麻科会通》中,把张机尊奉为医家之祖宗⑧。尽管如此像白兴铨的回答一样,朝鲜医家只为了领会张机的本旨下了努力而已,没有把自己的精力放到对后代的伤寒研究和著作上。相反,饭田隆庆和筑山克修,则为了研究《伤寒论》,不仅收集中国的,而且还想收集在朝鲜流通的《伤寒论》批注,这可以看出当代日本医

---

① 寺泽捷年:《吉益東洞の研究》,第163页;吉益为则:《类聚方》,吴秀三、富士川游选集校定,艺备医学会编辑:《东洞全集》,第245—246页。

② 村井琴山:《医道二千年眼目编》(Kyoto:?,1807)。Retrieved from 早稲田大学図書館古典籍総合データベースグッズ:http://archive.wul.waseda.ac.jp/,accessed on 1st February 2014。

③ Lee Kyung-ku:《17世纪朝鲜知识人地图》,首尔:blue history出版社,2009年,第8、133—134、179—180页。

④ 西樵是白兴铨,字君平,推测属于惠民署的医官。宽斋是饭田隆庆的号,字玄启,据悉出身对马岛,但从小在京都成长,见濑尾维贤编:《国译桑韩唱酬集Ⅲ》,大田:韩国韩医学研究院,2011年,第25、34页。

⑤ 《桑韩唱和埙篪集》卷九,Retrieved from 国立中央图书馆知识情报综合搜索 Dibrary :http://www.dibrary.net/,accessed on 1st February 2014。

⑥ 《桑韩唱酬集》,《奉次兰溪惠示韵》,Retrieved from 国立中央图书馆知识情报综合搜索 Dibrary :http://www.dibrary.net/,accessed on 1st February 2014。在《桑韩唱酬集》的原文中,《伤寒全□》的最后1个字是被破损,所以不能确定本书的书名是《伤寒全书》,但因《伤寒全书》是明代医家陶华所著的《伤寒六书》之别称,此书把成无己和王叔和的伤寒医书有所集成为一,所以《伤寒全书》是有比较大的可能性。

⑦ 朴薰平:《朝鲜医人志》,第196—202页。

⑧ 《承政院日记》,英祖27年(1751)3月15日。Web ref:http://sjw.history.go.kr/,accessed on 1st Februar y2014;《与犹堂全书》《麻科会通》《吾見篇》《蛔虫第八》。Retrieved from,韓國古典綜合DB:http://db.itkc.or.kr/,accessed on 1st February 2014。

家对《伤寒论》的研究和著作的重视。

在这里要阐明的是，吉益为则等日本古方派医家对《伤寒论》的研究方法和成果，与中国医家研究《伤寒论》的性质不同，甚至有很大区别[①]。为了学习中国医学而订购金元四大家医书和明代初期医书《万病回春》《医学正传》等的朝鲜和日本医家，究竟发生什么事了呢[②]？17世纪因明亡清兴，东亚的政治秩序处于变动状态。朝鲜在1627年和1636年，与清朝的前身后金，经历了两次屈辱的战败后，朝鲜内部涌起了反清北伐的思想，而且把朱子学作为了复兴强国的理念[③]。朝鲜和清朝的紧张关系，自然使两国在交流上发生了断绝关系，然后于1713年耗费70余年的时间，借康熙皇帝赐书朝鲜的机会，两国正式重新展开了书籍的交流[④]。清朝（后金）的登场，使朝鲜难以得到中国产药材及最新医学情报。1633年朝鲜政府开始议论，试图再刊行1433年以朝鲜产药材为中心编纂的《乡药集成方》和议论再刊行现存的朝鲜医书《医林撮要》《东医宝鉴》等。这种再刊行的背景，分明是因朝鲜和中国在政治上存在紧张关系[⑤]。之后朝鲜医学界把《东医宝鉴》简化和完善后，出刊了《医门宝鉴》和《济众新编》等多种医书，并且依《东医宝鉴》为基础，积累了经验医学成果和药物医学知识[⑥]。还有由于过去的缘故，与清朝恢复正常关系之后，清朝的医学成果伤寒医学和温病医学，也没有顺利流入朝鲜。李寿龟的伤寒医学之所以集中在《东医宝鉴》，也可以此来解释。

丰臣秀吉征服朝鲜失败之后，登场的德川幕府，试图与明朝恢复外交关系，但未能如愿。因此与朝鲜、荷兰等国家独自建立了外交体系，坚守了脱中华的政策[⑦]。以后中国大陆改朝换代之后，德川幕府通过儒学者林鹅峰等，分析清朝的建立对日本本土的影响，而且在这过程中涌出了一种新见解，就是日本希望与清朝建立平等关系。伊藤仁斋和荻生徂来对汉唐时期的中国经典提起新读法和研究方法的背景，反映了日本儒学家想与中国平等的想法。这种学术思潮漫延到医学界之后，推动了强调分析汉唐时期医书的古方派医家的登场。而且与后世方派和考证学派一起，确保日本医学与中国不同的独立性后，形成了日本自主发展的趋势[⑧]。

---

① 谢观：《中国医学源流论》，第111—112页。

② 富士川游：《日本医学史》，第289页；金斗钟：《韩国医学史》，首尔：探求堂，1981年，第271页。

③ 姜万吉：《韩国史9·中世社会的解体-1》，首尔：Hangilsa出版社，1995年，第149—151页；Huh Tae-yong：《朝鲜后期中华论和历史认识》，首尔：Acanet出版社，2009年，第77—112页。

④ 郑锡元：《朝鲜的中国书籍输入和燕行的机能》，《文镜》4，1992，第75—76页。

⑤ 俞孝通，卢重礼，朴允德：《乡药集成方》，金根信编：《韩国科学技术史资料大系·医药学篇》7，第838页；《承政院日記》仁祖4年（1626）4月5日。Web ref：http：//sjw.history.go.kr/，accessed on 1st February 2014。

⑥ 三木荣：《朝鲜医学史及疾病史》，大阪：三木荣，1962年，第209页。

⑦ Park，Hong-kyu：《17世纪在德川日本的华夷问题》，《韩国政治学会报》35（4），2002，第277—287页。

⑧ Benjamin·A·Elman："Sinophiles and Sinophobes in Tokugawa Japan：Politics，Classicism，and Medicine During the Eighteenth Century"，*East Asian Science，Technology and Society*，2，2008，pp.97-99，107-114；山田庆儿：〈医学において古学とはなんであったか〉，山田庆儿、栗山茂久共编：《歴史の中の病と医学》，东京：思文阁出版，1997年，第461—476页；贾春华：《日本汉医古方派研究》，长春：长春出版社，1996年，第59页。江户时代形成的日本医学发展背景，是被为当代形成的商业经济社会的进展和经验主义的勃兴，以及作为商品的药物栽培等，见宗田一：《江戸期古方派の出現をめぐって》，《日中傷寒論シンポジウム記念論集（中医臨床3，臨時増刊号）》，第190—195页。

## 五　余言:非要以伤寒医学来解释东亚医学的传统吗?

医学是对抗疾病时最重要的武器①。而医案是医师的医学武器,用于给读者说明如何对抗疾病。伤寒是东汉时代开始威胁人类生命的热性流行病。东汉时代医书《伤寒论》包含了治疗伤寒的方法,是推动东亚传统医学发展的国学经典。徐大椿和吉益为则以及李寿龟的医案是,同时代在中韩日活动的三位医家,对伤寒这同一疾病现象,三位医家的医案很好地说明了各自有在探索伤寒的对应方法。中国的徐大椿和日本的吉益为则,两位都集中于《伤寒论》。徐大椿是在尊经的基础上,有所体现张机的医学,然而吉益为则,是利用当时在日本奠定的新一种解释经典的方式,来体现自己理解的张机医学。相反,朝鲜医官李寿龟,并未提起张机或者医书《伤寒论》。虽然没有依靠张机或者《伤寒论》,这不能代表李寿龟不懂伤寒。因为李寿龟是由当时在朝鲜流通的医书《东医宝鉴》基础上,添加了自己的临床经验后,来展开伤寒的治疗。仅用三位医家的伤寒医案,体现不了中韩日的伤寒医学特征。但是他们的伤寒医案,能反应当时东亚三国各地区的医学趋势,延续到现在②。

1434年5月在朝鲜庆尚道海边地区,患伤寒和温疫的患者高达100余人的报告书,抵达朝鲜中央政府。当年6月为了防止伤寒传染,政府给全国散发了《经验良方》的处方③。朝鲜初期开始,探索流行伤寒的防止措施,是中央政府关心的对象。度过漫长时间之后,许浚在1613年成功地编纂和刊行《东医宝鉴》,之后许浚面临的疾病不是伤寒,而是痘疮、瘟疫、唐毒疫等新一种流行病④。以后虽然出现多种流行病专科医师,但没能像中国温病医学一样,点缀成一个医学理论,而且也没能改变朝鲜的医学格局。江户时代的日本,也是蔓延霍乱、麻疹、痘疮、伤寒、温疫等多种热性流行病。关于痘疮和麻疹的医书,在市上流通及编纂就有110种(痘疮83种,麻疹27种)⑤,此时由虾惟义等人研究温病,但他们的研究只局限于明代初期温病医家吴有性的《温疫论》⑥。那为什么朝鲜或者日本医家,没有关注清代医家的温病医学呢?因为有可能现存的伤寒医学,与温病医学的理论特征大有区别,还因为温病的传染性是携有较强的地区性特征,所以没能使朝日医家关注⑦。另外,温病学也许不是当时医学成果所形成的学问,依据Marta · E · Hanson的指明,可能是西洋医学在流入

---

① Henry · Sigerist著,黄尚翼译:《文明和疾病》,首尔:Hangilsa出版社,2008年,第373页。

② 姜信益:《身体的历史,身体的文化》,首尔:Humanist出版社,2007年,第33、126—127页;日中韩、それぞれの漢方,《The Asahi Shinbun Globe 特集記事63》Sunday, May15, 2011No. 63。Web ref : http: // globe. asahi. com, accessed on 1st February 2014。

③ 《朝鲜王朝实录》世宗16年(1434)5月27日,6月5日。Web ref : http: // sillok. history. go. kr, accessed on 1st February 2014。

④ 申东源:《朝鲜人,许浚》,首尔:Hangyeore新闻社,2001年,第270—317页。

⑤ 富士川游:《日本医学史》,第605—630、686—692页。

⑥ 根本幸夫:《日本における傷寒と温病と瘟疫の概念の形成について》,《日中傷寒論シンポジウム記念論集(中医臨床3,臨時増刊号)》,第213—214页。

⑦ 梁其姿:《面对疾病》,北京:中国人民大学出版社,2012年,第247—248页。

过程中，近代医学家为了想确保中国医学的特性，于是重新创造了一种医学①。

重新回到第一个议论。韩国的传统医学，对《伤寒论》和伤寒的关注不足或者研究《伤寒论》和伤寒的传统不够深入，那理由何在？在中国明清时代和日本江户时代活动的很多医家，分明对伤寒非常关注，并且非常重视研究医学经典《伤寒论》。朝鲜医家也了解伤寒，并且也很关心。但是朝鲜医家没有集中研究《伤寒论》。而是通过当时通用的医书如《东医宝鉴》等医学书籍，来了解伤寒。就是在这一点上，我个人要提起新的疑问。究竟是谁，有什么理由质疑，韩国医学是否曾研究过伤寒或者《伤寒论》的传统呢？他们认为伤寒医学才是东亚传统医学的主流，是不是有意通过伤寒医学来评价东亚传统医学的发展程度呢？草率的评价，倒不如思考，伤寒医学在东亚传统医学里，实际确保了什么样的地位，以及现在为什么要寻找伤寒医学的传统。

总之，伤寒是特定时期在东亚流行的疾病之一，而《伤寒论》是治疗伤寒的理论基础。在宋、明清之时，流行的热性流行病，自然促进了《伤寒论》的研究，因此明清时期创建了温病学②。然而在日本江户时代兴起的《伤寒论》研究不是在通过治疗热性流行病时取得的临床医学成果，而是通过探索医学研究方法论中取得的研究成果得以发展。同时朝鲜的官撰医书《东医宝鉴》，则认为伤寒是因六气所致的疾病现象，所以把伤寒编辑于《杂病篇》和《寒门》中③。在《东医宝鉴》中，瘟疫被编为独立项目且之后刊行的许多医书把痘疮、麻疹编纂于单独医学著作。由此看来，朝鲜医学界虽然认为伤寒携有危险性或者特异性，却是有治疗可能性和日常性的疾病。持有这种观点的《东医宝鉴》到朝鲜末期为止深刻影响朝鲜医学。在这种与中日不同的医学潮流中，把中国和日本的伤寒医学与朝鲜的伤寒医学来做比较判断，有可能开始就是错误的设定。在李寿龟的伤寒医案中也可以看到，虽然伤寒可以威胁生命，但足足可以通过《东医宝鉴》和当时现存的医学知识来治疗，所以不需要另建一种学术传统。

**作者简介**：吴在根，韩国人，韩国大田大学校韩医科大学教授。
**译者简介**：刘维仁，韩国人，韩医师，韩国水原市中国南京韩医院院长。

---

① Marta · E · Hanson：*Speaking of Epidemics in Chinese Medicine*，（New York：Routledge，2011），pp. 152 – 154。

② 对于宋代的热性流行病和伤寒医学的发展是要参照 Asaf Goldschmidt，The Evolution of Chinese medicine，Song Dynasty，960 – 1200，（New York：Routledge，2009），pp. 69 – 102，对明代热性流行病的流行和温病学的发展是要参照张志斌：《中国古代疫病流行年表》，福州：福建科学技术出版社，2007 年，第 130—145 页。

③ 申东源，《虎患妈妈，天然痘》，首尔：Dolbegae 出版社，2013 年，第 74 页。

# 晚清中国的药物学术变迁中的日本因素

芦　笛

【摘　要】日本对晚清时期中国的药物学术的变迁具有重要影响。清末推行的学制改革即借鉴了日本学制,使得药科成为高等学堂中独立的专业学科。部分日本教习受聘在中国学堂的课堂上讲授药学课程,为科学药学教育做出了一定的贡献。而留日学生之中也不乏可观的学习药科者,其在研习之外交流互动,并在东京成立中华药学会,是为归国后推动国内的科学药学发展的重要力量。此外,丁福保在其赴日考察医学前后出版了不少编译自日本药学书籍的作品,与其创办的医学组织与刊物不仅一同传播了科学药学知识,而且还推广了其本土中药学术科学化以及中西医药汇通的思想。凡此直接或间接的日本因素,主要体现于清末新政时期,促进了晚清中国对科学药学知识的吸收和转化。

【关键词】药学;清末;新政;中华药学会;丁福保

历史上中日之间的医学交流密切且源远流长,其直接的医籍、医家、药物等交流至少可追溯至 6 世纪中叶①。与此同时,日本也在中医理论与实践的基础上借鉴与发挥,逐渐孕育出本土化的汉方医学②。及至日本江户时期,据学者统计,1601 到 1870 年间共有 804 种中国医书传入日本,其中与药物学密切相关的“本草”类和“医方等”类共计 653 种,占总数的 81.2%。而在同时期受到和刻的 314 种中国医书中,这两类书籍亦占 232 种之多,其和刻次数为 464 次,占总和刻次数的 68.2%。在明治政府废除汉医后,296 种中国医书的日本刻、抄本以及 751 种日本医书的刻、抄本也陆续逆向输入中国③。医药书在中日间的双向传播有赖于两国间的书籍贸易④,而江户时期中日之间也存在活跃的药物贸易往来⑤。而且即使是在 18 世纪初到 19 世纪初中外贸易和人员往来受到清廷限制的情况下,也依然有中

① 富士川游:《日本醫學史》,東京:裳華房,1904 年,第 23—35 页;廖育群、傅芳、郑金生:《中国科学技术史》(医学卷),北京:科学出版社,1998 年,第 447—448 页。

② 关于日本汉方医学史,参见小泉榮次郎:《日本漢方医薬变遷史》,大阪:藤沢友吉商店,1934 年;矢数道明:《近世漢方医学史》,東京:名著出版,1982 年;小曽戸洋:《漢方の歷史》,東京:大修館書店,1999 年;小曾户洋撰、郭秀梅译:《日本汉方医学形成之轨迹》,《中国科技史杂志》,2012 年,第 33 卷第 1 期,第 80—85 页。

③ 真柳诚:《日本江户时期传入的中国医书及其和刻》,《中国科技史料》,2002 年,第 23 卷第 3 期,第 232—254 页。在 1910 年以前,中国共翻刻日本医书 23 种,翻译 1 种(丁福保译),参见真柳诚著、郭秀梅译:《中日韩越古医籍数据的比较研究》,《中国科技史杂志》,2010 年,第 31 卷第 3 期,第 243—256 页。不过该统计对译书的收录似与作者在其文中的统计标准不完全相符,而且其对译书的统计尚有不足。

④ 大庭脩,《江戸時代における中国文化受容の研究》,京都:同朋舎,1984 年,第 30—99 页。

⑤ 童德琴:《17—19 世紀、日中薬種貿易史の現状と展望》,《九州大学東洋史論集》,2014 年,第 42 号,第 1—12 页。

国医家随商船赴日从事行医、授业、著述等活动①。这些交流活动无疑颇有益于两国医药学理论知识和实践的互动,其内在因素正是中日在地理和文化上的紧密联系。

由于在江户时期的1640年到1854年间荷兰是唯一一个与日本通商的西方国家,日本人在与赴日荷兰人接触的过程中也逐渐了解到了西方学问,即形成所谓"兰学",一般以1774年刊行的《解体新书》为标志②。西方医学在兰学中具有重要地位③,其中不乏介译而来的药学知识,体现在野吕元丈《阿蘭陀本草和解》(1750)、高良斎《蘭法内用薬能識》(1836)、坪井信良《新薬百品考》(1866)等书中。此后美国军舰于1853年赴日要求通商,并于次年在武力威慑下迫使日本签订条约、开放港口等,结束了此前日本施行的锁国政策,为西方世界打开了日本的国门,客观上进一步推动了西方学问向日本的传播④。就医学而言,明治政府自1869年起即开始引进和推行德国医学,输送学生赴德学医,而本土高校中也逐渐提供相应的医学教育⑤。与西方医学知识体系相异的汉方医学在明治时期,特别是1883年以后,则遭受了推崇西方文化与学术的明治政府的多方压制,并陷入了生存与合法性的困境⑥。同时,近代西方自然科学知识和方法也不断介入对汉方医学传统药物的研究,渐而形成了一种与此前不同的传统药物研究范式⑦。其影响之所及,也在特定的中日交往和时代背景中由本土扩大到了中国⑧,参与塑造了近代中国药物学术的新面向。

本文以"药物学术"一词指称晚清中国的本土中药学术,以及源于而又绝不局限于西

① 郭秀梅、冈田研吉、酒井静等:《清代医师旅日史钩沉》,《中华医史杂志》1999年第29卷第2期,第115—120页。清廷自17世纪中叶起多次施行海禁,1727年以后虽然正式弛禁,但在1840年代以前仍然对中外贸易和人员往来予以了限制,参见张彦:《禁海与开海——鸦片战争前清政府的外贸政策试析》,《天府新论》2003年第6期,第97—100页。

② 关于日本兰学的历史情形,参见杉田玄白:《蘭學事始》,東京:天真樓,1869年;Grant R. Goodman, Japan: *The Dutch experience*, London: The Athlone Press, 1986;James R. Bartholomew, *The Formation of Science in Japan: Building a Research Tradition*, New Haven: Yale University Press, 1989, pp. 9 - 48;李宝珍:《兰学在日本的传播与影响》,《日本学刊》1991年第2期,第108—121页;阙文三:《日本江户时期的兰学》,《历史月刊》2003年第181卷,第48—54页;赵德宇:《日本近代化溯源——洋学》,《日本学刊》2004年第4期,第136—149页。《解体新书》系据"Anatomische Tabellen"(意为解剖图谱;初版于1722年)的1732年第3版的荷兰文译本"Ontleedkundige Tafelen"(1734)翻译而来,参见石田純郎:《『解体新書』の原著者クルムスについての研究》,《日本医史学雑誌》2002年第48卷第1号,第31—51页。

③ Gordon E. Mestler, "Introduction to Western Influences in Pre - Meiji Japanese Medicine", *Proceedings of the Royal Society Medicine*, 1957, 50(12): 1005 - 1013。

④ 德富蘇峰:《神奈川条約締結篇》,東京:民友社,1929年;Chris J. Magoc and David Bernstein (eds.), *Imperialism and Expansionism in American History*, Santa Barbara: ABC - CLIO, 2015, p. 309.

⑤ John Z. Bowers, *When the Twain Meet: The Rise of Western Medicine in Japan*, Baltimore: Johns Hopkins University Press, 1980, pp. 105 - 107;Yoshio Izumi and Kazuo Isozumi, "Modern Japanese medical history and the European influence", *The Keio Journal of Medicine*, 2001, 50(2): 91 - 99。

⑥ 关于明治时期汉方医学之面貌,参见富士川游:《日本醫學史》,東京:裳華房,1904年,第926—1027页;矢数道明:《明治以降漢洋両医学の对立と交流の変遷について》,《日本東洋醫學會誌》1969年第20卷第2期,第55—58页;山田光胤:《日本漢方医学の伝承と系譜》,《日本東洋醫學雜誌》1996年第46卷第4期,第505—518页;寺澤捷年:《漢方医学:過去・現在・未来》,《日本東洋醫學雜誌》1997年第48卷第2号,第163—176页;Shigeo Sugiyama, "Traditional Kampo medicine: Unauthenticated in the Meiji era", *Historia Scientiarum*, 2004, 13(3): 209—223等。

⑦ 矢数道明:《明治時代における漢薬の薬理学的研究業績とその史的考察:主として猪子吉人氏の漢薬研究をめぐって》,《日本東洋醫學雜誌》1962年第13卷第3号,第111—119页。

⑧ 郝先中:《日本废除汉医对中国近代医学的影响》,《皖西学院学报》2005年第21卷第6期,第69—72页。

方世界的科学药学或生物药学①。如此则较“药学”这一类似于“生物学”、“化学”等具有明显的西方科学语境的词汇在表示上述概念时,更具兼容性。既往的研究对中国的近代“药学”不乏关注,但不注重区分本土中药学术和科学药学(尽管二者之间存在联系),因而也就弱化了对近代药物学术特征和内容的深入探讨②。而且,晚清时期以及日本在此时期对中国的药物学术的影响尚未引起学界足够的关注,是以本文就此加以论述。

## 一 来华日本药学教习

晚清日本人来华,如1862年“千岁丸”官船赴上海考察商贸之行③,身份复杂而目的不一,涉及刺探情报、学习交流、搜书、译书、贸易、教育、传教、游历、采集生物或物产资源等④。晚清以降,特别是1871年中日缔结《修好条约》以及1895年中日甲午战争以后,日本人来华和在华活动较以往更为便利,深入中国腹地和边疆者所在多有⑤。从教育角度看,晚清日本教习来华从事办学、教育活动,最早可追溯至19世纪末20世纪初,起初人数不多。直到由于1905年日本在日俄战争中取得胜利⑥,加之是年清政府废除科举、提倡“科学”和新式

---

① 近代的医学史家已开始使用“科学医学”(Scientific Medicine)或“科学的”(Scientific)一词来表示清后期以来传入中国的欧美医学,参见Harold Balme, *China and Modern Medicine, a Study in Medical Mission Development*, London: United Council for Missionary Education, 1921, pp. 8、20、96。而“生物医学”(Biomedicine)一词在1923年就已开始在西方学界使用了,参见Viviane Quirke and Jean - Paul Gaudillière, “The era of biomedicine: science, medicine, and public health in Britain and France after the Second World War”, *Medical History*, 2008, 52(4): 441 - 452。本文对此加以借鉴与引申,使用“科学药学”或“生物药学”指称源于西方而又不局限于西方的药学。

② 例如,在颇有影响的《中国近代药学史》中,作者在论述近代的“药学研究”时,就杂糅了科学研究,以及中药文献整理、方剂、炮制等具有本土历史渊源的中药学术内容,参见陈新谦、张天禄:《中国近代药学史》,北京:人民卫生出版社,1992年,第120—137页。

③ 冯天瑜:《“千岁丸”上海行——日本人1862年的中国观察》,北京:商务印书馆,2001年,第43—84页。

④ 相关案例及论述很多,例见松田定久:《岡眞三君採集支那植物目錄》,《植物學雜誌》1906年第233期,第101—109页;忻平:《近代日本佛教净土真宗东西本愿寺派在华传教述论》,《近代史研究》1999年第2期,第255—269页;桑兵:《近代日本留华学生》,《近代史研究》1999年第3期,第159—186页;易惠莉:《中日知识界交流实录——冈千仞与上海书院士子的笔话》,《档案与史学》2002年第6期,第64—69页;赵文远:《上海东亚同文书院与近代日本侵华活动》,《史学月刊》2002第9期,第52—57页;庄维民、刘大可:《日本工商资本与近代山东》,北京:社会科学文献出版社,2005年,第13—29页;[日]内藤湖南 等著,钱婉约、宋炎辑译:《日本学人中国访书记》,北京:中华书局,2006年,第1—29页;李永芳:《藤田丰八——清末西方农学引进的先行者》,《社会科学》2012第8期,第142—149页;许金生:《近代日本对长江航道军事谍报活动概述》,《民国档案》2013第1期,第80—87页;谭皓:《近代日本军方首批留华学生考略》,《抗日战争研究》2014年第1期,第63—74页。

⑤ 相关论述见房建昌:《近代日本渗透新疆述论》,《西域研究》2000年第4期,第46—53页。中日《修好条约》中有允许日本人民往来居住上海等15个通商港口的规定,参见孙洛丹:《外交文本修辞的背后——中日〈修好条约〉考论》,《清华大学学报》(哲学社会科学版)2010年增2期,第26—34页。而1895年《马关条约》签订后,清政府不仅被迫增开数处通商口岸,而且日本人也拥有了在华活动的多项特权,参见崔丕:《中日〈马关条约〉形成问题研究》,《近代史研究》1987年第4期,第79—94页等。

⑥ 关于日俄战争之经过,参见何寿明:《日俄戰時紀要》,東京:亀井忠一,1905年;Geoffrey Jukes, *The Russo - Japanese War 1904 - 1905*, London: Osprey Pubilishing, 2002等。

学堂[①]，大量日本教习开始在清政府的聘请下或独立地来华，其所在学校几乎遍及全中国；虽然这股潮流并未持续很久，即在清亡民兴以前就因留日学生回国等因素而出现衰退迹象，但对清末及以后的教育改革却有着深远影响[②]。

清末来华日本教习中，医药类教习与军事、实业、日语等科教习相比，数量要低很多，而且基本集中在军医学堂[③]。尽管如此，其对近代中国医药学的转型自有其教育上的贡献，不容忽视。这里值得一提的是，清末因学制改革之推行，中国的高等学堂在学科设置上实行医、药分家。而清末的学制改革，实际上在很大程度上正是借鉴了日本学制[④]。早在 1902 年 8 月 15 日颁布的《钦定京师大学堂章程》中便开始在大学分科中设置"医术科"，分医学和药学二目。之后于 1904 年 1 月 13 日颁布的《奏定大学堂章程》还将大学堂分为 8 科，其中第 4 科为医科，又分为医学和药学二门。这两门的主课之中皆包括专门的药学课程，如医学门中的《药物学》和《药物学实习》，药学门中的《制药化学》、《生药学》等[⑤]。目前尚无关于清末日本药学教习数量的准确统计，但相关人物在华活动亦有例可循。例如袁世凯为培养军医人才而于 1902 年在天津创办了"北洋军医学堂"，至 1906 年另觅址重建，并改名"陆军军医学堂"。1907 年，学堂添设药科，并聘请了 4 位日本专科教习，其中包括教授药学的宫川渔男；学堂的授课课程中也包括药物学和药方学[⑥]。又如，岑春煊（1861—1933）于 1905 年在广州开办"随营军医学堂"，聘请了 3 位日本人，其中之一即药剂师猪子森明，负责教授药学[⑦]。从供职单位看，上述日本药学教习皆在军医学堂任教。

此外，张之洞（1837—1909）于 1906 年在武昌创办"湖北陆军军医学堂"，设有药物课程，教员包括日本军医吉川寿次郎（1906 年 3 月—?）、杉宽一郎（1906 年 4 月—1910 年 4 月）、大江与四郎（1908 年 7 月—1910 年 7 月）以及中村重治（1908 年 8 月—1910 年 8 月）等 4 位[⑧]。这四位教习之中也很可能有教授药物学的。另外，清末日本在日俄战争中胜利

---

① 科举制于 1905 年 9 月 2 日正式废除，参见朱有瓛主编：《中国近代学制史料》（第 2 辑）上册，上海：华东师范大学出版社，1987 年，第 110—114 页。

② 汪向荣：《日本教习》，北京：商务印书馆，2014 年，第 70—140、351—365 页；加藤恭子：《20 世紀初頭における日本人女子教員の中国派遣》，《ジェンダー研究》2015 年第 18 号，第 73—85 页。

③ 崔淑芬：《近代中国における師範教育の展開：清末から1948 年までを中心として》，福岡：九州大学文学研究科東洋史博士後期課程，1996 年，第 135 页；汪向荣：《日本教习》，北京：商务印书馆，2014 年，第 116—117 页。

④ 郭三娟：《述评清末民初新学制对日本学制的模仿》，《山西大学学报》（哲学社会科学版）1999 年第 2 期，第 81—84 页；邓喜英：《日美学制影响下的清末民初学制演变》，中南大学硕士学位论文，2008 年，第 1—33 页。

⑤ 璩鑫圭、唐良炎编：《中国近代教育史资料汇编：学制演变》，上海：上海教育出版社，1991 年，第 236—237、359—361 页。

⑥ 张巨文 主编：《天津通志 · 军事志》，天津：天津社会科学院出版社，2000 年，第 401—402 页；郭秉瑢：《从北洋军医学堂到陆军军医学校》，《文史资料存稿选编：军事机构（下）》，北京：中国文史出版社，2002 年，第 684—687 页。

⑦ （清）刘锦藻：《清朝续文献通考》，上海：商务印书馆，1936 年，第 8692 页；马伯英：《中国医学文化史》（下），上海：上海人民出版社，2010 年，第 497—498 页；关捷主编：《日本与中国近代历史事件》，北京：社会科学文献出版社出版，2006 年，第 741—746 页。关于岑春煊的生平，参见郭卫东：《论岑春煊》，《近代史研究》1988 年第 2 期，第 52—73 页；吴秀梅：《岑春煊与清末新政（1901—1907）》，华东师范大学硕士学位论文，2007 年。

⑧ 武汉地方志编纂委员会：《武汉市志 · 卫生志》，武汉：武汉大学出版社，1993 年，第 435—436、580 页；武汉教育志编纂委员会：《武汉教育百年大事记》，武汉：武汉工业大学出版社，1999 年，第 17 页。这四位教习的任职期中的月份系阴历，详见苏云峰：《中国现代化的区域研究：湖北省，1860—1916》，台北："中央"研究院近代史研究所，1987 年，第 250 页。关于张之洞的生平，参见冯天瑜、何晓明：《张之洞评传》，南京：南京大学出版社，1991 年。

并接管俄国在东北的权益后，满铁出于殖民和医疗的双重目的，于1911年6月15日在沈阳设立的“南满医学堂”，学制包括本科（含药物学）、研究科和预科，10月正式开课。早期教员中除由中国人教授中文外，其余全为日本人①。然而，首次开学后虽然有日本和中国学生同时入学，但是中国学生需要先入读预科②，因此中国学生正式入读该校的药物学本科则是民国以后的情形了。

## 二　留日学生与中华药学会

清廷在两次鸦片战争之中败于西方列强，加之面临太平天国的反抗，遂扶持洋务运动（1861—1895）以图自振③，促进了西方科技和医学通过新式教育、译书、赴欧美留学等途径在晚清中国的传播④。继而在甲午战争（1894—1895）中败于日本，并与之签定包括割地、赔款在内的丧权辱国的《马关条约》（1895）后，清廷一改以往轻视日本的态度和心理，一些朝廷大员和社会知识精英也积极主张向近邻日本学习，内容包括经日本取舍和转化的西学知识⑤。于是在图强心切的氛围中，清政府很快便在1896年派遣了13名官费留日学生，学习日语、数学、物理、化学等课程⑥。此后的1897到1911年间，国内分别有2、77、143、159、272、727、1242、2557、8000多、7283、6797、5216、5266、3979、3328名官费或自费学生赴日留学⑦。清末留日学生人数在1905和1906年达到高峰，其数值亦超过了此后民国各年⑧。其

① 南满医学堂：《南满医学堂十年誌》，奉天：南满医学堂，1921年，第5—15页；满洲医科大学：《满洲医科大学一覧》，奉天：满洲医科大学，1934年，第4—12页。另参见孙华旭 主编：《辽宁高等学校沿革（1902—1982）》，沈阳：辽宁人民出版社，1984年，第19页；辽宁省卫生志编纂委员会 编：《辽宁省卫生志》，沈阳：辽宁古籍出版社，1997年，第489—491页；傅玉娟：《木下杢太郎日本文化论研究》，杭州：浙江大学出版社，2014年，第168—169页。南满医学堂在1922年改称“满洲医科大学”。

② 南滿洲鐵道地方部地方課：《南滿洲鐵道株式會社經營教育施設要覧》，大連：南滿洲鐵道地方部地方課，1917年，第132页。另参见谢忠宇：《满铁附属地学校教育研究》，东北师范大学博士学位论文，2009年，第180—192页。

③ 夏东元：《洋务运动史》，上海：华东师范大学出版社，2010年，第26—39页。

④ 关于洋务运动期间的西学东渐，参见杜石然等：《洋务运动与中国近代科技》，沈阳：辽宁教育出版社，1991年；田峰、王咪咪：《从“洋务运动”到“中西医汇通”》，《中医文献杂志》2007年第1期，第56—58页；刘虹：《洋务教育与西学东渐》，大连：辽宁师范大学出版社，2008年。

⑤ 葛兆光：《中国思想史》（第2卷），上海：复旦大学出版社，2001年，第541—544页；张海鹏 等编：《甲午战争的百年回顾》，北京：中国社会科学出版社，2014年，第861—900页。

⑥ 实藤恵秀：《中国人日本留学史》，東京：くろしお出版，1960年，第1页；黄福庆：《清末留日学生》，台北：“中央”研究院近代史研究所，1975年，第13页。吕顺长对此事做过细致考证，认为这13名学生系“特殊留日学生”，而非“普通留日学生”，参见吕顺长：《清末中日教育文化交流之研究》，北京：商务印书馆，2012年，第167—185页。

⑦ 关于晚清留日学生人数，1897年的数字采用吕顺长的统计，1898—1905年间的数据采用李华兴和陈祖怀的统计，1906—1911年间的数字采用周一川的统计，参见李华兴、陈祖怀：《留学教育与近代中国》，《史林》1996年第3期，第41—52页；周一川：《近代中国留日学生人数考辨》，《文史哲》2008年第2期，第104—112页；吕顺长：《清末中日教育文化交流之研究》，北京：商务印书馆，2012年，第185页。李喜所对1898—1905年间留日学生人数的统计与李华兴和陈祖怀的统计相差不大，但缺1899年的人数，参见李喜所主编：《中国留学通史》（晚清卷），广州：广东教育出版社，2010年，第235页。

⑧ 关于民国各年的留日学生数，参见周一川：《近代中国留日学生人数考辨》，《文史哲》2008年第2期，第104—112页。

中,有不少中国学生入读的是日本医校[①]。他们回到中国后,也必将把留学期间所学到的科学医学或生物医学知识,以及有关日本社会的感受和认知带回处于社会激变之时的中国。

清末中国学生留日浪潮时间上虽晚于中国学生留学欧美等其他国家,但在规模、深度和影响上都远远超过了后者[②]。我们知道,晚清中国学生官费赴美留学始于1872年,而零散的依靠自费或教会资助的留美学生则现之更早,如广东香山人容闳(1828—1912)于1847年就赴美留学,1854年获耶鲁学院文学学士学位[③]。然而,1897到1911年间中国留美学生数远不及留日学生数,分别为4、3、1、3、14、8、5、21、25、60、71、77、69、107、90名[④]。至于晚清赴德、法、英等欧洲国家的中国留学生,其人数则又低于留美学生数,其中官费生留学始于1875年,主要以学习军事技艺为目的;而非官费生则亦早已有之,如广东香山人黄宽(1829—1878)于1850年入读英国爱丁堡大学,1855年获医学博士学位[⑤]。虽然目前还缺乏一个完整系统的针对清末留日学医学生数的统计,但是至少在1907年,当时已有调查指出在日本学习医科和药科的中国留学生分别有95和32名[⑥]。医、药分科留学生的出现,自然是学生自身抉择的结果,但在根本上还是受到了前述当时日本学制和清末学制改革的影响。

据学者的统计,清末留日医学生中至少有163位有名可考者,包括35人系药科生或在药科学校求学[⑦]。他们之中,如王焕文(1882—?)、赵燏黄(1883—1960)、薛宜琪(1880—?)、伍晟(1883—?)、於达望(1886—1956)等,为推动民国时期中国药学的科学化之路做出了重要贡献。例如,近代中国唯一一部药典《中华药典》(1930年印刷)的编纂者中就有薛宜琪、於达望,而审查者中也有赵燏黄[⑧]。随着留日药学生群体的增大,以交流药学知识为主要目的的"中华药学会"于1907年筹备并于1908年秋在东京正式成立。该会最初主要由王焕文等人发起组织,同时王氏也是学会的召集人。学会初创时,王焕文被推

---

① 吕顺长对清末浙江留日学生入读学校的统计可证实这一点,参见吕顺长:《清末浙江与日本》,上海:上海古籍出版社,2001年,第81—86页。具体的统计细目见吕顺长:《清末中日教育交流之研究——以教育考察记等相关史料为中心》,浙江大学博士学位论文,2007年,第190—241页。

② Denis Twitchett and John K. Fairbank (eds.), *The Cambridge History of China (vol. 11): Late Ch'ing, 1800 - 1911 (Part 2)*, Cambridge: Cambridge University Press, 1980, pp. 348 - 353。

③ 清政府于1872年选拔30名幼童赴美留学,是为晚清官费生留美之始。关于留美幼童,可参见 Thomas E. LaFargue, *China's First Hundred: Educational Mission Students in the United States, 1872 - 1881*, Pullman: Washington State University Press, 1942。关于容闳的留美经历,参见 Yung Wing, *My Life in China and America*, New York: Henry Holt and Company, 1909, pp. 21 - 41; Liel Leibovitz and Matthew Miller, *Fortunate Sons: The 120Chinese Boys Who Came to America, Went to School, and Revolutionized an Ancient Civilization*, New York: W. W. Norton & Company, 2011, pp. 15 - 26。

④ 1897年以前的近代留美中国学生人数,在1850、1872、1873、1874、1875、1876、1878、1879、1880、1881、1883、1885、1886、1892、1895年分别为1、30、30、32、31、1、5、13、12、4、2、1、1、2、1名,参见陈学恂、田正平:《中国近代教育史资料汇编》(留学教育),上海:上海教育出版社,1991年,第686—687页。

⑤ 舒新城:《近代中国留学史》,上海:中华书局,1927年,第14—21页;李喜所主编:《中国留学通史》(晚清卷),广州:广东教育出版社,2010年,第41—48、130—220页。张大庆对黄宽的一些留学事迹做过考辨,参见张大庆:《黄宽研究补正》,《中国科技史杂志》2011年第32卷第1期,第105—110页。

⑥ 医药学会:《留学日本医药学校同人姓名调查录》,《医药学报》1907年第6期,第1—4页。

⑦ 牛亚华:《清末留日医学生及其对中国近代医学事业的贡献》,《中国科技史料》2003年第24卷第3期,第228—243页。

⑧ 卫生部 编印:《中华药典》,南京:内政部卫生署发行,1930年,第1页。

选为会长，赵燏黄为书记，伍晟为总干事。这是由中国留学生在日本创立的少数几个医学团体中，专门致力于药学且日后在中国药学界影响最为深远的一个①。在1908年的成立大会上，共有27名留日药学生代表出席（含7名未能到会者），从数量上看，应当说凝聚了大多数留日药学生。当然，中华药学会的成立除了与留日药学生的内在需求有关外，应当还不无日本药学会的影响。

日本药学会成立于1880年，是继1873年设立的东京大学医学部制药学科后出现的一个学术团体，在日本的早期药学研究和教育中发挥了重要作用②。日本药学会在其发展过程中并不拒绝从清末留日学生中吸收会员。根据1906年11月26日发表的日本药学会会员名录，其中就已有不少中国学生会员③。观之中华药学会，其首任会长王焕文于1902年以江西官费生的身份赴日留学，1904年入读东京药学专门学校；1907年初毕业后，随即以选科生身份入读东京帝国大学药科，选修制药化学和药物分析，同年11月成为日本药学会正式会员，后至1909年回国④。王焕文曾将其于1908年夏归国期间在国内获得的天然矿物“硷子”（主要成分为碳酸钠）和真菌药材“茯苓”标本带回日本，并分别于1909年1月16日和4月11日在日本药学会会议上报告了自己对二者的研究⑤。相关的正式论文之后分别于同年5月26日和10月26日刊发在由日本药学会主办的《药学杂志》上，由内容可知王焕文对二者的研究主要是化学成分分析，另外在分析茯苓的化学成分前，还做了一些显微观察⑥。王焕文同时为两个药学会的会员，其往来于二者之间，思想和学术活动不可能不对后成立的中华药学会产生影响。事实上，中华药学会成立后，不仅效仿日本药学会定期举办演讲报告，还在1909年编印过《中华药学杂志》，而杂志内容就是仿照日本的《药学杂志》，同时也是委托为日本药学会印刷杂志的印刷厂刊印的⑦。

中华药学会的成立有效地加强了清末留日学生之间有关中药研究的学术交流。有史可考者，即赵燏黄曾在1910年中华药学会的学术报告会上报告其对胡麻油的化学成分分析，以及川厚朴挥发油结晶成分的研究。他于1905年留日，1910年5月从东京药学专门学校

---

① 薛愚：《中国药学会史略》，北京：中国医药科技出版社，1987年，第1页；中国药学会编：《中国药学会史》，上海：上海交通大学出版社，2008年，第6页。关于“中华药学会”的成立时间，有1907年冬和1908年秋两种说法。笔者采取曹晖的考证，认为当即1908年秋，参见薛愚、宋之琪：《中国药学会成立前后存在的几个问题》，《药学通报》1986年第21卷第3期，第180—182页；曹晖：《关于中国药学会成立年份的初步考察》，《中国药学杂志》1991年第26卷第11期，第689—691页。

② 山川浩司：《薬学教育百年の史的考察》，《薬史學雜誌》1994年第29卷第3期，第446—462页。

③ 日本藥學會：《日本藥學會會員名簿》，《藥學雜志》（附錄）1906年第297号，第1—51页。

④ 曹晖：《中国药学会创始人及首任会长——王焕文先生生平简略》，《中国药学杂志》2002年第37卷第5期，第394—395页。

⑤ 匿名：《學會彙報》，《藥學雜志》1909年第323号，第85—86页；匿名：《學會彙報》，《藥學雜志》1909年第326号，第423—430页。

⑥ 王焕文：《茯苓の成分に就て》，《藥學雜志》1909年第327号，第461—472页；王焕文：《清國產天然炭酸ナトリウム」ニ就テ》，《藥學雜志》1909年第332号，第1146—1152页。据文中所述，王焕文试验所用之茯苓不是其回国期间获得，而是从日本横滨的药店里购得的四川产茯苓。

⑦ 陈新谦：《新中国成立以前的中国药学会》，《药学通报》1984年第19卷第4期，第47—50页；薛愚、宋之琪：《中国药学会成立前后存在的几个问题》，《药学通报》1986年第21卷第3期，第180—182页；岳来发、赵曦：《中国药学会成立后至1949年前的历史变革探讨》，《中国药学杂志》2002年第37卷第10期，第782—786页。遗憾的是，清末编印的《中华药学杂志》未能保存下来。

毕业，随后进入日本帝国大学药学科学习生药学和生药化学，1911 年回国[①]。当时其他由中国学生在日创立的少数医学会，如 1907 年创立的综合性的“中国医药学会”，不仅也举办涉及药学的学术演讲活动，同时也自 1907 年 1 月开始在东京出版学会的期刊《医药学报》，其中不乏涉及生药学和药物化学的文章。该刊作者之中也有薛宜琪等后来加入中华药学会的成员[②]。从学术发展的角度看，中华药学会的专门性与中国医药学会等综合性的医学会之间是互补的。总之，虽然日本学者早已开始研究中药，例如在《药学杂志》的 1881 年创刊号上就刊发了丹波敬三对茯苓的生态、解剖和微观结构研究[③]，但王焕文、赵燏黄等留日药学生的工作毕竟为中国人自己进行中药的科学研究打开了局面。至 1912 年中华药学会迁回国内北京时，其会员已增至 100 多人[④]。此后该学会在国内基本上总体保持积极发展的态势，并延续至今，对于民国以来科学药学在中国的植根与壮大发挥了非常重要的作用。

## 三　药学译书和丁福保

在近代中国的西学东渐浪潮中，日本的影响自 20 世纪初起开始变得突出。从译书角度看，20 世纪最初十年内介译的西学知识书籍中，汉译日书占据多数，暂时扭转了此前西学知识主要从欧美书籍介译而来的局面[⑤]；到了民国时期，汉译外文书中，汉译欧美书籍的数量仍然显著高于汉译日书，这在医学方面亦是如此[⑥]。据统计，1896 到 1911 年间，汉译日书共 958 种，其中“社会科学”、“史地”和“语文”类译书占据多数，而“医药”类仅含 46 种[⑦]。该统计虽非完整无缺[⑧]，但总体上大致反映了清末汉译日书的主题。清末留日学生虽然在介译日书方面贡献甚多，但是在医学方面仅翻译了少量日本或美国的生理学等书籍[⑨]，而且也没有涉及药学书籍。在这方面，清末由日本药学资料编译而来的汉文药学专著皆出自丁福保（1874—1952）之手（表 1），出版后对科学药学知识在国内的传播起到了重要的促进作用。

① 谢海洲、朱晟：《赵燏黄先生传略》，《药学通报》1981 年第 16 卷第 10 期，第 41—42 页；章国镇：《我国现代生药学和本草学的先驱赵燏黄》，《中国科技史料》1985 年第 6 卷第 5 期，第 31—35 页。

② 匿名：《中国医药学会周年会》，《申报（影印本）》（第 94 册），上海：上海书店，1985 年，第 105 页。《医药学报》辟有“化学”和“生药学”专栏，如该刊第 1 卷第 2 期“生药学”专栏内就发表了彭树滋《金鸡纳皮》一文；而同期“生理学”专栏内发表薛宜琪《动物体中之石灰成分》一文。《医药学报》于 1911 年 5 月停刊，参见上海中医学院医史博物馆编：《六十年来中医报刊目录》，上海：内部参考，1965 年，第 53 页。

③ 丹波敬三：《茯苓》，《藥學雜志》1881 年第 1 号，第 5—8 页。

④ 刘步青：《中华民国药学会史略》，《中华药学杂志》1936 年第 1 卷第 1 期，第 79—81 页。

⑤ 熊月之：《西学东渐与晚清社会》，北京：中国人民大学出版社，2011 年，第 11 页。

⑥ 王奇生：《民国时期的日书汉译》，《近代史研究》2008 年第 6 期，第 45—63 页。

⑦ 谭汝谦主编：《中国译日本书综合目录》（附表），香港：中文大学出版社，1980 年，第 41、47 页。另参见李广超、陈伟明：《近代中国留日学生的译书活动（1896—1937）》，《广西社会科学》2008 年第 5 期，第 117—120 页。

⑧ 已有学者指出，《中国译日本书综合目录》对生理卫生类汉译日书的收录不全，参见张仲民：《晚清出版的生理卫生书籍及其读者》，《史林》2008 年第 4 期，第 20—36 页。

⑨ 黄福庆：《清末留日学生》，台北：“中央”研究院近代史研究所，1975 年，第 160—179 页。

表1　丁福保在清末出版的编译自日书的药学书籍①

| 序号 | 书名 | 年代 | 出版地 | 出版社 | 著译者 |
|---|---|---|---|---|---|
| 1 | 药物学纲要 | 1908 | 上海 | 文明书局 | 铃木幸太郎 著；丁福保 译 |
| 2 | 普通药物学教科书 | 1908 | 上海 | 文明书局 | 系左近 著；丁福保 译 |
| 3 | 药物学一夕谈 | 1908 | 上海 | 文明书局 | 丁福保 编 |
| 4 | 新万国药方 | 1909 | 上海 | 文明书局 | 恩田重信 撰；丁福保 译 |
| 5 | 家庭新本草 | 1909 | 上海 | 文明书局 | 丁福保 编 |
| 6 | 化学实验新本草 | 1909 | 上海 | 文明书局 | 丁福保 译述 |
| 7 | 西药实验谈 | 1910 | 上海 | 文明书局 | 丁福保 译辑 |
| 8 | 汉药实验谈 | 1910 | 上海 | 文明书局 | 小泉荣次郎 著；丁福保 译述 |
| 9 | 中西医方会通 | 1910 | 上海 | 医学书局 | 丁福保 编纂 |
| 10 | 药物学大成 | 1910? | 上海 | 医学书局 | 系左近 著；丁福保 译述 |

丁福保一生涉猎众多学术领域，是近代中国学术史上贡献甚大而争议亦多的学者。如果要探讨清末和民国时期西方医学知识通过日书引入中国的过程，则无法绕开丁福保及其相关译书。像当时的大多数同龄人一样，丁福保早年也是研习考据词章之学，致力于科举。但是在1897年，丁福保始于经史之外“兼习勾股测量等法”；同时，由于当年赴南京应秋试期间，其父病逝，遭此打击，遂“决意功名”，自断其科举之途②。此后，丁福保将精力投入到算学的学习与教学之中，至1899年，因身体健康问题而始“广买医书”，虽“终日翻阅无所得”，但撰有《卫生学问答》，次年刊刻③。该书是其医学出版事业之始，内容是他在“泛阅中西医书”之后辑成的，出版后颇为畅销④。由此也可知，丁福保这时已经关注西方医学知识，并注重中西医学的融合。

此后，丁福保不仅坚持习医，还在1901年入制造局工艺学堂学习化学，稍后又考入洋务派代表人物盛宣怀（1844—1916）在上海新设立的东文学堂学习日文，次年肄业⑤。学习日文对其涉猎医学知识帮助甚大。他曾坦诚自己的日文知识皆从东文学堂得来，并感叹：

---

① 本表据《中国译日本书综合目录》之“医药（Medical Sciences）”类所列书目编绘，并根据其他文献和部分原书做了检校与增补，参见谭汝谦主编：《中国译日本书综合目录》，香港：中文大学出版社，1980年，第130—180页；陈新谦：《中国近代药学书刊的出版工作》，《中国科技史料》1988年第9卷第1期，第20—36页；牛亚华、冯立昇：《丁福保与近代中日医学交流》，《中国科技史料》2004年第25卷第4期，第315—329页；邹振环：《丁福保与“丁氏医学丛书”》，《东方翻译》2011年第6期，第37—46页。

② 丁福保：《畴隐居士自订年谱》，《北京图书馆藏珍本年谱丛刊》（第197册），北京：北京图书馆出版社，1999年，第59—75页；丁福保：《畴隐居士七十自叙》，《稀见上海史志资料丛书》（第3册），上海：上海书店，2012年，第488页。

③ 丁福保：《畴隐居士自订年谱》，《北京图书馆藏珍本年谱丛刊》（第197册），第76—77页。

④ 该书初刻时共7章，1901年始增订至9章。笔者未见该书初刻本，但该书1901年增订本（《卫生学问答九章》，无锡畴隐庐重印本）的序简略交代了初刻本的内容来源（未曾提及具体参考书名）和翻印次数，而正文中增补的2章内容附在初刻的7章之后，甚便区别初刻内容。

⑤ 关于此东文学堂之创设，参见夏东元：《盛宣怀年谱长编》（下册），上海：上海交通大学出版社，2004年，第734—735页。当时东文学堂的日语老师为日本人细田谦藏、稻村新六，参见陈景华：《盛宣怀》，哈尔滨：哈尔滨出版社，1996年，第304—307页。

"余于医学稍得一二新智识,皆从日文中来"[①]。1903 年,丁福保受张之洞(1837—1909)之聘进入北京的京师大学堂担任算学和生理学教习,1905 年辞归上海,投身出版。由于两江总督在清末法律改革中曾建议行医须取得"公署之许可"[②],并在 1908 年试行了以考试论行医资格的举措,因此有意于行医的丁福保遂在 1909 年前往南京督院应医科考试,并取得最优等开业证书。旋即,丁福保被两江总督派往日本,于五月二十日(1909 年 7 月 7 日)乘"山口丸"号船赴日,二十七日抵达横滨,调查日本各科医学、明治初年的医学改革、日人所使用之中药,以及一切医学堂与医院之规则和课程。盛宣怀当时欲在上海试办医学堂和医院,在得知他赴日考察之事后,亦对其有所嘱咐,并委托其代购"医药有用之新书"[③]。考察结束后,丁福保于同年六月二十四日(1909 年 8 月 9 日)从长崎乘船回到上海[④]。这次考察对丁福保的医学思想触动很大,晚年时他回忆道:

> 吾国医药,有四五千年之经验,能治愈之病甚多,且有特效秘方,其灵验有在西药之上者。所以今之患病者,尚有一大部分笃信吾国医药,而无丝毫之疑也。
>
> 余于三十年前,在日本调查彼国之为汉医者,其论病之原因、症候、病理、诊断等,皆已科学化,惟处方则用汉药。余回国后,详细调查国医最大之缺点,在于无解剖学、生理学、组织学、胎生学、细菌学、病理学等基础医学之智识,又无传染病及内科学等之世界新智识,故政府开医学大会或国际开防疫大会等,国医皆不克列席,甚至与西医在病家会诊,凡论说病原、症候、病理等,皆不合于科学之原则,而且昧于各国医学日新之趋势。[⑤]

显然,归国后的丁福保开始以日本明治以来的医学改革反思中医并得出结论,认为中医的知识体系和理论不仅不科学,而且亦无与时俱进(即科学化)之趋势。但同时也要看到,丁福保并未彻底抹杀中医,而是肯定历史时期积累下来的中医药经验及其效果,并对部分有效中药抱有特别之自信。他之所以既肯定中国医药经验,又批评其不科学,实际上是把科学视作创造和检验医学知识的唯一正确的方法论。换言之,过去的医学经验纵然丰富而有价值,但只有科学方能阐发其中真谛,揭示其真正的价值。丁福保对日本医药书籍的选择性翻译也体现了他对科学的信仰。

丁福保在赴日以前就已编译了一些日本药学著作。例如,其《药物学纲要》系据铃木幸太郎的《薬物学提綱》翻译而来,后者初版于 1894 年,至 1907 年已增补至第 8 版[⑥]。原著和译书将药物按药效分类,如麻醉药、兴奋药、解热药、清凉药、防腐及消毒药、驱虫药、变质

① 丁福保:《畴隐居士七十自叙》,《稀见上海史志资料丛书》(第 3 册),第 497 页。

② 高汉成主编:《〈大清新刑律〉立法资料汇编》,北京:社会科学文献出版社,2013 年,第 336 页。

③ 丁福保:《畴隐居士自订年谱》,《北京图书馆藏珍本年谱丛刊》(第 197 册),第 80—94 页。

④ 关于丁福保归国日期及其在日考察之详情,参见丁福保:《畴隐居士学术史》,上海:诂林精舍出版社,1949 年,第 167—189 页。

⑤ 丁福保:《畴隐居士自传》,上海:诂林精舍出版部,1948 年,第 18—19 页。

⑥ 鈴木幸太郎:《薬物学提綱》,東京:半田屋医籍,1894 年;鈴木幸太郎:《薬物学提綱》,東京:半田屋医籍,1907 年。丁福保在译书中未说明《药物学纲要》具体译自原书哪一版。

药、强壮药、收敛药、刺戟药、下剂、吐剂、利尿药、祛痰药、发汗药等类，而且基本上是每一类为一章。虽然以药效类药物的做法早已有之，如1769年刊行的《本草求真》就将药物分为补剂、收涩、泻剂等类①，但是译作中出现了一些未见于此前中国传统药籍中的新的药效类别，如麻醉药和兴奋药类。更重要的是，译作中除了少数中药或汉方药外（如芥子），绝大多数药物都属于化学提纯或合成药物（如次醋酸铅），相关药学知识自然也基本上不见于中国传统药物知识；而且，每种药物条目下，皆按照该药的生理作用、药效、用量与用法、配合禁忌、处方等类分述，内容正是涉及丁福保所批评的中医缺乏的生理学、组织学、化学等方面的知识。

又如，丁福保的另一种重要的药学译作《新万国药方》，印刷于光绪三十四年（1908）十月，序于宣统元年正月十日（1909年1月31日），出版于宣统元年（1909）八月，显然在其赴日前就已译完并定稿。该书译自恩田重信《新撰處方一萬集》，后者初版于1901年，再版于1903年，书中的药方以病相类②。丁福保译作中的“新”是相对1890年在上海出版的美国传教士洪士提反（Stephen A. Hunter）编译的8卷《万国药方》而言③；他之所以翻译此书，是认为洪士提反的书虽然“学理精详”，但是鉴于其出版后又有不少新药问世，因此至20世纪初已经显得过时了④。《新万国药方》收录了原著中的10714项以病相类的药方，而药方以病相类的做法在中国古代医籍中不乏其例，如约成书于3世纪初的《伤寒论》就是如此⑤。然而，书中的一些病名，如气管枝病、循环器系诸病、神经系统诸病等则是源自西方疾病体系，而不能在中国传统疾病体系中找到准确的对应病名。而且，书中的药方实际上除了一些中药或汉方药（如甘草）外，更多的是化学提纯或合成药物（如石炭酸[即苯酚]）。

在中药学术方面，丁福保并不采取抛弃中药、全盘西化，而是主张汇通中西。他自己就研制过中药精制补血丸、半夏消痰丸，二者于1910年在南京举办的南洋劝业会上还获得最优等奖⑥。从根本上说，丁福保希望能够借由翻译日本药学著作为中国的药物知识引入科学；而他所谓的科学，在很大程度上是化学。其光绪戊申（1908）二月成书的《化学实验新本草》是一部编译自日本生药学著作的书籍⑦，序中提及西医来华后，有人开始对中药不屑一顾。为此，他强调：

> 吾国之医虽退化至于极点，而药物未尝不可用。……盖东西洋之药物学家以化学

---

① （清）黄宫绣：《本草求真》，上海：上海科学技术出版社，1959年。

② 恩田重信：《新撰處方一萬集》，東京：南江堂，1901年；恩田重信：《新撰處方一萬集》，東京：南江堂，1903年。丁福保在译书中未说明《新万国药方》具体译自原书哪一版。

③ [美]洪士提反（Stephen A. Hunter）：《万国药方》，上海：美华书馆，1890年。《万国药方》英文名为“*A Manual of Therapeutics and Pharmacy in the Chinese Language*”。

④ 丁福保译：《新万国药方》（序），上海：文明书局，1909年，第2页。

⑤ （汉）张仲景撰，刘渡舟主编：《伤寒论校注》，北京：人民卫生出版社，1991年。

⑥ 丁福保：《畴隐居士自订年谱》，《北京图书馆藏珍本年谱丛刊》（第197册），第94页。南洋劝业会是1910年6月5日到11月29日在南京举办的一次全国性的商品博览会，对社会经济发展产生了积极作用，详见乔兆红：《华侨与南洋劝业会》，《文史哲》2003年第2期，第103—108页；洪振强：《南洋劝业会与晚清社会发展》，《江苏社会科学》2007，第4期，第204—210页。

⑦ 真柳誠：《日韓越の医学と中国医書》，《日本医史学雑誌》2010年第56卷第2号，第151—159页。

分析其成分而实验之，故能穷源竟委，力辟流传虚妄之习。而吾国业医者，苟由是而治病，由是而上合古方，必有中西汇通之一日。[①]

该书所收录的除了4、5种常用西药外，皆为中药，采取与此前《药物学纲要》基本一致的以药效分类之体系。每个药物条目先列其西方生物分类学信息和异名，然后一般依次列举中国学说，日本学说，以及英美学说。中国学说取自中国古代本草典籍（如《本草纲目》），一般简述药物的产地、药效和用法等；日本学说一般依据日本药学书刊（如《日本药局方》和《药学杂志》）等资料指出其药效和用量；而英美学说则通常比前二者详细，一般述及药物的形色与气味、药效、反药、相应的处方，以及附论等。药物的化学成分信息不见于中国学说部分，而常见于日本学说和英美学说之中；后二者有关药效的部分亦包含一些不见于中国学说中的西方疾病体系的病症。观之该书的体例和内容，的确可见丁福保在汇通中西上的尝试与努力。

从日本考察回国后，丁福保在1910年分别编译出版了以中药（或汉方药）和西药为对象的药学书籍，即《汉药实验谈》和《西药实验谈》。前者节译自日本药剂师小泉荣次郎的著作[②]，而后者虽说是从西方药物学中"择其最平稳、最切要而又屡次实验者数十种"，以"补旧医学之所不逮"[③]，但实际上也应当是从日书辑译而来。这两部著作同样采用了以药效类药物的方式，药效名称亦见于此前《药物学纲要》中所使用者。从二者内容可知，书名中的"实验"实际上主要是指化学成分分析和药理实验。由于《汉药实验谈》收录的基本都是动、植物和真菌原料药，因此又包含与之相关的西方生物分类学信息、地理产地等方面的知识。此外，同样约在1910年，丁福保还翻译出版了《药物学大成》一书，分总论和各论系统介绍了西药学知识[④]。总的来看，有关西药和汉药的书籍的编译出版，体现了丁福保对东西方药学知识的重视。事实上，就在同一年，丁福保还编纂出版了《中西医方会通》一书[⑤]，在每种西方病症下汇集了多种西方和中国的药方，其做法与书名中的"会通"二字亦相吻合。在其译书事业之外，他还于1910年在上海创立了以"研究中西医药学，交换智识，振兴医学"为宗旨的"中西医学研究会"，并发行《中西医学报》[⑥]，这些也都可以反映其中西医药汇通思想。

清末有人发表评论，肯定了丁福保的药学译书在促使以阴阳五行为特征的不思进取的"宗教的中药"转变为以化学为特征的"科学的中药"中的积极作用[⑦]。此说发表在丁福保的《中西医学报》上，虽不免奉承之嫌，但也的确点出了丁福保编译药书的根本用意。他在

① 丁福保：《化学实验新本草》（序），上海：文明书局，1909年，第1—2页。

② 该译作正文首页注明是丁福保"节译"，虽亦指出原书作者为小泉荣次郎，但未详节译自后者何书，参见丁福保：《汉药实验谈》，上海：文明书局，1910年，第1页。

③ 丁福保：《西药实验谈（绪言）》，《中西医学报》1910年第2期，第1—4页。译作中未提及原书信息。

④ 《药物学大成》出版年代不详，但有人曾在1910年发表作于端午节（五月五日）前两天的《药物学大成序》一文，并称已获读此书，说明该书当成书于1910年端午节前不久，参见顾实：《药物学大成序》，《中西医学报》1910年第3期，第1—4页。该书所据之原书不详，但文中夹杂不少日文，当系译自日书。

⑤ 丁福保：《中西医方会通》，上海：医学书局，1910年。该书所依据的具体日本资料不详。

⑥ 匿名：《民政部督院抚院批准立案中西医学研究会简章》，《中西医学报》1910年第1期，第8—10页。

⑦ 顾实：《药物学大成序》，《中西医学报》1910年第3期，第1—4页。

清末上海经营其药学书籍编译出版事业，而上海正是近代中西医汇通思想的重要发源地和流行地之一，影响力辐射全国[①]。这样的学术环境，以及由其兄丁宝书（1866—1936）等于1902年创办的文明书局的支持[②]，使丁福保的药学译书的出版能够较为顺利地进行。迨至丁福保于1908年在上海创办医学书局[③]，加之其研究会和刊物的协助，则更加便于其介译和宣传日本科学药学知识的事业了。

## 四　结　语

在晚清时期中国的药物学术变迁之中，日本发挥了重要的直接或间接的影响，其中尤以清末新政（1901—1911）时期为最。新政时期不仅出现了日本教习来华和中国学生留日的高潮，而且也见证了汉译日书数量总体上高于汉译欧美书的现象。与此同时，清政府在借鉴日本学制的基础上推行学制改革，使药科成为高等学堂中独立的专业学科。来华的日本教习中包含讲授药学者，虽然数量不多，但是对当时中国的科学药学教育却有着直接的影响。而赴日留学的中国学生中也有至少数十位药科生，他们除了学习科学药学知识、开展相关研究，还于1908年在东京成立了中华药学会。该学会于民国初迁回国内，和归国留日药科生一起成为了日后在中国积极推动科学药学发展的重要力量。此外，丁福保在其1909年赴日医学考察前不久也开始在上海出版其编译自日本药学书籍的作品，并通过这些译书和自己创办的医学组织与刊物等，极大地传播了以化学为主要特征的科学药学知识，以及其中西医药汇通思想。

明治日本政府虽然打压本土汉方医学而推行欧洲医学，但同时自己也创造新的医学知识。这从丁福保编译的药学书籍中也可以得到印证，是以清末从日本输入中国的药学知识并不是简单的欧洲药学知识的日文择译版而已。进而，惯性地把近代来华的日本和欧美（医）药学概称以“西方”（医）药学则似不大妥当，不如从知识性质上称之为“科学”或“生物”（医）药学。尽管，与欧美相比，日本对晚清中国的药物学术的影响有其相异之表现，主要为时间上相对靠后，即在20世纪最初十年才较为显著；而且，产生显著影响的途径主要是间接通过中国人实现的，而不是来华日本人士；编译自日本药学书籍的作品种类相对略多，而译者队伍相对薄弱。但是在为中国的药物学术输入科学这一角度看，日本和欧美有着异曲同工的作用。

**作者简介：**芦笛，伦敦大学学院（University College London）历史系博士候选人。

① 毕丽娟、杨杏林、杨枝青等：《近代上海中西医汇通运动的发展及其意义》，《中国中医药图书情报杂志》2014年第38卷第5期，第41—45页。

② 周利荣：《文明书局考》，《出版史料》2007年第2期，第97—101页。关于丁宝书的生平，参见顾一群：《丁宝书》，《无锡历史名人传》（第4辑），无锡：政协无锡市文史资料委员会，1990年，第34—38页。

③ 《上海出版志》编纂委员会：《上海出版志》，上海：上海社会科学院出版社，2001年，第641页。

中国社会历史评论　第十八卷　2017 年　第 154—167 页

# 渗透与同化:抗战时期日本在沦陷区的卫生防疫研究*

石　嘉　安艺舟

**【摘　要】**全面抗战爆发伊始,北京、上海等地发生严重霍乱等疫情。日本当局为防止恶性传染病"危及"日本侨民和侵华日军,同时安抚教化沦陷区民众,委托同仁会在沦陷区实施"防疫事业"。同仁会由是在沦陷区成立大量卫生防疫机构,尤其抗战后期该会医疗卫生业务更是全面扩张,其势力几乎渗透沦陷区每一角落。在日本当局严密控制之下,同仁会性质日益嬗变,其卫生防疫系配合日本侵华国策,在沦陷区实施渗透和"宣抚"政策,借此培养沦陷区民众的亲日意识,维系其殖民统治。直至抗日战争胜利以后,同仁会在华医疗卫生活动最终随着日本的败亡而结束。

**【关键词】**抗战时期;日本;同仁会;沦陷区;卫生防疫

1938 年 6 月,同仁会在日本外务省支持下,在北京成立华北防疫班、在上海成立华中防疫班,并在天津、塘沽、石家庄、太原、济南、青岛、烟台、新乡、徐州、上海、南京、九江、镇江等地设立分班,全面实施"对支防疫事业"。兴亚院接替外务省掌控同仁会之后,该会改革其卫生防疫机构,华北、华中防疫班分别改为华北中央防疫处和华中中央防疫处,并在天津、石家庄、保定、济南、青岛、烟台、太原、临汾、运城、新乡、开封、徐州、海州、南京、苏州、无锡、镇江、杭州、金华、芜湖、汉口、九江、南昌等地改建、新设诊疗防疫班或防疫处,同仁会在沦陷区的卫生防疫得以进一步扩张,迅速发展成为日本在华最大医疗防疫机构。抗战后期,随着日占区不断扩大,同仁会趁机又在张家口成立蒙疆支部,在海口成立海南岛支部,并增设蒙疆、华北、华中、海南岛卫生研究所,其势力范围几乎覆盖整个沦陷区。

国内学者已开始关注近代以来的卫生防疫,相关研究成果日趋显现①。然分析以往研究成果,其关注内容大抵为国内政府(包括中共方面)开展的防疫事业,鲜有涉及抗战时期日本在沦陷区的卫生防疫活动。有鉴于此,笔者拟就日本外务省档案、同仁会相关史料,重点论述抗战时期日本"对支防疫事业"启动背景,同仁会在沦陷区的卫生防疫机构及其活

* 基金项目:本文为国家社会科学基金青年项目"抗战时期日本'对支文化事业'研究"(批准号:16CZS054)阶段性成果。

① 代表成果可参见张晓丽:《20 世纪 30 年代苏区卫生防疫运动述论》,《安徽史学》2004 年第 4 期;金童、李飞龙的《抗战时期陕甘宁边区的卫生防疫》,《抗日战争研究》2005 年第 3 期;余新忠:《晚清的卫生行政与近代身体的形成——以卫生防疫为中心》,《清史研究》2011 年第 3 期;李洪河、程舒伟的《抗战时期华北根据地的卫生防疫工作述论》,《史学集刊》2012 年第 3 期;李忠萍:《民国时期安徽卫生防疫事业的萌生与困顿》,《安徽史学》2014 年第 4 期。通观以上成果,学者关注内容大多为国内防疫事业,对抗战时期日本在沦陷区的卫生防疫研究相对薄弱。按,文中"对支"一词系日本对中国的蔑称,"卫生防疫事业"则系日本自我美化,特此说明。

动,并进一步分析其渗透与同化特质。

## 一　日本"对支防疫事业"缘起

抗日战争勃发伊始,霍乱、赤痢、伤寒、天花、鼠疫等恶性传染病开始流行,尤以霍乱疫情最为严重,1938 年华南、华北多地发生严重霍乱疫情,日本驻华领事馆曾对各自驻地疫情进行详细调查。

华南地区。1938 年 5 月,上海仅发现 2 名霍乱患者,此后霍乱疫情急速恶化,6 月霍乱患者增至 1,226 人、死亡 520 人;7 月霍乱患者 3,863 人、死亡 627 人;至 1938 年底累计患者总计 7,466 人,死亡 2,431 人①。苏州,6 月—8 月份真性霍乱患者 22 人、疑似霍乱患者 8 人、死亡 8 人,共计 38 人②。杭州,7、8 月份市内出现真性霍乱患者 14 人、带菌者 2 人;市外霍乱尤为猖獗,塘楼镇霍乱患者将近 300 人,死亡达数百名;杭州近郊墩镇霍乱患者数十名③。徐州,8 月初发现真性霍乱患者 26 人、疑似霍乱患者 178 人,合计 204 人。无锡,霍乱患者平均每日出现 5、6 人。九江地区霍乱疫情亦甚为严重,至 8 月霍乱患者总数约 1,000 人,其中真性霍乱患者 270 人,疑似霍乱患者数百名,每日死亡人数达 30 余人④。厦门,5 月底发现 3 名霍乱患者。汕头,7 月初霍乱患者 426 人。香港,5 月底首现霍乱患者,至 7 月中旬真性霍乱患者 166 人,其中死亡 118 人⑤。

华北地区。1938 年 7 月,北京发现真性霍乱患者 2 人、疑似霍乱患者 62 人,合计 64 人⑥。天津,6 月出现霍乱患者,至 10 月中旬患者总计 291 人,死亡 140 人。塘沽,8 月份发现霍乱患者 11 人,其中 8 人死亡⑦。石家庄,8 月份真性霍乱患者 8 人,疑似霍乱患者 35 人,合计 43 人。济南(含兖州),8 月初真性霍乱患者 10 人、疑似霍乱患者 17 人,合计 27 人。新乡及其近郊,8 月份真性霍乱患者 44 人、疑似霍乱患者 12 人,合计 56 人⑧。开封地区也发生严重霍乱疫情,然患者数目不详。另外,陇海线及长江沿岸、华南地区霍乱患者累计数万人,因中日交战日方无法详细统计。如 1938 年上半年,霍乱在湖南沅陵、常德、长沙、岳阳相继涌现,至 7 月份在长沙已大流行起来⑨。

---

① 《在上海総領事館 分割2》,《伝染病報告雑纂/中国ノ部(満蒙ヲ除ク) 第二巻》,アジア歴史資料センター、レファレンスコード:B04012613300,外務省外交史料館藏。

② 《在蘇州領事館》,《伝染病報告雑纂/中国ノ部(満蒙ヲ除ク) 第二巻》,アジア歴史資料センター、レファレンスコード:B04012614400,外務省外交史料館藏。

③ 《中支防疫班報告 分割1》,《同仁会関係雑件/防疫事務関係 第四巻》,アジア歴史資料センター、レファレンスコード:B05015319400,外務省外交史料館藏。

④ 《支那ニ於ケル伝染病流行状況 分割2》,《同仁会関係雑件/防疫事務関係 第三巻》,アジア歴史資料センター、レファレンスコード:B05015318700,外務省外交史料館藏。

⑤ 《一般及雑件》,《伝染病報告雑纂/中国ノ部(満蒙ヲ除ク) 第二巻》,アジア歴史資料センター、レファレンスコード:B04012613000,外務省外交史料館藏。

⑥ 《在中華民国公使館》,《伝染病報告雑纂/中国ノ部(満蒙ヲ除ク) 第二巻》,アジア歴史資料センター、レファレンスコード:B04012613100,外務省外交史料館藏。

⑦ 财团法人同仁会:《各地防疫班とコレラ流行状況》,《同仁》,第 12 卷第 9 号,1939 年 9 月,第 65 页。

⑧ 《支那ニ於ケル伝染病流行状況 分割2》,《同仁会関係雑件/防疫事務関係 第三巻》,アジア歴史資料センター、レファレンスコード:B05015318700,外務省外交史料館藏。

⑨ 刘冠生:《战时防疫》,《战时医政旬刊》,1938 年 7 月,第 13 期。

除霍乱外,其他恶性传染病亦是接踵而至。赤痢方面,以上海和香港最为严重。1938年1月,上海赤痢患者205人、其中死亡71人;香港患者70人、其中死亡34人。2月,上海赤痢患者174人、其中死亡79人;香港患者63人、其中死亡23人。至6月底,上海赤痢患者总计1,031人、其中死亡331人;香港患者237人,其中死亡107人①。此外,天津和济南也发现有少数赤痢患者。伤寒方面,上海和香港仍为重灾区。1938年1月,上海各种伤寒患者128人,其中死亡117人;香港患者23人,其中死亡6人。5月,上海各种伤寒患者增至2,067人,其中死亡721人;香港患者总计162人,其中死亡36人②。另外,天津和青岛发现个别伤寒患者。天花流行情况,尤以香港为甚。1938年1月,香港天花患者总计219人,其中死亡142人;2月患者增至837人,其中死亡690人;至6月患者总数达到4,430人,其中死亡3,422人③。1938年11月以后,上海天花流行甚为猖獗,从1938年8月初至翌年5月底,天花患者总计2,969人,其中死亡1,080人④。东北地区,起初仅发现少数鼠疫、伤寒等患者。1939年,大连开始出现霍乱患者,翌年9月新京发现霍乱患者13人、舒兰县霍乱患者35人、哈尔滨患者5人;与此同时东北鼠疫开始猖獗,农安、通辽等地因鼠疫死亡人数达658人;哈尔滨伤寒疫情较为严重,1940年7月伤寒患者人数达965人⑤。

为防止上述恶性传染病"危及"日本侨民和侵华日军⑥,同时安抚沦陷区中国民众,排挤欧美在华势力,巩固其殖民统治,日本外务省遂推出所谓"对支防疫事业"。日本外务省官员直言不讳道,"此次支那事变期间,支那各地传染病流行,且有不断蔓延的迹象,此种恶疫不仅危及本邦侨民,甚而有传播至日本内地之虞。且支那防疫措施甚为缺乏,各种恶疫极可能殃及帝国军队,对支防疫事业若等闲视之,国际联盟、欧美宗教团体及其他组织则在支那各地组建相当大规模的防疫班、展开各种救护活动,势必助长支那人对欧美的依赖观念。帝国在占领区内实施防疫事业,对于安抚支那民众、维护帝国军队及本邦侨民安全而言,本部认为极有必要展开。"⑦在此种动机支配下,日本外务省联合军部策划在北京和上海设立防疫机构,从事防疫调查研究、制造防疫药品及其他相关事宜,组织防疫班,分别向华北、华中方面派遣⑧。并决定在同仁会内部设置"临时对支防疫事业部",具体实施各项防疫事宜,外务省则在政策、经费上实行全面管控。

日本当局选择同仁会负责沦陷区的卫生防疫,缘于当时日本在华医疗团体仅有上海自

① 《在上海総領事館 分割1》,《伝染病報告雑纂/中国ノ部(満蒙ヲ除ク) 第二巻》,アジア歴史資料センター、レファレンスコード:B04012613200,外務省外交史料館藏。

② 《在上海総領事館 分割1》,《伝染病報告雑纂/中国ノ部(満蒙ヲ除ク) 第二巻》,アジア歴史資料センター、レファレンスコード:B04012613200,外務省外交史料館藏。

③ 《一般及雑件》,《伝染病報告雑纂/中国ノ部(満蒙ヲ除ク) 第二巻》,アジア歴史資料センター、レファレンスコード:B04012613000,外務省外交史料館藏。

④ 興亜院華中連絡部:《中支ニ於ケル医療防疫調査書》,昭和16年(1941)1月,第110页。

⑤ 《伝染病報告雑纂/満蒙ノ部 第三巻》,アジア歴史資料センター、レファレンスコード:B04012649400,外務省外交史料館藏。

⑥ 按,抗战时期大批日本侨民和侵华日军涌入中国,至日本正式投降时,留置在中国战区(含大陆、台湾及越南北部)的日本战俘和日本居留民共有2,138,353人,其中日本战俘1,255,000人,日本侨民784,974人,强征的韩国人56,665人,台湾同胞41,714人。具体参见陈祖恩:《上海日本人居留民战后遣送政策的实相》,《社会科学》2004年第12期。

⑦ 外務省文化事業部:《昭和十三年度執務報告》,昭和13年(1938)12月1日,第44页。

⑧ 财团法人同仁会:《对支防疫事業概要》,《同仁》,第12卷第9号,1939年9月日文原版,第1页。

然科学研究所和同仁会,然前者只有研究机关而无实行机关,而且其研究对象以自然科学为主,后者则在华从事医疗卫生活动达 35 年之久,对中国各地医疗卫生工作颇有经验[①]。

同仁会肇始于 20 世纪初期,1902 年东亚同文会的近卫笃麿、长冈护美,以及日本医界人士片山国嘉、北里柴三郎、岸田吟香等成立东亚同文医会。与此同时,北里柴三郎、藤井兼一、高木友枝、日高昂、金杉英五郎、细野顺、原田宗义、片山国嘉、酒井荣次、川上昌保、永坂周二、永井久一郎等 20 多人在东京组建亚细亚医会。同年 6 月,东亚同文医会和亚细亚医会合并,改建为同仁会,会长为长冈护美、副会长为片山国嘉。由此获悉同仁会与东亚同文会有着莫大关联,甚至可以说同仁会被纳入东亚同文会系统之内[②]。同仁会创立目的,美其名曰,"促进中国及亚洲各国医学、药学及其技术之普及,保护人民健康、救助疾苦"[③]。实则紧密配合日本侵华国策,在日本政府和军部控制之下展开"对支医疗事业"[④]。其业务主要有:"1. 在亚洲各国设置医院;2. 推荐医师、药剂师或介绍医学技术;3. 调查各国的医事卫生及药品;4. 要求各国协助移住地的日本开业医师,并给予方便;5. 劝导各国派遣医药学生赴日本留学,并加以保护,给予修业上之方便;6. 发刊有关医药学等图书。"[⑤]同仁会创立后,先后成立北京、汉口、青岛、济南等四大医院,曾一度推出"筹设医院十年计划",计划于 1918—1927 年十年内分三期在中国各大城市兴建医院,第一期(1918—1920 年)兴建汉口、济南、南京医院;第二期(1920—1923 年)兴建西安、徐州、南昌、长沙、云南、兰州、太原、赤峰、归化城、九江、南宁、重庆医院;第三期(1924—1927 年)兴建杭州、郑州、成都、贵阳、张家口、石家庄、多伦诺尔、热河、山海关、蚌埠、洛阳、宜昌、凉州、潍县、芜湖、芝罘、彰德医院;预计总耗资达 360 余万元,绝大部分仰赖于捐赠[⑥]。若此计划得以实现,同仁会势力将覆盖大半个中国,其勃勃野心彰显无遗,然因经费困难和其他原因,该计划终为一纸空文。中日战争全面爆发后,中国人民反日、排日气氛空前高涨,同仁会受此局势冲击,所设北京、汉口、青岛、济南医院相继关闭,不得不迁往日本,其医疗活动亦暂时中止。直至日军攻占中国大片领土后,同仁会趁机卷土重来,开始全面扩张其在华势力。

1938 年初,同仁会开始继承日本外务省"临时对支防疫事业"。是年 3 月,日本外务省文化事业部、陆军医务局与同仁会协议通过《对支防疫事业实施办法》和《对支防疫事业方针》,前者规定:"1. 实施对支防疫事业实际大本营由同仁会本部继承;2. 外务省委托宫川副会长、田边事务理事、小泽经理部长及藤田主事等四人职掌对支防疫事业相关事宜;3. 因对支防疫事业而派赴支那者,受外务省委托者由其节制,受军部嘱托者由其管辖;4. 经外务省批准,昭和 14 年以后对支防疫事业实施主体改为同仁会。"[⑦]后者规定,"防疫目的:在华实

---

① 财团法人同仁会:《同仁会四十年史》,昭和 18 年(1943 年)6 月日文原版,第 424 页。按,该书系同仁会内部历年史料、档案汇编,以下均类同,特此说明。

② 黄福庆:《近代日本在华文化及社会事业之研究》,台北:"中央"研究院近代史研究所,1982 年,第 72 页。

③ 東亜研究所:《日本の在支文化事業》,昭和十五年(1940)7 月日文原版,第 91 页。

④ 黄福庆:《近代日本在华文化及社会事业之研究》,第 304 页。

⑤ 财团法人同仁会:《同仁会三十年史》,昭和 7 年(1932 年)9 月日文原版,第 7 页。按,该书系同仁会内部历年史料和档案汇编,以下类同,特此说明。

⑥ 财团法人同仁会:《同仁会三十年史》,第 93 ~ 95 页。

⑦ 《对支防疫事業實施方法ニ関係スル件》,《同仁会関係雑件/防疫事務関係 第一巻》,アジア歴史資料センター、レファレンスコード:B05015313900,外務省外交史料館藏。

施防疫及相关调查研究；防疫机关：在北京、上海设立防疫研究所；主要事业有：有关防疫的调查研究，防疫药品制造与供给，防疫的实施，防疫方面的教育；临时事业：为适应当前局势，组织临时防疫班，开赴北支和中支；事业主体：昭和13年于同仁会内设置防疫事业本部，昭和14年以后同仁会继替外务省文化事业部，成为防疫事业主体。事业经费：本事业经费由外务省文化事业部补给。"[①]1938年4月，日本医学总会在京都召开，同仁会副会长宫川米次召集日本国立大学和医科大学校长、医学部长等医界名流50余人，及新闻杂志社代表24人，协商"对支防疫事业"实施事宜，以得到日本医界和新闻界的支援，会后同仁会决定设立"临时对支防疫事业部"，以应对当下防疫任务和确立防疫事业之基础[②]。5月23日，外务省集合同仁会要员召开"对支防疫事业"协议会，决定组建华北防疫班和华中防疫班，筹建经费由外务省实施补给，1938年补给卫生防疫经费1,700,000元；1939年转由兴亚院补给，共补给6,021,000元[③]。

## 二　同仁会卫生防疫的启动

1938年6月，同仁会在日本外务省和军部支持下，组建"临时对支防疫部"，总部设在东京，部长为宫川米次，并在北京成立华北防疫班，在上海成立华中防疫班。华北防疫班下设天津分班、塘沽分班、石家庄分班、太原分班、济南分班、青岛分班、芝罘分班、新乡分班、徐州分班；华中防疫班则设有上海本部、上海支部、南京支部、九江分班、镇江分班。

### （一）华北防疫班

1938年6月，同仁会借用原日本东方文化事业部大楼（位于北京王府大街东昌胡同一号）成立华北防疫班本部，东京大学医学教授高木逸磨担任本部班长。北京本部设置总务部、制作部、调查研究部、教育部等四部。总务部，管理预算、决算相关事项、人事及庶务会计事务、各部及分班事业及作业的指导监督、联络，防疫器材补给输送等事宜。教育部，负责北京、天津、青岛、济南、徐州、归德、开封等地民众卫生状况及班员活动状况等方面的摄影，卫生防疫思想的普及，防疫教育资料的收集[④]。制作部，从事疫苗、痘苗及免疫血清制作。疫苗制作，1938年7月—10月该部制作霍乱疫苗、霍乱伤寒混合疫苗及其他疫苗数达250万人份[⑤]。痘苗制作，1939年1月—3月制作痘苗突破300万人份[⑥]。免疫血清制作，即购进各种马匹制作免疫血清。调查研究部，负责细菌检查、水质检查、发疹伤寒的调查研究、病毒媒介昆虫类的调查。其中细菌检查包括粪便培养其他细菌的检查，病毒系统调查，

① 《对支防疫事業計画方針》，《同仁会関係雑件/防疫事務関係 第一巻》，アジア歴史資料センター、レファレンスコード：B05015313900，外務省外交史料館藏。

② 财团法人同仁会：《同仁会四十年史》，第428页。

③ 東亜研究所：《日本の対支投資》，昭和十七年（1942）8月日文原版，第946页。

④ 财团法人同仁会：《北支防疫班業務報告》，《同仁》第12卷第9号，1938年9月，第10～14页。

⑤ 外務省文化事業部：《昭和十一年度執務報告》，昭和11年（1936）12月1日，第45页。

⑥ 《北支防疫業務報告 第十二報》，《同仁会関係雑件/防疫事務関係 第四巻》，アジア歴史資料センター、レファレンスコード：B05015319700，外務省外交史料館藏。

霍乱菌各株毒力试验,制造霍乱免疫血清,霍乱、赤痢、弧菌等菌株移植作业,霍乱预防注射,霍乱发生地消毒监督,病理组织标本制作装置、其他试验器具的配备,各种菌培养基的制作。1939 年 2 月,该部培养基调制量为 881,900cc,检索各类病菌 9,767 件[①]。水质检查,涉及北京市内水源及井水的细菌检查,水中毒物检查,水源消毒药品的调制及试验药品调制。发疹伤寒的调查研究,包括动物试验,组织标本、器具、染色液等的配备,病原体培养的配备。病毒媒介昆虫类的调查,包括病毒媒介昆虫类的调查研究、捕获采集和标本制作[②]。

1938 年 6 月—8 月,华北防疫班在华北设立天津分班、塘沽分班、石家庄分班、太原分班、济南分班、青岛分班、芝罘分班、新乡分班、徐州分班。各分班业务主要围绕霍乱等恶性传染病的预防、诊疗、检疫等内容展开,以下列举 1938 年下半年各班卫生防疫情况:

天津分班:治疗霍乱患者 280 名,霍乱、伤寒、赤痢等菌检索 34,236 件,其他试验与检查 1,500 余件,预防注射 84,139 人[③]。塘沽分班:检疫方面,塘沽港检疫船舶 212 艘、乘客 23,390 人,白河德码头检疫船舶 348 艘 16,301 人,塘沽列车检疫 133 车次;霍乱预防接种,塘沽、大沽、白河德码头等地预防接种 49,281 人;霍乱、伤寒、赤痢等菌检索 54,897 件;派员赴山海关、唐山、卤水沽等地调查其防疫状况,对特殊妇女(慰安妇、妓女等)实行梅毒检测[④]。石家庄分班:治疗霍乱患者 307 人,霍乱等菌、寄生虫、原虫等检索 174,543 件,进行霍乱菌生物学、免疫学调查研究和霍乱患者临床检查等[⑤]。太原分班:霍乱菌检索 3,925 件,其他菌、寄生虫检索 375 件,石家庄分班协助该班检索霍乱等菌 22,313 件;霍乱预防接种 27,878 人;日本小学校儿童寄生虫卵检查,マンツー反应检查[⑥]。济南分班:霍乱、伤寒等菌检索和其他检查 11,343 件,7 月中下旬霍乱预防接种超过 5,000 人、10 月中旬伤寒预防接种 3,088 人,调查胶济线张店附近及黄河附近霍乱疫情[⑦]。青岛分班:治疗霍乱患者、保菌者、疑似霍乱者共计 158 人,尸体检索 54 件,霍乱预防注射 5,921 人,分发疫苗 18,000 人份;调查霍乱患者传染系统,从事霍乱菌生物学、免疫学性状的调查研究[⑧]。芝罘分班:诊疗传染病患者 234 人,霍乱、伤寒预防接种 54 人,种痘 607 人,检疫人数为 12,471 人[⑨]。新乡分班:霍乱菌检索新乡地区 127,357 件、清化镇 15,588 件、怀庆 7,022 件,其他菌检索 233 件;治疗新乡、清化镇、怀庆霍乱患者共计 1,090 人,疑似霍乱者 427 人,带菌者 673 人;霍乱预防注射约 200 人;进行霍乱菌生物学、免疫学调查研究,寄生虫卵检查[⑩]。徐州分班:霍乱等菌检索,徐州 112,742 件、归德 62,368 件、开封 19,781 件,便检 696 人,诊疗 1,081 人,霍乱等预防接种 20,125 人[⑪]。

---

① 《北支防疫業務報告 第十二報》,《同仁会関係雑件/防疫事務関係 第四巻》,アジア歴史資料センター、レファレンスコード:B05015319700,外務省外交史料館藏。

② 财团法人同仁会:《北支防疫班業務報告摘録》,《同仁》第 13 卷第 4 号,1939 年 4 月,第 12 页。

③ 财团法人同仁会:《天津分班業務報告》,《同仁》第 13 卷第 4 号,1939 年 4 月,第 12 ~ 13 页。

④ 财团法人同仁会:《塘沽分班業務報告》,《同仁》第 13 卷第 4 号,1939 年 4 月,第 13 ~ 15 页。

⑤ 财团法人同仁会:《石家庄分班業務報告》,《同仁》第 13 卷第 4 号,1939 年 4 月,第 23 ~ 25 页。

⑥ 财团法人同仁会:《太原分班業務報告》,《同仁》第 13 卷第 4 号,1939 年 4 月,第 28 ~ 29 页。

⑦ 财团法人同仁会:《济南分班業務報告》,《同仁》第 13 卷第 4 号,1939 年 4 月,第 15 ~ 16 页。

⑧ 财团法人同仁会:《青岛分班業務報告》,《同仁》第 13 卷第 4 号,1939 年 4 月,第 19 ~ 21 页。

⑨ 财团法人同仁会:《芝罘分班業務報告》,《同仁》第 13 卷第 4 号,1939 年 4 月,第 22 ~ 23 页。

⑩ 财团法人同仁会:《新乡分班業務報告》,《同仁》第 13 卷第 4 号,1939 年 4 月,第 25 ~ 28 页。

⑪ 财团法人同仁会:《徐州分班業務報告》,《同仁》第 13 卷第 4 号,1939 年 4 月,第 16 ~ 18 页。

### （二）华中防疫班

1938 年 5 月，日本外务省、军部与同仁会协议通过《华中防疫事业计划案》，其中规定"1. 临时中支防疫本部以促成中支防疫事业而设置；2. 中支防疫本部之事业隶属于日本华中派遣军之下，并负责占领区防疫事宜；3. 防疫事业为当前紧急要务，以后再图扩张其他事业；4. 为推行防疫事业，暂时利用既设机关实施应急作业，机关设施日后再做完善；5. 事业中心地位于上海。"[①]同年 7 月，同仁会华中防疫班本部和上海防疫支部在原上海南市市政府大楼开设，上海支部特殊诊疗班则在上海南市海军医院开设，大阪大学教授兼传染病研究所员谷口腆二任本部部长。上海本部分设总务部、防疫部、调查研究部、卫生建设部、防疫指导部、制造部、诊疗部等七部，其中防疫部又设有特殊防疫班、消毒班、特殊诊疗班、患者输送班、预防注射班。总务部，受命于防疫本部部长，监督其他各部工作和事务。防疫部，负责预防各种传染病，发现传染病患者及带菌者，检查水质，发现传染病患者时及时实施诊疗和消毒工作[②]。调查研究部，负责调查传染病、地方病及其他特殊疾病发生状况及其诱因，调查病原及其诱发要素，及时研究有效预防、诊疗方法。卫生建设部，指导和设计都市规划中必要的卫生工学及社会保健卫生相关设施建设。防疫指导部，实施防疫和其他卫生教育，培养防疫员；赴各地开展卫生思想普及活动，指导各种卫生问题。制造部，制作有效预防、治疗传染病生物制剂，即各种疫苗、痘苗、治疗血清、化学制剂以及诊疗用药品、驱虫防毒制品。诊疗部，负责治疗各种传染病和其他疾病患者，并与调查研究部互为支持、联络，为调查研究部实施调查研究提供便利[③]。

华中防疫班之下设有上海防疫支部、南京防疫支部、镇江分班、九江分班，其中上海和南京支部均设有移动防疫班和特殊诊疗班。上海支部成立初期（1938 年 7 月—1939 年 3 月）开展一系列卫生防疫业务。防疫班方面：上海及附近地区实施霍乱预防注射 30,473 人、种痘 31,070 人；分发霍乱疫苗 1,150,519 人份，伤寒疫苗 3,794 人份，痘苗 554,675 人份；霍乱、伤寒、赤痢等菌检索 13,775 件[④]；启动移动防疫班，针对霍乱实施便检、预防注射、患者及家属的消毒等；派遣消毒班，对上海和周边地区天花患者及其家属进行消毒；检查长江三角洲地区的井水、自来水、水道水等的水质；对市内疟疾和霍乱菌展开调查研究[⑤]。特殊诊疗班方面：1938 年 9 月，该班共接纳 72 名霍乱患者（治愈 66 人，死亡 6 人）；翌年，上海及附近地区天花流行，该班组建移动防疫班赴嘉兴、杭州、王店、南通、吴淞、常州、无锡、南京、嘉定、南翔等地实施预防和诊疗；此后上海流行疟疾，又迅速实施诊疗和防疫；另外，该班还接管南市慈善医院、援助八字桥防病医院[⑥]。南京支部方面，其防疫班情况：南京市内霍乱预防注射总计 349,996 人，伤寒预防注射 7,684 人，种痘 92,421 人；分发霍乱疫苗数

---

① 《対支防疫事業計画方針 分割 1》，《同仁会関係雑件/防疫事務関係 第一巻》，アジア歴史資料センター、レファレンスコード：B05015313900，外務省外交史料館藏。

② 财团法人同仁会：《中支防疫班業務報告》，《同仁》第 12 卷 9 号，1939 年 9 月，第 20～24 页。

③ 《対支防疫事業計画方針 分割 2》，《同仁会関係雑件/防疫事務関係 第一巻》，アジア歴史資料センター、レファレンスコード：B05015314000，外務省外交史料館藏。

④ 财团法人同仁会：《同仁会四十年史》，第 475～476 页。

⑤ 财团法人同仁会：《中支防疫本部及上海支部作業概概況摘録》，《同仁》第 13 卷第 4 号，1939 年 4 月，第 2～3 页。

⑥ 财团法人同仁会：《同仁会四十年史》，第 476～478 页。

42,660 人份,伤寒疫苗 10,850 人份,痘苗 91,450 人份;霍乱、疟疾、伤寒等菌的检索达 31,308 件;成立移动防疫班和消毒班,在南京光华门、中华门、通济门、水西门等处实施检疫;检查南京地区水质;预防注射与种痘研究调查,先后调查南京、句容、漂水、金壇、镇江、扬州、方家巷、芜湖等地疟疾原虫持有率①。特殊诊疗班情况:接纳各种传染病患者 220 人,治愈 184 人。镇江分班:1938 年 11 月由南京支部组建,至 1939 年 3 月诊疗新旧患者共计 7,188 人,包括内科、外科、皮肤科和眼科患者②。九江地区霍乱猖獗后,华中防疫班紧急抽调上海、南京支部医务人员组建九江分班,负责实施预防注射、检查井水、上水道水质、防止霍乱等传染病蔓延、诊疗传染病患者等事宜③。

## 三 同仁会卫生防疫的扩张

1938 年底日本组建兴亚院,逐步取代外务省在华大部分业务。1939 年 1 月,兴亚院正式接管"对支防疫事业",具体实施仍由同仁会负责④。同年 5 月,同仁会防疫机构实行改革,华北防疫班改为华北中央防疫处,华中防疫班则改为华中中央防疫处,此前派往中国各地分班、地方防疫处或诊疗班实行合并,改为诊疗防疫班。1941 年底同仁会在张家口设置蒙疆支部,1942 年 4 月设置海南岛支部。此外,同仁会还成立蒙疆、华北、华中、海南岛等四个卫生研究所,该会在沦陷区势力得以无限扩张。

### (一)华北中央防疫处

华北中央防疫处成立后,总部移至北京外五区先农坛庆成宫庙地,处长仍由高木逸磨担任⑤。该处设有防疫部、制作部、调查研究部、教育部、卫生材料部等五部。防疫部,主要负责北京市内霍乱、伤寒、天花等传染病的预防注射,如 1939 年霍乱预防接种 6,725 人、伤寒预防接种 992 人、种痘 1,783 人,1940 年霍乱预防接种 59,642 人、伤寒预防接种 32 人、种痘 439 人,1941 年霍乱预防接种 2,052 人、种痘 1,848 人⑥。制作部,负责制作各种疫苗、痘苗、血清,1939 年该部制作霍乱疫苗 3,259,190cc、伤寒疫苗 427,750cc、伤寒副伤寒混合疫苗 2,276,050cc、诊断用血清 750cc、治疗用血清 172,000cc;1940 年制作霍乱疫苗 3,965,200 人份、伤寒副伤寒混合疫苗 2,570,666 人份、治疗血清 172,000 人份;1941 年制作霍乱疫苗 7,027,002 人份、伤寒副伤寒混合疫苗 198,380 人份、痘苗 483,860 人份、诊断用血清 15,526cc、治疗用血清 47,878cc⑦。调查研究部,主要调查研究カラ・マザール、发疹伤寒及发疹热、疟疾、赤痢菌、结核、水质检查与除硬法、麻药中毒、性病预防、传染病材料

① 财团法人同仁会:《同仁会四十年史》,第 479 ~ 480 页。

② 财团法人同仁会:《同仁会四十年史》,第 481 页。

③ 外務省文化事業部:《昭和十一年度執務報告》,昭和 11 年(1936)12 月 1 日,第 50 页。

④ 《对支防疫事業興亚院移管ノ件》,《同仁会関係雑件/防疫事務関係 第一巻》,アジア歴史資料センター、レファレンスコード:B05015314100,外務省外交史料館藏。

⑤ 宫川米次:《五十日の旅日記》,《同仁会医学杂志》第 14 卷第 1 号,1940 年 1 月日文原版,第 70 页。

⑥ 财团法人同仁会:《同仁会四十年史》,第 450 页。

⑦ 财团法人同仁会:《同仁会四十年史》,第 452 页。

检查等,1939 年该部检索病原菌 10,888 件、血清反应试验 3,779 件、原虫寄生虫检查 3,889 件、水质检查 156 件;1940 年病原菌检索 2,948 件、血清反应试验 3,588 件、血液型决定 1,357 件、原虫寄生虫检查 26 件、水质检查 58 件、药物检查 16 件、其他检查 8 件;1941 年病原菌检索 824 件、血清反应试验 24,099 件、血液型决定 707 件、原虫寄生虫检查 977 件、水质检查 10 件、药物检查 69 件、其他检查 86 件①。教育部,1940 年该部设立华北卫生研究所及附属防疫医员养成所,并提供必要业务指导和医学教育,以培养着力于"日支提携"的医学人才,至 1941 年共接收 2 期 64 名中国学员②。卫生材料部,负责卫生资材的购置、出纳、保管、配给等;另外加强与同仁会本部、同仁会华北支部及华北支部天津驻在输送部和其他部门的联络,以保证卫生资材顺利输送和补给。

华北中央防疫处成立后,在华北改建、新设天津防疫处、石门诊疗防疫班(石家庄)、保定诊疗防疫班、济南防疫处、青岛防疫处、芝罘诊疗防疫班(烟台)、太原诊疗防疫班、运城诊疗防疫班、临汾诊疗防疫班、开封诊疗防疫班、新乡诊疗防疫班、徐州诊疗防疫班、海州诊疗防疫班。各地分班(处)业务主要有:痘苗、血清、预防接种药剂和其他预防治疗品的制造、配置及检定;防疫业务的指导统制;诊疗、防疫的实施;中国养生法及其他卫生实行方法的普及;传染病及其他疾病的检索;病理学、细菌学、血清学及理化学的检查;医师、齿科医师、技术员等的讲习;护士及助产士的培养;传染病、地方病等的预防治疗法和其他医疗、卫生、防疫方面的调查研究;特殊妇女梅毒检测和健康调查;其他卫生防疫事宜③。以下列出各分班(处)卫生防疫情况④:

天津防疫处:1939 年霍乱、伤寒预防接种 55,377 人,种痘 14,476 人,细菌、寄生虫、原虫等检索 63,149 件,血清检查 226 件,检疫 309 人;1940 年预防接种 56,897 人,种痘 3,640 人,细菌、寄生虫、原虫等检索 55,737 件,血清检查 865 件,检疫 60 人⑤。保定诊疗防疫班:1940 年霍乱、伤寒等预防接种 29 人,种痘 8 人,细菌、寄生虫、原虫等检索 220 件,血清检查 280 件;1941 年预防接种 14,129 人,种痘 3,247 人,细菌、寄生虫、原虫等检索 413 件,血清检查 988 件⑥。济南防疫处:1939 年伤寒、霍乱等预防接种 61,065 人,种痘 13,663 人,菌、寄生虫、原虫等检索 6,035 件,血清检查 4,025 件,检疫 4,160 件,其他 273 件;1940 年预防注射 104,968 人,种痘 23,992 人,菌、寄生虫、原虫等检索 45,991 件,血清检查 3,469 件,检疫 18,000 件,其他 47 件,诊疗 47 人⑦。青岛防疫处:1939 年霍乱、伤寒等预防接种 28,287 人,种痘 3,387 人,诊疗 7,622 人,病的材料检查 87,358 件;1940 年预防接种 93,341 人,种痘 15,885 人,诊疗 4,145 人,病的材料检查 10,878 件⑧。芝罘诊疗防疫班:1939 年霍乱、伤寒等预防接种 4,396 人,种痘 3,155 人,菌、寄生虫、原虫等检索 126 件,血清检查 57 件,检

① 财团法人同仁会:《同仁会四十年史》,第 456 页。

② 财团法人同仁会:《同仁会四十年史》,第 457 页。

③ 财团法人同仁会:《同仁会四十年史》,第 829 页。

④ 按,相关史料仅记载天津、保定、济南、青岛、芝罘、太原、运城、临汾、开封、新乡、徐州等 11 个分班(处)卫生防疫情况,石家庄和海州诊疗防疫班仅记载诊疗情况,然其卫生防疫统计不详,故未列出。

⑤ 财团法人同仁会:《同仁会四十年史》,第 551 页。

⑥ 财团法人同仁会:《同仁会四十年史》,第 515 页。

⑦ 财团法人同仁会:《同仁会四十年史》,第 611 页。

⑧ 财团法人同仁会:《同仁会四十年史》,第 504 页。

疫船舶 435 艘 91,855 人,梅毒检测 1,388 人;1940 年预防注射 3,672 人,种痘 331 人,菌、寄生虫、原虫等检索 2,040 件,检疫船舶 659 艘 86,276 人,梅毒检测 1,511 人①。太原诊疗防疫班,1939 年霍乱、伤寒等预防接种 15,022 人,种痘 3,708 人,细菌、寄生虫、原虫等检索 2,984 件,血清检查 2,043 件;1940 年预防接种 6,657 人,种痘 12,379 人,细菌、寄生虫、原虫等检索 1,599 件,血清检查 3,489 件②。运城诊疗防疫班:1939 年霍乱、伤寒等预防接种 425 人,种痘 1,017 人,梅毒检测 1,072 人,健康调查 780 人;1940 年预防接种 6,279 人,种痘 7,754 人,梅毒检测 8,431 人,健康调查 6,340 人③。临汾诊疗防疫班:1939 年霍乱、伤寒等预防接种 452 人,种痘 1,318 人;1940 年预防接种 9,298 人,种痘 2,982 人;1941 年预防接种 1,398 人,种痘 1,511 人④。开封诊疗防疫班:1939 年霍乱、伤寒等预防接种 26,415 人,种痘 2,091 人,细菌、寄生虫、原虫等检索和血清检查 58 件,其他业务 2,169 件;1940 年预防接种 11,569 人,种痘 12,344 人,细菌、寄生虫、原虫等检索和血清检查 2,482 件,其他业务 8,989 件⑤。新乡诊疗防疫班:1940 年霍乱、伤寒等预防接种 36,601 人,种痘 3,278 人,细菌、寄生虫、原虫等检索 7,226 件,检疫 379 人;1941 年预防接种 20,182 人,种痘 9,588 人,细菌、寄生虫、原虫等检索 2,752 件⑥。徐州诊疗防疫班:1939 年霍乱、伤寒等预防接种 1,480 人,种痘 406 人,细菌、寄生虫、原虫等检索 588 件,检疫 3 人;1940 年预防接种 8,640 人,种痘 5,082 人,细菌、寄生虫、原虫等检索 13,799 件,血清检查 966 件,检疫 5 人⑦。

### (二)华中中央防疫处

1939 年 5 月,原同仁会华中防疫班本部和上海支部统一改为华中中央防疫处,所设机构大部迁往上海市虹口区,北海道大学教授兼东京传染病研究所技术员井上善十郎继替谷口腆二,担任处长⑧。华中中央防疫处,设有防疫部、制造部、细菌学部、寄生虫学部、卫生学部、卫生指导部、事务部,其中制造部分设疫苗科、血清科、痘苗科,事务部分设业务科和会计科。防疫部,主要负责上海市内霍乱、伤寒等传染病的预防注射,并对进出港船舶实行检疫。1939 年,该部实施霍乱、伤寒等预防接种人数达 271,793 人,种痘 30,339 人,细菌、寄生虫、原虫等检索 13,848 件,血清检查 1,936 件,检疫 13,644 人,水质检查 112 件;1940 年霍乱预防接种 257,149 人,伤寒预防接种 29,851 人,种痘 98,623 人,细菌、寄生虫、原虫等检索 13,421 件,血清检查 1,380 件,港口车站检疫 344 次,便检 4,025 人;1941 年,霍乱、伤寒、副伤寒预防接种 269,763 人,种痘 31,496 人,细菌、寄生虫、原虫等检索 20,845 件,血清检查 540 件,检疫 6,377 人⑨。制造部负责制作、分发华中地区亟需的霍乱疫苗、伤寒疫

---

① 财团法人同仁会:《同仁会四十年史》,第 614 ~ 615 页。

② 财团法人同仁会:《同仁会四十年史》,第 412 ~ 413 页。

③ 财团法人同仁会:《同仁会四十年史》,第 584 ~ 585 页。

④ 财团法人同仁会:《同仁会四十年史》,第 591 页。

⑤ 财团法人同仁会:《同仁会四十年史》,第 523 ~ 524 页。

⑥ 财团法人同仁会:《同仁会四十年史》,第 574 ~ 575 页。

⑦ 财团法人同仁会:《同仁会四十年史》,第 565 页。

⑧ 《高木逸磨外十名》,《同仁会関係雑件/防疫事務関係 第二卷》,アジア歴史資料センター、レファレンスコード:B05015315400,外務省外交史料館藏。

⑨ 财团法人同仁会:《同仁会四十年史》,第 489 页。

苗、痘苗等,1939 年该部制作霍乱疫苗 5,089,160 人份、伤寒疫苗 510,000 人份、痘苗 1,300,000 人份,分发霍乱疫苗 6,648,260 人份、伤寒疫苗 549,122 人份、痘苗 4,334,005 人份、各种血清 115 立升;1940 年制作霍乱疫苗 11,751,630 人份、伤寒副伤寒混合疫苗 792,040 人份、痘苗 8,371,025 人份、鼠疫疫苗 80,000 人份、血清 45 立升,分发霍乱疫苗 11,121,880 人份、伤寒疫苗 663,540 人份、痘苗 8,346,025 人份;1941 年制作霍乱疫苗 13,693,400 人份、伤寒混合疫苗 950,330 人份、痘苗 6,642,850 人份、血清 43 立升,分发霍乱疫苗 13,795,900 人份、伤寒混合疫苗 583,280 人份、鼠疫疫苗 49,850 人份、痘苗 6,351,370 人份①。细菌学部和寄生虫学部,主要从事细菌学、血清学、寄生虫学、理化学方面的研究和调查,该部先后调查江苏省宜兴地区疟疾蔓延状态和分布状况,浙江杭州疟疾蚊种类、分布状况调查和灭蚊实验,钱塘江沿岸肥大吸虫蔓延状况调查及患者皮肤反应实验研究,湖州、舟山岛及宜兴地区丝虫病症的调查研究②。卫生学部,负责上海及南市各中小学卫生设备调查、儿童体质调查、特殊卫生设施调查、卫生教育调查;华中地区结核病调查;环境卫生学方面调查,调查市内空气负离子量、温度、湿度、气压、风速、风向、衣食住行等③。卫生指导部,举办并指导中国人卫生技术员讲习会,播放卫生广播、新闻、发放杂志,以普及卫生知识④。

华中中央防疫处成立后,在华中设有南京防疫处、苏州防疫处、镇江诊疗班、杭州防疫处、芜湖诊疗防疫班、汉口防疫处、九江诊疗防疫班。1940 年 3 月,该处受南京伪维新政府委托,接管其内政部附属杭州医院筹备处、镇江医院筹备处、南京防疫处筹备处、苏州防疫处筹备处、杭州防疫处筹备处、芜湖防疫处筹备处业务,分别由杭州诊疗班、镇江诊疗班、南京防疫处、苏州防疫处、杭州防疫处和芜湖防疫处负责实施⑤。同年 4 月九江诊疗防疫班开设南昌分班和庐山诊疗所,1942 年 9 月南昌分班扩建为诊疗防疫班,10 月同仁会又新设金华诊疗防疫班和无锡诊疗防疫班。以下列举各分班(处)卫生防疫情况⑥:

南京防疫处:1939 年霍乱、伤寒等预防接种 756,410 人,种痘 59,622 人,寄生虫、原虫、细菌等检索和血清检查 39,515 件,诊疗 178 人,理化学检查 27 件;1940 年预防接种 120,737 人,种痘 53,897 人,细菌、寄生虫、原虫等检索和血清检查 45,509 件,理化学检查 77 件⑦。苏州防疫处:1939 年霍乱、伤寒等预防注射 94,188 人,种痘 60,827 人,菌、寄生虫、原虫等检索 769 件,血清检查 10 件,水质检查 83 件;1940 年霍乱、伤寒等预防注射 123,794 人,鼠疫预防接种 860 人,种痘 52,639 人,菌、寄生虫、原虫等检索 3,352 件,血清检查 50 件,检疫 30,263 件,水质检查 222 件⑧。杭州防疫处:1939 年伤寒、霍乱等预防接种 6,637 人,种痘 1,124 人,细菌、寄生虫、原虫等检索 438 件,血清检查 230 件,诊疗检疫

① 财团法人同仁会:《同仁会四十年史》,第 487 ~488 页。

② 财团法人同仁会:《同仁会四十年史》,第 486 页。

③ 财团法人同仁会:《同仁会四十年史》,第 486 ~487 页。

④ 财团法人同仁会:《同仁会四十年史》,第 487 页。

⑤ 财团法人同仁会:《同仁会四十年史》,第 617 页。

⑥ 按,囿于资料所限,文章仅列出南京、苏州、杭州、芜湖、汉口、九江等 6 个分班(处)卫生防疫情况,无锡、金华、南昌分班情况不详,故未列出。

⑦ 财团法人同仁会:《同仁会四十年史》,第 499 页。

⑧ 财团法人同仁会:《同仁会四十年史》,第 602 页。

30,727 人;1940 年预防接种 72,361 人,种痘 9,477 人,细菌、寄生虫、原虫等检索 6,122 件,血清检查 736 件,诊疗检疫 249,349 人①。芜湖诊疗防疫班:1939 年伤寒、霍乱等预防接种 155 人,种痘 22,471 人,细菌、寄生虫、原虫等检索 353 件;1940 年预防接种 46,391 人,种痘 2,259 人,细菌、寄生虫、原虫等检索 4,449 件,血清检查 1,770 件②。汉口防疫处:1939 年霍乱、伤寒等预防接种 50,346 人,种痘 133,529 人,细菌、寄生虫、原虫等检索 4,810 件,血清检查 15 件;1940 年预防接种 20,528 人,种痘 35 人③。九江诊疗防疫班:1939 年霍乱、伤寒等预防接种 56,571 人,种痘 19,001 人,细菌、寄生虫、原虫等检索 1,576 件,血清检查 238 件;1940 年预防接种 158,294 人,种痘 107,908 人,细菌、寄生虫、原虫等检索 5,162 件,血清检查 1,784 件,检疫 2,328 件④。

### (三)蒙疆支部和海南岛支部

蒙疆支部。1941 年,伪蒙疆政权联络兴亚院,要求同仁会在该地区设置医事卫生机关,同仁会遂于是年 12 月决定在河北省张家口成立蒙疆支部,并于支部之下设张家口诊疗班和蒙疆防疫处,聘请京都大学医学部教授户田正三为支部长,张家口诊疗班班长为医学博士三轮清三,其他医护人员共 28 人,蒙疆防疫处处长为医学博士间鸠春男,其他医护人员 7 人⑤。1942 年 3 月,该部开始负责蒙疆地区的卫生防疫和诊疗业务,同年 4 月又接管华北疗养所,同仁会在蒙疆地区的业务再度扩大。

海南岛支部。1942 年 4 月,原隶属台湾总督府的博爱会将其附属海南岛医疗卫生设施移交给同仁会,该会遂在海口成立海南岛支部,聘请热带化学研究所所长下条久马一为支部长⑥。海南岛支部下设海南岛诊疗班和海南岛防疫处,诊疗班班长为医学博士小林义雄,其他医务人员达 95 人,防疫处处长由医学博士铃木稔担任,其他医务人员 21 人⑦。海南岛支部成立后,主要继承日本博爱会在海南岛地区的卫生防疫和诊疗业务。

### (四)其他医疗卫生机构

为便于日本在沦陷区展开医疗卫生方面的调查研究,推进所谓“大东亚新秩序建设”,同仁会决定设置卫生研究所。1941 年 12 月,该会制定《同仁会地区卫生研究所规程》,规定其业务涉及:“1. 支那传染病、地方病及其他特殊疾病的预防、消灭及治疗方法的调查研究;2. 中国养生法及其他保健卫生实行方法的调查研究;3. 关于中医学及中草药的调查研究;4. 关于东亚新药学创建的调查研究;5. 保健卫生调查研究的统制;6. 保健卫生方面的统计事项;7. 其他有关保健卫生方面的事项。”⑧卫生研究所由同仁会支部及各地分班(处)统辖和指导监督,实施保健卫生方面的调查研究时,所长必须征得支部部长同意,并与地方分班(处)长协议通过,按照其指定调查研究事项实施,每年向其呈交事业报告书。依此规

① 财团法人同仁会:《同仁会四十年史》,第 557 页。
② 财团法人同仁会:《同仁会四十年史》,第 543 页。
③ 财团法人同仁会:《同仁会四十年史》,第 569 页。
④ 财团法人同仁会:《同仁会四十年史》,第 534 页。
⑤ 财团法人同仁会:《同仁会四十年史》,第 628 页。
⑥ 黄福庆:《近代日本在华文化及社会事业之研究》,第 77 页。
⑦ 财团法人同仁会:《同仁会四十年史》,第 616 页。
⑧ 财团法人同仁会:《同仁会四十年史》,第 836 页。

程,1941 年 12 月 13 日,同仁会在张家口设置蒙疆卫生研究所,所长由医学博士吉植精逸担任,其他所员 5 人。1942 年 1 月,同仁会在北京开设华北卫生研究所,所长由高木逸磨兼任,其他所员 18 人。1942 年 3 月,上海自然科学研究所医学部废止,由同仁会设置华中卫生研究所,继承其医疗设施和业务,所长为医学博士佐藤秀三,其他所员 44 人。与此同时,同仁会又继承日本博爱会在海南岛的卫生设施,并在海口成立海南岛卫生研究所,所长由铃木稔兼任,其他所员 10 人①。

抗战后期同仁会在沦陷区势力仍在扩张。1942 年,同仁会陆续兼并华北、华中、华南大量医院,诸如天津马大夫医院、保定福音医院、开封福音医院、归德圣保罗医院、徐州坤维医院、上海仁济医院、上海医学研究所、杭州广济医院、苏州福音医院、南京鼓楼医院、无锡普仁医院、镇江基督医院、九江妇幼医院、庐山万国医院、蒙疆华北疗养院、海南岛福音医院等②。是年 7 月,同仁会在东京成立兴亚医疗研究所,其医疗卫生机构进一步完备。

## 四 余 论

同仁会从一个民间团体发展成为日本在华最大的医疗防疫机构,其扩张势头紧随日本当局侵华步伐,同仁会在日本政府和军部控制之下发生质变,尤其抗战时期同仁会不少医务人员直接由军医担任,其医疗防疫工作更是带有鲜明的政治色彩,实则替日本军方承担了沦陷区的"宣抚工作"和"卫生安全",紧密配合日本军方行动和侵华政策,而同仁会在日本军方支持下也不断扩张,直到抗战胜利后才终止。1946 年初,驻日盟军总司令部以同仁会"协助并支持战时日军的侵略活动"为由强令其解散,同仁会在华医疗机构最终为国民政府接受。1945 年底,华中中央防疫处由上海市卫生局接管,华北中央防疫处则由北平中央防疫实验处接管③。通观同仁会在沦陷区卫生防疫的发展轨迹,其特质十分鲜明:

其一,卫生防疫机构及其活动辐射面广。日本出台"对支防疫事业"后,同仁会遂在北京、上海分别成立华北防疫班和华中防疫班,并在天津、塘沽、太原、济南、青岛、烟台、石家庄、徐州、新乡、上海、南京、九江、镇江等地成立分班,而七七事变之前同仁会在关内仅设有北京、青岛、济南、汉口四大医院,可见同仁会势力有了明显扩张。及至日本兴亚院继替外务省掌控"对支防疫事业"后,同仁会势力再度扩大,先后成立华北、华中、蒙疆、海南岛等四大支部,并在天津、石家庄、保定、太原、运城、临汾、青岛、济南、烟台、开封、新乡、徐州、海州、南京、苏州、无锡、镇江、杭州、金华、芜湖、汉口、九江、南昌、张家口、海口等地改建、新建诊疗防疫班或防疫处,其触角伸向北京、上海、天津、内蒙古、河北、山东、山西、河南、江苏、浙江、安徽、湖北、江西、海南等省市,紧随日军侵华步伐自北向南不断扩张其势力,几乎渗透、辐射沦陷区每一角落。

---

① 财团法人同仁会:《同仁会四十年史》,第 634 ~636 页。

② 财团法人同仁会:《同仁会四十年史》,第 637 页。

③ 福士由紀:《戦後上海における公衆衛生事業の再編 : 防疫施設の接収管理問題を中心に》,《一橋研究》2005 年第 29 卷 4 期。

其二,日本当局控制十分严密。同仁会卫生防疫经费,基本由日本外务省补给,此后转由兴亚院补给,日本当局正是利用此种补给不断加强对同仁会各项事业的管控。外务省明确规定,"同仁会防疫事业和其他相关活动应当遵从外务大臣之命令实施;每年必须向外务大臣提交事业经过状况报告书和收支结算书等;同仁会一切不动产、动产及权利的处分,应预先得到外务大臣之许可;外务大臣随时派员检查同仁会收支结算及防疫事业实况;如违反外务省命令而未能达成防疫事业之目的,将立即停付并收回所有助成金。"①此外,各地分班医疗业务,还须接受日本派遣军、特务机关指挥和监管。如华中防疫班与日本军部联系尤为密切,其医疗业务和医护人员,必须接受日本派遣军或特务机关的指挥。同仁会华中防疫部长谷口腆二曾受日本军部指示,"有关医务必须接受区属军医部长指示;在上海、南京组建移动防疫班,负责日军占领区住民的卫生防疫事宜;相关事业必须与上海及南京驻军野战防疫部紧密联系;同仁会诊疗班及其分担业务须相互协调;及时提交勤务要领、业务月报。"②由此可见,在日本当局严密监管之下,同仁会性质已发生明显蜕变,最终偏离真正的医学轨道,沦为协助日本当局实施侵华国策的重要机构。

其三,同仁会卫生防疫的本质仍然是同化和渗透。尽管同仁会创始人反复强调,其目的在于"分享人类的幸福"、"博爱仁慈为主旨"、"一种人道的事业"③,其会员亦认为同仁会是建立与善邻同仁基础上的人道的、文化的"对华团体",并无任何政治野心,不分国界,不图谋私利,完全是出于解救邻邦生民的仁心而发④。表面上同仁会在沦陷区设置大量医疗防疫机构,对于改善当地医疗卫生状况、预防传染病蔓延起着一定作用,然此种表象难以掩饰其殖民同化本质。同仁会诊疗防疫对象面向日本侨民、日本军人、沦陷区民众,甚而对慰安妇、妓女等群体实行梅毒检测和健康调查,其根本目的在于防止恶性传染病"危及"日本侨民,尤其日本军队,以免影响其作战力⑤。同仁会在日本军部授意之下,对沦陷区普通民众实施免费或优惠治疗,系配合日本军部"布施皇国之恩泽"、"安定教化民心",实施"宣抚工作"(宣传日本当局旨意以安定民心)⑥,借此培养中国民众的亲日意识,巩固日本帝国主义在沦陷区的殖民统治。由此窥知,战时同仁会已嬗变为日本帝国主义的附庸和帮凶。诚如黄福庆所说,同仁会"诊疗班的设立,系配合日军的军事侵略,各诊疗班的医护人员,须受日本派遣军或特务机关的指挥,这一点与同仁会设立的宗旨及经营医院时代的性质,已有显著的不同"⑦。所幸的是随着抗战胜利到来同仁会最终解散,其医疗机构为南京国民政府接收。

**作者简介**:石嘉,江西师范大学历史与旅游学院讲师;安艺舟,山西大学历史文化学院讲师。

---

① 《昭和十三年度助成 分割4》,《同仁会関係雑件/防疫事務関係 第一巻》,アジア歴史資料センター、レファレンスコード:B05015314800,外務省外交史料館藏。

② 财团法人同仁会:《同仁会四十年史》,第472页。

③ 小野得一郎编:《同仁会二十年誌》,财团法人同仁会本部,1924年12月日文原版,第22~24页。

④ 有賀長文:《同仁会の使命》,《同仁》第一卷第二号,1926年6月,第2页。

⑤ 外務省文化事業部:《昭和十三年度執務報告》,昭和13年(1938)12月1日,第44页。

⑥ 财团法人同仁会:《同仁会四十年史》,第581页。

⑦ 黄福庆:《近代日本在华文化及社会事业之研究》,第97页。

【研究述评】

# 新世纪的中国社会史研究

常建华

【摘　要】近十年中国社会史研究,在断代性研究,婚姻家庭、家族宗族,社会分类与结构,城市、乡村与社区,民间信仰与宗教生活,礼俗与社会习尚,人口与社会保障七个方面取得大量的研究成果。社会史的跨学科属性日益突出,在生态环境史、水利社会史、医疗社会史表现得比较明显,法制社会史兴盛。社会史研究还往往以地域研究形式出现,涉及多种学术领域并显示出整体性。生活史借助物质文化史、民间文献的开发利用以及刑案资料的挖掘,得以扩展与深化。民生问题的研究越来越多,联系制度与生活的研究另辟蹊径,生活史展现出多样化的研究态势。城市生活、乡村生活概念的区分,促进了生活史研究的深化。民间信仰、社会习尚、社会慈善与保障往往成为认识人的日常生活的窗口。对于社会分类、社会关系的把握,除了礼法与经济因素外,更多将目光投向生活与文化的因素,使得对于社会结构的把握柔软化。

【关键词】社会史;生活史;跨学科;区域研究

改革开放以来新时期的中国社会史研究,至今已经三十年。我探论过 1986 年至 2006 年的社会史研究状况①,兹作续篇论述 2007—2016 年中国社会史研究的进展,其中有关社会史理论探讨与学科建设部分另文发表②,这里就社会史领域的具体研究成果加以综述,分为三大部分进行。受限于精力,本文呈现的学术研究仍以著作为主,数量巨大的有关论文,请读者参阅相关的断代史或专题学术综述。此文挂一漏万之处,敬请学者同仁补充指正。

## 一　综合·家族·群体:社会史的断代与社会结构研究

社会史研究在诸多领域的研究进展③,我们将分断代性研究,婚姻家庭、家族宗族,社会分类与结构三大方面予以介绍,侧重于社会结构的视野。

---

① 常建华:《中国社会史十年》,《历史研究》1997 年第 1 期,该文侧重理论探讨,更多的具体研究成果介绍可以参考常建华《20 世纪中国社会史研究》有关部分,该文初见于周积明、宋德金主编:《中国社会史论》(湖北教育出版社 2000 年),后收入常建华:《社会生活的历史学:中国社会史研究新探》(北京师范大学出版社 2004 年);常建华:《跨世纪的中国社会史研究》,《中国社会历史评论》第 8 卷,天津古籍出版社,2007 年。

② 常建华:《开放与多元:中国社会史理论探讨与学科建设》,《南京社会科学》2017 年第 1 期。

③ 如贺晓燕:《2015 年中国古代社会史研究综述》,《唐山学院学报》2016 年第 4 期;常建华:《史料与视角:2015 年中国古代社会史研究扫描》,《河北学刊》2016 年第 5 期。

### (一)断代性研究

先秦时期。朱彦民的《商族的起源、迁徙与发展》(商务印书馆2007年)从起源、迁徙、发展三个方面对于商民族早期历史作了系统而细致的研究,论证了商人起源于今京津唐沿渤海湾三角地带的观点,勾画出商族迁徙路线,阐述了商族社会形态的演变。王震中《商族起源与先商社会变迁(商代史·卷3)》(中国社会科学出版社2010年)考订商族的发祥、起源和先商时期的迁徙问题,探析先商文化以及灭夏之前商族社会形态的演变。王宇信、徐义华《商代国家与社会(商代史·卷4)》(中国社会科学出版社2011年)阐述商代社会性质、商王朝国体与政权结构形式、分封制与内外服制相兼的国家政治体制、社会等级分层、族氏家族组织机制,详细考察商代社会不同身份者的阶级属性和阶级矛盾,论述商王朝公共事务管理的具体运作、职官体系、刑狱法律等。晁福林《夏商西周社会史》(北京师范大学出版社2010年)试图以新的角度来研究和探讨夏商西周时期的舒缓的历史变迁和社会的巨大运转,认为夏、商两代的社会性质应当是氏族封建制的社会,而西周则是宗法封建制社会,到了东周时期,宗法封建制逐渐解体。晁福林《春秋战国的社会变迁》(商务印书馆2011年)讨论了春秋战国时期社会政治历史的演变、社会经济的发展、社会生活的进步、社会性质的演变、社会结构与社会制度的变动、社会文化的发展等内容。黄现璠著《中国历史没有奴隶社会——兼论世界古代奴及其社会形态》(广西师范大学出版社2015年)构思于20世纪50年代,完成于1981年12月。全书共分四编16章,从考究中外“奴”词及其相关文字入手,辨析这些古文字的词义和文化内涵,为探讨奴隶社会存在与否的问题铺陈翔实有力的历史依据;继而针对史学界普遍坚持的“中国存在奴隶社会”一说,探究“奴婢制”、“奴隶制”、“农奴制”的具体涵义,进而展开对古代社会形态的讨论,分析先秦古代社会以及部分世界古代社会的社会性质。最终证实自己的两点结论:一是中国历史没有奴隶社会;二是世界各国古代历史绝大多数都没有经过奴隶社会,而是从原始社会直接进入封建社会。

秦汉时期。王子今著《秦汉社会史论考》(商务印书馆2006年),收录23篇论文。涉及秦汉时期的儿童少年、人口问题、社会福利、风尚礼俗、墓葬问题、饮食生活等等,记录作者1982年来研究社会史的步履。这本文集中相当一部分是利用出土文物资料,特别是利用简牍资料与传世文献相结合的研究收获。杨振红《出土简牍与秦汉社会》(广西师范大学出版社2009年)利用新出简牍材料,与传世文献相结合,对秦汉史研究中长期争论不决、关系秦汉社会结构与性质的三个重大问题——秦汉法律体系、战国秦汉土地制度,月令与秦汉政治关系进行了深入探讨。该书“续编”《出土简牍与秦汉社会(续编)》(广西师范大学出版社2015年)探讨了战国至魏晋时期官僚政治社会构造和赋役制度、货币经济等问题。刘尊志著《徐州汉墓与汉代社会研究》(科学出版社2011年)对徐州汉墓进行了考古学的基础研究,建立了年代序列;对徐州汉墓所反映的政治、经济、思想、物质生活面貌等社会内容及徐州汉墓的修建、汉画像石墓的发展过程,夫妻合葬墓、陪葬墓与陪葬坑及车马陪葬等相关问题进行了探讨;并对汉代徐州地域文化的内容和特点进行归纳总结,阐述了其在统一汉文化形成、发展过程中的作用。

中古时期。有多种论文集问世,有的侧重于地域社会,《近观中古史——侯旭东自选集》(中西书局2015年)是关于秦汉至魏晋南北朝时期地域社会研究的论文合集,共收十余篇有关论文,既有对传世史料的重新解读,也有大量利用新出土文献者。王凤翔著《中古变革与地域社会论稿》(中国社会科学出版社 2015 年)审视了中古变革期的政治、经济、社会、军事诸领域,主要探讨了制度、机构、职官、人物、思想及士人、伶人、养子等群体的衍变。对中古变革引发的地域社会的变动也有关注,对政区、文化、群体、经济诸地理问题也进行了探究。有的偏重生活与秩序关系,孟宪实、荣新江、李肖主编《秩序与生活:中古时期的吐鲁番社会》(中国人民大学出版社 2010 年)该文集利用新出的吐鲁番文献,研究中世纪的吐鲁番社会——社会秩序与社会生活,关涉国家制度、宗教与管理、户籍、婚姻和民众生活等社会面貌与历史变迁。刘后滨主编《日常秩序中的汉唐政治与社会》(社会科学文献出版社 2012 年)共收文章 17 篇,反映了编者从日常秩序中探寻中国古代政治与社会的变迁轨迹,体现了政治史与社会史的结合与接近的追求,内容分为五部分:空间与地域、文书与政务、礼仪与风俗、宗教与信仰、经济与生活。此外,李鸿宾主编《中古墓志胡汉问题研究》(宁夏人民出版社 2013 年)界定了"胡人""汉人",依托就是中原农耕地区和北方草原地区的经济和生态等自然条件制约下人类群体生活习俗形成的差别,以及据此而确立的思想和意识的特殊定型化的状态。全书分为魏晋南北朝、隋唐、唐以后 3 篇。

林文勋《唐宋社会变革论纲》(人民出版社 2011 年)试图以中国古代"富民社会"体系为理论基石,对唐宋社会变革问题作一个宏观层面的探讨。全书的理论核心是中国古代"富民社会"体系,中心内容则是分析和揭示商品经济与唐宋社会变革间的内在联系。

辽宋西夏时期①。王善军著《阳都集》(中国社会科学出版社 2012 年)为多年来有关辽宋史及中国社会史研究的一部文集。所收录的文章,按内容划分为辽史研究、宋史研究及相关问题、综述及书评、对业师漆侠先生的史学理论和史学成就的介绍及纪念。他还编有《宋代社会史论集》(吉林大学出版社 2014 年)编选若干代表性论文。史金波著《西夏社会》(上、下册,上海人民出版社 2007 年)是我国第一部全面研究西夏社会的大型专著,全面阐述西夏的自然环境和历史发展,探讨西夏的民族构成,着重研究西夏经济生活中的农业、畜牧业、狩猎业、手工业、商业;上层建筑中的职官、法律、军队;社会文化中的语言文字、教育科技、文学艺术;社会风俗中的衣、食、住、行、丧、嫁娶等。最后总结了西夏社会性质和特点。多方面、多层次地展现出鲜为人知的西夏多元复合文化社会的整体面貌,是我国西夏学研究的总结性成果。

明代中后期社会变化显著,研究者多从社会转型的视角予以探讨。张显清著《明代后期社会转型研究》(中国社会科学出版社 2008 年)从农业、手工业、商业、金融、城镇等社会经济关系的新变化、城乡社会阶级关系的演变,在社会风俗的变化,政治斗争的新形态与统治阶级危机的加深,早期启蒙思潮的涌现,文学艺术的革新与市民文学的兴盛,传统科技的总结创新与西方科技文化的传入,以及社会转型遇到的阻力和挫折等诸多方面,对明代后期社会转型作了全面系统深入的探讨。张显清《明代社会研究》(中国社会科学出版社 2015 年)收录文章 20 篇,涉及明代社会的经济、政治、思想文化以及晚期社会转型等领域,从诸多侧面展示了明代社会的发展状况及其历史特征。赵轶峰著《明代的变迁》(上海三

① 参见王善军:《宋代社会史研究的历程》,《深圳大学学报》2014 年第 5 期。

联出版社2008年）收录了作者自20世纪80年代中期以来有关明史的研究性论文19篇，探讨了国家制度、晚明知识分子与社会结构、下层社会生活、货币制度与国家财政、明清之际的历史趋势诸问题。陈宝良著《明代社会转型与文化变迁》（重庆大学出版社2014年）主要探讨的问题：一是纵观明代社会与文化的整体，其本身存在着一个官方控制从严密到松懈的动态变迁过程；二是考察明代社会史的重大转向，主要是社会流动的加速以及朝政的宽大与舆论空间的扩大；三是考察明代文化的"活力"与"多样性"；四是综合阐述明代社会与文化史变迁的时代特征，变迁所反映出来的新动向，以及变迁与中国社会与文化的现代化之间的内在联系。

清代社会的讨论。为祝贺著名社会史家冯尔康教授八秩寿庆，由门下学生编辑而成《传统中国社会与明清时代》（天津人民出版社2013年）收录明清特别是清时期法治与社会、宗族家庭等方面的论文。郭松义先生所著文集《清代政治与社会》（中国社会科学出版社2015年）讨论到等级结构、道德文化、思想信仰，都与社会总体环境有关。张研著《清代社会经济史研究》（北京师范大学出版社2010年）选编了作者自2001年至2009年间撰写的主要学术论文。第一部分经济史六篇论文，其中四篇是关于经济发展三要素——人口、土地、财经的研究和思考；一篇是对于在对立统一、共生互补的中国式"二元经济"格局中，沟通"二元"、连接"传统""近代"的商人——商帮的考察；最后一篇就学术界对中国式"二元经济"的理论探讨进行了梳理。第二部分社会史十篇论文，前四篇是对国家政权县、知县的考察和研究；后四篇从家庭、宗族、乡族考察了中国特色的基层社会结构；最后两篇，一篇论述了双重统治格局及其演变，一篇考察了进入上层政权的基层社会精英。第三部分只有两篇文章，主要表明作者对中国史研究的看法。作者在清代社会经济史领域，最终构筑了自己的诠释体系，这便是"双重统治"与"二元经济"。

近代社会的探讨。有学者总结了近年来中国近代史的学术研究概况①，关于拓展中国近代社会史的研究，学者认为需要从内涵提升与外缘扩展双向互动入手②。多种专书问世，蔡少卿著《中国近代社会史研究》（生活·读书·新知三联书店2014年）收录了作者数十年来关于秘密结社和中国近代社会史的研究成果。作者对天地会、哥老会、青红帮等组织进行了考察和梳理，揭示了近代秘密会党的社会根源、结构功能和历史演变脉络。邵雍著《中国近代社会史》（合肥工业大学出版社2008年）就1840至1949年的中国社会的情况作全面的介绍，包括社会结构、社会组织、社会生活（衣食住行、婚丧喜事）、人生历程（出生、婚嫁、求学、就业）、社会问题等，重点阐释了近代以来外敌入侵、战争频繁、军阀割据和外国租界的存在对社会带来的巨大影响。讨论了各社会阶级、阶层、组织生存的历史条件、成员构成以及各自分布的地域，并从社会结构运行的整体性来考察各社会组织之间的关系。湖北人民出版社2008年推出的两部论文集讨论近现代社会变迁，朱英著《近代中国经济发展与社会变迁》主要收录了近代中国商业发展与消费习俗变迁、期待中国近代乡村经济史研

① 李长莉、唐仕春、李俊领：《中国近代社会史研究扫描：2013》，《河北学刊》2014年3期；唐仕春：《中国近代社会史研究扫描：2014》，《河北学刊》2015年第5期；李俊领《热点与走向：2015年中国近代社会史研究扫描》，《河北学刊》2016年第5期。

② 王先明：《内涵提升与外缘扩展双向互动：拓展中国近代社会史研究再思考》，《河北学刊》2015年第1期。

究向纵深拓展、乡村视野下的近代中国社会变迁等 30 余篇文章。严昌洪著《辛亥革命与 20 世纪中国社会》主要收录了 20 世纪辛亥革命研究鸟瞰、世纪的觉醒——上世纪之交中国人对 20 世纪的认知、"国民"之发现——1903 年上海国民公会再认识、1903 年"沈荩案"及其影响、1905 年的五大臣出洋等 20 余篇论文。朱汉国等《20 世纪的中国:走向现代化的历程・社会生活卷(1900—1949)》(人民出版社 2010 年)论述了民国时期的社会生活。何友良著《苏区制度、社会和民众研究》(社会科学文献出版社 2012 年)全面考察中国苏维埃制度及其规制下的苏区社会的来龙去脉,重点研究苏维埃制度、苏区社会、革命与社会中的民众三个基本问题及其相互关系,从更为具体直观的基层社会和民众状态诠释苏维埃革命的历史,解读苏区基层政权、社会组织、各阶级阶层民众、制度与政策绩效等问题,从苏维埃制度的兴替得失、价值影响上探究中国革命这一阶段的主体实践、实际内容和历史定位。

中华人民共和国社会史近年来得到重视①。有学者对其学术视野、问题意识、框架结构加以讨论②。《社会科学》2013 年第 6 期刊出一组关于开展当代中国社会史研究的文章③。张静如主编《中国当代社会史》(5 卷本,湖南人民出版社 2015 年)分别从经济、政治、教育科技文化、外交、人口婚姻家庭、阶级阶层、物质生活方式、社会意识等方面描述了 1949 年至 2008 年中国社会的基本情况。朱汉国等《20 世纪的中国:走向现代化的历程・社会生活卷(1949—2000》(人民出版社 2010 年)论述了 20 世纪下半叶的社会生活。李文主编《中华人民共和国社会史(1949—2012)》(当代中国出版社 2016 年)以民生为主线,探讨了社会结构、社会管理、民生保障和社会事业、社会生活、社会心态等。还有学者专门研究改革开放以来的社会变化,李强主编《中国社会变迁 30 年(1978—2008)》(社会科学文献出版社 2008 年)从人群、整体社会的原则,探讨了社会结构变化,农村社会,城市社会,单位体制,技术与社会,社会政策。李友梅等《中国社会生活的变迁》(中国大百科全书出版社 2008 年)则突出历史进程的理性回顾,改革实践的原理分析、重大政策的梳理归纳,经验模式的特征评析,理论创新的学科总结。此外,陆学艺主编了《当代中国社会结构》、《当代中国社会建设》(社会科学文献出版社 2010 年、2013 年)重点调查研究当代中国社会结构变动,分析构成社会建设的民生事业、社会事业 、收入分配、城乡社区、社会组织、社会管理、社会规范、社会体制、社会结构、社会建设的历程等十个方面问题。李文著《当代中国社会》(五洲传播出版社 2014 年)从"小社会"的角度来介绍中国的社会结构、社会建设和社会治理、社会生活和社会思潮等。在当代乡村史研究的过程中,学界不断探索解读中国乡村社会发展的科学理论,并逐渐形成了多种乡村史研究的理论视角,主要有传统和现代理论框架、"国家与社会"理论框架、日常生活史视角、基层社会研究视角、社会延续和历史长

---

① 朱佳木:《努力构建中国当代社会史学科》,《当代中国史研究》2011 年第 6 期;李文、徐轶杰、姚力:《2010—2012 年中华人民共和国社会史研究述评》,《教学与研究》2013 年第 12 期。

② 李文:《国史中的社会史:内容和框架结构》,《中国地方志》2011 年第 1 期;姚力:《中国当代社会史研究的学术视野与问题意识》,《中共党史研究》2011 年第 1 期;丁芮、李文:《学科建设与专题研究互推共进:2015 年中国当代社会史研究扫描》,《河北学刊》2016 年第 5 期。

③ 行龙:《从社会史角度研究中国当代史》;张济顺:《当代中国社会史研究如何进行?》;江沛:《以社会史的视野推动中国当代史研究》;吴重庆:《中国当代史与底层社会研究》。

时段的视角、整体史观视角等[①]。在“集体化”研究方面，行龙、马维强、常利兵著《阅档读史——北方农村的集体化时代》（北京大学出版社 2011 年）以时间为序，事件为类，取自基层农村的档案史料为主干，档案不足而需贯通者，补充以当时报载新闻或文件，并配以少量说明性文字。全书分为五章：即互助组、初级社、高级社、人民公社（上、下），并附录《山西大学中国社会史研究中心“集体化时代农村基层档案”述略》一文。行龙还出版了《回望集体化：山西农村社会研究》（商务印书馆 2014 年），以典型材料反映山西农村在集体化时代基层社会变迁的历史。

**（二）婚姻家庭、家族宗族**

中国家庭史研究取得重要进展。通史有张国刚主编 5 卷本《中国家庭史》（广东人民出版社 2007 年）约 200 万字，是南开大学中国社会史研究中心首批重大项目之一，上起原始社会，下迄民国时期，对中国家庭起源、发展和演变的历程进行了全面系统的考察，涉及不同时期的家庭制度、形态、结构、婚姻、生育、丧葬、生计安排等多方面的内容。

断代家庭研究，陈爽著《出土墓志所见中古谱牒研究》（学林出版社 2015 年）从六朝墓志中辑录到二百余件原始谱牒，每件少则数十字，多则数百字，世系记录完整，婚姻历官总字数多达数万字，内容涉及魏晋南北朝家庭结构、性别比例、婚姻状况、嫡庶之别等中古社会史的重要内容，从而拓展了中古社会史研究的学术视野。张国刚著《唐代家庭与社会》（中华书局 2014 年）探讨了唐代家庭形态的复合型特征，分家析产，家庭与家族关系，农村家庭生计，夫妻关系，妇女生活，男女婚嫁年龄，佛教戒律与家庭伦理，宗教生活，佛教信仰，婚姻礼俗与礼法文化等问题。邢铁著《唐宋分家制度》（商务印书馆 2010 年）本书所说的各种不同状况的家庭，是按照用什么人来传继家庭门户划分的，因为传继家庭门户首先需要有人作“后代”；作为传继家庭门户的“后代”的人有三种，家庭也可以相应地归纳为三类：有亲生儿子继产承户的家庭、需要女儿继产承户的家庭和需要立嗣养子继产承户的家庭。本书就按这三类家庭依次分为上中下三篇，具体考察一下各类家庭的分家过程和相关家庭之间的关系。明代家庭史研究也颇有进展[②]。吕宽庆著《清代立嗣继承制度研究》（河南人民出版社 2008 年）通过对立嗣继承宗祧现象的描述和分析，企图揭示清代人们理念层面的信仰及其变化路径。赵园的《家人父子：由人伦探访明清之际士大夫的生活世界》（北京大学出版社 2015 年）从人伦和家庭关系入手，解剖士大夫们的日常生活。王跃生的《中国当代家庭结构变动分析：立足于社会变革时代的农村》（中国社会科学出版社 2009 年）分析中国当代农村家庭在社会变革和转型过程中所发生的变动，通过剖析有代表性的家庭类型揭示家庭结构与家庭功能的关系，从人口迁移流动行为增多、出生人口大幅下降、人口老龄化程度逐渐提高等视角探讨家庭变动的原因和未来趋向。

婚姻方面，先秦婚姻研究有专门综述[③]。孙玉荣《唐代社会变革时期的婚姻》（浙江大学出版社 2016 年）从婚姻原则、礼仪与习俗、女性婚姻地位、婚姻家庭关系、婚姻观念等方面揭示唐代婚姻的特点，探讨唐代婚姻变化与唐代社会变革的关系。徐雁平编著《清代文

---

① 李飞龙：《当代中国乡村社会史研究理论述评》，《山西师大学报》2012 年第 1 期。

② 范喜茹：《近三十年明代家庭史研究述评》，《青海民族研究》2013 年第 2 期。

③ 张淑一：《近二十年的先秦婚姻史研究》，《华南师范大学学报》2009 年第 3 期。

学世家姻亲谱系》(凤凰出版社 2010 年)主要以清人传记资料为基础,揭示有清一代知名人士的嫁娶关系,对姻亲关系的选录,全书留意显现家族在文学领域共时性的交流和历时性的传承。全书上编“家族部分”汇合了一家族内多重姻亲关系,下编“单线部分”收录未能以家族含义汇合的姻亲关系,每条姻亲关系皆注明文献出处,便于学者核查并进一步研究。李慧波主编《北京市婚姻文化嬗变研究(1949～1966)》(社会科学文献出版社 2014 年)探讨了晚清、民国时期北京的婚姻状况,新式婚姻制度的建立,择偶的社会模式,婚姻的确立方式,个人、家庭和国家利益冲突下的婚礼仪式,婚姻的变异,评价及启示。

宗族史成果丰硕。通论性著作方面,冯尔康教授著《中国宗族制度与谱牒编纂》(天津古籍出版社 2011 年)是冯教授长期研究中国宗族制度与谱牒学的论文集。全书分为自序,绪论,宗族形态与社会,族谱及其学术价值,宗族文化观念,宗族史与家庭史、姓氏文化,附录几部分,收录的论文中,其中有 4 篇发表在中国台湾、中国香港、日本的刊物。冯尔康等著《中国宗族史》(上海人民出版社 2009 年)为《中国宗族社会》(浙江人民出版社 1994 年)增订本,较旧书进一步完善。阎爱民著《凑聚之道:古代的家族与社会群体》(天津古籍出版社 2012 年)收录论文 15 篇。

钱杭推出宗族史系列著作。所著《中国宗族史研究入门》(复旦大学出版社 2009 年)是国内第一本专门针对硕士研究生编写的学术入门指导书,主要介绍了宗族的结构、宗族的规模、宗族的谱牒、宗族的祠堂、丧服制度、宗族史研究参考书目等内容。《宗族的世系学研究》(复旦大学出版社 2011 年)旨在对中国宗族史的发展流变给出世系学诠释,并初步构建一个具有操作意义的结构框架。全书八章,系统展现了世系学视野下“族”类集聚的宗族组织化过程和“宗”系确认的宗族体系化过程,并赋予宗族史研究以新的变量和面貌。《宗族的传统建构与现代转型》(上海人民出版社 2011 年)以多学科、全方位、动态与静态结合的方式研究和认识宗族,认为中国宗族研究应该具有“典型学”的意识,即集中研究不同时代、不同地区、不同文化背景中的各类宗教的结构和功能特征,应该从探讨宗族的功能特征转向分析宗族的系谱性结构特质,强调采取文化人类学的“主位方式”即把被研究者移到主位,把当事人的描述和分析的恰当性作为判断的标准用主位方式进行研究,研究者用人们必须懂得的范畴和规则知识,能像当事人那样思考和行动。

中古士族历来是受关注的群体①。唐燮军《六朝吴兴沈氏及其宗族文化探究》(中国社会科学出版社 2008 年)内容包括:吴兴沈氏的族源歧异与谱系考释,宗人行迹考,汉晋之际的沉浮,士族化及其相关问题,萧沈对抗与刘宋后期政治,南朝士族吴兴沈氏的没落及其后续动向,论沈约治学重点的转移及其原因和文化意义,沈约《宋书》平议,沈炯生平及其诗文三题,沈炯事迹诗文系年,六朝吴兴沈氏宗人著述考释,吴兴沈氏宗族文化的传承与变易。范兆飞著《中古太原士族群体研究》(中华书局 2014 年)选取“士族群体”为考察视角,探讨公元三至九世纪太原士族群体作为有机社会阶层的形成、发展、壮大、崩溃、复兴直至彻底消亡的历史过程。该书充分利用传世文献和出土石刻,以太原士族群体升降沉浮的历时性特征为切入点,在家族史、地域史和政治史三个维度内拓展深化,揭示了中国中古时期

① 卢朝:《近十五年魏晋南北朝士族研究综述》,《昭通师范高等专科学校学报》2009 年第 2 期。

太原士族群体的变迁过程和单体家族的兴衰及其影响因素,有别于学界通行的士族个案研究和宏观的士族阶层研究。

常建华以两种书作为承担教育部人文社会科学重点研究基地项目“宋以后宗族形态的演进与社会变迁”的结项成果。《宋以后宗族形态的形成及地域比较》(人民出版社 2013 年)探讨了明清时期的华北宗族,作者选择山西省洪洞县为个案,加以探讨。并对安徽徽州宗族进一步研究,以便同洪洞宗族比较,增加对于南北方宗族异同的理解。清代延续了明代中后期迅速发展的态势,普及社会,国家同时加强了对于宗族的控制,作者重点研究了闽台族正制度,提出了清代宗族保甲乡约化的看法。宋元时代的祭祖、修谱问题也进行了有重点的论述。《宋以后宗族形态的演进与社会变迁》(天津人民出版社 2013 年)选择不同地域特别是研究薄弱的华北地区的宗族为研究对象,注意观察宗族与地域社会的关系,阐明宗族形态的特征;从长时段的历时性考察宗族形态的形成发展过程,并将这个过程置于整个社会变迁分析,从而深化对于宋至民国时期以宗族为中心的社会结构变动的认识。本书的结论是:宋以后华北地区也经历了建构新宗族形态的历史过程,大致上与华南宗族经历的历史过程相同。

跨代的宗族研究值得注意。周扬波《从士族到绅族——唐以后吴兴沈氏宗族的变迁》(浙江大学出版社 2009 年)长时段论述了吴兴沈氏从唐五代士族的解体,到宋元绅族的建立,再到明清成熟的绅族演变的状况。科大卫著《皇帝和祖宗——华南的国家与宗族》(江苏人民出版社 2009 年)所要回答和解决的问题是:朝廷的法典条文,民间的礼仪习俗,二者如何交织在一起,指导着“华南”这个有意识的、历时数百年的地域建构进程?该书显示:历代王朝都致力于华南的政治整合,要培养出敬畏官府、纳粮当差、安分守己的良民。随着王朝在华南的军事征讨、行政规划,一套关于权力的文化语言也渗透华南。这套语言有两个互相发明的关键词:“皇帝”、“宗族”。它们渗透到一切礼节、身份、地位、财产权、商业习惯、社会流动、社区构建之中。华南与王朝中央之间的正统纽带,不仅建立于里甲与祀典之上,也建立在“宗族”这套语言之上。钟翀著《北江盆地——宗族、聚落的形态与发生史研究》(商务印书馆 2011 年)选取了我国东南宗族发达的浙东北江盆地,充分利用该地丰富的族谱史料,探讨千年以来该地宗族的历史;梳理了数百个宗族的空间形态与发生学系谱,并以北江盆地的研究结论为模型,探索“近世型宗族”的源流与发展脉络,重建“近世型宗族”的发展发育历程,为“近世型宗族”演化史研究提供了比较明确、细致的时间标尺,也为“近世型宗族”的区域差异及特质等探索积累了研究素材。章毅著《理学、士绅和宗族:宋明时期徽州的文化与社会》(中文大学出版社 2013 年)在南宋至明代中期的长时段内,以徽州为代表区域,深入研究了理学在地方社会的传播、士商群体的形成以及宗族组织的出现,三者之间相生相成的历史。作者认为,明代徽州宗族社会的出现,根植于 12—15 世纪宋明时代的历史进程之中,深受王朝政治和地缘环境的影响,是理学价值观深入传播之下,士绅和商人等主导人群共同塑造的结果。本书采用了整体史和社会科学的新视角,致力于重新梳理地方历史的发展脉络,探析社会结构的变迁过程。在研究方法方面,本书则强调对方志、文集、谱牒等官私文献的综合利用,尤其注重在旧史料中开掘新内容,对人物传记和微观史实多有细致的考辨,兼具汉学研究的特色。

断代性研究方面,辽宋元时期的研究成果都有,王善军著《世家大族与辽代社会》(人民出版社 2008 年）分别论述了契丹、奚人、渤海以及以韩、刘、马、赵为代表的汉人世家大族，探讨了世家大族的经济势力及其代表的经济关系，仕宦与政治地位，教育与文化成就，社会生活，社会地位的维护与衰败，历史地位。姚红著《宋代东莱吕氏家族及其文献考论》（中国社会科学出版社 2010 年）力图对宋代东莱吕氏家族的政治活动和文献著述做系统梳理和总结，描述其源流，从家族文化层面予以解释。指出在"唐宋变革"说之外，还存在一种家族生存发展的新的范式。葛付柳著《宋代墨庄刘氏家族论》（光明日报出版社 2009 年）探讨了墨庄刘氏宋前家族之演变、家族总论、刘敞及其学侣、刘敞学术述论、刘攽等。张沛之著《元代色目人家族及其文化倾向研究》（天津古籍出版社 2009 年）采取个案切入与类型分析相结合的方法，对元代因征戍、任官、经商等逐渐留居汉地的土土哈、阿沙不花、唐兀昔里氏、汪古马氏等色目人家族进行深入细致的研究，并在此基础上综合考察其汉化、蒙古化、伊斯兰化等文化变异倾向，探讨此文化变异给元代基层社会带来的多方面影响，包括在元朝地方政治和社会活动中扮演较为特殊的角色，给社会增添了新的民族文化因素和互动交流的契机等。

明清时期宗族的研究多以区域性宗族研究呈现①。北方有朱亚非《明清山东仕宦家族与家族文化》（山东人民出版社 2009 年）对山东临朐冯氏、诸城刘氏、无棣吴氏、日照丁氏、龙口丁氏、临沂庄氏这六个具代表性的仕宦家族加以个案研究，探究这些家族的地区分布、跨越年代、谱系源流、代表人物、科第事功、家族特征、家族文化等，不仅厘清了许多仕宦家族的发展脉络，而且深入探讨了这些大家族之所以长盛不衰的原因及其历史影响。华中有徐斌著《明清鄂东宗族与地方社会》（武汉大学出版社 2010 年）通过考察在宗族组织形成与发展过程中的户籍、赋役等政策的影响，以及祖先崇拜与神祇崇拜之间的关系等方面，力图破解"江西瓦屑坝"的移民传说，从而深入地反映出明清时期鄂东基层社会的全貌。江南的世族、望族引人注目，吴仁安著《明清江南著姓望族史》（上海人民出版社 2009 年）探讨了明清江南时期著姓望族的兴起、发展、鼎盛及其衰落的历史，以及对明清时期江南政治、经济文化的影响。全书分为明清时期的江南及其所属主要府州厅县著名家族概况、明清时期江南著姓望族考录这两编。徐茂明著《明清以来苏州文化世族与社会变迁》（中国社会科学出版社 2011 年）通过对文氏、王氏、叶氏、彭氏、潘氏等家族的深入挖掘，系统分析了家族迁徙与区域社会之间的文化互动，以及家族通过婚姻、科场、仕途、结社等途径累积的社会文化资本是如何影响着苏州社会风尚的走向，扮演着"邦之桢干，里之仪型"的社会角色。在国家与地方的利益博弈中，文化世族的角色同样不容忽视。近代西学东渐，苏州文化世族也站在了时代潮流的前列，顺利地完成了由科举教育向现代教育的转向，由科举世家蜕变为现代的科学世家。苏州文化世族之价值，不仅在于其取得的各项文化成就，更重要的是其内含的维持家族长盛不衰的各具特色的家族精神。杨惠玲《明清江南望族和昆曲艺术》（厦门大学出版社 2016 年）探讨了望族的演出活动、蓄乐活动、昆曲创作与文献刊藏、曲学活动、昆曲在望族文化建设中的作用。赵华富著《徽州宗族论集》（人民出版社 2011 年）《徽州宗族调查研究》（人民出版社 2014 年）两种论文集，依据自己多年来对徽州

---

① 常建华：《近年来明清宗族研究综述》，《安徽史学》2016 年第 1 期，介绍了 2009 年—2014 年的情况。

宗族问题的调查与研究，较全面地阐述了徽州宗族的形成、宗族组织、宗族活动及族规家法等，论述了宗族的基本特征及其影响，论证了徽州宗族的来源及其文化特质。本书采用个案研究方法，收集了许多珍贵的调查资料，尤其是对胡姓宗族的调查与分析更是颇具典型性。浙江宗族，钱茂伟著《明代的科举家族：以宁波杨氏为中心的考察》（中华书局 2014 年）梳理了宁波杨氏家族在明代的发展历程，及其家族维系、家族成员的学术与诗文创作等，重点谈宁波镜川杨氏科举家族的嬗变历程及其学术贡献。广东宗族，石坚平著《创造祖荫：广州沥滘村两个宗族的故事》（广东人民出版社 2013 年）讲述的沥滘村的故事是在珠江三角洲乡村历史叙事的基本结构中展开，从当地人在现实生活中所应对的政治经济关系着手，通过几百年间沥滘村不同群体的历史活动，对这种历史叙事模式进行了诠释和解构。黄挺著《十六世纪以来潮汕的宗族与社会》（暨南大学出版社 2015 年）将所发表的潮汕宗族与乡村传统文化研究的论文结集，探讨潮汕宗族社会的形成、发展及其对现代社会的影响。全书主要分为四章：16 世纪潮州宗族的文化建构，清代宗族与地方社会，文化、观念与近现代宗族发展，海外移民与宗族文化。此外，崔来廷《明清甲科世家研究》（知识产权出版社 2013 年）以科举考试进士科出身的甲科世家为研究对象，分析其形成的社会历史文化政治因素，并揭示甲科世家形成的社会深层原因。

近现代宗族。程维荣《中国近代宗族制度》（学林出版社 2008 年）主要介绍了近代宗族制度的渊源与社会环境，近代宗族与婚姻家庭制度，近代族谱与族规，近代少数民族宗族制度，晚清至民国宗族社会的变化，国民党时期宗族制度的延续与变革，革命根据地宗族制度的瓦解等内容。马学强著《江南席家：中国一个经商大族的变迁》（商务印书馆 2007 年）指出，席家也是近代中国显赫的买办家族，曾出任十多家外资银行的买办、申报馆买办。这个著名的经商大族，在财富增长的同时，从文习艺者也代不乏人。历史悠久的“扫叶山房”是席家开设的一家书坊，持续了数个世纪，名扬大江南北。本书论述了洞庭席氏的人际网络与社会关系，生活世界的变化等问题。邱巍著《吴兴钱家：近代学术文化家族的断裂与传承》（浙江大学出版社 2009 年）探讨了钱氏家族概况与家族认同，钱振伦、钱振常兄弟的人际网络与知识结构，钱恂的生平、知识体系与思想，单士厘：闺秀传统与近代知识女性，钱玄同：激烈反传统背后的诸问题，钱稻孙：生平、学术和思想钱三强：在科学家传记之外。杜靖著《九族与乡土：一个汉人世界里的喷泉社会》（知识产权出版社 2012 年）以山东费县闵村及周围乡土社会为田野考察地点，历经十年，对传统九族制进行了现代民族志检验。作者认为，以往宗族的或姻亲的任一单一研究视角均难以达成对汉人亲属制度及其实践的洞察和了解，必须回到以九族制为中心和重点的汉人亲属制度研究路径上来。为此，作者建立了以九族制为核心的统合宗族与姻亲双重分析视角的汉人亲属研究框架，希望突破国际人类学界长期以来流行的继嗣体系与交换体系相分离的研究格局，推动世界人类学亲属制度研究向前迈进。另外，作者还把九族亲属制度放置在地域社会中来理解，提出了喷泉社会或九族连环社会解说模式，并期许这一理论模式与宗族社会、市场层级社会、祭祀圈和信仰圈社会等诸模式具有同等重要的认知汉人社会运转的学术价值和地位。

还有学者探讨了当代宗族与村民自治、地方治理的关系。朱炳祥著《村民自治与宗族关系研究》（武汉大学出版社 2007 年）是摩哈苴彝族村、周城白族村、平峰汉族村与捞车土家族村、福建省惠安县崇武镇大蚱村（亦为汉族村）五个村庄的个案分析，论述了村治与宗族关系的历史检视，宗族的民族形态与现代国家政权建设，村民自治与宗族政治，村民自治与宗族经济，村民自治与宗族文化，弗里德曼悖论的终结与人类学的中国经验。肖唐镖主编《农村宗族与地方治理报告：跨学科的研究与对话》（上海学林出版社 2010 年）则是一本论文集。

宗祠在宗族占有重要地位，专著有数种。黄海妍著《在城市与乡村之间：清代以来广州合族祠研究》（北京三联书店 2008 年）讨论了自明清之际到 20 世纪中期广州城中合族祠的演变过程，认为在这个过程中可以看到了社会变迁、国家制度的更替、意识形态的变化以及城乡关系的发展对合族祠这种社会组织所产生的影响。在国家观念和地域认同的建构过程中，合族祠所使用的语言及其表现形式也随着社会的复杂变迁、士大夫认知的改变而不断发生变化。冯江《祖先之翼：明清广州府的开垦、聚族而居与宗族祠堂的衍变》（中国建筑工业出版社 2010 年）在地域建筑史学研究中引入了历史人类学方法，将对聚落和宗祠的研究置于更广阔的动态历史语境之中，梳理了广州府祠堂发展和演变的历程，阐释了地理环境、社会变迁、聚落格局与宗祠之间的关联，揭示了重要的历史事件、人物和文献对宗祠及村落形态的影响。邵建东著《浙中地区传统宗祠研究》（浙江大学出版社 2011 年）主要围绕浙中金华地区传统宗祠的历史演变与现状，分析宗祠的类型、地域特征、社会活动、管理、社会影响和建筑文化等方面情况，探讨宗祠、宗族、村落的内在关系及其演变，总结宗祠发展变化对农村社会发展的影响。滕雪慧《瓜瓞绵延山海间——临海传统宗祠研究》（文物出版社 2015 年）细致梳理了临海现有宗祠遗存，从建筑文化与社会文化史的双重视角，对临海传统宗祠进行研究和阐释，力求深入探究宗祠的建筑风格、特征与内涵，复原其宗祠所反映的宗族社会全景。冯尔康教授《中国古代的宗族与祠堂》初版于 1996 年，2013 年商务印书馆出版了该书的增订版，文字增加了三万多，插图添加到 50 幅，论述更加完善。

利用宗族文献的专门研究。宗韵著《明代家族上行流动研究——以 1595 篇谱牒序跋所涉家族为案例》（华东师范大学出版社 2009 年）以四库系列丛书中的明人谱牒序跋为基本史料，对明代家族上行流动的相关问题进行研究。在对一些具体问题的阐释过程中，还较多使用定量分析的方法对所搜集的谱牒序跋进行统计分析，并在此基础上对一些问题提出自己的解释。冯剑辉著《徽州家谱宗族史叙事冲突研究》（合肥工业大学出版社 2014 年）以徽州家谱中的宗族史叙事为研究对象，着力于从宏观上把握徽州宗族早期历史的建构过程及其特点，从这一建构过程进一步展开分析包括徽州家谱在内的中国家谱文化的重要特征。书中重点考察徽州家谱中宗族历史叙事中的冲突。着重于程氏、汪氏、胡氏和黄氏四大宗族，同时关注一些著名的历史人物如程颢和程颐兄弟、胡方平和胡一桂父子的族属问题，并对徽州相当部分的宗族历史叙事都存在的"黄墩叙事"现象进行探讨。何明星《著述与宗族——清人文集编刻方式的社会学考察》（中华书局 2007 年）借助张舜徽先生对 600 部清人文集研究的成果，通过对清人文集的编刻方式的统计分析，及与宗族的象征——族谱的编刊活动的比较，从社会学的视角探讨清人图书文化活动在宗族传承、科举教育和学术研究中发挥的轴心作用，揭示传统著述、编刊与宗族是一种相互适应的文化生态关系。1860 年之后的印刷技术变革打破了这种生态关系，对著述、出版以及社会各层面的影响迄今尚存。

此外，与婚姻、家庭、宗族有紧密关系的还有姓氏研究。陈絜《商周姓氏制度研究》（商务印书馆2007年)探讨了商周时期的姓氏制度、封建等级社会下的姓氏制度——从西周到春秋时期、封建等级社会的解体与新型姓氏制度的形成三大问题。

**(三)社会分类与结构**

综合性研究方面。吴琦的《明清社会群体研究》(中国社会科学出版社2009年)紧紧抓住社会群体这一核心概念,从群体特征与群体互动的角度,分析明清不同群体,及其在国家与社会中的作用与影响,在理论和方法上有积极的尝试。全书收录了10篇长文,大致分为三个部分。前四篇为皇帝和朝廷要员的群体研究,中间三篇为士人群体研究,后三篇探讨群体互动以及群体与社会发展、时局变动的关系。《清代人物三十题》(岳麓书社2012年)为冯尔康先生数十年来所撰论述清代人物文章的合集,书中论述清代人物分为四类:一是皇帝,有康熙帝、雍正帝、乾隆帝、道光帝、咸丰帝;二是名臣,有施琅、徐元梦、田文镜、鄂尔泰、阮元;三是文人,有傅山、黄宗羲、曹雪芹、黄印、许思湄、朱次琦、吴汝纶、章太炎;四是女性,有袁氏三妹等。冯先生在该书《自序》中指出:"人的历史的研究,首先要弄清个人、群体与社会与历史的关系问题,而后才能进一步明了史书中人物传记的社会作用。"作者擅长从历史人物看时代、看社会,书中的论述体现了这样的特色。

妇女史与社会性别研究成果突出。陈高华、童芍素主编《中国妇女通史》(杭州出版社2010年)以时代为序,分为10卷,约500万字,各卷作者如下:王子今、张经著先秦卷,彭卫著秦汉卷,张承宗、陈群著魏晋南北朝卷,高世瑜著隋唐五代卷,方建新、徐吉军著宋代卷,张国庆、韩志远、史金波著辽金西夏卷,陈高华著元代卷,陈宝良著明代卷,郭松义著清代卷,郑永福、吕美颐著民国卷。

通论性的妇女著作有邓小南、王政、游鉴明主编《中国妇女史研究读本》(北京大学出版社2011年)推荐的19篇论文,分别从妇女地位、性别与身体、书写妇女、妇女形象建构、媒体与性别、恋爱与婚姻六个方面,对中国历史上各个时期的妇女史进行了独特而深入的研究,试图为中国妇女史提供新的研究方向。李志生著《中国古代妇女史研究入门》(北京大学出版社2014年)从当前古代妇女史研究的理论框架、主要材料、研究现状出发,对古代妇女史研究中经济地位、法律身份、后妃、女教书等关键问题,妇女身体史和以文本解读妇女历史等前沿领域,进行系统全面讲解,概述了中国古代妇女史研究的现状与方法。蒲慕州主编《礼法与信仰:中国古代女性研究论考》(商务印书馆(香港)有限公司2013年)是一部以"女史"为专题的学术论文集,收录内地及香港多所大学的学者论文14篇,全书围绕中国古代女性与社会(包括法律、宗教等方面)的关系立论,内容涵盖了由周(公元前1046年)至宋(公元1279年)这两千年间,中国女性之社会地位、社会活动以及信 仰活动的各个方面。本论文集设定了两个有关女性的研究方向,一是法律,是有关外在的处境;二是宗教信仰,是有关内在的感受。突破了传统观念,是对研究的对象和议题的重新思考。焦杰著《性别视角下的易礼诗妇女观研究》(中国社会科学出版社2011年)在对传统笺注融会贯通的基础上,广泛联系礼制、民俗、价值观念、思维模式、审美倾向等项大胆解释,还专谈《周易》、《礼》、《诗》中妇女观。

断代性女性研究方面。汉代女性研究持续发展[①],彭卫对汉代女性的研究有新意,他认为:汉代女性工作的领域相当宽泛,没有被限制在“男耕女织”或“男耕女爨”的范围内,以“内”与“外”来区分汉代两性工作的不同是不确切的;由于汉代女性被排斥在公共管理领域之外,女性工作界域的广泛并不意味着女性拥有与男性相近的权利和地位;普通人家妇女的劳作是家庭经济收入的重要来源,如果一个女性成为家庭经济的主要支撑者,她可能在家中拥有更大的发言权;商业活动对汉代女性地位有着怎样的影响还比较模糊;由王制改为帝制,这种从先秦到秦汉国家体制的转变,并没有对汉代女性在社会和家庭中的位置造成大的影响或变化[②]。他还探讨了汉代女性的身体形态和疾病状况[③]。陈长虹《汉魏六朝列女图像研究》(科学出版社 2016 年)对早期列女图像的产生、题材范围、图像范式、功能、各地列女图像的地域性和共性等问题进行了探讨,归纳出中国古代女性题材绘画的几个重要母题,并探讨了它们在历史上的演变。张菁著《唐代女性形象研究》(甘肃人民出版社 2007 年)提出,唐代妇女形象就其社会角色和社会阶层而言,可以划分为许多类型,有皇族、贵族、官僚、农妇、商妇、侠女、征妇、女尼、女道士、妓妾等,其中还包括大量以女性形象出现的精灵鬼怪。作者以唐代的诗歌小说和墓志为主要线索,选择几个具有代表意义的类别形象进行分析。铁爱花著《宋代士人阶层女性研究》(人民出版社 2011 年)明确界定“宋代士人阶层女性”的概念,从秩序、规范与女性的实际生活入手。按照从社会到家庭、到个人三个层面的逻辑顺序进行组织,广泛考察宋代国家,士人社会、地方乡里以及士人家庭等对女性的规范,系统研究宋代士人阶层女性的生活实然,并从多角度、多层面透视宋代社会秩序、规范与士人阶层女性生活之间的关系。阿风著《明清时代妇女的地位与权利——以明清契约文书、诉讼档案为中心》(社会科学文献出版社 2009 年)以徽州文书、淡新档案等明清地方文书档案资料为中心,从法律规定与文书档案两个层面分析中国家庭的法律构造,探讨妇女的地位与权利。陈超著《明代女性碑传文与品官命妇研究——以四库明人文集为中心的考察》(光明日报出版社 2013 年)利用“四库”明人文集中的女性碑传文,探讨了明代女性群体品官命妇。品官命妇是明代有政治身份的女性,作者厘清了明代品官命妇制度的来龙去脉,结合社会性别、社会等级、家庭伦理和宗法制度等多重侧面,全面考察品官命妇的社会角色、家庭生活以及她们的精神世界,突破以往研究中“男尊女卑”的单一形象,在多重视角下呈现品官命妇复杂、多样的生活面貌。张杰《熟悉的陌生人——明清江南社会才女群体想象的社会学研究》(中国社会科学出版社 2015 年)从社会学的“陌生人”视角出发,探讨明清才女群体的兴起、存在与被容忍与其特定的社会空间建构的联系。谢雍君《〈牡丹亭〉与明清女性情感教育》(中华书局 2015 年)论析了《牡丹亭》所描述的经典阅读和自然感发两种情爱发生方式、感梦身亡和“发乎情止乎礼义”两种情爱实现方式,及其对明清女性可能产生的情感教育作用,从而揭示了明清戏曲女性情感教育的实施方式、文化内涵、功能特征、基本特色和社会意义。赵崔莉《被遮蔽的现代性:明清女性的社会生活与情感体验》(知识产权出版社 2015 年)从明清女性的生活、情感和体验出发,对明清女性

---

① 姚琪艳:《汉代女性研究综述》,《中国史研究动态》2015 年第 1 期。

② 彭卫:《汉代女性的工作》,《史学月刊》2009 年第 7 期。

③ 彭卫:《汉代女性的身体形态与疾病》,《浙江学刊》2009 年第 6 期。

的经济活动、文化才情、休闲娱乐、行旅生涯、宗教信仰、公益慈善、法律诉讼、参政议政以及社会属性等考察，塑造出明清女性不断创造、勇敢追求、具有独特审美和愉悦体验的群体形象，打造出鲜活生动而又不乏闲情逸致、妙趣天成的明清社会生活场景。李汇群《闺阁与画舫:清代嘉庆道光间的江南文人和女性研究》(中国传媒大学出版社 2009 年)重点考察清代嘉道年间江南文人与女性的交游唱和以及相应的文学创作。王雪萍著《16—18 世纪婢女生存状态研究》(黑龙江大学出版社 2008 年)认为，婢女是中国古代社会的一个特殊女性群体。十六至十八世纪，婢女显现出一系列值得关注的特征。其身份、地位以及独特的社会角色和生存策略都构成这个时代女性和社会史中的重要课题。本文对十六至十八世纪婢女生存状态进行较为系统化的分析。张秀丽《民国北京婢女问题研究》(北京师范大学出版社 2016 年)以城市化为视角，利用北京市档案馆档案，剖析北京婢女的构成、买卖、日常生活、情感与婚姻、救助与安置、解放运动以及政府禁婢法令等问题，探讨社会转型和城市剧烈变动对婢女褪去传统色彩、向现代转型的影响。

贵族身份特殊，是社会中的高等级。蔡锋著《春秋时期贵族社会生活研究》(中国社会科学出版社 2004 年)通过对先秦典籍、古文字、田野考古资料的综合分析，探讨了先秦春秋时期富有代表意义的贵族阶层亦即卿大夫、士的生活。何兆泉《两宋宗室研究——以制度考察为中心》(上海古籍出版社 2016 年)考察了宋代宗室的管理机构、联名呈报、谱牒编修、法律特权以及宗室教育、选举、入仕、文化等问题，针对宗室的人口、进士及重要任官情况等做出计量统计分析，揭示宋代宗室事务的特殊性及其广泛的影响。李玉君《金代宗室研究》(科学出版社 2016 年)探讨了金代宗室管理机构、教育科举、政治贡献、社会地位、婚姻关系、文化成就，有利于全面地认识金代社会，以一个新的视角去看待金朝的兴衰史。符海朝《元代汉人世侯群体研究》(河北大学出版社 2007 年)探讨了汉人世侯群体与北方儒士关系，蒙(元)政权对汉人世侯群体的控制机制，汉人世侯的夷夏观等问题。雷炳炎著《明代宗藩犯罪问题研究》(中华书局 2014 年)叙述了明宗室分封的由来、王府的规制、宗室分封的规模，介绍了明宗室事务管理的相关机构，讨论了明宗藩地位的变化、政策调整与宗藩改革等问题;对种种宗藩犯罪作了翔实的分析、论述;考察了明廷对罪宗的科刑、处置情况，注意议罪方式、定罚程序的细微变化及惩戒的前后差异;探讨了罪宗庶人的安置和善后管理问题，围绕贬废罪宗的生养死葬、婚嫁、袭封爵等问题分别进行了考证和论述;探寻了明宗藩犯罪的历史根源，剖析了藩府事务处理各环节种种弊窦与宗藩犯罪的关系，对明宗藩犯罪的人员构成和地理分布作了适当分析，对宗藩犯罪的社会影响亦给予了应有关注。

官员与社会的探讨。薛志清《秦汉社会流动研究——以官员为中心》(中国社会科学出版社 2016 年)重点剖析秦汉时代由民到官的主流渠道——接受教育，辅助渠道——婚姻以及官员层内部的升迁和黜免因素。结合刘邦布衣集团成员社会流动前后身份的变化，更为微观地考察秦汉时代社会流动的实现途径。此外，探讨官员与社会的还有惠祥宇、辛艳《汉代少吏与社会研究》(四川大学出版社 2015 年)一书。

文人士子的生活与群体性受到关注。魏晋之际士大夫受人关注[①]，有关唐代的两部著作颇具新意，刘琴丽著《唐代举子科考生活研究》（社会科学文献出版社 2010 年）对唐代举子的日常生活诸面相进行了专题性研究，探讨了唐代举子的经济生活、科考旅寓、家庭关系、精神生活以及社会交往等五个方面的内容，并将举子群体的科考生活置于唐代社会、经济、文化、习俗等发展变化的大视角下探讨。彭梅芳著《中唐文人日常生活与创作关系研究》（人民出版社 2011 年）从中唐文人日常生活的角度，考察处于现实生活中的文人的生活心态、审美情趣以及在这些心态和情趣影响下的文学创作特点。结合中唐思想文化转型、文人贴近世俗生活并开始有意识地将琐碎的日常生活纳入文学表现领域的背景，揭示文人在“文化精英”身份掩盖下的、作为普通人的一面，从而力求客观、辩证地探究文人日常生活、日常观念和文学观念、文学创作演进之间的相互关系。在梳理相关史料以及对中唐日常生活题材文学作品进行考察的基础上，从文人的衣食住行等日常物质生活、琴棋书画等日常文化生活、日常工作及日常交往等日常生活基本层面中抽取部分与文学联系较为紧密的方面进行阐述，力求以点带面，以小见大地探讨文人日常生活的定型、打破与重建给文学创作带来的影响。

宋代士人风气、结社[②]、交游问题均有新著。周扬波《宋代士绅结社研究》（中华书局 2008 年）提出中国古代最为基本的人际关系基于“业、社、乡、宗”四种因素，就结社问题专门讨论。郭学信著《北宋士风演变的历史考察》（中国社会科学出版社 2012 年）对北宋初期、中期和晚期三个阶段的士风变化作了阐释，探讨北宋士风演变的轨迹和原因，论析每个阶段士风所凸显出来的内涵、特征及其影响。梁建国著《朝堂之外：北宋东京士人交游》（中国社会科学出版社 2016 年）。围绕地方士人融入东京社会这一主线，选择拜谒、走访、宴饮、雅集、送别等五种有代表性的交游，并联系这些活动所依存的朝廷制度、社会习俗等历史背景，分析各种人际关系的生成与维系。该书研究角度是从宏大叙事到日常取向的转变，重点关注士人群体在朝堂之外的那些以往不被重视的生活内容，以期对士人的生存状态以及士人社会的诸多现象获得新认识。

元明之际的士大夫研究[③]。展龙《元明之际士大夫政治生态研究》（人民出版社 2013 年）理清士大夫在元明之际政治生态的多姿表现、一般品性及其所具有的精神特质和道德追求。结合元明之际的社会时局，逐层考察士大夫个体与士大夫群体政治生态的变化趋势及意义所在。明晰士大夫在历史变革时期政治地位的变化、与政治权力之间的复杂关系及其文化功能与政治功能等重要问题。

明代文人的研究也与文学意识结合。周榆华著《晚明文人以文治生研究》（广东高等教育出版社 2010 年）从以文治生的角度出发，对明代中后期的布衣文人的生存状况、诗文创作特点及其在文学发展史的意义进行了细致探讨。该书采用群体研究与个案研究结合的办法既把握以文治生的这一类文人共有的特点，又通过细而微的分析，了解单个文人的谋生行为、心理及其诗文风格。万木春《味水轩里的闲居者：万历末年嘉兴的书画世界》

① 张继刚：《近八十年来魏晋之际士大夫研究综述》，《中国史研究动态》2015 年第 4 期。

② 参阅董春林：《宋代会社研究综述》，《西华大学学报》2010 年第 6 期。

③ 参阅展龙：《元明之际的士大夫研究综述》，《中国史研究动态》2010 年第 4 期。

(中国美术学院出版社 2008 年)以《味水轩日记》为主要文献史料,还原明末年间浙江嘉兴地区文人书画鉴藏历史概况。李若晴著《玉堂遗音:明初翰苑绘画的修辞策略》(中国美术学院出版社 2012 年)将绘画置于历史情境中进行解读,并以作品为线索,勾勒出一幅 15 世纪上半叶明代宫廷的文化图景。认为只有把绘画史的研究重点从审美与技术的层面扩展到社会文化中进行整体考察,才有可能充分认识其起承转合的演变过程。这一做法,或有别于历来明代宫廷绘画研究以画家和画派为单一考察点的叙述模式。李娜著《湖山胜概与晚明文人艺术趣味研究》(中国美术学院出版社 2013 年)就晚明杭州人陈昌锡出版的宣传杭州风景的书籍《湖山胜概》系统考证,深入研究了中国明晚期文人士大夫的精神文化生活,主要侧重于文人心态。

讲学教书是士人的重要活动。陈时龙著《明代中晚期讲学运动:1526 ~ 1626》(复旦大学出版社 2007 年)主要探讨了明代中晚期从王阳明讲学至东林学派的讲学之间约一百年的讲学发展历程,以及讲学与政治、学术、社会道德等问题之间的关系。士人往往依靠塾师谋生,刘晓东著《明代的塾师与基层社会》(商务印书馆 2010 年)通过对明代私塾教育的发展与塾师社会构成的演变、塾师的生计状况、塾师的职业生活与职业观念、塾师的社会活动等问题的梳理,更主要从"社会人"而非简单的"教育者"的角度,探讨了塾师于明代基层社会中的生存状况及其多元化的社会角色与功能,并进一步揭示了"治教融合"传统对中国近世士人群体生存与发展的内在影响。蒋纯焦著《一个阶层的消失:晚清以降塾师研究》(上海书店出版社 2007 年)以观照晚清以降之塾师的变迁为视角,将这个阶层随中国社会发生转型而经历的历史过程,区分为晚清、民国、新中国三个各有特征的阶段。

明清时期士人与地方社会的关系也是讨论的课题。衷海燕著《儒学传承与社会实践:明清吉安府士绅研究》(世界图书出版公司 2012 年)分别论述了士绅阶层与世家大族、地方教育与"江右王门"、儒学传承与江右书院、教化乡里的理念实践、士绅阶层与家族组织、士绅阶层与地域社会等问题。作者指出吉安士绅对宋以后儒学发展的贡献,集中地表现为"江右王门学派"对程朱理学的突破与发展,推动了"儒学传承的地方化趋势"。在社会实践领域,吉安地区逐渐形成了以士绅阶层为主导的社会控制体系,促使儒学价值观日益渗入民间日常生活,促成了"区域社会文化变迁的儒学化趋势"。徐林《明代中晚期江南士人社会交往研究》(上海古籍出版社 2006 年)分为 5 章,即:《处于悖论中的中晚明士人》《声景比附　燕集唱酬》《明中晚期士人社会交往的下移》《焚香煮茗　共谈空寂》《明中晚期士人社会交往与文化》[①]。冯玉荣著《明末清初松江士人与地方社会》(中国社会科学出版社 2011 年)探讨王朝更替、政权变动,在不同的政权体系下,士人在地方社会所扮演的角色,对地方的社会功能。主要内容包括:明中后期松江社会的变迁即士人群体意识与"松江社会"的构建、以明伦堂为中心考察地方社会秩序中的"国家"在场、以几社为中心考察士人民间的社集、以海塘修筑为基点考察地方事务中的士人表达、以府志为中心考察社会变动与地方史。王文荣《明清江南文人结社考述》(凤凰出版社 2015 年)挖掘新资料,探寻当时文人结社的真实风貌,找寻地域社群与文学活动之间的内在联系。张烨《明清时期山东地

---

① 关于晚明士人的研究,可参看李竞艳:《20 世纪以来晚明士人群体研究综述》,《史学月刊》2011 年第 2 期。

区基层士人研究》(上海人民出版社 2015 年)探讨明清时期山东地区大批壅滞基层的士人群体的言谈举止,各种教育、教化活动,以及对儒家文化内容、载体、传播媒介世俗化进程的推进等问题。此外,杨东方《明清士人的世俗生活——以话本小说资料为中心》(中国书籍出版社 2013 年)探讨士人的科举生活、治生生活、婚姻生活。

关注明清之际士大夫的研究,还有赵园著《制度·言论·心态——〈明清之际士大夫研究〉续编》(北京大学出版社 2006 年),分明清之际文化现象研究和明清之际士人话题研究两部分,内容涉及谈兵、游走与播迁、师道与师门、君主、文质、井田、封建等。黄建军著《康熙与清初文坛》(中华书局 2011 年)分为"康熙与清初文人"、"康熙与清初文学"两编。上编考量在康熙文艺政策之下的文人生存状态,突出翰林院及人文最盛的江南在清初文学中的结构意义;下编从文论、文体及文集编纂等方面勘察清初文学与康熙的关系。认为康熙正是以其独具的政治优势影响了其时的文人心态,左右着当时的文学生态,决定了清代文学的整体走向。此外,陆蓓容著《宋荦和他的朋友们:康熙年间上层文人的收藏、交游与形象》(中国美术学院出版社 2016 年)探讨康熙年间上层文人的艺术品收藏问题,给人以清新的感觉。

清代进士群体受到重视。李润强著《清代进士群体与学术文化》(中国社会科学出版社 2007 年)以 2600 多名清代进士为研究对象,从他们所处的政治文化背景入手,分析清代汉、满进士产生的时代环境,对他们的经历跟踪研究,重点论述他们的教化职能与康乾鼎盛期学术思想之间的多元化关系。诸如清代进士群体与康乾帝儒学观的形成、与康乾理学的繁荣、与乾嘉考据学的盛行、与传统教育的转型、与清代学术文风的流变、与民间宗教风俗的互动等方面,反映了清代进士群体、清代科举制度与清代大文化之间的深层关系。多洛肯著《清代浙江进士群体研究》(中国社会科学出版社 2010 年)从历史传统的深刻影响、清代文教事业的兴盛与科举、清代浙江进士的盛况、清代浙江进士与学书发展等方面着手,用比较、统计、制作图表等方法,进行梳理与归纳;结合社会经济史、教育史、文化史等多学科进行分析研究。考察了清代浙江进士群体,以及与此相关的科举制度、学术发展史等问题。

近代绅士一直是热门研究课题。王先明著《变动时代的乡绅——乡绅与乡村社会结构变迁(1901—1945)》(人民出版社 2009 年)论述了 11 个问题,对于民国以来的乡制变革作了较系统的考察。李平亮著《卷入大变局——晚清至民国时期南昌的士绅与地方政治》(经济日报出版社 2009 年)讲述了一段清末民初南昌地方社会的转型故事。对社会转型时期的内在机制进行了颇有见地的分析,试图在政治制度和社会文化两个层面的相互关系和影响中揭示南昌的近代化过程。刘玉梅著《近代教师群体研究——以直隶为考察中心》(人民出版社 2016 年)对清末民初教师群体的形成、发展、职业化过程、群体性特征以及作为一个新兴职业群体,处在怎样的社会地位,扮演着怎样的社会角色,在中国近代教育乃至整个社会转型过程中起过怎样的历史作用等方面进行了论述。

农民的研究不容忽视。侯旭东指出:秦汉时期北方虽以农耕为主,但因气候温润,野生动植物丰饶,作为古老的谋生方式,渔采狩猎投入少,产出快,山林湖泽附近的民众均可一定程度上仰此或兼此为生。渔采狩猎与从商一道成为田作之外民众的其他谋生手段。战国以降,官方开始确立以农立国的策略,针对民众不乐农耕、轻易迁徙,立法律与政策措施驱之务农，并将其束缚在土地上，作为一个群体的农民与定居农耕社会在此背景下逐步形成[①]。鲁西奇《何草不黄——〈汉书〉断章解义》（广西师范大学出版社2015年）第五部分是农民专题“编户齐民：汉代农民的生活与社会”，论述了编户齐民、五口之家、乡村等问题。宋代农民的生活状况受到关注[②]。郭松义著《民命所系：清代的农业和农民》（中国农业出版社2010年）是一本专题性文集。作者指出：“我之所以将此类论文编辑成集，是因为农业和农民，不但关系着当时社会的稳定和朝代的兴衰，即使在现代同样十分重要。而我所关注的农业、农民主要指清代，与近代时代相近。那时发生的事和遇到的矛盾，有的到今天仍可寻见源头，甚至有借鉴意义。其次，在我从事的研究生涯里，农业一直占有重要的位置。我的研究成果，除著作外，已发表的百余篇论文中，有关农业、农民的达30余篇、60余万字，占了将近三分之一。此次，我选录24篇，约40万字，恰好是一本中等部头的书。”张明著《民国时期皖南永佃制实证研究》（人民出版社2012年）从皖南永佃制形成及其发展原因、皖南永佃田的比重及分布、皖南永佃制与公田关系、皖南永佃田的租佃与经营、永佃制性质五个方面对民国时期皖南永佃制作了较为全面的研究。作者主要以安徽长江以南十多个县的永佃土地档案、一千多份以前未发现的土地契约、租佃鱼鳞册及土地清册为核心史料写成。作者从社会结构、社会变迁角度分析永佃制的形成原因，对公田特别是族田与永佃制的关系进行深入研究，在永佃田比重及其分布、永佃田比重及其分布、永佃经营研究的基础上对永佃制的性质重新进行论证，并回应了学术界“民国时期永佃制衰落”的观点。李淑娟著《日本殖民统治与东北农民生活（1931～1945年）》（社会科学文献出版社2014年）借助丰富的史料，从东北农民生活入手，揭示东北沦陷时期日本殖民统治的实质。揭示了“九一八”事变后，日本统治东北期间制造的一切暴行、对农民土地的大量占有、对粮食等农产品的掠夺、对劳工的强制征用、鸦片毒化政策的实施、日本“移民开拓团”的建立、苛捐杂税的实施等，给广大农民带来深重灾难，使农民贫困达到极点，加速了农村的破产进程。

山东商人的研究出版了较大型的著作。朱正昌主编、谭景玉等著《齐鲁商贾传统》（齐鲁书社2014年）分为先秦秦汉、魏晋隋唐宋元、明清、近代四卷。

明清以来的商人具有多样性。陈支平著《民间文书与明清东南族商研究》（中华书局2009年）以民间文书为研究资料，以明清时期我国东南沿海地区的族商为研究对象，剖析了他们的资产构成、经营管理、财产分割状况，兼及他们的乡土观念、思想信仰、社会参与等，多角度展现了族商的基本特征。范金民指出，自明中叶起，地域性商帮崛起于各地，开始了中国商业历史上的商帮时代[③]。李刚、李薇著《明清陕晋徽三大商帮比较研究》（中国社会科学出版社2014年）分析了明清时期陕晋徽三帮的商业竞争过程和由此而凸显的三大商帮区域文化特色，表现了明清中国商业丰富多彩的历史画卷和以陕晋徽为主要代表的中国商帮的历史发展过程，并对陕、晋、徽三大商帮的经营特点和文化构架进行了分析。张守广著《宁波帮志·历史卷》（中国社会科学出版社2009年）对宁波帮兴起的背景、宁波帮

---

① 侯旭东：《渔采狩猎与秦汉民众生计——兼论耕织为本传统的形成与农民的普遍化》，《历史研究》2010年第5期。

② 陈宇：《近10年来宋代农民生活状况研究综述》，《黑龙江史志》2013年第4期。

③ 范金民：《明代地域商帮的兴起》，《中国经济史研究》2006年第3期。

的形成和转型以及当代海内外宁波帮的状况进行了系统的分析和考察。《明清地域商帮兴衰及借鉴研究:基于浙江三地商帮的比较》(郑州大学出版社 2015 年)以明清时期浙江地域内比较有代表性的海商宁波帮、陆商龙游帮、湖商湖州帮为研究对象,分析了商帮兴起的内外原因及历史必然性,从历史渊源、文化底蕴、地理条件、经营理念、经商路径、经营方式和特点、管理制度、社会影响、商政关系等方面对三地商帮进行了比较研究。曹琳著《明代商人商业经营研究》(中国社会科学出版社 2013 年)对于前人研究中曾略有涉及的某些方面,就明代状况进行了更完整、深入的探讨,如商业经营中的原则与策略、广告宣传、士商关系及商人与一般大众的关系处理;更多的则是对前人研究中极少涉及甚至完全没有涉及的方面加以初次探讨,如商业经营地点的选择和开拓商品市场的策略、商人本身良好形象的树立、商人之间关系的处理、商人对经营条件的改造与协调,以及发展水平不平衡的表现,等等。郭松义著《清代赋役、商贸及其他》(天津古籍出版社 2011 年)论文涉及近世商业观念的转变、清代北京的山西商人、清代人口流动与边疆开发、晋商和汾酒、商号佣人为讨偿货物欠款事例等。《千山夕阳:王振忠论明清社会与文化》(广西师范大学出版社 2009 年)通过对历史片断的缀合,尽最大可能复原了我们寻常难见的明清徽商面貌和民间社会图景。王裕明著《明清徽州典商研究》(人民出版社 2012 年)以徽州典商文书研究为出发点,全面探讨徽州典商诸问题。在此基础上,把握明清典当业和明清社会,重点认识徽商典铺的经营实态以及明清社会的变迁过程。谢秀丽、韩瑞军《清代前期民间商业信用问题研究》(人民出版社 2012 年)对清代前期商人、生产者和消费者三大群体相互之间及各类群体内部的商业信用关系、牙行与商业信用的关系、商业信用期限及货款的清偿,商业信用风险的类型及其防范,商业信用票据,广州对外贸易中的商业信用和中西商业信用比较等问题,进行了全面、深入和系统地探讨与研究,总结了清代前期民间商业信用的特点与作用。陈亚平著《寻求规则与秩序:18—19 世纪重庆商人组织的研究》(科学出版社 2014 年)以清代巴县衙门档案为基本史料,考察 18—19 世纪重庆城市发展过程中的商人和商人社会组织,从清代重庆商人组织运行实践解释清代城市民间社会的结构性变迁,解释传统城市基层社会的建构过程,从重庆商人组织在城市社会生活与商业发展中扮演的角色,分析其社会功能以及他们对城市社会秩序的影响。明清时期会社研究比较受重视[①]。

徽商与文学艺术的关系近来受到重视,且赋予一定程度的正面评价。张长虹著《品鉴与经营——明末清初徽商艺术赞助研究》(北京大学出版社 2010 年)利用丰富的明清史资料,将徽商的艺术赞助行为定性为徽商所开拓的经营行业之一。本书以明末清初徽商艺术赞助活动为考察要点,在徽商赞助与明清艺术史发展这一问题上,梳理出一条明显的线索。同时对于徽商藏品的出路作了初步交代。与徽商集团的兴衰相始终,明清时期的艺术品投资和收藏活动一直都与其有着直接的联系,表明这现象并不像以往所认为的“附庸风雅”。同时,我们还可以借此视角考察明末清初社会变迁的整体趋势。明光著《清代扬州盐商的诗酒风流》(社会科学文献出版社 2014 年)研究清代扬州盐商的诗文、戏剧活动;梳理其文学艺术活动的基本面貌和对地方文事活动的贡献,探究盐商作家文学创作的内在动机,重

---

① 史五一:《明清会社研究综述》,《安徽史学》2008 年第 2 期。

新认识、评价盐商文人群体的精神追求及其创作的社会价值、盐商作家的文化品格；探究商人群体与文人阶层的互动影响，揭示造就地域文化繁荣的特点、机制等。其中重点研究清初的盐商诗人孙枝蔚、雍乾和乾隆时期的盐商诗人马曰管和马曰璐兄弟、乾隆时期以布衣交天子的盐商文学活动家江春等人的文学活动经历。

近代商人的探讨。朱英《商民运动研究（1924—1930）》（北京大学出版社 2011 年）探讨 1920 年代大革命背景下商民运动，从国民党与民众运动的大背景，考察商民运动发端的原因，并分析商民运动在初期滞后于工人、农民、学生运动的缘由。选取广东、湖南、湖北、上海四个地区，论述商民运动的起步、扩展、兴盛、余波以及结束的各个不同历史阶段。再次，论述了商民运动期间商民协会与商会的关系，以及店员总会、商民协会、商会三者之间的复杂关系，商民运动时期的劳资关系，国民党相关政策的变化与影响。张玮著《市场・商人组织・产业发展：以上海绸缎业为例 1900—1930》（人民出版社 2011 年）认为近代中国市场具有二元性特征，传统产业的分工特征是场外分工发达于场内分工，基于这两个特点而形成商人网络的关系系统——以差序格局为基础的私人关系网络、以稀缺资源为基础的组织关系网络——作用于产业近代化。王静《近代旅津山东商人研究》（天津社会科学出版社 2012 年）对山东商人进入天津的诸种背景因素、其在天津经营活动、在天津这个“异质空间”里面临的矛盾与冲突、对地方公共事务的参与等诸多方面进行了考察。陈加林著《百年徽商与社会变迁（以苏州汪氏家族为例）》（上海人民出版社 2014 年）论述了明清以来苏州汪氏世系源流、商业活动、家族文化及其社会网络、与近代社会政治变迁、社会变革与苏州汪氏家族的近代转向。张芳霖《市场环境与制度变迁——以清末至民国南昌商人与商会组织为视角》（人民出版社 2013 年）研究晚清至民国的商人与商会组织。同时也通过考察商人与商会组织的市场经济活动，来探讨中国近代市场环境与制度变迁的内在机制。

马敏研究近代商会，认为晚清由于商会组织系统与其他城市民间社团组织的集体互动、协作效应，导致了某种更复杂的社会机体自组织过程的发生，其结果是形成了一个伴随公共领域扩张而形成的城市民间社团巨型网络，即“在野市政权力网络”。其实际内涵是，城市行政权力部分由官方下移民间，形成国家权力机关之外的社会权力体系。尽管它仍受封建官府的监督与控驭，但已具有相对的独立性和自治权，是一种正在形成中的、职能尚不完善的“地方性民间自治社会”，也就是与近代早期西方类似的“市民社会”的雏形[①]。马敏主编有《中国近代商会通史》（4 卷，社会科学文献出版社 2015 年）以商会与近代中国社会变迁中的重大问题为中心，探讨了商会制度的演进、商会与政府关系、商会的政治参与、商会与市场经济体制的建立、商会与国家形态间的复杂关系等种种问题，对商会存在的社会与法理基础、商会的组织与运作原则及其与经济市场化、政治民主化之间的关系等问题深入研究，探讨了商会与近代中国市民社会发展的关系。此外，近代工商同业公会的研究成果众多[②]。

还有一些值得注意的研究。林文勋著《中国古代“富民”阶层研究》（云南大学出版社 2008 年）认为“富民”阶层是在唐宋以来中国社会变迁中崛起的一个新的社会阶层，推动了

---

① 马敏：《晚清商会与中国式市民社会雏形的形成》，《南国学术》2016 年第 1 期。

② 参见魏文享：《回归行业与市场——近代工商同业公会研究的新进展》，《中国经济史研究》2013 年第 4 期。

唐宋以来中国社会的发展与变迁。“富民”阶层是重新解构唐宋以来中国社会发展与变迁的一把关键性钥匙,本书将“富民”阶层置于唐宋以来中国社会整体发展的背景下,探讨唐代至清王朝这一历史阶段“富民”阶层的基本状况、“富民”阶层与基层控制、“富民”阶层与国家的关系、“富民”阶层与经济社会的发展,从不同的角度和方面透视这一阶层的成长壮大、社会活动,以及它对中国社会的影响。林文勋、张锦鹏主编《中国古代农商富民社会研究》(人民出版社 2016 年)收集了 18 篇论文和 4 篇专题报道,论述了“农商社会”、“帝制农商社会”、“富民社会”的基本理论框架和问题诠释,唐宋时代国家与民众的新型关系及其成长土壤,唐宋“富民”阶层兴起后社会经济关系所发生的变化及其社会调适,明清时期商人群体成长的宏观与微观环境及其社会影响①。鲁西奇《何草不黄——〈汉书〉断章解义》(广西师范大学出版社 2015 年)第四部分是“义气仁心:侠客与儒生的世界”。据学者研究:秦汉的军功爵制下“士大夫”多指士、大夫级爵群体,他们是当时基层社会编户民的主体,也是帝国征派赋役的对象。随着秦汉“爵秩体制”的发展,分赐官、民爵,促使官僚贵族化、吏民同质化。因爵制的变化,尤其是民爵日益轻滥,“士大夫”爵制的意义渐趋消亡。同时,因秩制的发展,秩级分化导致官、吏呈现分途之势,吏员群体内又分化为吏与役两个层次,“役”逐渐成为帝国控制小吏和编户民的主要手段。“吏”与“民”因役而同质化,“吏民”逐渐成为编户民的代名词②。张金奎《明代卫所军户研究》(线装书局 2007 年)考察了明代军户的来源、形成、饷粮、组织管理、职业选择、后勤保障等问题。胡铁球《明清歇家研究》(上海古籍出版社 2015 年)通过歇家这个中介组织来看明清社会运动,考察与之相关的制度变革细节,以及这些细节引起的社会结构变动。“歇家”介入了明清社会的各个领域,曾是乡民与政府对话的桥梁,是政府管理社会最为倚重的力量,因此通过考察“歇家”职能的延伸和变革,能够从细节方面把握明清时期上层制度变革与下层社会组织结构变迁的关系及其过程。周泓著《群团与圈层——杨柳青:绅商与绅神的社会》(上海人民出版社 2008 年)提出,绅的类型主导乡治类型,绅商类型引导市镇类型:商绅是乡绅的时空转型延续,然不似乡绅、士绅与传统耕读伦理和仕僚政治之高度同构。通过绅商大院和社群信仰的民间建构,认为其为官方建构地方的基础因素,并构成汉人社会的群层格局。王日根著《中国会馆史》(东方出版中心 2007 年)把会馆置于中国传统社会政治、经济、文化变迁的大环境中,全面考察了会馆发展演进过程及其兴盛的背景,分析会馆的社会功能和文化内涵,进而全方位、多层次地阐述和论证了会馆的历史地位。李永芳《近代中国农会研究》(社会科学文献出版社 2008 年)对近代中国各个时期不同类型的农会,从成立背景、发展过程、组织结构、主要活动、性质与特点等方面进行了考察。徐小群《民国时期的国家与社会:自由职业团体在上海的兴起:1912—1937》(新星出版社 2007 年)追述中国现代史上一个被以往的史学家所忽略的社会群体——自由职业者群体——在 20 世纪初期上海的诞生和发展。通过探讨律师,医生,会计师,新闻记者,和大学教授这样的自由职业群体及其组织和他们得以发生其职业和社会功能的经济、社会、政治、和文化环境,揭示了民国时期社会阶级形成的新的模式,和职业化作为现代化之产物在此过程中的作用。

---

① 有关宋代富民的研究,可参阅康武刚:《宋代富民阶层研究综述》,《中国史研究动态》2015 年第 4 期。

② 凌文超:《秦汉魏晋编户民社会身份的变迁——从“士大夫”到“吏民”》,《文史哲》2015 年第 2 期。

## 二　城乡·信仰·习尚:社会空间与社会生活研究

我们继续介绍城市、乡村与社区,民间信仰与宗教生活,礼俗与社会习尚,人口与社会保障四个方面的研究成果。

### (一)城市、乡村与社区

改革开放以后,中国城市史研究异军突起相当繁盛[①]。近年来城市史研究稳步发展。

通论古代城市的著作,特别集中于城市空间问题。李孝聪著《中国城市的历史空间》(北京大学出版社2015年)收入有关历史城市地理领域的论文14篇,内容涉及区域城市选址的规律、交通与城市的关系、城市空间形态与功能结构的形成和演化、中外城市形态的比较等方面。鲁西奇著《城墙内外:古代汉水流域城市的形态与空间结构》(中华书局2011年)全面考述了汉魏六朝、唐宋以及元明清时期汉水流域治所城市(及部分非治所聚落)的建城过程、城郭规模与形态、城郭内外之空间结构与功能分划;就汉魏六朝时期从散居向聚居的演变以及城居与村居的对立,唐宋时期特别是唐代地方城市中里坊制之实施情形及其实质,明清时期治所城市城墙内外街区的功能分划及其原因等问题展开讨论。比较城市史研究也是重要的方法,井上徹、杨振红编《中日学者论中国古代城市社会》(三秦出版社2007年)收录论文17篇。

先秦两汉时期。王震中、宋镇豪《商代都邑(商代史·卷五)》(中国社会科学出版社2010年)分析商朝城邑的空间关系及城邑体系的分层结构形态与都邑文明,进行理论上的阐述。陈博著《从中心到边疆——汉帝国城市与城市体系的考古学研究》(科学出版社2016年)以汉代城市遗址为基础,复原汉帝国的城市与城市体系,并对其特点进行系统考察。研究关注汉帝国的中心区以及南、北边疆地区,比较不同地区城市与城市体系的共性特点与区域性特征。

中古时期。王静著《中古都城建城传说与政治文化》(社会科学文献出版社2013年)认为,中国古代都城的选址、规划以及具体建制,除了结合王朝实际的政治需求之外,还要通过布局、象征来体现其神圣与正当性,成为王朝政治文化的具象。于是,帝国统治者与都城的规划、施行者,通过"仰观天文,俯察地理",巧妙利用谶纬、神话,甚至天文等元素,在天下政治秩序以及宇宙体系中同时建构帝都的中心位置,并终成"天子之居"。在这个过程中,他们既要植根于传统,又需要为王朝命运量身定制。这一切多蕴涵在中古帝都的建城伊始,成为它们拥有都城地位的基因。2015年出版的《唐研究》二十一卷,为"唐代长安及其节庆研究专号"。宁欣著《唐宋都城社会结构研究——对城市经济与社会的关注》(商务印书馆2009年)探讨了地域空间的变化,如平面空间、立体空间等,并着眼于这些地域空间变化与城市经济社会之间的互动,即地域空间的变化是如何反映社会空间的变化,以及社会空间的变化如何促进地域空间的变化。人流、商流、物流的内涵与外延的变化与位移

① 熊月之、张生:《中国城市史研究综述(1986—2006)》,《史林》2008年1期。

以及他们之间错综复杂的关系。

宋代城市研究比较多样化。包伟民著《宋代城市研究》(中华书局 2014 年)探讨了宋代的城市规模、类型和特征,城市管理制度、市场、税制、市政建设、人口和文化等问题。袁琳著《宋代城市形态和官署建筑制度研究》(中国建筑工业出版社 2013 年)对一些前人的研究进行评判,并在对现有实物、文献资料进行整理、分析的基础上提出了一些新的见解。刘方著《盛世繁华:宋代江南城市文化的繁荣与变迁》(浙江大学出版社 2011 年)从宋代城市革命这一视角,研究宋代江南城市文化繁荣的诸多领域的特质及其成因,探索江南都市文化支撑和影响下形成的新的城市文化生产机制、文化实践与文化消费活动,以及城市文学生产所再创造出的都市文化的想象。林正秋著《南宋临安文化》(杭州出版社 2010 年)介绍了南宋都城临安的各类文化情况及其成就,全书分朝廷的文化机关——秘书省、南宋朝廷的图书馆、朝廷的天文、医药机构、国子监与三学、朝廷的修史机构、朝廷的架阁档案、朝廷乐舞机构、临安籍的科技文化名家、临安的餐饮文化、临安的西湖与游乐、临安的文化娱乐、临安的体育与杂技、临安的道教、临安的佛寺、临安的祠庙、临安地方文献等篇章。

宋以后跨代的城市研究。复旦大学文史研究院编《都市繁华:1500 年来的东亚城市生活史》(中华书局 2010 年)综合考古、文献、图像等资料,复原城市生活,展现城市交往、游乐,回顾城市生活细节。韩光辉《宋辽金元建制城市研究》(北京大学出版社 2011 年)指出,宋辽金元是我国城市迅速变革的时期,重要表现之一在城市管理制度的重大调整。城市由此前的京县或附郭县管理转变为宋代的都厢、辽代的警巡院、金元时代的警巡院、录事司、司候司专门机构管理,城市拥有明确的行政界限、市域范围和职能完善的城市行政管理机构,管理城市的这些行政机构与管理城外郊区的京县及附郭县已明显分离开来,显示了社会的进步,推动了城市的发展和演变。

明清江南城市繁荣,文化发展,引人注目。刘天振著《明清江南城市商业出版与文化传播》(中国社会科学出版社 2011 年)主要采用个案研究方法,选取明清江南城市出版业开创的三种大众读物:戏曲选本、杂志雏形及商业用书作为考察中心,来透视当时该地商业出版繁荣发展的状貌。唐力行主编《明清以来苏州城市社会研究(上、下)》(上海书店出版社 2013 年)从 13 个不同的层面研究苏州不同层次人们的生活状态及其精神追求。内容包括:苏州壅业;苏州邮递业;苏州典当业;苏州脚夫;苏州绣娘;苏州女教师;苏州观前街区;苏州留园义庄;苏州的灾荒救济;苏州洪氏状元家族;苏州吴趋汪氏家族;苏州常熟虞山诗社;苏州民间信仰。

清代八旗制度给城市带来新的问题。刘小萌著《清代北京旗人社会》(中国社会科学出版社 2008 年)分为十章,包括绪论、旗人社会的形成、旗房与旗地、旗人与民人、形形色色的旗人、旗人的世家、旗人的文化与习俗、晚清旗人社会、旗人社会的瓦解、文献研究等。作者认为清朝统治中国,以八旗制度统领旗人(主体是满洲人),以州县制度管理民人(主体是汉人),形成旗民分治的两元结构。顺治元年(1644)清朝定都北京(京师),以内城安置旗人,以外城居住民人,是旗民分治两元结构在空间关系上的集中体现。此后二百七十余年中,旗人始终是内城的基本居民,并形成与外城民人社会并存的旗人社会。邱源媛著《找寻京郊旗人社会——口述与文献双重视角下的城市边缘群体》(北京出版社 2014 年)通过将口述访谈、田野调查和文献考证相结合,在多重视角下,考察了京郊地区旗人社会及其后裔的生活状况。刘凤云《北京与江户(17—18 世纪的城市空间)》(中国人民大学出版社 2012 年)选择了“清代”和“城市”为时空两大坐标,从城市空间的分布与结构,包括城市空间的建筑组合进行了探索,研究的内容有城墙池濠、坊巷社区、官衙、民居、市廛、寺观、茶馆、会馆、园林等等,侧重研究了城市中的政治与商业。讨论了政治体制对城市特别是都城的重要影响,以及在政治体制影响下中日各自的城市特点,论证了城市空间状态中的人居与造物多是由政府通过行政规划来完成的;另外还论述了在商业空间的形成及移动过程中起作用的因素等。并将问题转向城市空间中的人群,即商人与町人、官僚与武士,此外还有旗人,分别找寻他们在城市化过程中所遇到的问题,并予以论述,从社会史的角度对城市中最主要的两大居民群体进行了观察。定宜庄著《老北京人的口述历史(上、下册)》(中国社会科学出版社 2009 年)通过老北京人的口述,反映晚清以来北京人的生活变迁和生命历史,进而追溯近百年来的北京城市生活史。全书体现了口述历史民间性和个人性的特点,在编排上根据北京城环形结构的特点,分成内城篇、外城篇、郊区篇三部分,通过生活在北京不同区域的人们的口述,反映不同区域北京人的生活状态,并进而形成一部多姿多彩的北京城市生活变迁史。朱永杰著《清代驻防城时空结构研究》(人民出版社 2010 年)主要对驻防城的概念内涵、等级序列和军事实力、时空结构、形制状况、设施和分布、内部结构、典型个案进行论述,着重探讨驻防城的宏观时空发展结构和形制、设施及内部结构。

此外,王肇磊著《传统与现代:清代湖北城市发展与社会变迁研究》(中国社会科学出版社 2014 年)以城市学理论为基础,从城市发展与社会变迁的角度,对清代湖北城市进行综合研究,探讨湖北城市发展过程中的动力、城市人口、经济、交通、文化、规模、城市类型与形态、规模结构及其功能演变、城市管理、城市生活、风俗与社会变迁、城市发展水平等方面的问题,再现清代湖北城市发展与社会变迁的历史过程,揭示清代湖北作为中国内陆区域具有代表性的省份,其城市发展所具有浓厚的双重属性,即传统性和现代性。

近代城市变化较大。姜进、李德英主编《近代中国城市与大众文化》(新星出版社 2008 年)这本文集试图从都市大众文化角度来重新建构中国近现代史。忻平主编《历史记忆与近代城市社会生活》(上海大学出版社 2013 年)这本会议论文集论述了近代城市社会生活史的诸多方向和层面。王笛《走进中国城市内部:从社会的最底层看历史》(清华大学出版社 2013 年)论述了微观历史的方法,大众文化的理论,城市研究的实践。李长莉在肯定近代城市生活史研究成绩的同时也指出存在细碎化、平面化缺陷。任吉东则就城乡问题发表了看法①。

探讨上海城市史的较多,熊月之主编《都市空间、社群与市民生活》(上海社会科学院出版社 2008 年)从空间、职业、阶层以及国别、民族为维度展开,关注广义的社会生活,包括人们的居住、饮食、衣饰、交通、娱乐、交往、婚姻、家庭、风俗、习惯、工作环境、工作特点、收入、消费等方面,兼及其政治生活、精神生活。本书以研究近代上海为主,兼及古代、当代上海。开展城市社会生活研究,为的是从更加日常、更加具象、更加细致、更加深入的层面,揭示上海城市的文化个性,特别是其异质文化交织的特质。邵雍著《社会史视野下的近代上

① 李长莉:《中国近代城市生活史研究热点与缺陷》,《武汉大学学报》(人文科学版)2017 年第 1 期;任吉东:《近代城市史研究中的城乡问题探微》,同前。

海》(上海学林出版社2013年)涉及传媒、帮会、禁毒、禁彩、市民生活、慈善事业等学术专题,概括地展现了近代上海社会史的风云历程。洪煜著《近代上海小报与市民文化研究》(上海书店出版社2007年)系统梳理了1897年至1937年间,上海小报的历史由来、生存环境、小报特殊的产权经营发行销售状态、从事该报业的文人群体特征、小报的各类品位及其所反映是非曲直的社会文化内涵等。忻平《城市化与近代上海社会生活》(广西师范大学出版社2011年)从社会史、社会生活史与城市社会生活史层面探讨了上海。徐松如《都市文化视野下的旅沪徽州人(1843—1953年)》(上海人民出版社2015年)系统地梳理百余年间徽州人移居上海的历程、规模、组织形态、经营活动、社会交往、身份认同以及与家乡之间的关系等内容,认为徽州人适应和融入上海本土社会的过程也即是徽州文化传播的过程。

探讨其他近代单体城市的研究也有,李少兵、齐小林、蔡蕾薇著《北京的洋市民:欧美人士与民国北京》(北京师范大学出版社2016年)从社会文化史的角度探讨民国时期北京欧美侨民的日常工作与生活,以及他们与这座城市各方面的丰富互动,旨在还原民国北京中外居民、社会文化的丰富原貌,探索近代以来北京城市变迁的"市民社会"要素。李惠民著《近代石家庄城市化研究(1901—1949)》(中华书局2010年)考析近代石家庄交通功能、经济功能、军事功能、政治功能的形成、发展及其影响,并揭示石家庄城市人口数量增长和空间扩展的阶段性特点,剖析城市社会问题及各种弊端。刘志琴《近代保定城市功能变革研究(1840—1927)》(人民出版社2015年)重点从直隶总督署的修建、莲池书院的创立、保定练兵与近代军事院校的兴建三个方面分析和探究了保定城在中国近现代历史上所凸显出的政治功能、文化教养功能和军事功能以及这几种功能的叠加、互动与转换。支军著《开埠后烟台城市空间演变研究》(齐鲁书社2011年)重点论述了烟台开埠后城市空间形态的演变、城市产业结构的演变、城市社会空间的演变、区域—城市格局的演变。赵良宇《环境经济社会——近代徐州城市社会变迁研究1882—1948)》(中国社会科学出版社2015年)探讨了近代徐州城市的社会变迁及其规律,通过分析徐州城市与苏南城市之间的差距,以此揭示近代徐州城市发展的独特规律及落后于江南城市的原因所在。陈晓鸣著《中心与边缘——九江近代转型的双重变奏(1858—1938)》(经济日报出版社2009年)将九江与其所处的江西腹地和长江流域作为一个整体进行了多方位的考察,深入探讨了九江社会的传统功能与近代角色的转换,论证了九江以内外贸易为纽带、与江西内腹地区以及长江贸易中心城市之间互补互动的双向关系,剖析了九江从中心到边缘的变换历程,并以九江城市为基点,从经济转型、城市发展、城市社会变迁等方面对九江近代社会的转型进行梳理,揭示了九江近代转型不完整性这一基本特征,进而探讨了九江在中国城市近代转型中所具有的类型学意义。彭志军著《火殇:苏州民办消防事业研究(1913—1954年)》(上海人民出版社2014年)内容包括传统时代苏州的火政,近代苏州消防事业的发展,消防与社会之互动等。杭州的日常生活史也有探讨①。

乡村史的研究稳步推进②。高贤栋《南北朝乡村社会组织研究》(山东大学出版社2008

① 郭东阳、刘文祥:《近代化背景下的晚清杭州市民日常生活——以〈杭俗遗风〉为中心的考察》,《地方文化研究》2015年第3期。

② 朱钰:《近十年乡村社会史研究述论》,《浙江社会科学》2011年第2期。

年）内容包括：南北朝乡村行政组织、十六国时期的乡里坞壁、从“聚”到“村”的演变、南北朝乡村中的宗族、南北朝乡村宗族的组织结构、北朝乡村宗族的组织功能、南北朝乡村家庭的组织功能等内容。重要的论文有侯旭东《汉魏六朝的自然聚落——兼论“邨”、“村”关系与“村”的通称化》（《近观中古史——侯旭东自选集》）论述了汉代的自然聚落、六朝时期南方的自然聚落、“邨”与“村”及“村”的通称化。唐宋时期乡村的研究皆有专著，刘兴云著《唐代中州乡村社会》（甘肃人民出版社 2007 年）着眼于唐代中州乡村民众的社会与生活状态，作者在别人研究的基础上利用正史、笔记小说、类书、唐诗的记载，并根据考古、石刻等资料来阐释唐代中州乡村社会状况的。全书共分四个部分：大族、官吏与中州乡村社会、唐代中州乡村经济、唐代中州乡村社会保障、唐代中州民众信仰与习俗。谭景玉著《宋代乡村组织研究》（山东大学出版社 2010 年）将落脚点放在宋代乡村社会控制的实现上，探讨宋代各种乡村组织在乡村社会控制中的地位和作用。近世以来农村经济的考察也有，葛金芳著《中国近世农村经济制度史论》（商务印书馆 2013 年）以制度演进和社会变迁的互动关系为视角，着重考察中唐至明清中国农村的土地制度和赋役制度的演进轨迹及其对社会变迁的诸般影响。高寿仙著《明代农业经济与农村社会》（黄山书社 2006 年）论了明代的耕地面积与人口数额问题，农业发展与环境变迁问题，土地形态与生产关系问题，地方精英与乡村控制问题，对明清社会经济史领域一些影响广泛的理论模式和学术观点进行了介绍和评论。（法）劳格文、科大卫编《中国乡村与墟镇神圣空间的建构》（社会科学文献出版社 2014 年）为研讨会的论文选集，内容涉及山东、山西、江西、安徽、广东、广西和湖南，文章所展示的不同地区的礼仪空间，有着极大的相似性，即当地宗族都有一套说辞，作为它们控制当地神龛和庙宇的理由；虽然不是每篇文章都描述宗教仪式，但从中可以看出，乡村都有交给仪式专家承办的宗教仪式；佛寺在礼仪空间内扮演重要角色，与祖先祠堂和庙宇呈三分天下之势。

乡村控制历来为学者重视，乡村史研究离不开制度探讨[①]，清代乡村研究多涉及此问题。段自成著《清代北方官办乡约研究》（中国社会科学出版社 2009 年）考察了清代北方官办乡约的行政组织化过程及其规律和经验教训。全书通过对清代北方官办乡约推广过程和原因的探讨，梳理出清代北方官办乡约发展的脉络；通过对清代北方官办乡约组织形式的研究，找出清代北方官办乡约组织形式的变化与其职能嬗变之间的关系；通过对清代北方官办乡约职能的研究，探讨清代乡约职能的嬗变以及这种变化与社会变迁之间的关系；通过研究清代北方官办乡约的行政组织化对乡约与官府间关系的影响，进一步探讨清代北方官办乡约行政组织化的方式；通过对清代北方官办乡约与地方社会关系的研究，展现行政组织化的乡约与当时北方主要的基层社会组织和地方强势阶层之间复杂的权力互动过程。蔡东洲等著《清代南部县衙档案研究》（中华书局 2012 年）利用四川北部的南部县衙门所藏档案，对一个清代县级政府的管理活动进行个案研究，涉及县衙设置、基层组织、文教机构和民间婚姻等专题，对清代基层管理的运作研究有一定启发。张研著《清代县级政权控制乡村的具体考察》（大象出版社 2011 年）使用官员日记考察，内容包括了清代

① 罗艳春、周鑫：《走进乡村的制度史研究——刘志伟教授访谈录》，《中国社会历史评论》第 14 卷，天津：天津古籍出版社，2013 年，第 390—415 页。

地方行政及广东实况；清代知县与“一人政府”；广宁知县杜凤治的候选、上任与“交代”；杜凤治日记中的“盗案”、“户婚”、“田土”案及其他词讼等。

近现代乡村史成果丰富，各大区域都有研究专著。华北区域，李怀印著《华北村治——晚清和民国时期的国家与乡村》（中华书局 2008 年）分为两大部分：第一部分考察了村社服务和田赋征收方面的一些内生性制度的实际运行情况。第二部分探讨 1900 年后由于实施全国性的行政制度及现代化措施而在乡村中发生的变化，目的是据此评估“现代国家建设”（state-making）在地方村社中的实效。任吉东著《多元性与一体化：近代华北乡村社会治理》（天津社会科学院出版社 2007 年）包括传统乡村组织结构与政治特征、近代地方社会变迁与制度演变、行政一体化的乡村“建设”行动：以获鹿为典型等五章内容。王先明主编的《20 世纪前期中国乡村社会变迁丛书》，2009 年由人民出版社出版，该丛书共 5 册，包括王先明著《变动时代的乡绅——乡绅与乡村社会结构变迁（1901—1945）》、郝锦花著《新旧学制更易与乡村社会变迁》、李伟中著《20 世纪 30 年代的县政建设实验研究》、渠桂萍著《华北民众视野下的乡村社会分层（1900—1949）》和罗朝晖著《富农与新富农——20 世纪前期华北乡村变迁的一个侧影》。内容多是华北的。李金铮著《传统与变迁：近代华北乡村的经济与社会》（人民出版社 2014 年）分为中国近代乡村社会经济史研究方法论，20 世纪上半期中国农村调查，从冀中定县看近代华北乡村社会经济，中共革命与华北乡村社会 4 编 17 章。近现代的乡村社会史研究，民众的视角受到重视①。

西北地区（涉及山西、河南）。史海泉《土地改革与乡村变迁——以西北边疆为视角》（中国政法大学出版社 2014 年）以制度变迁理论和系统论为分析工具，探讨了新疆少数民族地区土地改革实施的条件、过程、作用及特点，分析新疆土改对社会稳定、经济发展、政权巩固以及社会文化结构所产生的深刻影响。黄正林著《近代中国农村经济史研究》（科学出版社 2016 年）侧重于近代黄河流域农村（包括甘宁青三省与河南）乡村经济与社会的探讨。岳谦厚、张玮著《20 世纪三四十年代的晋陕农村社会》（中国社会科学出版社 2010 年）立足于新发现的以及已出版的张闻天晋陕农村调查资料，以中国中西部地区晋西北兴县 14 村（调查时属于既未经过土地革命又无大地主的普通小农经济村庄）、陕北神府县直属乡 8 村（调查时属于已经过土地革命且无地主阶级的经济“均化型”村庄）及米脂县杨家沟村（调查时属于未经过土地改革而仍保存着大地主经济的典型村庄）为中心研究区域或研究骨架，以地方或地域为研究方式，以社会科学理论为基础，阐述了 20 世纪三四十年代晋陕农村在“黄土、革命与日本入侵”场景下的基本面貌及其发生演变的历史。

东北区域，王广义著《近代中国东北乡村社会研究：1840—1931》（光明日报出版社 2010 年）从村落入手，以乡村为视角来考察当时东北的农村的政治控制，农民的社会生活，农业的经济发展，揭示其近代化历程的演变，进一步展现了百年来近代东北地区乡村的社会变迁。

华东区域。罗衍军著《革命与秩序——以山东省郓城县乡村社会为中心（1939—1956）》（中国社会科学出版社 2013 年）以远离大城市、经济相对落后的山东省郓城县为中

---

① 渠桂萍：《中国乡村社会史研究的民众视角》，《光明日报》2012 年 1 月 19 日。

心，以革命政权与乡村民众的互动为考察视角，以档案资料与访谈资料相结合，分析中国共产党在乡村革命运动中对原来趋于动荡的乡村社会秩序的整合与重塑，考察抗日动员、土地革命、集体化等革命性运作对基层社会的影响。

华中区域，万振凡著《弹性结构与传统乡村社会变迁：以 1927—1937 年江西农村革命与改良冲击为例》（经济日报出版社 2009 年）从革命、改良与传统乡村社会弹性结构互动的视角，系统地探讨 1927—1937 年江西传统乡村社会变迁规律，总结其经验教训。

以个别村落为个案的研究，近年来迅速增加。这样的研究受到了人类学家的影响，周大鸣著《凤凰村的变迁：〈华南的乡村生活〉追踪研究》（社会科学文献出版社 2006 年）主要调查分析了近年来凤凰村人口变动的情况，如人口的结构、人口的流动等；对凤凰村的婚姻状况和家庭结构及变动进行了分析，尤其是对家庭的动态性、对老人赡养方式的变动进行了分析；以过密性农村兼业经济发展为主线，分析了凤凰村经济的结构、人口的职业状况，以及男女就业的差异；描述了凤凰村的民俗、信仰的状况与变化，试图以凤凰村为个案探讨我国农村民俗信仰复兴的原因；讨论了凤凰村宗族制度从衰落到复兴的过程；追溯从新中国成立后到现在的历次政治斗争和运动对凤凰村民的影响；并从宗族、信仰的角度分析了村落社区的整合过程，从而回应了葛学溥以来华南汉人社会研究的一些关键问题。华南村落的历史研究，则有肖文评著《白堠乡的故事——地域史脉络下的乡村社会建构》（生活·读书·新知三联书店 2011 年），以一个村落为切入点，在长期田野调查和大量使用民间族谱、文集，碑刻、传说等资料的基础上，探讨明清时期乡村社会历史变迁的动力和机制，试图以“总体史”的形象，在地域社会历史发展脉络下，展示粤东地区韩江上游一个乡村聚落从明中叶到清中叶约四百年间从“贼巢”到“邹鲁乡”的社会变迁与建构过程，揭示国家、地方精英与乡村社会形成和变迁的互动关系，以加深对中国传统乡村社会形成和发展的认识和理解，重新思考客家社会文化形成与变迁的具体过程。在江南，萧楼著《夏村社会》（生活·读书·新知三联书店 2010 年）通过对江南“夏村”精致的民族志描写，提出了“差序场”的分析框架，为我们深刻认识当代中国东部沿海地区村庄社会的特质提供了不可多得的案例。作者以“差序场”为核心，在村庄人格系统、文化系统和社会系统三位一体的层面，以行动和结构互动为特征，以村庄日常生活的意义构建为内容，形成了与汉学人类学传统经典理论的对话，将前人的研究向前推进了一步。华中地区，吴雪梅著《回归边缘：清代一个土家族乡村社会秩序的重构》（中国社会科学出版社 2009 年）试图通过景阳河乡村社区在清代 200 多年的社会文化变迁，以国家、地方性知识、边缘性为变量，考察国家、民间权威和族群三个主体是如何在特定的社会场域中完成地方秩序建构的。通过国家与乡村社会之间复杂关系的一个侧面，探讨其在民族边缘地区乡村的社会治理中，是如何互动并处于动态的变化过程之中，同时针对民族地区边缘化的深层原因，表达地域化的理解和历史性的阐释。华北，张思等著《侯家营：一个华北村庄的现代历程》（天津古籍出版社 2010 年）秉持“请农民讲述他们自己的现代史”的研究理念，力求摈弃仅根据领袖言论和政府文件，以及单凭预设理论模型来书写现代中国历史的模式，积极尝试发掘和使用出自底层农民之手的村落档案文献资料，尝试在田野中寻找农民自己的感受、体验和经历，用以重新书写现当代中国的历史。该书以侯家营村所独具的、体系完整且连贯百年的村庄文献史料为基础，交织以一段段鲜活生动的真实故事，从村庄政治进程、经济与社会变迁、人口与社会交往、乡村社会保障、村庄日常生活等多种视角，展现了一个普通华北村庄所经历的现代历程。此外，还有一些专题性的村落考察，黄德海著《变迁：一个中国古村落的商业兴衰史》（人民出版社 2006 年）考察了陕西省渭北高原上的韩城党家村的商业神话。作者从经济学的角度，并结合文化、地理等因素对此问题进行了深入的分析，揭露出了其商业兴衰背后的深层次原因。姚周辉著《宗教村落文化的范本——温州永嘉金氏宗族村落文化研究》（杭州出版社 2011 年）内容涵括岩头金氏宗族村落的历史沿革、村落布局、村落水利工程、耕读文化、商贸文化、宗族组织文化、带有区域共性及金氏宗族特色的民俗文化等各种文化事象及其发展与演变过程，并在此基础上分析岩头金氏宗族村落文化发展与演变的特点和传承动力。李梦星著《庐陵宗族与古村》（江西人民出版社 2012 年）论述的内容是：自然环境和人文历史，人口迁徙与村落的形成，择居风水和建宅习俗，宗族形态与族规村风，耕读传家与商儒并重，建筑特色与装饰艺术，神灵信仰和崇拜，名人故里和历史文化名村，乡村活着的历史。

徽州村落研究有突破。唐力行《延续与断裂：徽州乡村的超稳定结构与社会变迁》（商务印书馆 2015 年）综合考察了近代徽州社会稳定的内在和外在原因，探讨了徽州内部结构的稳定表征和发展机制，并通过对徽州几个村落的具体研究，揭示近代徽州乡村自治的规律和特点。王振忠著《明清以来徽州村落社会史研究——以新发现的民间珍稀文献为中心》（上海人民出版社 2011 年）系利用近十数年来通过田野调查在民间收集到的珍稀文献，撰写的系列论文汇集而成，为徽州村落文书与村落社会史研究的专题论文集。作者力图透过村落文书所展示的基层社会之不同侧面，着眼于徽州社会文化史，特别是民众日常生活的研究。法国汉学家劳格文（John Lagerwey）与王振忠教授合作主编“徽州传统社会丛书”，由复旦大学出版社于 2011—2014 年出版，旨在以田野调查所获之口碑资料和地方文献，客观描述 1949 年以前徽州的传统经济、民俗与宗教，为人们提供了较为完整的社会生活实录①。其他学者也有探讨徽州乡村日常生活的②。此外，邱枫著《宁波古村落史研究》（浙江大学出版社 2011 年）论述了宁波古村落的历史地理研究、物质形态特征、宗族演化、风俗及其演化、近现代演变。

其他研究。吴滔《清代江南市镇与农村关系的空间透视——以苏州地区为中心》（上海古籍出版社 2010 年）结合社会经济史和历史地理学的研究视角，力图突破从西方经验出发的“城乡二分法”及“城市化理论”的预设，对以往学界关注得不够的一些课题如市镇起源和镇管村机制的形成等进行了深入细致的探索，从环境交通、赋役区划、民间信仰、主佃关系诸角度较全面地审视了清代江南市镇与农村的关系。彭南生《半工业化：近代中国乡村手工业的发展与社会变迁》（中华书局 2007 年）探讨了中国近代若干地区、若干行业中乡村手工业兴起和发展的实际进程，将近代乡村手工业放到早期工业化的过程中加以考

---

① 计有五部书：吴正芳著：《徽州传统村落社会——白杨源》；卜永坚、毕新丁编：《婺源的宗族、经济与民俗》（上下册）；许骥著：《徽州传统村落社会——许村》；柯林权著：《徽州传统村落社会——溪村》；王振忠编：《歙县的宗族、经济与民俗》。

② 陈杰：《校园内外——师生日记所见民国时期徽州乡村的日常生活》，《徽学》第九卷，合肥：合肥工业大学出版社，2015 年。

察。张佩国《林权、坟山与庙产》(中国社会科学出版社 2014 年)在研究乡村“土改”、合作化和宅基地纠纷时,通过解读有关历史档案、法律卷宗,试图发现 20 世纪后半期中国乡村社会变迁过程中地方性秩序的历史实践逻辑。在地方社会的时空脉络中,解释林权的历史形成机制,进而凸显其背后的民间法秩序的实践逻辑。张佩国《公产、福利与国家》(广西师范大学出版社 2015 年)对明清以来中国乡村社会的公产与福利实践进行个案研究,以阐明国家转型的历史实践逻辑。将政治经济分析和文化阐释结合起来,对公产的制度发明进行整体解释,并视乡村福利为一个历史的文化实践过程。曹树基、刘师古《传统中国地权结构及其演变》(上海交通大学出版社 2014 年)探讨了传统中国社会农村地权关系、结构及其在近现代转型过程中呈现的变化和特征,尤其是对 20 世纪 50 年代初的土地改革运动进行了实证的剖析和反思。

综论近现代城市、乡村的研究成果。彭南生《传承与变动:近代转型时期的城乡经济与社会》(湖北人民出版社 2008 年)围绕着近代乡村与城市经济社会领域里的传承与变动,选取 20 篇论文,分为上、中、下三个部分,分别对近代农民的生产与生活、工业化进程中的传统工业、商人团体及其活动等方面进行实证研究,诠释了传承与变动在经济社会生活中是如何展开的,呈现了近代城乡经济社会领域里传统与现代之间的复杂关系。赵晓阳、周东华、刘忠明主编《中西交汇中的近代中国都市和乡村》(社会科学文献出版社 2015 年),收录 22 篇论文。王先明主编的 10 卷本《20 世纪之中国——乡村与城市社会的历史变迁》丛书由山西人民出版社 2013 年出版,展现了 20 世纪中国从农业社会向工业社会、从传统生活向现代生活转变的历史轨迹。内容涉及华北牙商、天津城市贫民、华北乡村建设工作者等多个社会群体,覆盖北京、天津、江苏、山西等地区,诸书由王先明指导学生在博士论文基础上修改完成①。

**(二)民间信仰与宗教生活**

民间信仰。综合性的研究有复旦大学文史研究院编《“民间”何在 谁之“信仰”》(中华书局 2009 年)收录 12 篇论文,探讨民间信仰的研究方法、资料、理论等问题。

更多的研究是断代性的。先秦两汉时期,具隆会著《甲骨文与殷商时代神灵崇拜研究》(中国社会科学出版社 2013 年)主要内容包括:殷商时代神灵崇拜研究简单回顾,选题和研究动机,人类社会宗教起源及演变,殷商时代神灵崇拜观念形成及神灵崇拜,甲骨文所见的祭祀,甲骨文所见的神灵在社会上的作用,晚商时期社会机制对西周社会的影响等。何飞燕著《出土文字资料所见先秦秦汉祖先神崇拜的演变》(科学出版社 2013 年)利用先秦秦汉有关祖先神崇拜的出土文字资料,辅以传世文献,来考察先秦、秦汉时期的祖先神崇拜的不同时期的特点及其发展演变。练春海著《器物图像与汉代信仰》(生活·读书·新知三联书店 2014 年)通过对汉代的器物,如熏炉、钱树、树灯、阳遂、铜镜、玉璧、武器、铜鼎

---

① 计有安宝:《离乡不离土:20 世纪前期华北不在地主与乡村变迁》;柳敏:《融入与疏离:乡下人的城市境遇——以青岛为中心(1927—1937)》;张彦台:《蜕变与重生:民国华北牙商的历史演进》;任金帅:《聚同道于乡野:华北乡村建设工作者群体研究(1926—1937)》;付燕鸿:《窝棚中的生命:近代天津城市贫民阶层研究(1860—1937)》;张启耀:《民生维艰:田赋负担与乡村社会变迁——以 20 世纪前期的山西为范围》;朱军献《因革之变:中原区域中心城市的近代变迁》、《管治京城:北洋政府时期京师警察厅研究》;杨东:《乡村的民意:陕甘宁边区的基层参议员研究》;杨红运:《复而不兴:战前江苏省保甲制度研究(1927—1937)》。

等及其图像的讨论,从图像的背后了解汉代人们的信仰的根源,理解那些文献失载的当时人们的精神生活的深层内涵。王子今《秦汉社会意识研究》(商务印书馆 2012 年)阐述了秦汉时期的社会意识,不仅有精英文化层次的,而且对民间信仰也做了研究。

唐宋金元时期。余欣著《神道人心——唐宋之际敦煌民生宗教社会史研究》(中华书局 2006 年)着眼于唐宋之际敦煌的宗教社会史,提出“民生宗教”的概念,深入研究了敦煌的神灵谱系,并从居住和出行两个方面探讨了各类宗教神灵对敦煌民众日常生活的精神影响。余欣还著有《中古异相——写本时代的学术、信仰与社会》(上海古籍出版社 2011 年)旨在以西陲出土写本为基础探讨中国中古时代的“学与术”和信仰、社会之间的关系,选择的切入点为构成中国文化本源的两个互摄的“异相”:方术与博物之学。韩瑜著《唐代小说与唐代民间信仰》(中国社会科学出版社 2013 年)以收录唐代小说的大型类书《太平广记》为重要资料来源,扣住唐代民间信仰中鬼、怪、神三种角色在唐小说中的呈现状况,对民间信仰要素与唐小说发展繁荣之间的彼此关联作了进一步梳理。唐代“鬼故事”借鬼魂信仰之外壳,着重表现了青年人不被时代接受的爱情,唐代精怪信仰故事延续魏晋以来精怪故事模式,将富有谐趣精神的一面加以发扬;唐小说中反映神灵信仰的小说呈现新貌:一是神灵权力在世俗信仰世界地位不断下降,一是神灵的人性化色彩逐渐加深。皮庆生著《宋代民众祠神信仰研究》(上海古籍出版社 2008 年)以张王、祠赛社会、祈雨、祠神信仰传播、正祀与淫祀五个个案为例,将宋代民众祠神信仰置于唐宋社会变革的背景下,全面考察了祠神活动存在、演变的真实状况,及其复杂的社会、政治与文化背景。在史料分析的基础上,本书检讨并纠正了前人的若干观点,如正祀、淫祀二元对立,商人是祠神信仰传播的主要力量、社首与会首混淆等。范立舟《白莲教与宋元下层社会》(中国社会科学出版社 2013 年)对白莲教的源流、教义及其在宋元时期的发展情况作了全面的论述,尤其注重论述其与下层社会的种种关系,注重白莲教之成为民间反叛运动组织工具的过程的阐论,注重宋元时期的白莲教与当时其他民间宗教如弥勒信仰和摩尼教之关系的剖析,厘清白莲教在宋元时期的情形。

宋至清长时段信仰的考察。王元林著《国家正祀与地方民间信仰互动研究——宋以后海洋神灵的地域分布与社会空间》(中国社会科学出版社 2016 年)力图利用民间信仰长期积淀的社会文化内涵,揭示沿海不同地域的“社会空间”,展现国家与沿海地方海洋神灵互动关系,有助于研究国家层面与区域文化的关系,检讨沿海区域文化的互动关系。朱海滨著《祭祀政策与民间信仰变迁——近世浙江民间信仰研究》(复旦大学出版社 2008 年)论述了宋代以后中央王朝通过制定祭祀政策对各地民间信仰现象进行干预、指导,以及分布于地域社会中的民间信仰如何去“适应”王朝的祭祀政策,社会集团如何参与、主导其变化。具体讨论了关羽信仰的传播及普及,周雄信仰的发生及其变貌,胡则信仰的产生与扩大,地方神信仰与区域。宋燕鹏《南部太行山区祠神信仰研究:618—1368》(中国社会科学出版社 2015 年)是有关唐宋金元时期华北区域祠神信仰的学术专著,通过对成汤、二仙和崔府君三个祠神信仰个案的考察,可以获得一些一般性认识:信仰的兴起往往依靠巫觋的力量;信仰的传播需要很多因素,其中最主要的是灵验的频度和程度;每座祠庙多为一定范围内的村落所共同信奉,构成了祠庙信仰分布的日常模式;各地的信仰组织和模式并不完全一致,但都为本地长期传承;以地方耆老和士人为主的群体,开始对地方文化资源有意进行整合,由此进一步巩固了地方心理认同,"同乡"关系网络在祠庙发展过程中有重要作用。祠庙的每一次重修,都是地方社会凝聚心理认同的有效手段。通过祠庙重修,我们能够看到宋元以来华北区域的地方社会逐渐成形的过程。

明清时期。刘彦彦著《明代大众信仰与〈三遂平妖传〉研究》(中国社会科学出版社2015年)围绕着宗教文化视野对小说文本进行阐释和分析,不仅揭示了明代"三教合一"民间社会信仰对小说创作的影响,同时对于当时白莲教民间运动在小说中的折射也进行了文史互证的分析和论证,有助于认识明代宗教生态于文学创作以及对民间社会的影响。王健著《利害相关:明清以来江南苏松地区民间信仰研究》(上海人民出版社2010年)包括学术史的回顾与讨论、民间信仰活动的展开与日常生活民间神灵的初步分类、民间信仰活动的展开与日常生活、围绕土地庙的庙界及其活动等内容。贺喜著《亦神亦祖:广东西南地区的地方信仰与区域社会》(生活·读书·新知三联书店2011年)从超越地方史的着眼点,来研究粤西南一带呈现的亦神亦祖的祭祀现象。认为神与祖先的形象与拜祭模式,关乎在大一统的礼仪与文化推广的过程中,不同时期的地方社会如何利用国家的礼仪来塑造国家形象与表达自身认同。这个问题,既牵涉明清时期国家礼仪、地方行政、经济环境的演变,也深受文字运用、科仪专家参与、建筑物形制变化等因素的影响。陶明选著《明清以来徽州信仰与民众日常生活研究》(光明日报出版社2014年)内容是:张王、太子及相关诸神——徽州文书所见民间诸神信仰,内神、外神与宗族的态度——民间信仰的宗族化,信仰的组织与组织的信仰——会社所反映的信仰习俗,演戏娱神与信仰活动——以目连戏为考察中心,民间信仰的建筑与文化——信仰的社会载体。王守恩著《诸神与众生:清代、民国山西太谷的民间信仰与乡村社会》(中国社会科学出版社2009年)考察民间神灵信仰的概况和特点,与制度化宗教的关系,这种信仰中官方与民众的关系,在家庭、宗族、村落中的地位,在村落内外的冲突与整合中扮演的角色及其对民众生活所起的作用,与社会变迁的复杂互动。以明了乡村社会普通民众的内心世界和生活状态、村落社区的运作机制和运行状况,以及这两者之间的内在联系,并在此基础上对民间信仰与乡村社会的复杂关系做出自己的基本结论。姚春敏著《清代华北乡村庙宇与社会组织》(人民出版社2013年)选择山西泽州为标本,以散落于泽州各个村落、散见于方志文集等各种史料中的5000余通碑刻为基本历史素材,对山西泽州乡村庙宇在时间空间上的分布、山西泽州乡村庙宇中的"社庙"(包括形成原因、认定标准、发展源流、主神选择、功能特色等)、山西泽州乡村依托"社庙"的乡村社会组织"社"(包括社界、构成、功能、活动方式、与官府及他社关系等)进行了系统考察。张月琴著《仪式、秩序与边地记忆——民间信仰与清代以来堡寨社会研究》(科学出版社2013年)以仪式、秩序与边地记忆为题,力图展现长城的秩序需求,对清至民国大同堡寨聚落的民间信仰进行了考察。该书基本阐明了清代至民国时期大同北部堡寨聚落的民间信仰状况、特征,剖析民间信仰仪式,探讨仪式在堡寨秩序构建过程中的作用。范丽珠、欧大年(Daniel·L·Overmyer)《中国北方农村社会的民间信仰》(上海人民出版社2013年)对华北民间信仰的历史脉络进行了梳理,该书既从宗教学理论的角度对民间信仰的意义、价值展开了思考,更以人类学田野调查的方法对中国北方农村社会民间信仰的存在、功能进行了调研。全书分为研究方法、传统和现代三篇。[美]魏乐博、范丽珠著《江南地区的宗教与公共生活》(上海人民出版社2015年)涉及安徽、江苏、浙江等地民众公共生活领域，发现江苏南部和部分浙江地区居士佛教的兴盛，并促进了当地的公益慈善活动的开展。研究发现，在日益融入全球化时代的中国社会，传统文化的复兴并非是整个地回到过去，而是在民众公共生活中成为应对社会变迁与各种困扰的重要形式。此外，还有刘家军、沈金来主编《城隍信仰研究——安溪城隍庙》（中国社会科学出版社 2013 年）。有学者认为，民间信仰的研究中存在着缺乏对于信仰区域的整体观照及其空间分异现象的深入剖析[①]。

朝山进香是民间信仰的重要表达方式[②]，有两部著作对此专门探讨。梅莉《明清时期武当山朝山进香研究》（华中师范大学出版社 2007 年）论述武当山进香的历史过程、武当山朝山道路的变迁、不同时期香客来源的社会构成、武当山朝山进香与明清时期真武信仰状况之间的关系、香客的空间分布形态以及武当山香会的结构与活动、政府对朝山进香的管理。叶涛《泰山香社研究》（上海古籍出版社 2009 年）探讨了泰山信仰的基本特征、泰山神祇的人格化进程、香社团体的形成等问题。

朱小田对民间信仰与日常生活关系的探讨值得注意。他认为：与精英思想的文本呈现不同，民众观念依日常生活而得以存续。在近代浙江上虞，曹家堡周边乡民呈现孝义观念的“曹娥文化”颇具典型性，借此可以揭示民众观念的日常存续机理。从存活方式看，民众观念在口传和仪式等社会互动过程中自然呈现；以思想资源言，民众观念主要以渗透于日常生活中的上层意识形态为取资对象，而这种意识形态常常被转换为民众时常接触、能够理解和接受的日常版本；就社会基础论，类如孝义的民众观念颇为契合底层民众构建地方生活秩序的逻辑。社会互动、日常版本和地方生活过程的有机结合，构成近代以降民众观念存续的独特机理，体现了传统中国民众观念存续的一般性状，为民众观念史研究昭示了别样路径[③]。

各时期宗教的综合研究。常玉芝、宋镇豪《商代宗教祭祀（商代史・卷 8）》（中国社会科学出版社 2010 年）考察商代图腾残遗信仰，系统探研上帝及帝廷诸神、自然神、祖先神的三大宗教分野、神灵崇拜的代变、神灵权能和神性、祀所设置，人殉人祭，对甲骨文中的祭仪名类进行全面梳理，阐述王室周祭祀谱，有关祭仪和庙制，剖析宗教祭祀活动的性质，深入研究商代宗教信仰层面诸如社会凝聚力、情感寄托、宗教功能等社会学方面的意义。陈金华、孙英刚编者《神圣空间：中古宗教中的空间因素》（复旦大学出版社 2014 年）介绍了中国中古时代，宗教信仰兴起，外来的佛教、摩尼教、景教、琐罗亚斯德教等传入中国，本土的道教信仰勃兴，儒家学说也带有强烈的天人感应的宗教色彩。各种宗教文明的交融以及对政治、思想和日常生活的渗透，极大改变和丰富了历史画面。时间和空间是人类感知自我存在的基础，宗教信仰的兴起也因此重塑了中古时代人们的空间观念，与此同时，宗教信仰也在空间中展开，重塑了中古时代的历史面貌。在这一时期，中国的城市空间结构发生了巨大的变化。尤其是佛教在城市空间中的展开，使原先的等级森严的城市空间，产生了两

---

① 郑维宽：《从历史地理学的视角看当前民间信仰研究的误区》，《广西社会科学》2012 年第 1 期。

② 有关宋代的研究如刘云军：《两宋时期民众东岳信仰考察——以日常进香与朝献为中心》，《中国 10—13 世纪历史发展国际学术研讨会暨中国宋史研究会第十四届年会宋史研究论文集》，武汉：湖北人民出版社，2011 年；刘云军：《两宋时期泰山香社探研》，《宋史研究论丛》（第十三辑），保定：河北大学出版社，2012 年。

③ 小田：《论民众观念的日常存续——基于近代“曹娥文化”的扩展分析》，《历史研究》2013 年第 4 期。

个显著的变化:第一是公共空间的扩大,第二是宗教神圣空间的出现。王岗、李天纲编著《中国近世地方社会中的宗教与国家》(复旦大学出版社 2014 年)共收 15 篇论文,分为三个专题,即:近世国家与江南地方宗教、地方道教与国家、地方宗教与文化。韩朝建《寺院与官府——明清五台山的行政系统与地方社会》(人民出版社 2016 年)通过梳理五台山区域不同行政系统在地方社会的运作和展演的过程,探讨地方行政系统与五台山地区社会建构之间的关系。丁希勤著《古代徽州宗教信仰研究》(安徽师范大学出版社 2013 年)系统地介绍了徽州古代一府六县的宗教信仰状况,包括儒教、道教、佛教、民间信仰以及古代徽州宗教信仰与徽州社会发展,阐述了徽州境内的所有寺庙、道观的起源、发展、演变,介绍了徽州境内的历代著名僧人和道士的事迹。夏春涛著《天国的陨落:太平天国宗教再研究》(中国人民大学出版社 2006 年)探讨了太平天国宗教的名称,上帝教与基督教、与儒家传统思想文化、与中国民间宗教的关系;从上帝教的天父天兄下凡等教义入手,剖析了天京事变、太平天国败亡等的原因;梳理了李秀成、幼天王洪天贵福等被俘后的表现;辨正了流行的太平天国实现了妇女平等以及近来出现的太平天国邪教说。

佛教。王雪梅《弥勒信仰研究》(上海古籍出版社 2016 年)系统探讨了弥勒信仰的形成、发展与演变①。徐清祥著《门阀信仰:东晋士族与佛教》(中国社会科学出版社 2010 年)以三国两晋尤其是东晋时期中国哲学的发展为线索,探讨了门阀制度及其信仰对外来文化的吸收以及对中国思想的影响。圣凯著《晋唐弥陀净土的思想与信仰》(中国社会科学出版社 2009 年)探讨汉地早期的弥陀净土信仰,有助于进一步理解中国佛教的净土宗,以及净土信仰中国化的历程。贾发义著《净土信仰与中古社会》(中国社会科学出版社 2012 年)主要讨论弥陀净土信仰在中古时期的传播、发展过程及其与中古社会的互动关系。古代先民大同世界、桃花源等隐净土思想是中印文化沟通与交流的媒介。净土信仰体系经东汉至隋唐最终形成,具有明显的地域和信仰特点。弥陀净土信仰在中古社会的传播与普及,同时也是净土信仰中国化的过程。弥陀净土信仰对中古社会的孝文化、丧葬文化产生了深远的影响。季爱民《隋唐长安佛教社会史》(中华书局 2016 年)以个案的形式分析佛教对于都城政治与社会生活的意义,在此基础上考察佛教与社会关系的变迁过程。讨论了佛教在长安社会秩序形成与转变中的意义,展现了盛唐以降传统信仰方式与理性信仰对于居民生活的不同影响。张海峰著《唐代法律与佛教》(上海人民出版社 2014 年)立足唐代讨论佛教与法律之间的互动关系。佛教的慈悲平等观念与法律的公平正义理念有共通之处。佛法在于劝人为善,强调慈悲平等;法律旨在禁人为恶,体现公平正义,两者极具相似性。佛教在宏观、微观两个层面都影响到唐代的立法、司法和守法。同时,唐代统治者利用法律规范佛教的有序发展。法律尊重佛教自身特点,给予理解和支持,取消了僧徒跪拜君王、僧徒同俗推勘的规定。张明悟著《辽金经幢研究》(中国科学技术出版社 2013 年)讲述了经幢是佛教密宗进入中国后的独特产物,一般由石刻而成,个别有铁铸,多为八角和六角,圆柱形和圆鼓形罕见,上面刻以佛顶尊胜陀罗尼为主的各种密宗陀罗尼。经幢的建置自唐朝开始普及一直延续到明清。唐代是树立经幢的高峰期,而异域的辽金更是普及风

① 参见王雪梅:《弥勒信仰研究综述》,《世界宗教文化》2010 年第 3 期。

靡。张培锋著《宋代士大夫佛学与文学礼佛文丛》(宗教文化出版社 2007 年)论述了宋代士大夫佛学的政治背景、社会背景、思想背景,佛教对宋代士大夫影响个案研究,宋代士大夫佛学诗文与著述。邵育欣著《宋代妇女的佛教信仰与生活空间》(中国社会科学出版社 2015 年)结合宋代佛教信仰的时代特色与宋代家庭生活状况和相关秩序理念,站在女性的立场,以"生活空间"作为观察视角,分析宋代佛教女信徒在现实生活中的活动空间及想象与思维的精神空间,进而探讨佛教信仰对妇女物质、精神生活带来的影响。何孝荣著《明代北京佛教寺院修建研究(上、下)》(南开大学出版社 2007 年)论述了西晋至元代北京佛教寺院的修建,明代北京城的营建以及政治、经济、文化的发展,重点在分时期详述有明一代北京佛教寺院修建的具体演变,深入分析帝王、后妃、宦官、僧人、士庶人等的佛教政策、信仰等在其中的影响,总结了明代北京佛教寺院修建的特点和启示等。段玉明编《佛教与民俗》(宗教文化出版社 2014 年)旨在研究佛教观念怎样向民间知识渗透、佛教文化怎样化成中国的风俗习惯等系列题,力所能及地弥补中国佛教史研究的疏缺①。

道教。吴真著《为神性加注:唐宋叶法善崇拜的造成史》(中国社会科学出版社 2012 年)以唐代宫廷道士叶法善为例,讨论唐宋时期叶法善肉身成神的造神史。著名道士作为社会公共资源,成为箭垛式的圣者符号,被各种社会力量所利用,不断被加注新的神性,其中有中央朝廷的政治加注、传奇小说的文学加注、道团道经的托名加注、地方道观的在地化加注、叶氏宗族的祖先崇拜等等。作者指出了各种加注的社会特质,而且更进一步论及各个加注的传播力量的强弱。本书不止是关于一个道士的个案研究,而是一种牵涉"唐宋变革"的极为宏观的社会史研究。赵芃《山东道教史》(中国社会科学出版社 2015)梳理了早期道教(方仙道、黄老道)组织和早期道教著作(《太平经》)在山东地区的传播,分析了这些早期道教派别与后来的义理化道教教团的渊源关系,系统论证了山东是中国道教发源地之一的观点。考察了先秦时期山东道教的文化渊源,秦汉时期山东道教的形成,魏晋南北朝时期山东道教的演变,隋唐宋时期山东道教的兴盛与繁荣,金元时期山东道教的鼎盛,尤其对金元时期北方三大道教教派(全真道、真大道、太一道)在山东的交织发展作了较为清晰的描述。还系统记述了儒、道、释在山东的融合与发展,使中国长期存在的"三教会通"历史现象得以形象地展示于区域道教史之中。有学者指出,道教对清代满族精英产生了明显影响②。

天主教。周萍萍著《十七、十八世纪天主教在江南的传播》(中国社会科学出版社 2007 年)对天主教在江南区域的传播分时段考察,分析了平民信徒和女性信徒这两个互有交叉却又不相统属的奉教群体,以求更全面地了解明清时期天主教在华传播及影响。张先清著《官府宗族与天主教——17—19 世纪福安乡村教会的历史叙事》(中华书局 2009 年)将天主教的传播问题置于明清以来地方社会历史发展的脉络中加以考察,结合人类学的田野调查及历史学的文献分析,力图重建 17—19 世纪天主教在闽东福安的传播历史;从区域社会

---

① 《中国社会历史评论》第 16 卷上(2015 年)发表一组佛教与社会的论文,计有:尤李:《论安史之乱和会昌灭佛对唐幽州佛教的影响——以〈大唐云居寺故寺主律大德神道碑铭并序〉为中心》;陈文庆:《唐代福建佛教的几点观察——刘轲〈福州东山圣泉法华院记〉佚文释证》;明成满:《民国佛教的医药慈善研究》。

② 梅莉:《清代中晚期满族精英日常生活与道教——以顾太清、奕绘夫妇为中心》,《江汉论坛》2016 年第 6 期。

文化史的角度,系统深入地探讨了地方官府、宗族与乡村教会发展三者之间的关系。

民间宗教。刘雄峰著《明清民间宗教思想研究:以神灵观为中心》(巴蜀书社 2011 年)从现代宗教学的角度,以神灵观为中心,结合明清民间宗教各教派的主要经卷宝卷及其他相关材料,进行认真解读和仔细分析,分别以神灵谱系、神话理论、救赎观念、伦理思想四个部分依次展开,研究考察了明清时期民间宗教的宗教思想的形成、发展和演变的历史轨迹,对明清民间宗教的神灵思想进行了宗教意义上的全新的探索。华智亚著《龙牌会:一个冀中南村落中的民间宗教》(上海人民出版社 2013 年)考察了中国河北地区重新兴起的民间宗教:龙牌会,即龙信仰。详细调查和分析了这一教会的各种仪式、活动、信仰观念和文化遗存。试图找到这一宗教与国家,知识分子和不同利益相关者的规律性关系。

**(三)礼俗与社会习尚**

风气习尚以及民俗、礼俗与社会史关系密切,出版了一些通论性著作①。钟敬文主编《中国民俗史》(人民出版社 2008 年)主要内容包括:中国民俗史与民俗学史、物质生产民俗、物质生活民俗、氏族、宗族与人生礼俗、民俗信仰、民间工艺等。分为六册:先秦卷,晁福林著;汉魏卷,钟敬文主编;隋唐卷,韩养民等著;宋辽金元卷,游彪等著;明清卷,萧放等著;民国卷,万建中等著。吴丽娱主编《礼与中国古代社会》(中国社会科学出版社 2016 年)以礼制为主体,内容涵盖自先秦至明清,力求展现各时代的礼仪风貌及特色,对礼本身的发展脉络提出具体和概观性的认识;并注重从礼仪活动、礼仪实践中理解中国社会,通过动态的礼制史来反映礼与社会的互动关系。张宏慧《魏晋南北朝社会生活习俗研究》(郑州大学出版社 2016 年)从衣冠服饰、商业活动、教育文化、婚姻丧葬、社会保障、慈善公益等方面,论述了魏晋南北朝时期人们的生活状况、生活态度及价值观念的发展变化。梁景和对近代俗文化进行了探讨。他的《近代中国陋俗文化嬗变研究》(首都师范大学出版社 2009 年)认为,所谓陋俗文化是指特定时期内体现于风俗惯制上的并为传统人伦文化所认同的文化糟粕。本书分首论、婚姻、家庭等卷,论述了相关问题。梁景和《五四时期社会文化嬗变研究》(人民出版社 2010 年)共分十二个专题,大体上可归为婚姻、家庭、女性和性伦理四大板块。

以礼俗为题的研究较多,多涉及礼制实践与习俗的关系。先秦两汉,吕静著《春秋时期盟誓研究——神灵崇拜下的社会秩序再构建》(上海古籍出版社 2007 年)从探讨盟誓的概念入手,全面梳理有关春秋时期盟誓的各种文献以及考古材料,渐次研究盟誓中宗教性与政治性的各种复杂关系以及其中所反映的社会变动,对早期盟誓的起源、形态,对春秋盟誓的仪式、载书等也有细致的研究。王子今著《秦汉称谓研究》(中国社会科学出版社 2014 年)论述了称谓与等级秩序、职业身份、家庭结构、民族关系、行政控制、社会风习的关系。李俊芳著《汉代皇帝施政礼仪研究》(中华书局 2014 年)探讨了"礼崩乐坏"及其影响,汉代皇帝即位礼仪、册命礼仪、与即位礼仪和册命礼仪相关的问题、朝礼、其他施政礼仪、汉代负责皇帝施政礼仪有效实施的官员、施政礼仪的功能。刘尊志著《汉代诸侯王墓研究》(社会科学文献出版社 2012 年)对两汉诸侯王墓的墓葬分布,合葬形式与相对位置,墓葬形制与

① 关于社会风气研究与社会史研究的关系,请参看常建华:《旧领域与新视野:从风俗论看明清社会史研究》,《中国社会历史评论》第 12 卷,天津:天津古籍出版社,2011 年。

陪葬品，墓外建筑及相关问题，汉代诸侯王墓体现的丧葬制度及其特征等进行全面细致的研究，尤其是对以往学界研究相对薄弱的东汉诸侯王墓，分析了其基本内容、丧葬制度及特征、发展演变与衰落过程等。特别是作者在系统梳理东汉诸侯王墓资料的基础上，把两汉诸侯王墓放在一起进行综合比较研究。此外陵墓地面建筑是重要的礼制性设施，因而帝王陵园制度同样也是陵寝制度研究的重点。

中古时期，吴丽娱著《终极之典——中古丧葬制度研究》（全二册，中华书局 2012 年）探讨了唐宋皇帝丧葬礼、皇帝丧葬的组织构造与凶仪慰哀、唐朝的丧葬礼令与唐五代丧葬法式、官员丧葬礼令中的问题研究、唐宋赠官制度溯论等方面的问题。朱溢著《事邦国之神祇：唐至北宋吉礼变迁研究》（上海古籍出版社 2014 年）深入把握吉礼制度的内在逻辑，从大祀、中祀、小祀的纵向结构和祀天神、祭地祇、享人鬼、释奠先圣先师的横向结构出发，主要通过三祀制度、郊祀礼仪、太庙祭祀、释奠礼仪等方面的内容，来检讨唐至北宋吉礼的变迁，并且探究其在中国礼制史上的位置及其对后世的影响。从中亦可看到吉礼制度与政治秩序、权力观念、思想学说、宗教信仰之间的复杂关系。国家祭祀是以国家名义、由皇帝或政府官员主持的公共祭拜活动，这种祭拜活动既体现一定的宗教涵义，又昭示祭祀者政治、社会信念和价值的常经，同时又服务于国家共同体的现实目的。

明代礼俗的探讨。张佳著《新天下之化：明初礼俗改革研究》（复旦大学出版社 2014 年）从衣冠服饰、婚嫁丧祭，到日常生活中的礼仪细节，明初礼俗改革涉及的范围甚为广泛。当政者试图在“用夏变夷”的旗号下，通过重新划分“胡汉”文化界限的方式，来建立士大夫对新政权的认同。明初礼俗改革不仅塑造了明代前期社会生活的基本面貌，而且其所恢复和构建起来的基本价值观念和社会规范，还奠定了有明一代社会文化的基调和底色。李媛著《明代国家祭祀制度研究》（中国社会科学出版社 2011 年）从整体上把握明代国家祭祀体系，系统梳理和考察了明代国家祭祀体系的制度设置、机构管理、仪式规范、组成要素、信仰内涵及其现世功用等相关问题，全面展现了明代国家祭祀体系的总体结构和运行面貌，并从政治文化的视角系统解读明代国家祭祀体系的精神内涵，分析这一体系的信仰意识、价值意识和政治用意等，指出构成祭祀体系的诸多侧面和要素相互关联的整体意义。赵克生著《明代国家礼制与社会生活》（中华书局 2012 年）从“礼仪——政治史、社会史”的基本研究思路出发，把礼制放在具体的政治、社会环境中，分别从宫廷、官僚阶层、地方社会三个不同层面，动态考察礼制的运作和变动，建立起礼制与政治生活、社会生活之间的联系。

时尚生活。一些学者从美学、伦理学、美术学的视野综合论述审美风尚、道德生活、时尚文化的通史著作，都涉及日常生活。杨孝鸿主编《中国时尚文化史》（山东画报出版社 2011 年）分先秦至隋唐、宋元明、清民国 3 卷。唐凯麟主编《中华民族道德生活史》（东方出版中心 2014 年）以民族道德传统的形成、发展、演变和弘扬为基本线索，按不同的历史时期考察中华民族的道德生活历史。目前已经出版先秦卷、秦汉卷、宋元卷、明清卷、现代卷共计 5 卷。许明主编《华夏审美风尚史》（11 卷，北京师范大学出版社 2016 年）展示了中华民族审美精神的诞生、发展的历史，把美作为人类的审美活动进行全方位的历史描述。

此外,还有论述不同时代文娱习尚的。秦汉休闲生活的研究有长足的进展①。谢珊珊著《休闲文化与唐宋词》(暨南大学出版社 2011 年)首先从理论上理清了“休闲”的价值及其意义,并从历史与文化角度考察了唐宋尤其是宋代“休闲”以及休闲文学的由来与发展。作者从唐宋时社会物质条件的丰富、城市集群的形成、市民阶层的出现、商业文化的形成以及商业价值观的被认同、官员俸禄的丰厚等方面进行了剖析,揭示了休闲形成的物质基础。论述了体现在唐宋以来官员“休沐”制度的完善,认为词最初就是应酒色而诞生的,也可以说佐欢助兴是词创作与传播的最初目的。王立著《欢娱的巅峰:唐代教坊考》(新星出版社 2015 年)对唐代乐艺机构的建制进行了系统梳理,考察了内教坊、梨园、仗内教坊等机构的发展过程;探讨了宫廷女乐、内园小儿等乐艺人员的归属;对长期流传的一些错误观念进行了辨析。还介绍了分布于各藩镇的官伎及长安市井伎的形成与发展,揭示出唐艺辉煌的制度原因,阐明了大唐宫廷对于唐代文艺的深刻影响。赵瑶丹著《两宋谣谚与社会研究》(中国社会科学出版社 2015 年)论述了两宋谣谚的形式、社会背景、社会内容,两宋谣谚的传播、在空间上的传播与分布,在国家事务中的接受与控制。戴健著《明代后期吴越城市娱乐文化与市民文学》(社会科学文献出版社 2012 年)内容包括吴越城市特征概述、吴越城市娱乐文化的构成、城市娱乐场所、市民文学的娱乐传播、“新人文思潮”与吴越市民文人的文学活动、市民文学的世俗性、市民文学的通俗性等。明代后期,吴越城市中戏剧演出、评话、唱曲、百戏杂艺等场上表演和剧本、小说、蒙书、小品文等休闲阅读等都非常兴盛。该书通过对当时吴越地区城市娱乐文化的生存状态、传播途径、主要特点等的考察,梳理了其与市民文学创作与传播的关系。彭恒礼著《元宵演剧习俗研究》(广东高等教育出版社 2011 年)以中国农村元宵期间普遍存在的原生态演剧为主要考察对象。探讨元宵演剧形态时,以民间演剧为主,宫廷演剧为次。

学者关注到戏曲与社会的关系。朱琳著《昆曲与江南社会生活》(广西师范大学出版社 2007 年)以江南昆曲受众为立足点,结合昆曲艺术特色,分析了他们喜好昆曲以及参与昆曲活动的原因和心理动机;阐述了昆曲在江南社会生活中所发挥的功能及其对江南社会生活的影响等。刘召明《晚明苏州剧坛研究》(齐鲁书社 2007 年)介绍了苏州职业戏班、家乐戏班、民俗演剧的兴盛。段建宏著《戏台与社会:明清山西戏台研究》(中国社会科学出版社 2009 年)分析明清时期山西戏台的特色及其形成原因,解析古戏台的社会功能,并进一步探讨戏台所蕴涵的国家与社会的关系以及民间信仰对戏台的影响。郑维维著《社会史视角下的汉剧(1912—1949)》(人民出版社 2015 年)以湖北地方“大戏”汉剧在民国时期(1912—1949)的生存状态、组织运行,以及与其相关的人们的日常生活为研究内容,关注处于社会下层民众(本书中即汉剧艺人、票友、普通观剧民众等)的活动以及他们的喜怒哀乐,力求接近真实的与汉剧相关民众的社会生活,并对他们的社会生活作出文化的解读,试图找出隐藏于表面之下的规则、常规、习俗和原则。

曲艺也与社会关系密切。女弹词是从事苏州弹词演出的女艺人,女弹词作为江南女性在社会历史变迁过程中习得的一种性别身份,她的产生、演变和职业生涯折射出晚清以来

① 宁江英:《近四十年秦汉时期休闲生活研究述评》,《中国史研究动态》2015 年第 3 期。

江南地区性别观念以及性别关系的变化。周巍著《弦边婴宛：晚清以来江南女弹词研究》（上海人民出版社2014年）通过考察“技艺”与“性别”之间的互动关系，围绕传统行会组织、社会群体以及不同政权对女弹词观感的差异与变化，揭示出“女弹词论述”文本中蕴含的丰富多彩的性别符码和权力关系，从而为苏州评弹研究增加性别史、社会文化史的新维度。子弟书是清代中期以后兴起于旗人社会的一种艺术形式，随着清王朝的衰亡而衰亡。郭晓婷著《子弟书与清代旗人社会研究》（中国社会科学出版社2013年）从清代旗人社会的角度对子弟书进行系统研究，作者从八旗子弟的生活方式入手探讨子弟书生成的文化生活之源，从子弟书中看旗人的社会状况、娱乐生活、市井百态，家庭生活、人物形象。再从题材来源的角度探讨子弟书对汉族艺术的吸收，子弟书的语言艺术与八旗子弟的文化修养。

岁时节日出版了几部有深度的专著。刘晓峰《东亚的时间——岁时文化的比较研究》（中华书局2007年）立足于比较文化的立场对中国古代岁时文化所作的综合研究。张勃《唐代节日研究》（中国社会科学出版社2013年）引入节日生活微观研究方法，选取几位唐人为个案，对他们在节日生活中的行动及其影响进行深入考察。张勃《明代岁时民俗文献研究》（商务印书馆2011年）主要运用比较、文本分析等方法，对明代岁时民俗文献中的岁时记、地方志中的岁时民俗记述进行专门研究。

物质生活。学者对不同时期的消费探讨，赵兰香、朱奎泽《汉代河西屯戍吏卒衣食住行研究》（中国社会科学出版社2015年）研究了汉代河西屯戍吏卒的衣食住行，展现了汉代河西屯戍吏卒的基本风貌和生活条件，也揭示了汉代后勤保障方面的管理制度。张雁南著《唐代消费经济研究》（齐鲁书社2009年）论述了唐代基本消费概况、消费结构变化趋势分析、社会群体消费支出与消费行为分析、社会阶层消费水平差异及其根源、消费观念的变化与消费方式的变革、节俭消费方式的倡导及实践、上层社会休闲消费行为分析、消费经济历史地位与作用等。何辉著《宋代消费史：消费与一个王朝的盛衰》（中华书局2010年）考察了宋朝三百二十年间的消费状况与王朝盛衰的关系。作者考证了一些重要史实，对社会消费与国势盛衰的关系提出了看法。陈宝良探讨明代消费与生活质量的关系，指出：基于奢靡风气之上，在明代中期以后开始出现了一股追逐奢侈品的风气，且人们在休闲娱乐消费与宗教性消费方面的支出日渐增大。明朝人在满足日常生活需求的同时，追求基于更高生活水平之上的生活质量。他还认为，明人生活质量的高下，生存状态的安逸与窘困，除了取决于财富占有的多寡等外在的物质条件之外，又与人们内在的心理感受密切相关①。黄敬斌《民生与家计：清初至民国时期江南居民的消费》（复旦大学出版社2009年）借助于现代经济学理论与统计学方法重现了清初至民国年间江南地区居民的日常消费状况，从衣、食、住、行等满足人类生存所需的最基本的消费类别入手，运用大量的调查数据，考察了两百多年间江南居民的基本生活状态，探究此两百多年间江南地区的区域经济和江南居民的生活水平。

生活质量关系到人的身高。彭卫指出：秦汉时期黄河流域和以北地区成年男性的中等身高大约为166—168厘米，成年女性的中等身高大约为150—152厘米。长江流域和以南

---

① 陈宝良：《明代的物价波动与消费支出——兼及明朝人的生活质量》，《浙江学刊》2016年第2期；陈宝良：《明朝人的生活质量及其相关问题探析》，《福建论坛》2016年第5期。

地区成年男性的中等身高大约为161厘米,成年女性的中等身高大约为150厘米。秦汉人的身高可能因经济状况和社会地位的不同而有差异,家境较为富裕或社会地位较高的群体,一般来说其平均身高可能要高于家境较为贫寒或社会地位较低的群体。在成年人的确认中,年龄是最重要的因素,身高意义有限。尽管秦汉社会重视人的体貌,但身高与爵位的获得以及官吏选拔之间并不存在制度上的特定联系。商周时期人群的中常身高较之新石器时代的居民可能降低了2厘米以上,秦汉时期居民的中常身高则有所回升,这种情形可能与产业结构以及由此导致的食物获取内容的改变有关①。

近代烟毒社会问题的应对方面。刘文楠著《近代中国的不吸纸烟运动研究》(社会科学文献出版社2015年)重构了晚清到民国时期三次不吸纸烟运动的来龙去脉,详述了这三次运动的言论、组织和开展过程,并以此为线索将政治动员、国民教育、日常生活规训、卫生观念的演进、烟草业经济发展、政府税收管理、中央地方关系、民族主义思潮等方面有机地结合在一起,最后着眼于近代中国精英和政府对民众日常生活的定义和塑造。肖红松著《中共政权治理烟毒问题研究:以1937—1949年华北乡村为中心》(人民出版社2013年)以1937—1949年中共在华北抗日根据地、解放区治理烟毒活动为考察对象,缕析该地区烟毒基本形态、社会根源以及中共治理烟毒的理念、举措、效果;继而透过治理烟毒活动分析中共革命政权与乡村社会如何互动、如何影响革命进程的基本问题。

具体消费而言,服饰方面,吴欣著《中国消失的服饰》(山东画报出版社2010年)梳理服饰文化发展的脉络,从最初的蔽体御寒,到后来成为身份地位的象征,再到现在作为潮流时尚的风向标,服饰在我们日常生活中的意义和作用早已远远超出了其产生之初的范畴。饮食方面,彭卫利用出土地下材料结合文献对汉代食饮状况的深入研究值得关注②。刘朴兵著《唐宋饮食文化比较研究》(中国社会科学出版社2010年)以中原地区为考察中心,对唐宋两代的食品、饮品、饮食业、饮食习俗、饮食文化交流、饮食思想等进行了系统的比较研究,发现唐宋饮食文化有着许多显著的差异。唐代饮食文化具有鲜明的"胡化"色彩,而宋代饮食文化的"胡化"色彩则大大减弱。唐代饮食文化显得豪迈粗犷,宋代饮食文化则显得细腻精致。唐代饮食文化的贵族化色彩显著,宋代饮食文化的平民化色彩突出。唐代饮食文化的发展基本上局限于自然经济的范畴,而宋代饮食文化中的商品经济因素则显著增多。唐宋饮食文化表现出来的这些差异与唐宋社会的差异基本上是一致的。唐宋两代的饮食文化也有不少相同或相似的内容,表现出中国饮食文化自身发展的连续性。沈冬梅著《茶与宋代社会生活》(中国社会科学出版社2015年)对宋代茶艺如采茶习俗、生产过程、保藏方法、点茶程序、分茶和斗茶技艺、茶具形制和系列等做了历史比较;对宋代贡茶和赐茶的政治意蕴、茶与中外文化交流、宋人茶观念、宋代茶书、茶与宋代诗词书画等都进行了考析。赵国栋著《茶叶与西藏:文化、历史与社会》(西藏人民出版社2015年)通过大量的文史资料及实地调查,尝试对茶叶与西藏的关系进行系统的梳理与分析。周正庆《中国糖业的发展与社会生活研究——16世纪中叶至20世纪30年代》(上海古籍出版社2009年)论述了16世纪中叶至20世纪30年代饴糖蜜糖甜菜糖的生产及社会功用,蔗糖业生产的

① 彭卫:《秦汉人身高考察》,《文史哲》2015年第6期。

② 彭卫:《汉代食饮杂考》,《史学月刊》2008年第1期。

发展,蔗糖的国内外销售,糖在饮食和医疗中的应用及影响,食糖对民俗的影响,糖文化性——以华东和广东为例。伊永文《1368—1840 中国饮食生活:日常生活的饮食》(清华大学出版社 2014 年)由日常生活的饮食、成熟佳肴的文明两部组成。《成熟佳肴的文明》主要讲明清的饮食文化和生活方式。居住方面,朱力《中国明代住宅室内设计思想研究》(中国建筑工业出版社 2008 年)认为明代居室生活有艺术化倾向。明代居用方面青花瓷普及,肖丰《器型、纹饰与晚明社会生活》(华中师范大学出版社 2010 年)认为物质文化生活上出现了器用的瓷质化倾向[①]。曹炜著《开埠后的上海住宅》(中国建筑工业出版社 2004 年)将近代上海住宅分为里弄住宅、独立住宅、多层集合住宅三类,在对大量现存住宅的现场测绘和历史背景调查基础上,详尽分析了它们的平面设计以及外观造型随时代发展而产生的变化,由此揭示居住在上海的近代中国是如何逐步接受西洋建筑文化,并在保留中国传统生活习惯的同时,形成了上海近代建筑的独特风格。出行方面,旅游史研究成果突出。陈建勤《明清旅游活动研究》(中国社会科学出版社 2008 年)从旅游史角度,运用历史学、地理学等相关理论和方法,全景式地研究了旅游活动发生发展之轨迹,尤其从大量游记散文等文学作品中挖掘史料,对探索利用文学作品的史料价值、拓展社会生活史研究的史料来源。魏向东著《晚明旅游地理研究》(天津古籍出版社 2011 年)探讨了晚明旅游的兴盛,旅游者及其地理分布,旅游时间地理研究,旅游行为地理研究,旅游地分布与旅游重心区,旅游客流研究。张建融著《杭州旅游史》(中国社会科学出版社 2011 年)通过隋代以前、隋唐时期、吴越国、北宋、南宋、元、明、清和新中国成立以来不同历史时期杭州作为旅游胜地的发展与繁荣,展开一幅杭州旅游业发展的大画卷。江沛认为,人类生活空间的大小,决定着其能否跨越地理空间及自然条件约束进行生活、生产、文化等诸种交流。此种空间与条件约束着人类获得各种生活资源的能力,影响着其视野的拓展、知识的丰富性甚至想象力的丰富程度,这也是约束人类相识相知、构建人类共同体的关键所在。而拓展空间的关键所在,一是借助于交通工具"压缩"空间距离展开交流,二是借助于通讯手段进行信息交流。近代以来,铁路、轮船、电信邮政等新式交通工具的兴起,对于中国社会的发展转型乃至对外交流的开展,都具有重大的推动意义[②]。

**(四)人口与社会保障**

1. 人口问题

通论性论述。王跃生《制度与人口:以中国历史和现实为基础的分析(上、下)》(中国社会科学出版社 2015 年)集中探讨制度与人口数量、分布、结构和秩序的关系,考察制度对人口行为的制约、调整和引导作用,分析制度与人口行为的因果关系,认识制度对人口行为的积极作用和消极后果。主要涉及五种类型的制度:一是影响人口数量变动的制度,包括婚姻制度、生育制度和人口压力应对制度;二是与人口承载单位相关的制度,有家系传承制度、家庭形态制度;三是与人口空间分布有关的制度,主要是人口迁移制度;四是与人口结构有关的制度,包括性别制度、老年人口制度;五是与人口管理有关的制度,主要为户籍制

---

① 请参阅孙雅頔:《〈器形、纹饰与晚明社会生活——以景德镇瓷器为中心的考察〉读后》,《中国社会历史评论》第 15 卷,天津:天津古籍出版社,2014 年。

② 江沛:《关于开展中国近代交通史研究的若干思考》,《史学月刊》2016 年第 8 期。

度和人口统计制度。在分析每类制度时,努力对不同制度形式在历史时期和当代社会的状态、演变加以梳理,同时对该制度的实施效果进行研究。高寿仙《北京人口史》(中国人民大学出版社 2014 年)重点论述了人口数量的消长变化,整理出一套更加接近实际的人口数据,并在资料允许的条件下,介绍了人口的迁移流动、自然变动、自然构成、社会构成、家庭与婚姻等方面的情况,阐述了北京地区各个历史时期人口起伏变动的复杂轨迹,总结了造成人口起伏变动的各种因素,从长时段的角度把握北京人口发展变化的规律和趋势。李健胜、郭凤霞《国家、移民与地方社会:河湟汉族研究》(人民出版社 2015 年)利用国家与社会关系的理论分析框架,结合"内地化"的分析工具,对汉族移民与河湟地区的人文生态变迁、汉族移民人口发展概况、王朝国家视野下的汉族移民、汉族移民的衣食住行、婚丧礼俗等问题展开讨论,以揭示这一特殊的移民群体在历史上的存在形态及其对开发边疆所作出的贡献。

人口史特别是移民社会的研究集中于清代以来。薛理禹《清代人丁研究》(社会科学文献出版社 2014 年)基本厘清清代人丁编审与丁银征收在立法层面的制度演变,探讨地方官府于执法层面对该项法规的实施,以及不同社会阶层的民众从守法层面对该项制度的响应等问题。指出清代"人丁"既不等同于成年男子,也不能笼统概括为"赋税单位",其含义必须结合具体的语言环境与时代背景加以判断。郭松义著《清代社会环境和人口行为》(天津古籍出版社 2012 年)主要探讨清代人口迁徙方面的问题、人口行为(包括婚姻、家庭、生育和死亡)的问题,其中对妇女逃亡及死亡、自杀的讨论,目前学术界少有触及。吴一焕著《海路、移民、遗民社会——以明清之际中朝交往为中心》(天津古籍出版社 2007 年)探讨了明末清初辽东半岛、朝鲜半岛、山东半岛间的中朝(韩)海上交往和在朝鲜形成的明遗民的社会活动。贾建飞《清乾嘉道时期新疆的内地移民社会》(社会科学文献出版社 2013 年)论述乾嘉道时期清朝之新疆经营理念、清朝对内地人口向新疆进行流动的认识和管理政策、内地人口在新疆的社会经济活动和犯罪活动,以及内地文化在新疆的发展等问题。梁勇著《移民、国家与地方权势:以清代巴县为例》(中华书局 2014 年)梳理了清代巴县移民社会的形成及移民构建历史记忆的努力,巴县移民社会的基层治理,涉及保甲制度、啯噜、客长、团正、学董、八省会馆等,探讨了民间社会与国家政权在基层治理上的互动情况。陈良学《明清大移民与川陕开发》(陕西人民出版社 2015 年)联系陕南秦巴山区人口源流及经济文化构成之要素,探讨明清两代大移民与川陕开发的关系。高红霞著《上海福建人研究》(上海人民出版社 2008 年) 探讨了上海福建同乡团体的乡缘特点,肯定了上海福建人推进这座城市商业化都市化,内容分别为福建人迁沪动因与生存、埠际贸易体系中的上海闽商、同乡团体与同业组织、上海福建人个案研究。高红霞还著有《移民群体与上海社会》(上海人民出版社 2012 年)。

江西袁州府特别是万载县的移民问题颇受关注。郑锐达著《移民、户籍与宗族》(三联书店 2009 年)以一个清代移民地区——江西袁州府作为研究对象,致力于探讨里(图)甲组织对地方社会的意义及其动态发展。全书主要探讨了袁州府外来移民之特点及移民进入时之社会背景、清初袁州府图甲组织及外来移民入籍状况、清初至中叶袁州府的棚民、棚籍、客籍等内容。谢宏维著《和而不同——清代及民国时期江西万载县的移民、土著与国家》(经济日报出版社 2009 年)讲述了万载县是如何在争斗不息中构建起相对安定的地方社会的，从清代到民国时期，按时间顺序，从地方社会的历史发展脉络出发，把土、客矛盾所引发的一系列冲突事件纳入地方社会的发展脉络和权力关系中，以揭示在国家的影响下土客关系演变的机制与逻辑。

近代中国北方诸省人口闯关东，东北移民问题是中国近代人口史、社会史研究领域中的重大问题[①]。清朝后期，国际国内矛盾日益尖锐，统治者迫于形势在东北地区开始放禁招垦。这一过程，在民国年间达到高潮，"满洲国"时期又有所变化。近代东北地区的移民与国内其他地区的移民相比，其内容又不大一样，有其一定的特殊性。在这一地区，不仅有关内"闯关东"的人们，而且还有许多国家抱着各种目的而来的国际移民。众多的移民构成了近代东北社会的人口主体，使我国东北地区迅速发展成为一个移民社会。马平安著《近代东北移民研究》（齐鲁书社 2009 年）讨论了上述问题。范立君著《近代关内移民与中国东北社会变迁（1860—1931）》（人民出版社 2007 年）着重论述了关内移民发展演变及其与东北社会变迁的关系，对清初、"九一八"事变后东北移民的情况亦涉及不少，全面、系统研究近代东北关内移民史。赵英兰著《清代东北人口社会研究》（社会科学文献出版社 2011 年）以清代东北人口为切入点，广泛发掘、运用东北区域特有的、翔实的文献资料，全面、系统地论述了清代东北人口与环境、管理、数量、移流、结构、族群、素质、婚姻、家庭、家族及人口与城镇化等问题，展示了清代东北区域人口社会的全貌。

2. 救济、慈善、福利

灾害与社会救济、社会保障。王文涛著《秦汉社会保障研究——以灾害救助为中心的考察》（中华书局 2007 年）分别研究了社会救助、民间互助、特殊福利、军人优抚、灾情监测、预报评估及社会保障思想等问题。作者运用大量的历史资料及简牍、汉碑，把历史学的考证方法和自然科学的统计方法有机地结合起来，对秦汉时期自然灾害的频次和时空分布作了分类考察。孙高杰著《1902—1937 年北京的妇女救济——以官方善业为研究中心》（厦门大学出版社 2014 年）通过考察清末民初北京妇女救济的发展历程，主要探讨以下几个问题：清末民初，北京官办妇女救济机构的理念和实践的具体状况，在面临政治、经济等条件变化时妇女救济事业如何开展，效果如何；影响妇女救济活动有效实施的推动力量和限制因素有哪些；妇女救济工作的开展对不幸妇女的影响何在，从而探讨在妇女解放的背景下，下层妇女的真实生活图景；妇女救济事业的变迁体现怎样的变化趋势，政府和社会的作用居于何种地位，双方关系如何，在此基础上探讨救济事业应采取怎样的开展方式。

慈善与福利。通史性的论述有王子今等著《中国社会福利史》（武汉大学出版社 2013 年）从国家政策、社会组织和文化思想等方面全面系统地考察了中国社会福利史的发展状况及历史特点，有助于认识现今中国社会福利状况的文化源流和社会条件，改进和发展现代化进程中的中国社会福利事业。周秋光、曾桂林《中国慈善简史》（人民出版社 2006 年），不仅勾勒了慈善、慈善事业与慈善史研究的基本问题与基本研究方法，还考察了中国传统文化中的慈善思想观念和社会变迁的关系，论述了先秦以来的慈善、慈善事业的兴起与发展、衰落与再次崛起等问题。周秋光等著《中国近代慈善事业研究》（3 册，天津古籍出

① 杨皓苏：《近十年来关于近代东北关内移民问题研究综述》，《边疆经济与文化》2015 年第 1 期。

版社 2013 年)主要研究慈善事业在中国近代社会的变迁、演变及其产生的影响、作用,分慈善思想、慈善人物、慈善组织、慈善法制、宗教慈善、区域慈善六编四十章展开专题研究。近代北京、天津、宁波的慈善事业突出,任云兰著《近代天津的慈善与社会救济》(天津人民出版社 2007 年)以慈善救济这一公共领域中国家与社会的互动关系为视角,从慈善救济产生的思想渊源、历史背景、灾荒赈济、官方救济事业、民间慈善事业的沿革和运作,以及各个社团和组织的慈善救济等方面,探讨了近代天津城市的慈善和社会救济事业。王娟著《近代北京慈善事业研究》(人民出版社 2010 年)把近代北京地区的慈善事业放在我国慈善发展史的大背景下,从慈善事业的思想和实践,慈善活动的救助对象、救助主体以及组织机制等重要方面,探讨了北京地区慈善事业的总体状况及其由传统向现代的转型过程,分析了产生这一转型过程的社会环境、具体表现与基本特征,并且力求与同一时期江南地区和西方近代慈善事业作横向比较,尽可能地揭示近代北京慈善事业的地区特色。孙善根《民国时期宁波慈善事业研究(1912—1936)》(人民出版社 2007 年)、论述了宁波慈善事业发展的历史传统、民国时期的慈善团体、慈善活动以及慈善事业与社会变迁、政治变动等的关系等,对清代状况多所涉及。

教育公益。宾兴是清代的教育公益基金,其基本职能是为本地科举考生提供考费资助。宾兴名称肇始于《周礼》,初现于明,而清代中后期尤为盛行。宾兴尤以长江、珠江流域为盛。科举宾兴使清代教育资产出现了儒学、书院、宾兴鼎足而三的格局,促进了各地科举教育的发展。废科举后宾兴多成为新式教育的经费来源。毛晓阳著《清代科举宾兴史》(华中师范大学出版社 2014 年)是国内外宾兴研究的首部专著,揭示出捐资助考是中国古代教育公益的特色。毛晓阳著《清代宾兴公益基金组织管理制度研究》(人民出版社 2014 年)立足于地方文献的全面整理,选取社会公益的研究视角,探讨清代各级政府和民间社会围绕宾兴而实行的组织管理、制度安排,并力图挖掘蕴藏其中的民族传统公益精神。通过将清代宾兴与当今国内外教育公益基金进行对比,试图对接百年来被近代化强行斩断的民族文化中的社会公益思想传统。

有关教育的还有其他视角。顾月琴《日常生活变迁中的教育:明清时期杂字研究》(光明日报出版社 2013 年)探讨了明清时期生活所用杂字在民间盛行的原因,杂字与其他蒙学教材相比的不同特点,杂字在国内外的流播情况。邢照华著《黄埔军校生活史(1924—1927)》(商务印书馆 2014 年)内容包括黄埔军校校园生活、校战地生活、参与的地方公众生活、引领的民国风尚。此外,李彬著《中国新闻社会史》(清华大学出版社 2009 年)叙述了中国"新闻"的历史演进过程。

## 三　生态·医疗·区域:社会史的跨学科与整体研究

社会史的跨学科属性日益突出,在生态环境史、水利社会史、医疗社会史表现得比较明显,法学与社会史也关联密切,特别是随着简牍出土与清代、民国档案的大量整理,法制社会史兴盛,社会史研究还往往以地域研究形式出现,涉及多种学术领域并显示出整体性。

### （一）生态环境、水利社会

关于环境史，王利华认为，中国环境史学是一门正在蓬勃兴起的新史学，已经取得了丰硕的成果，但学科理论方法尚未形成体系，大量学术空白有待填补，对许多基本问题的认识仍然存在偏差。环境史研究者需要努力加强理论探讨，厘清思想观念，通过深入系统的研究为社会提供正确的思想、知识，在生态文明建设中发挥应有的作用[①]。王子今指出，20 世纪的生态史学取得了空前的进步，但是许多认识仍然是初步的。在 21 世纪新的史学格局中，生态史学将逐渐占有重要的地位，理论和方法的创新，将为生态史学的发展创造条件。新世纪中国生态史学可以预期的发展，将有益于史学的总体性的进步，也可以为人类在新的生态形势下生态意识和生态对策的科学化，开掘有益的文化资源，准备必要的文化条件。他以秦汉史为例，说明生态史取得的进展[②]。

生态环境史的成果不断涌现。通论与综合研究方面，王利华《徘徊在人与自然之间：中国生态环境史探索》（天津古籍出版社 2012 年）对生态环境史做了学术回顾，廓清学术概念和框架，阐释了相关理论建构问题，综述了生态环境史学术研究的史学意义、现状与展望，探讨了中国古代水环境、农业、牧业、渔业、内河航运业、物种资源、水利建设与地理变迁、人与自然生态环境关系等专题。王利华主编《中国历史上的环境与社会》（北京三联书店 2007 年）分“环境史研究的理论与方法”“经济活动与环境变迁”“水利·国家·社会·民生”“灾害、疾病与生态环境”“山林薮泽·野生动物”五组论文。高凯著《地理环境与中国古代社会变迁三论》（天津古籍出版社 2006 年）从土壤中微量元素和传染病的角度，探索有关我国古代社会婚姻制度、人口繁衍和文明进程与地理环境间的一些关系问题。主要探讨了地理环境下的土壤微量元素与中国古代社会变迁的关系问题，具体涉及 3 个问题：地理环境下的土壤微量元素与匈奴、鲜卑的“收继婚”问题，与历史时期黄淮海平原文明进程的关系，地理环境与孙吴时期临湘侯国的疾病人口问题。张建民，鲁西奇主编《历史时期长江中游地区人类活动与环境变迁专题研究》（武汉大学出版社 2011 年）论述的问题有：“了解之同情”与人地关系演变研究；长江流域环境史研究的回顾与展望；历史时期长江中游地区人地关系的演变及其特点；长江中游地区距今 10000—1800 年间气候状况研究；一千年来长江流域的水旱灾害与气候变化，散居与聚居：汉宋间长江中游地区的乡村聚落形态及其演变；寨堡：社会动荡中的环境与选择——以明清川陕楚交边山区为中心；明清时期江汉平原的围垸：从“水利工程”到“水利共同体”；明清时期赣南地区乡村聚落的宗族化与军事化——以乡村围寨为中心；土地革命前夕赣南乡村的聚落形态与社区关系；都市环境史：18 世纪汉口地区的黑山开发和风水论。曹树基，李玉尚著《鼠疫：战争与和平——中国的环境与社会变迁（1230—1960 年）》（山东画报出版社 2006 年），分别从鼠疫史的方法论、鼠疫流行模式（战争与和平时期）、环境变迁与国家医学等角度，探讨了中国的鼠疫流行历史，就鼠疫流行与中国环境变迁之间的关系作出解释。王建革《江南环境史研究》（科学出版社 2016 年）不仅探讨吴江陆淤与吴淞江流域的水旱变化，嘉湖生境的形成，而且就水生植物的生态与景观变化，生境认知与生态文明做了探讨，将人文风格、审美等问题引入环境

① 王利华：《中国环境史学的发展前景和当前任务》，《人民日报》2012 年 10 月 11 日。

② 王子今：《中国生态史学的进步及其意义——以秦汉生态史研究为中心的考察》，《历史研究》2003 年第 1 期。

史研究。

断代研究方面。王子今《秦汉时期生态环境研究》(北京大学出版社2007年)从气候、水资源、野生动物分布、植被、人为因素等几个方面讨论了秦汉时期生态环境条件的基本形势,也从思想史和观念史的角度阐述了秦汉人的生态环境观、生态环境与秦汉社会历史的关系。分析了秦汉时期生态环境的若干个案,如秦定都咸阳的生态地理因素、秦史的灾异记录、秦汉长城与生态史、汉代"海溢"之灾以及两汉南方的"瘴气之害"等。明清以来的研究最为丰富,邹逸麟教授主编《500年来环境变迁与社会应对丛书》(上海人民出版社2008年)5种,即陈业新著《明至民国时期皖北地区灾害环境与社会应对研究》、冯贤亮著《太湖平原的环境刻画与城乡变迁(1368—1912)》、尹玲玲著《明清两湖平原的环境变迁与社会应对》、杨伟兵著《云贵高原的土地利用与生态变迁》、谢丽著《清代至民国时期农业开发对塔里木盆地南缘生态环境的影响》。张建民著《明清长江流域山区资源开发与环境演变:以秦岭—大巴山区为中心》(武汉大学出版社2007年)采用"流移"这一既能恰当概括流动人口现象,也能体现"流动"这一堪称明清时期秦巴山区社会乃至经济主要特征的概念,来统称外地进入秦巴山区的人口。认为山区的自然环境、资源禀赋、元明之际的战乱、明朝的封禁、全国性人口剧增及清朝开垦山头地角小块土地免科令等,诸多因素共同造就了明清时期的秦岭—大巴山区"流民渊薮"的性格。王建革著《传统社会末期华北的生态与社会》(生活·读书·新知三联书店2009年)在满铁资料为主的乡村调查资料基础上,收集大量方志材料,进行实地考察,历时十年,写下了这部专著,使华北平原从清代到民国时期的农业技术、生态环境以及乡村社会诸方面的研究达到了一个相当高的水平。王建革《水乡生态与江南社会(9—20世纪)》(北京大学出版社2013年)以宋代以来传统吴淞江流域的生态环境为中心,描述环境与人文的关系。对古代吴淞江流域的河道和水环境的景观与人文的关系,这一地区鱼米之乡的环境形成及其发展,古人在传统知识体系下对环境的认知与社会反映等问题都做了系列的探讨,涉及乡村社会、水利社会等问题。慈鸿飞著《西部农业开发与生态中外比较》(商务印书馆2007年)该书主要分为三个部分:研究了百年来中国西部农业开发的实际状况,农业资源开发与生态的关系,在西部开发中应选取的最佳产权制度。

水利与社会形成热点研究。有学者2008年评论说:"目前在中国大陆,从水利社会研究的区域分布来看,北方特别是山陕地区是当前的热门区域,而江南地区、长江中游及两湖等地区也积累了不少成果,相对而言,华南地区的水利社会史虽起步较早,但缺乏后续研究,在水利社会史研究取得丰硕的成果之时,显得有些落寞了。人们对西北、西南地区的水利建设十分关注,有了许多研究,但还没有出现社会史的转向。而在东北地区,虽然有着相对丰富的水资源,然而无论是一般性水利史研究,还是水利社会史,均不活跃。"[①]水利社会

① 张爱华:《"进村找庙"之外:水利社会史研究的勃兴》,《史林》2008年第5期,第176页。另请参阅廖艳彬:《20年来国内明清水利社会史研究回顾》,《华北水利水电学院学报》2008年第1期;晏雪平:《二十世纪八十年代以来中国水利史研究综述》,《农业考古》2009年第1期;张俊峰:《明清中国水利社会史研究的理论视野》,《史学理论研究》2012年第2期。

史出现一批具有深度思考和理论色彩的论文①,2007 年《历史人类学学刊》第 5 卷第 1 期刊登"水利专号",发表 5 篇反映不同地区与风格的论文②。研究南北方水利社会史的专著出版,讨论浙江的有两部:钱杭著《库域型水利社会研究——萧山湘湖水利集团的兴与衰》(上海人民出版社 2009 年)全面研究江南地区"水库型"水利社会史上的重要制度、人物和事件,努力再现传统农耕模式里这种库域型水利社会各层面的构建及解体过程,分析各类冲突发生的原因和后果,探索中国传统社会中与此类型相近的各利益集团所存在的根本缺陷。冯贤亮著《近世浙西的环境水利与社会》(中国社会科学出版社 2010 年)从浙西杭嘉湖地区历史发展的背景出发,对高乡与低乡的地方民生、水旱等灾害的破坏性影响、人工改造与生存环境之变化、日常生活及其景观建构、水利兴复与地域社会的关系等内容,作了比较系统全面的考察。论述山陕地区水利的也有两部专著:胡英泽著《流动的土地:明清以来黄河小北干流区域社会研究》(北京大学出版社 2012 年)研究"三十年河东,三十年河西"环境下黄河滩田这类"流动的土地",关注生态环境与区域社会之间、国家与地方之间的相互关系。张俊峰著《水利社会的类型:明清以来洪洞水利与乡村社会变迁》(北京大学出版社 2012 年)提出要从类型学视角出发开展中国水利社会史研究,是因为在洪洞水利社会类型的实证研究中,可以很清晰地发现水利的有无、发展水平、发达程度,与区域社会的整体发展格局和历史变迁之间确实存在着内在的关联性。此外,李泉主编《"运河与区域社会研究"国际学术研讨会论文集》(中国社会科学出版社 2015 年)收录论文 50 篇,内容涉及运河学及其文化内涵、运河与国家漕运、运河交通与水利、运河区域的民间信仰、运河城市与社会文化等方面。

自然灾害的应对研究。曹树基主编《明清以来的自然灾害及其社会应对机制》(上海交通大学出版社 2007 年)分四部分:第一部分 文化与生态,Ⅰ旱作村落雨神崇拜的地方叙事——陕西蒲城尧山圣母信仰个案、Ⅱ中小流域的人地关系与环境变迁——清代云南浵苴河流域水患考述、Ⅲ旱涝、水利化与云贵高原农业环境(1659—1960 年);第二部分 灾荒与应对:Ⅳ民国时期河南水旱灾害及其社会应对、Ⅴ清代江西水灾及社会应对、Ⅵ明代北方灾荒性移民研究;第三部分 生态政治学,Ⅶ 1928—1930 年西北大旱灾及其社会应对——以关中地区为中心、Ⅷ赈饥与政区:明清嘉定宝山基层行政之运作、Ⅸ田祖有神:治虫与政治强制式的现代化——以浙江省为例、Ⅹ人鼠大战:1950 年代的内蒙古草原——以哲里木盟为中心、Ⅺ雪灾防御与内蒙古社会的变迁(1930—1980 年);第四部分 微生物与社会变迁,Ⅻ鸦片战争中英军的传染病流行——以舟山为中心、Ⅻ上海城区霍乱病史研究——以"地方病"与"外来病"的认识为中心、ⅩⅣ关于广东鼠疫自然疫源地的再思考。周致元著《明代

① 邓小南:《追求用水秩序的努力——从前近代洪洞的水资源管理看"民间"与"官方"》,《暨南史学》第 3 辑,广州:暨南大学出版社,2004 年;赵世瑜:《分水之争:公共资源与乡土社会的权力和象征》,《中国社会科学》2005 年第 2 期;钞晓鸿:《灌溉、环境与水利共同体——基于清代关中中部的分析》,《中国社会科学》2006 年第 4 期;钱杭:《共同体理论视野下的湘湖水利集团——兼论"库域型"水利社会》,《中国社会科学》2008 年第 2 期。

② 钱杭:《利、害博弈与历史恩怨——萧山湘湖社会史的变迁轨迹》;钞晓鸿:《争夺水权、寻求证据:清至民国时期关中水利文献的传承与编造》;杨国安:《塘堰与灌溉:明清时期鄂南乡村的水利组织与民间秩序——以崇阳县华陂堰帐簿为中心的考察》;周荣:《本地利益与全局话语——晚清、民国天门县历编水利案牍解读》;邓永飞:《近代洞庭湖区的湖田围垦与水利纠纷——以沅江白水浃闸堤案为例》。

荒政文献研究》(安徽大学出版社 2007 年)探讨了明代的救荒思想、备荒制度建设与设想以及救荒制度建设。赵玉田著《环境与民生——明代灾区社会研究》(社会科学文献出版社 2016 年)解析明代"灾区化""三荒现象""灾害型社会"等历史问题,明确提出"灾害型社会"作为小农社会"死去活来"间隙的特殊社会状态,是一种极端的社会自然化现象,借以探究明代灾区社会与明代社会变迁的关系,试图全面、细致地勾勒明代环境、民生与灾区社会三者互动的图景。徐泓编著《清代台湾自然灾害史料新编》(福建人民出版社 2007 年)介绍了清代台湾地震史料、清代台湾霜雪冰雹史料、清代台湾旱灾史料、清代洪灾与风灾史料。吴媛媛著《明清徽州灾害与社会应对》(安徽大学出版社 2014 年)探讨了明清时期徽州地区的灾害实态、社会的灾害应对及其相关的问题。书中系统梳理了明清以来的徽州地区水灾、旱灾、火灾、虎患等诸种灾害的发生情况,又从粮食应对、仓储备荒、水利设施、灾害与城乡生活和个案研究五大方面进行阐述。郝平、高建国主编《多学科视野下的华北灾荒与社会变迁研究》(北岳文艺出版社 2010 年)基于对灾害史学科的整体关照提出研究课题,将灾害引起的社会问题及影响作为主要关注点,对中国近代历史上的旱灾与救济问题作了探讨,涉及水灾、蝗灾、疫病等多个领域。郝平《大地震与明清山西乡村社会变迁》(人民出版社 2014 年)论述了明清时期山西地震概况,嘉靖三十四年华县大地震,康熙三十四年临汾大地震,嘉庆二十年平陆强地震,大地震的经济社会影响,大地震后的反思。欧阳恩良主编《天灾人祸善行:喀斯特环境下民国贵州经济社会发展诸问题研究》(中国社会科学出版社 2011 年)重点探讨喀斯特环境下的文化形态,及其与自然灾害、民众运动的内在联系,探索贵州经济社会发展的制约因素及其解决的途径。李文海、夏明方主编《天有凶年:清代灾荒与中国社会》(生活·读书·新知三联书店 2007 年)是一部清代灾荒问题研究的文集。马俊亚《被牺牲的"局部":淮北社会生态变迁研究(1680—1949)》(北京大学出版社 2011 年)分析了治水、漕运和盐务等政策对淮北的地理、河道、水文、物产、民性及经济结构与社会结构等的塑造乃至扭曲作用,认为淮北地区之所以从唐宋时代的鱼米之乡演变为穷乡瘠壤,主要是封建中央政府以"顾全大局"的名义而有意牺牲这一"局部利益"的结果。

环境史与医疗史有关系。余新忠认为:由于疾病和医疗,特别是其中的传染病与环境间显而易见的密切关系,故而在目前有关环境史的论述中,往往都会将此囊括在内。不过医疗史作为一个独立的研究领域,并不能简单归于环境史之中,两者之间既自成一体又紧密关联。环境史不仅仅是一种新的研究领域,也是一种新的视角、新的意识,一种时时处处将生态纳入考量的生态意识。故医疗史与环境史的关联,不单是研究对象的部分交集,还有理念和视角上的相通。虽然近年来随着医疗文化史的研究日渐兴盛,其与环境史的交集渐趋减弱。然而,环境因子并没有在疾病、医疗的文化范畴中消失,生态意识的适用性,也不曾因为研究的旨趣转向文化而减弱。故而,倡言在医疗史研究中引入和贯彻生态意识,不仅有利于我们发现在关乎人类疾病、健康和医疗的文化内容的环境因子,更真切地体认到历史的复杂性,而且也可以让我们更好地理解历史上种种的医疗观念和行为①。他又说,环境史的研究固然是希望增益人类的生态学意识,但同时也需要文化地来理解这样一种潮

① 余新忠:《医疗史研究中的生态视角刍议》,《人文杂志》2013 年第 10 期,摘要。

流和现象①。

医疗社会史。余新忠、杜丽红主编《医疗、社会与文化读本》（北京大学出版社 2011 年）不仅还原和描绘医疗史实演变的具体过程，更要挖掘这些现象背后的社会关系、权力关系，及其特定的文化含义。内容包括观念与方法，重点关注西方医学史研究在从社会史向文化史转型时面临的理论问题；医疗史与现代性，集中呈现了近代中国医学史研究中不可回避的中西问题；问题与视野，收入尝试用新方法加以解决的一些范例之作，诸文均将医疗史的课题置于社会历史的背景下，体现了医疗史研究的新趋向。路彩霞著《清末京津公共卫生机制演进研究（1900—1911）》（湖北人民出版社 2010 年）从制度、人、观念等多个层次，将制度、社会与文化分析有机结合，呈现出清末京津公共卫生机制的演进情况。本书打破制度史、社会史、文化史的界限对事物的整体性把握上，使我们从一个地域公共卫生机制的变化，看到晚清中国社会变迁，寻找到现代中国公共卫生事业的起点。余新忠著《清代卫生防疫机制及其近代演变》（北京师范大学出版社 2016 年）探讨了近代“卫生”概念的登场，清代卫生观念的演变——以疫病应对观念为中心，清代的卫生规制及其近代演进，清代城市水环境问题探析，清代的粪秽处置及其近代变迁，清代的清洁观念与行为及其近代演变，晚清检疫制度的引建及其权力关系，晚清的卫生防疫与近代身体的形成。马金生《发现医病纠纷——民国医讼凸显的社会文化史研究》（社会科学文献出版社 2016 年）借助对医生、病人、社会与国家间互动关系的探讨与呈现，进而揭示国人生命、法制与权利观念在现代国家形成过程中逐渐转型的历史轨迹，及其与相应制度架构之间的关联性。范铁权著《近代科学社团与中国的公共卫生事业》（人民出版社 2013 年）选取 1886—1937 年这一时间段展开，对近代中国的科学社团特别是医药卫生类社团做历时性考察，对各团体的卫生宣传做共时性解析，就科学社团在推进近代中国公共卫生体系建设中的努力做细致阐述，揭示中国公共卫生观念的变迁轨迹。蔡勤禹、王永君主编《山东红十字会百年史》（中国海洋大学出版社 2012 年）探讨了 1911 年山东中西医院中医学堂的师生在济南筹划创立的山东红十字会，红十字会成为山东公益事业一支重要力量，活跃在山东乃至全国最需要救助的地方。

**（二）法制社会史**

综合性的研究。张仁善《法律社会史的视野》（法律出版社 2007 年）系统地提出了法律社会史学科的理论体系，从法律社会史的视野，考察了中国历史上法律精英、司法主体、社会生活、社会结构以及社会心态与法律形成和发展的互动轨迹，揭示了社会变迁过程中，法律的社会功能以及影响法律功能发挥的诸多因素。张仁善《礼·法·社会：清代法律转型与社会变迁（修订版）》（商务印书馆 2013 年）用历史学、法学、社会学方法，围绕礼法合一的法律体系在清代的转型，探讨礼法转型与社会变迁的关系。

日常生活史的法学研究引人注目。郭东旭等著《宋代民间法律生活研究》（人民出版社 2012 年）主要考察了宋代民众生活的社会环境和法律环境、民众法律地位和法定权利的变化、民间讼学之兴与好讼之风、民间财产纷争的各种表现形态、官府诫争息讼措施及民众

① 余新忠：《浅议生态史研究中的文化维度：基于疾病与健康议题的思考》，《史学理论研究》2014 年第 1 期。

在司法活动中的实际境遇等方面的问题。《老乞大》和《朴通事》两书,是朝鲜李朝时期(1392—1910)的汉语教材,它们对蒙元时期庶民百姓的日常生活作出了忠实全面的描述。《老乞大》与《朴通事》成书于元代末期,又经过明清两朝不断的修订和批注,成为权威的汉语教材,流传广泛,影响深远,可以借此探究蒙元时期的社会文化生活与日常法律生活。《老乞大》描写的"马匹交易"契约,包含了传统中国独具特色的信用、自由、平等的契约观念,以及契约结构和要素的法律功能。而《朴通事》则描述了庶民百姓的日常生活(婚姻、借贷、人口买卖、房屋租赁)与社会秩序的形成机制,即,用契约方式来组织日常生活的各个领域,从而折射出契约实践对于建构与维护社会秩序的基本功能。徐忠明著《〈老乞大〉与〈朴通事〉:蒙元时期庶民的日常法律生活》(上海三联书店 2012 年)探讨了商业运作与契约实践,日常生活与契约秩序,社会秩序与犯罪控制等问题。尤陈俊著《法律知识的文字传播——明清日用类书与社会日常生活》(上海人民出版社 2013 年)在广泛收集和阅读明清时期的 40 余种现存日用类书的基础上,围绕其中所包含的法律知识内容进行了专门的研究。讨论了明清日用类书中的法律知识构成及其特点,还结合了社会文化史、社会经济史、书籍史等领域的国内外相关研究,展示了法律知识在普罗大众日常生活中所扮演的角色,并且运用法律社会学的研究方法,探讨了明清时期的法律知识流传与社会变迁之间的内在关系①。

民事诉讼的法律直接处理社会问题,有关研究较为集中。蒋波《简牍与秦汉民法研究》(中国社会科学出版社 2015 年)从民法权利的主客体关系 、民法与秦汉社会、民事经济刑、民事诉讼制度及秦汉民法的历史演进等方面,对秦汉民法整体进行了梳理。张文江《秦汉家、户法律制度研究——以家户法律构造为视角》(人民日报出版社 2016 年)也是探讨秦汉民法的著作。张小也著《官民与法——明清国家与基层社会》(中华书局 2007 年)认为,明清时期民事审判的种种特点深刻地反映了社会结构及其变迁,通过民事审判研究可以重构明清时期国家统治基层社会的方式以及两者之间的互动关系。吴欣著《清代民事诉讼与法律秩序》(中华书局 2007 年)通过分析清代的农民、士绅、商人、僧人、道士、妇女、"中人"等民事诉讼主体,探讨了制约基层社会稳定和发展的因素。作者力图突破以王朝为中心的研究模式,以清代社会各阶层的人为中心,从他们的差异性、主动性入手,阐发我国传统社会法律规则的特点,以及法律与社会结构、秩序的关系②。卞利著《国家与社会的冲突和整合——论明清民事法律规范的调整与农村基层社会的稳定》(中国政法大学出版社 2008 年)内容如下:明清农村社会经济生活的变化,民事立法和农村基层社会的稳定,户籍法的调整与农村社会的稳定,田宅交易法的调整及其农村基层社会的稳定,土地租佃关系的立法调整与农村社会稳定,典当和借贷法律规范的调整与农村基层社会的稳定,关于婚姻、家庭和财产继承等方面法律规范的调整与乡村基层社会的稳定,民事诉讼法的调整与农村基层社会的稳定,对"健讼"和讼师的立法调整,以及明清徽州的民事纠纷与民事诉

① 该文在方法论上引起讨论,请参阅赵晶:《"新法律史"这般发生——评尤陈俊著〈法律知识的文字传播——明清日用类书与社会日常生活〉》,《中国社会历史评论》第 16 卷上,天津:天津古籍出版社,2015 年。

② 有关中人的研究,王帅一《明清时代的"中人"与契约秩序》(《政法论坛》2016 年第 2 期)强调通过中人以及缔约构成的人际关系网络,探讨形成中人功能的内在机制与文化因素。

讼和从明清徽州的乡规民约看国家法与民间习惯法之间的冲突与整合两个典型个案剖析。赵晓耕著《身份与契约：中国传统民事法律形态》（中国人民大学出版社 2012 年）从文化根基与传统民法、传统民事法律形态两个角度介绍了中国传统民事法律形态。第一部分文化根基与传统民法总体上概括论述了中国古代传统文化对当时民法体系的影响，包括小农经济、“义”、“利”道德思想以及政治体制与法律体系。第二部分则具体介绍了传统民事法律前提下，主要为家族、婚姻、继承、财产权、户的民事主体性、土地权利、永佃制、合伙制度、担保制度以及契约制度。

婚姻、家庭关系与家庭问题的研究，集中在秦汉、清两个时段。贾丽英《秦汉家庭法研究——以出土简牍为中心》（中国社会科学出版社 2015 年）利用新出资料讨论了夫妻、父子、主奴法律关系这些中国古代社会通见的基本内容，也考察了秦汉律令中“同居”的概念和法律效力等具有时代色彩的法律规定，对以往研究注意不足的出嫁女与本家关系也进行研究。贾丽英著《秦汉家族犯罪研究》（人民出版社 2010 年）对秦汉家族犯罪进行了剖析：以 124 个族刑案为基础考证了秦汉时期的族刑；从法史角度辨析了三族、五族、七族、九族等概念；梳理了以家族为主体的犯罪；研究妨害家族关系犯罪，系统分析了对不孝罪的起源、内容、背景、变迁等问题；总结了秦汉政府对家族犯罪的控制措施，以考古发掘为依据，探讨了家族集体性惩罚原因，认为不是由于古代统治者的野蛮和残暴所致，而是古代小政府控制大国土的有效手段。清代的研究更多，钱泳宏著《清代“家庭暴力”研究：夫妻相反的法律》（商务印书馆 2015 年）基于法律实证分析思路，运用比较、社会性别分析、分类统计与图表等方法，较系统地运用《大清律例》与刑部档案资料，采用清律的表达方式，梳理夫犯妻与妻犯夫两条线，对清代的夫妻关系、夫妻相犯的方式、社会各方面反应进行量化描述，勾勒还原清代夫妻相犯的原貌，通过剖析规制夫妻相犯律例的特征，考察清代的性别意识对法律的影响以及对妇女生活的影响后，得出律例的夫尊妻卑特征是造成清代夫妻相犯具有不同方式，及夫犯妻不能被遏制的法律原因；律例看似惩处较轻的“和奸”之文形同虚设，而“捉奸杀奸”的重惩奸罪规定又导致了“和奸”之妻“因奸杀夫”案件的频发。吴正茂著《清代妇女改嫁法律问题研究》（中国政法大学出版社 2015 年）探讨了改嫁主婚权问题，不同情境下的妇女改嫁，许婚改嫁，由改嫁引起的人身和财产问题。杨晓辉著《清朝中期妇女犯罪问题研究》（中国政法大学出版社 2009 年）探讨了清朝中期妇女的婚姻家庭生活与地位，清朝关于妇女犯罪的法律规定，清朝中期妇女犯罪类型及个案分析，清朝中期妇女犯罪的特点及原因分析，从清朝中期妇女犯罪看当时的妇女、法律与社会。

商人、商业与法治的关系。范金民等著《明清商事纠纷与商业诉讼》（南京大学出版社 2007 年）探讨了商业经营纠纷与诉讼，商会产生后的商事纠纷与商业诉讼，商人控诉地方官府应值当行等无偿索取，商帮与商帮的商业竞争与纠纷，商帮与社会各阶层的矛盾纠葛。王亚军著《明清徽商的诉讼研究》（安徽大学出版社 2013 年）将徽商置于“重农抑商”和“无讼”的传统法律文化下，以法学的研究方法来审视明清时期徽商的各类诉讼活动，论证分析徽商在缺乏国家法律制度的有效保护下，主动依附封建政治势力，锻造出徽商“好讼”性格，却带来不可避免的弊害，迫使徽商最终沦为封建性商帮，最终走向衰败的悲剧性命运。最后通过中西比较的研究方法，从宏观方面来分析徽商的诉讼与欧洲中世纪商人的诉讼之间的差异，以证明注定徽商和西方中世纪商人不同命运的法律根源。张渝著《清代中期重庆的商业规则与秩序：以巴县档案为中心的研究》（中国政法大学出版社 2010 年）探讨了清代中期重庆这个特定区域的行会习惯法的发展及其变迁、地方政府于民间商业社会构建行会习惯法的种种努力等问题，以期能够揭示该地域社会特定历史时期行会习惯法的一些特质。李学兰著《中国商人团体习惯法研究》（中国社会科学出版社 2010 年）以明清时期盛行于江南地区的会馆、公所以及近代以来的商会、公会为例，总结了商人团体习惯法及其变迁。论述了商人团体的组织形态与社会环境的关系、商人团体习惯法及其与社会纠纷处理之间的关系、商人团体和商人团体习惯法的演变，以及商人组织及其习惯法的功能等。王红梅著《商会与中国法制近代化》（南京师范大学出版社 2011 年）以商会与中国法制近代化为研究课题，选择商会这一群体为研究对象，从微观角度研究法制近代化过程中社会成员的法律意识、法制理念和法治参与程度的变化过程，通过研究商会与中国法制近代化的互动过程，探究法制近代化过程中国家和社会之间的关系。付海晏著《中国近代法律社会史研究》（华中师范大学出版社 2010 年）主要涉及近代商事纠纷、庙产纷争以及鄂东民事法律秩序。

学者还从各个角度讨论法制与社会的关系问题。李雪梅著《法制镂之金石传统与明清碑禁体系》（中华书局 2015 年）对古代“碑以载政”的特色作了初步梳理，对解读“刻石纪法”的行政执法功能及对社会的影响具有重要价值。文霞《秦汉奴婢的法律地位》（社会科学文献出版社 2016 年）从简牍资料出发，系统探讨了秦汉奴婢的名称、来源、户口情况、放免及法律地位等问题，同时也对秦汉徒隶、奴隶、户人、室人等具体问题提出了自己的看法。李可著《宗教社会纠纷解决机制：唐和宋的专题研究》（法律出版社 2010 年）以宗教社会组织的纠纷解决机制为切入点，探讨唐宋时期民间社会的基本自治属性问题。徐忠明著《众声喧哗：明清法律文化的复调叙事》（清华大学出版社 2007 年）力求用多元复杂的史料来彰显和刻画明清时期法律文化的多样性与复杂性，在庶民和精英的关系结构中进行互动的解释。本书继续拓展明清时期司法文化研究的资料范围，例如关于谚语、笑话、竹枝词和地方志的专题讨论。这些资料不仅反映了庶民百姓的法律意识、法律心态和法律诉求，也渗透了精英阶层的某些想法。本书尝试利用传记资料来检讨明清时期的司法实践，提示司法运作与司法裁判中被档案所遮蔽的若干“隐秘”问题。徐忠明《情感、循吏与明清时期司法实践》（上海三联书店 2009 年）借鉴最近数十年来在欧美学术界逐步发展兴盛起来的新文化社会史关于“表达”（representation）的研究方法，通过对上述史料的解读，本书试图挖掘明清时期司法裁判的“表达与实践”的精神结构，并在此基础上概括与提升明清时期司法模式的类型特征。周蓓著《清代基层社会聚众案件研究》（大象出版社 2013 年）对清代基层社会的聚众冲突作宏观的、基础性的梳理，并结合案件特点将其分为三大类，从案件中选取具有典型性的类型进行分析，运用宏观与微观相结合的手段考察清代基层社会聚众案件的基本形态。同时，围绕清代官府针对聚众案件的预防、治理和控制机制，探寻清代儒法交融的统治结构，为研究清代基层社会控制体系的具体实践提供了一个新的视角。吴佩林《清代县域民事纠纷与法律秩序考察》（中华书局 2013 年）主要内容包括：三十年来的清代法律史研究、概念、基本资料与研究路径、基层社会的秩序规范、南部县的历史与社会、国家对宗族组织的管理、宗族组织的内部管理等。赵晓华著《救灾法律与清代社会》（社会科学文献出版社 2011 年）论述了清代救灾立法的内容及特点，清代救灾行政体系及其运作，清代的赈捐制度,清代的因灾恤刑制度,清代的因灾禁酒制度,清代救灾期间的耕牛管理制度,清代灾荒中的妇女买卖及法律救治。赵晓华主编《近代法律与社会转型》(经济科学出版社 2014 年)从法学、历史学、哲学、文学等多学科的视野出发,集中探讨从历史学角度研究法律史的意义、法律史研究的未来走向、中西法律史比较研究、清至近代法律制度及司法实践的具体问题等等,以期增进史学界和法学界在法律史研究领域的对话和交流,深化对于中国近代社会转型的认识与反思,进一步拓宽法律史的研究路径。中国政法大学法律古籍整理研究所编《清代民国司法档案与北京地区法制》(中国政法大学出版社 2014 年)内容包括:顺天府的设立及其在京畿司法管辖中的地位与职能;清末民国死刑制度变迁;清代北京地方职官受赃罪的特点及惩防;法律与风俗等。胡翔宇《清代法律的常规化:族群与等级》(社会科学文献出版社 2016 年)揭示出清代法律在演变过程中逐步减少基于等级和族群的差异,即法律的常规化。旗人换刑特权是清廷废除满洲刑罚体制以适应汉人法律的产物,清代法律在变化中不断削弱这种特权。清廷对皇族和皇族妇女犯奸案件的审判证明,皇族、平民和贱民在性行为规范上的道德责任以及法律责任逐步走向同一。晚清不同等级和不同族群的妇女犯奸后,在拟罪和执行刑罚上几乎没有区别。清代刑部严格区分刑事与民事案件,在审理民事案件时强调法律体现的民事原则,而非涉案者的等级或族群背景。梁聪《清代清水江下游村寨社会的契约规范与秩序》(人民出版社 2008 年)从实际生活出发,运用人类学素描的手法,勾画了一幅 18、19 世纪中国南方山地少数民族法律生活的图景,展示了苗族基层社会法律秩序的基本构成,揭示了构成法律秩序的要素以及各要素之间彼此配合、互相促进的生动的良性互动机制。

**(三)着眼于区域整体的社会史**

一些学者着眼于地方社会的探讨。林永强《汉代地方社会治安研究》(社会科学文献出版社 2012 年)针对汉代基层官吏的社会治安职能、地方某些交通管理设施的社会治安功能、地方社会治安法规、区域社会治安状况、民俗对社会治安的影响、民间舆论、民间社会参与社会治安等一系列内容作了一定的探索,认为汉代地方社会治安管理是一种既体现国家依法管理地方社会秩序的原则,同时又深受汉代地域、民俗、民间某些因素影响的社会管理模式。赵世瑜《长城内外:社会史视野下的制度、族群与区域开发》(北京大学出版社 2016 年)收录 12 篇论文,通过对地方社会的历史重构,重新审视相关传世文献以及它们对发生在这里的重大历史事件、制度、人物的看法,试图以此对明清时期长城两侧的族群关系及地方社会的建构提出新的问题。吴琦主编的《明清地方力量与地方社会》(中国社会科学出版社 2009 年版)集中展现其率领的研究群体对此问题长期深入研究的最新成果,涵盖明清地方社会秩序、地方公共事务、地方社会文化等,透过地方力量与地方社会的互动,揭示国家与社会的关系。

华北区域研究。李治安等著《元代华北地区研究——兼论汉人的华夷观念》(南开大学出版社 2008 年)汇集了元史学者的 20 篇专论,内容涵盖元代"腹里"的行政地位、投下分封、区域经济、社会文化等诸多领域,以及山西、胶州等的特色考察,并探讨了元代汉人的华夷正统观念及演进变化。山西的论述较多,安介生著《历史地理与山西地方史新探》(山西人民出版社 2008 年)内容集中在历史地理与山西地方史两大方面。杜正贞著《村社传统与明清士绅(山西泽州乡土社会的制度变迁)》(上海辞书出版社 2007 年)先回顾了作为神祇、组织和制度的“社”的学术史，接着论述了宋金元时期的地方信仰与村社系统，国家和地方历史变迁中的村社——以“七社十八村”为例，明清泽州的士绅社会，市镇中的“社”与士绅的村社理想，士绅家族形态与村社，作为乡土制度的明清村社，“社”与社会：地方历史传统与制度变迁。殷俊玲著《晋商与晋中社会》（人民出版社 2006 年）以清代及民初晋中社会为考察中心，探讨晋商与晋中地方社会生活之种种情状，揭示晋商与晋中社会的关联与互动，具体论述了人口、婚姻、家族、生意、市场、日常生活、休闲生活、晋商与晋中文化、晋商与公共领域、晋商的衰落等问题。乔新华《为什么是洪洞：大槐树下的文化传统与地方认同》（人民出版社 2010 年）主要论述了洪洞的人文传统，金元至明中叶族群互动中的儒士与洪洞经济文化的繁荣，明中叶至清初的士绅与地方认同，清中叶至民国初的洪洞士绅与大槐树认同，士绅、晋南文化传统与大槐树认同关系的分析。段建宏著《明清晋东南基层社会组织与社会控制》（中国社会科学出版社 2016 年）以晋东南区域为研究中心，首先介绍了里甲、保甲、里老、乡约、宗族、社等基层社会组织，分析了它们之间的关系及其互动；其次论述了基层社会组织在区域社会中的控制方式，主要包括以学校为主体的社会教化、以慈善机构为主体的社会救济、以家庭为主体的尊老养老；再次将民间信仰纳入社会控制的范畴，论述了在国家与地方社会力量的相互角力中，双方充分发挥民间信仰的功能，整合民间信仰的各种资源，强化了对地方社会的控制；最后探讨了地方社会力量在乡村规约、社会危机、地方公共事务中表现出来的积极作用。齐光著《大清帝国时期蒙古的政治与社会：以阿拉善和硕特部研究为中心》（复旦大学出版社 2013 年）利用满、汉、蒙、藏多种语言文字史料，以卫拉特蒙古的一支阿拉善和硕特部为切入点，通过揭示该部在清朝时期的活动，同时又以阿拉善和硕特部为中心，考察了清朝时期外藩蒙古扎萨克旗内部的社会行政组织的存在形式及其具体运营，以及扎萨克王爷的部众支配手段。以此较详细、系统地论述了清朝时期外藩蒙古的政治与社会的具体面貌。河南，河南近代社会史研究主要集中在：人口、灾荒、民间信仰与秘密社会、社会阶层、妇女婚姻与家庭等方面，存在研究内容分布不均衡、理论方法有待改进等问题[①]。

西北区域。田澍、何玉红主编《西北边疆社会研究》（中国社会科学出版社 2009 年）内容包括古代西北疆域研究若干问题的思考、西北民族与边疆治理、西北边防与边政建设、西北地方行政与社会控制、西北生态与环境变迁等。该书可供各大专院校作为教材使用，也可供从事相关工作的人员作为参考用书使用。邓慧君著《甘肃近代社会史》（甘肃人民出版社 2007 年）叙述甘肃这一地理范围内的基本社会存在状况，廓清其在特殊时期的演变轨迹，对甘肃近代社会进行全面的叙述、了解和分析。此外，陈于柱著《区域社会史视野下的敦煌禄命书研究》（民族出版社 2012 年）内容有敦煌禄命书的分类与定名，敦煌禄命书考释，卜筮求祟召医和药等，还对资料加以校录。

东北区域的研究较多，不过我们分散在移民等部分介绍了。

华中区域。鲁西奇著《人群・聚落・地域社会：中古南方史地初探》（厦门大学出版社 2012 年）从居住人群的来源与划分、乡村聚落形态与城市里坊制的实施及实态、行政区域

① 苏全有、乔洋敏：《近代河南社会史研究的回顾与反思》，《河南科技学院学报》2013 年第 9 期。

的设立与划分、乡里制度的推行与地域社会的实际控制形态等方面，探讨中古时代南方地区特别是长江中游地区人群与社会的变动。廖寅著《宋代两湖地区民间强势力量与地域秩序》（人民出版社 2011 年）上篇民间强势力量及其社会网络，下篇民间强势力量与地域秩序。在厘清两湖地区民间强势力量生存形态的基础上，比较湖南与湖北的差异，以及两湖地区与东南发达地区的差异，进而揭示唐宋变革的区域差异和社会转型的某些规律。王美英著《明清长江中游地区的风俗与社会变迁》（武汉大学出版社 2007 年）论述的内容有日常生活习俗（服饰、饮食、居住与出行），婚姻习俗，丧葬习俗。纵向考察了历史时期长江中游地区的风俗变迁，横向考察明清时期长江中游地区风俗的共同特征及区域差异，论述明清时期长江中游地区的社会变迁对风俗的影响。附录论述明清时期长江中游地区少数民族的风俗。张建民《明清长江中游农村社会经济研究》（商务印书馆 2010 年）收录 18 篇论文，涉及人口、宗藩、水利、寨堡等多种社会经济问题。罗运胜《明清时期沅水流域经济开发与社会变迁》（社科文献出版社 2016 年）以明清时期湘黔交界的雪峰山和武陵山区之间的沅水流域为研究区域，以经济开发为主要研究对象，重点考察流域内的农业开发、工商业发展以及相关的社会变迁。李晓方《县志编纂与地方社会——明清〈瑞金县志〉研究》（中国社会科学出版社 2015 年）考察县志编纂源流与作者构成、县志编纂与地方宗族、县志编纂与地方文化意识、县志的阅读与利用，探讨县志编纂与中国传统社会结构的内在联系。

江南区域。综合性的论述，范金民、胡阿祥主编《江南地域文化的历史演进文集》（生活·读书·新知三联书店 2013 年）从地域文化、地域经济和地域社会等角度全面考察江南地区。时段上涵盖了史前考古时代直到今天，空间上俯瞰了江南的城镇和乡村。牟发松、陈江主编《历史时期江南的经济、文化与信仰》（华东师大出版社 2014 年）通过个案、专题研究，对历史上江南的经济、文化及民众信仰生活进行长时段的追踪考察和总体把握。王家范主编《明清江南史研究三十年（1978—2008）》（上海古籍出版社 2010 年）三十余位学者畅论这三十年来的明清江南史研究的文集。马俊亚《区域社会发展与社会冲突比较研究：以江南淮北为中心（1680—1949）》（南京大学出版社 2014 年）对江南和淮北进行对比，以找出社会发展和社会衰退的决定性因素及其本质。侧重于历史地理的研究，谢湜著《高乡与低乡：11—16 世纪太湖以东的区域结构变迁》（生活·读书·新知三联书店 2015 年）以宋元时期太湖以东区域历史为例，尝试对“地域开发政区增设”模型作出更丰富的阐释。吴滔、佐藤仁史著《嘉定县事：14—20 世纪初江南地域社会史研究》（广东人民出版社 2014 年）是一部中日学者长期合作的学术成果，贯穿全书最重要的一条主线是赋役财政制度的变迁，另外一条主线是探讨明清时期江南地区市场的发育机制，以此为基础，尝试对南翔、安亭等市镇的空间历史进程进行初步的复原。强调生活史的研究，小田的《江南场景：社会史的跨学科对话》（上海人民出版社 2007 年）以社会史范式演绎出令人耳目一新的区域历史场景。新兴的社会史追求历史的整体性。在整体性范式下，社群世界中普通民众的日常生活及其民间文化受到研究者的特别青睐，并以此形成与传统史学明显不同的特色，或许也标志着我国社会史研究的趋向。以地方行政为重点的考察，冯贤亮著《明清江南的州县行政与地方社会研究》（上海古籍出版社 2015 年）以明清时期江南地区的州县行政与社会关系为切入点，通过一系列个案研究和对行政官员的大量实践活动的考析，说明当时的州县政府作为国家行政权威下延的终点和地方意志表达的起点，对于维持地方社会安定、经济运作等方面的重大问题，是如何进行操作的。明清时期与近现代历史相衔接，其王朝统治、地方行政的制度设计与调整，对后世中国政治与社会有重要影响。该书所涉及的州县衙署建设、地方利益分割、府县秩序、地方治安与思想教化、刑事操作、民变控制、吏治问题等，既呈现出与明清时期典章制度设计之间的距离，也为现代中国基层社会的管理与官治理论提供了重要的历史借鉴。值得注意的是，刘志伟就江南区域史的超越问题，从全球史的视野发表了见解①。

徽州在历史上也曾属于江南。《唐力行徽学研究论稿》(商务印书馆 2014 年)在整体史观引领下，从徽商研究入手，运用历史地理和历史人口学、文化人类学、计量史学等多学科综合的新方法，透过具体的微观研究分析宏观的社会结构。全书分为徽州商人、徽州宗族、徽州社会、徽州文化 4 辑。邹怡著《明清以来的徽州茶业与地方社会:1368—1949 》(复旦大学出版社 2012 年)论述了自然环境究竟如何影响特定区域内的产业形态和社会面貌，本书通过以明清及民国时期徽州茶业为中心的若干专题研究，对该影响机制进行了实证考察。徽州地区茶叶炒制的工艺流程、茶业机构的分布特点和茶业都市的兴衰历程，均可置于当地的山水结构、风俗习惯等自然、人文环境中加以解释，进一步追问风俗习惯等人文现象的决定因子；同时，我们也将看到更多发端于自然基底的链式反应。此外，本书也对海外学界的徽州研究成果作了迄今最为详尽的一份综述。李甜《明清宁国府区域格局与社会变迁》(复旦大学出版社 2016 年)从地理、商业、人群、认同等层面系统阐述明清时期该府的人文分化与社会变迁，探讨区域格局的形成历程以及其中的徽州因素，既拓展徽学研究的外延，丰富对皖南宗族史、商业史和区域历史地理的认知，又推动徽州与江南的地域比较研究。

与江南相近的表述是东南。吴松弟、连晓鸣、洪振宇主编《走入历史的深处》(上海人民出版社 2011 年)是“中国东南地域文化国际学术研讨会”论文集。主要内容分别为社会经济、建筑、宗族、信仰与地方社会的专题论述。崔磊《明清皖江流域文化消费与社会生活》(合肥工业大学 2015 年)从明清皖江流域文化资源、文化服务、文化场域、文化创制、文化消费管理等方面，尽可能还原明清皖江流域的文化消费与社会生活的真实图景。

闽粤的华南区域。郑振满著《乡族与国家——多元视野中的闽台传统社会》(生活·读书·新知三联书店 2009 年)收录了作者探讨闽台传统社会的 16 篇论文，大致可以分为乡族组织与共有经济、家庭结构与宗族组织、民间信仰与仪式传统、地方行政与社会转型四个专题。这些论文的共同主题，在于通过考察明清时代的乡族组织与地方政治，探讨中国传统社会结构的转型。杨齐福著《近代福建社会史论》(社会科学文献出版社 2011 年)着重探讨基督教会对近代福建社会发展的历史作用及近代福建社会之变迁，如近代福建私塾的改良、近代福建鼠疫的防治、民国时期福建社会救济、民国时期惠安女之集体自杀、1948 年福州水灾等，揭示近代福建社会变化之特点，进而探寻近代福建社会变迁之规律。游海华著《重构与整合——1934—1937 年赣南闽西社会重建研究》(经济日报出版社 2009 年)从现代化转型和社会发展观层面考察了 1934—1937 年间赣闽边区的社会重建与整合。刘

① 刘志伟:《超越江南一隅:“江南核心性”与全球史视野》,《探索与争鸣》2016 年第 4 期。

大可著《田野中的地域社会与文化》(民族出版社 2006 年)采用人类学、历史学、社会学科际整合的方法,从横向展示某一社会的结构、当地人民的社会生活和社会运行的动力,同时又从这个横向的社会结构反映社会的发展过程和历史的变迁。上海古籍出版社 2006 年出版《暨南史学丛书》,有两种研究广东的著作,即李龙潜《明清广东社会经济研究》内容涉及经济作物种植、农田水利事业、实物地租制的租佃关系、土地契约文书、墟市兴盛、对外贸易、三十六行、"迁海"过程、人口膨胀原因、潮州人、香港南北行等。刘正刚《广东会馆论稿》论述了北京、上海、江苏、广东、广西、四川等省区以及海外的广东会馆,附录《清代以来广东文化在内地的传播》一文。何文平《变乱中的地方权势:清末民初广东的盗匪问题与社会秩序》(广西师范大学出版社 2011 年)从盗匪的规模、活动方式、群体状况等方面,考察清末民初广东的盗匪现象;着重分析晚清广东地方政权应对盗匪问题所处于的"困境"状态,揭示清朝的衰微;考察盗匪问题与清末民初广东革命运动的关系,分析了政权的更替对社会控制的影响;探讨盗匪问题背景下,民国初期广东地方社会武力化的两种主要途径及其后果,反映地方社会应对盗匪问题的实际效果与社会影响。

西南区域。王东杰《国中的"异乡":近代四川的文化、社会与地方认同》(北京师范大学出版社 2016 年)通过对晚清民国四川社会与文化史上几个片段的勾勒,试图对中国近代的地方、国家和认同进行更深入思考,尤其希望凸显"全国地方性"和"地方民族主义"这两项相辅相成的文化现象的重要性①。欧阳恩良著《西南袍哥与辛亥革命》(中国致公出版社 2011 年)立足区域史研究视角,以清末民初为历史背景,以资产阶级各派别与西南袍哥的相互关系为中心,从自然、人文环境入手,追溯西南袍哥的历史渊源,解剖西南袍哥的内部组织,阐述西南袍哥为推翻清王朝统治、建立民国做出的贡献;并揭示辛亥光复后,西南各省袍哥因其固有缺陷,如何成为反动势力与革命派争权夺利的工具。管彦波著《中国西南民族社会生活史》(中国社会科学出版社 2014 年)探讨了民族社会生活史的学科属性、研究内容、对象以及民族社会生活史与其他学科的相互关系等一系列理论问题,分别以衣食住行等社会生活的重要内容为切入点,论述了西南历史上各种不同的民族共同体的经济生活与文化生活的内在规律和外在现象。周智生《商人与近代中国西南边疆社会:以丽江等滇西北地区为例》(民族出版社 2015 年)将商人研究与民族社会发展史研究二者结合起来,展现近代滇西北这个少数民族聚居区在近代商品经济大潮中变迁景象。

## 四　结　语

综上所述,近十年中国社会史研究仍以区域史研究最为集中,空间成为透视社会的基本视角,将社会经济、社会文化、社会生活纳入其中。相对以往的区域史研究变化较大的是更加重视人的活动、日常生活以及生态环境,从生活切入地方社会的研究取向增多。比较而言,华北区域研究较多关注国家与社会的关系;江南区域研究比较多样化,社会经济与城

① 参见谭徐锋的书评《"四川人"是怎样炼成的》,《经济观察报》2016 年 10 月 30 日。

乡问题成果较多;华中区域研究较多是生态史方面的;华南区域研究则较多社会经济与历史人类学色彩;东北区域多探讨移民社会,而西北、西南区域则重视民族关系与民族问题。

环境史学迅速发展,相关的生态社会研究得到增长,灾荒社会史、水利社会史取得较多的成果,最具突破的是医疗社会史的研究。这些领域的研究,面临的最大问题,似乎是如何彰显对于人的活动的研究。

随着大量出土文献、档案文献的问世,法制社会史异军突起,成果丰富。近年来法制史与生活史开始结合,开辟了新的研究领域。

生活史借助物质文化史、民间文献的开发利用以及刑案资料的挖掘,得以扩展与深化。社会各层次的生活都有更加细化的研究,特别是普通人的生活更加受到关注,民生问题的研究越来越多,联系制度与生活的研究另辟蹊径,生活史展现出多样化的研究态势。城市生活、乡村生活概念的区分,促进了生活史研究的深化。民间信仰、社会习尚、社会慈善与保障往往成为认识人的日常生活的窗口,甚或其本身就是日常生活的一部分。

对于社会分类、社会关系的把握,除了礼法与经济因素外,研究者更多将目光投向生活与文化的因素,使得对于社会结构的把握柔软化,贵族、官员、文人的研究获得社会文化研究新的动力,艺术社会史在这方面的研究成果,给人耳目一新的感觉。家庭、宗族作为中国文化的载体,被重新认知。

(2016 年 10 月 25 日完稿,后陆续增补,2017 年 2 月 14 日定稿)

**作者简介:**常建华,南开大学中国社会史研究中心主任,历史学院教授。

中国社会历史评论　第十八卷　2017 年　第 226—237 页

# 生计、生命与生态:中国社会史研究的新进展

李平亮　晏雪平

【摘　要】年近来,随着各种相关理论的引入和民间历史文献的利用,广阔的研究视野、多元的研究路径日益成为中国社会史研究的重要特征。学者在继承原有问题意识的基础上,回到具体的社会场景和日常生活中,围绕着生计、生命与生态这一主题,将中国社会史研究的重心转移到以"人"为中心的考察上来,揭示生计、群体与社会,生命、礼俗与日常生活,生态、经济与政治之间的有机联系,进一步拓展和深化了社会史研究的领域和内涵。

【关键词】生计;生命;生态;日常生活;新进展

近年来,中国社会史研究愈加繁盛,广阔的研究视野、多元的研究路径日益成为社会史研究的重要特征。无论是历史人类学还是区域社会史研究,都强调民间文献的挖掘,主张将文献放入到具体的社会生活场景中去理解,倡导走出书斋,走向田野。在广大学者的努力下,中国社会史研究在继承原有问题意识的基础上,进一步拓展和深化。表现为:传统的社会经济史研究进一步微观化,强调日常生活中人群的生计问题;对于人物的关注更强调将人物放到具体的社会场景、日常的社会生活中去理解,透过人物的个人经历、命运去理解时代变迁、社会文化的演进;同时从人群日常生活中祭祀礼仪、宗教信仰、社会风俗等方面又进一步深化了社会文化史研究;生态问题也日益成为社会史研究新的领域,相应的社会与自然环境如何与人的活动相关联,人的活动与环境的变迁在具体的区域社会中如何互动、渗透,社会文化如何影响人对环境的认识以及改造,等等。2014 年 10 月,中国社会史学会在江西师范大学召开了第十五届年会,近 160 位学者围绕"历史上的生计、生命与生态"这一主题,展开了广泛而深入的讨论,取得了较为丰富的成果。

## 一　理论与方法

近年来,"日常生活"已经成为中国社会史研究的新热点,推动社会史研究进入一个新的阶段。刘志琴长期致力于晚明社会文化研究,其报告《晚明士大夫的生活情调和精神面貌》,对晚明士大夫独特的生活情调和精神面貌进行了分析,将晚明士大夫的研究进一步延伸至日常生活与精神面貌方面。她认为,晚明士大夫隐逸心态和狂士风骨,玩世、出世、谐世、适世的生活态度等对理学禁锢下的人心是一种释放,但也导致人性的恶性发展,利欲横

流。常建华在《生命、生计与生态:清中叶江西的日常生活——以 108 件嘉庆朝刑科题本为基本资料》一文中,通过 108 件嘉庆朝刑科题本透露出的人口、婚姻、家庭等情况,探寻清代中叶江西民众的日常生活,翔实展现了农工、宗族、家庭之间的利益整合以及这一过程中的矛盾,并由此综合把握清人生活与清代社会。常建华的研究,为我们展示了如何利用传统档案文献研究古人日常生活,在理论上、方法论上做了非常有益的尝试。郑振满在《探寻日常生活的脉搏》中,就如何研究日常生活,作了自己的思考。他着重指出,要通过深入细致的田野调查、文献研读,将制度、经济、社会、文化放到日常生活中去考察,探寻日常生活的脉搏。唯有如此,方能准确把握国家制度、思想意识与社会经济、文化之间多元面向。唐力行的《从区域社会文化史的视野研究评弹与江南社会》,以江南地区的评弹艺术为切入点,去探究江南日常文化生活。他认为,评弹艺术是江南历史上的生命、生计、生态表现,是对区域文化的高层次需求,可通过评弹艺术去理解江南的日常文化生活。卞利在《晚清徽州民间信仰与民间文化的嬗变》中指出,晚清时期徽州的民间信仰与文化在剧烈的社会变迁与转型中,尽管依然延续着传统,但也在悄悄发生嬗变。这种变化是缓慢的,并未对徽州的传统社会造成剧烈冲击,而一旦遇到合适的契机,这潜移默化的变化便会迅速使社会变迁与转型,因此要更加注重对晚清民国民众日常文化生活的研究。

李长莉在《社会史研究方法的探索》报告中,对社会史的史料、方法、田野调查、个案研究建构等理论方法进行了总结性的论述,是近年来对社会史研究方法比较全面的总结之一,有重要参考价值。冯军旗的《中国当代社会史研究的崛起》,探讨了中国当代社会史研究崛起的因素,并考察了当代社会史研究的力量分布。文章指出中国当代社会史研究的崛起,呈现从区域社会史异军突起走到总体社会史整体推进的态势。梁景和的《生活质量:社会文化史研究的新领域》着手生活质量的研究,强调要从贯穿人类社会过往时代的相对恒长的具体内容上进行研究,为当代社会文化史研究提供了新方法、新角度、新视野和新亮点。

此外,一些学者试图从经济行为、医疗和环境等方面,阐释"日常生活"与社会史研究的理论和方法。李金铮的《求利抑或谋生:国际视野下中国近代农民经济行为的争论》梳理了国内外有关中国近代农民经济行为的研究历程及其成就,并对近代农民的经济行为求利还是谋生问题进行了探讨。该文对于重新理解近代农民的生计以及经济行为提供了新的思路。钞晓鸿近年来一直致力于社会史与环境史研究的融合,在《泾渭清浊:清朝的考察辨析及功用意义》报告中,就文献记载的"泾渭分明"一词详加考证,分别对相关文献记载中泾渭清浊与实际上的泾渭清浊进行梳理,揭示了实际中的环境现象与认识中的环境现象的差异。该报告综合运用了历史学、文学、水文学、环境学等相关学科的理论与方法进行综合考察,是近年来环境社会史研究最重要的成果之一。于文杰在《西方生态思想的历史形态及其启示》中,探讨了西方生态思想中生态文学、生态伦理学和生态政治学三个阶段的理论方法及历史形态,勾勒出西方生态思想史的清晰脉络,为社会史、环境史研究提供了理论与方法上的借鉴。

余新忠长期致力于医疗社会史研究,其《生命史学:当今中国医疗史研究蠡探》一文,探讨了中国医疗史研究的现状、特点及面临的困境与问题。他指出,如果能秉承"多元视角、内外融通"的研究路径,则中国医疗史研究无疑是史学研究的一个重要方面,其前景光明,充满希望。此外,梁洪生近年来致力于传统古村镇的保护与发展研究,其在《"中国传统村落"的评选与保护及江西现态初步考察》中梳理了江西传统村落的评选保护的过程,为区域社会史、历史人类学研究应用于传统古村镇保护提供了可供操作的经验与方法。

## 二 生计、群体与社会

社会组织与社会群体是我们理解社会经济与思想文化变动的重要视角,历来是中国社会史研究的主要领域和关注焦点之一。在此次会议中,作为明清时期社会组织的重要一环,宗族组织在地域社会中的经济生活、文化活动及宗族建构等问题,仍然是学者讨论的热点。但是,除了关注政治制度因素之外,诸多学者试图从生计的角度,开展对社会组织和群体的研究。

**1. 家族、移民与生计**

明清以来家族组织的发展,既是国家礼仪进入乡村社会的结果,又与地方社会经济变迁密不可分。在此过程中,生计模式的改变,又对家族的发展产生了深远的影响。王日根、余丰在《19 世纪以来厦门白氏家族的海洋发展》一文中,对厦门白氏宗族的海洋发展进行了研究,认为其女性持家、海外经商、信仰变更及回乡守业等状况,是处于近代社会转型期的移民小家族融入厦门地方社会并进行海外拓展的表现,从而展示了因海外贸易发展所带来的生计模式的改变及其与沿海乡村社会变迁之间的关系。杜靖在《战争、迁徙、复业原籍与宗族再造——以 12 至 15 世纪的安徽省宿州市闵氏宗族为例》一文中,借助安徽宿州闵氏这一案例,探讨了战争、迁徙、祖籍与宗族重造的关系,认为其揭示了中国宗族活动的内在逻辑,并在更广阔的时空范围内理解中国,思考汉人文明的内敛与延展问题。游欢孙的《南宋以后葛源镇的大族历史与景观地理变迁》,以南宋以后江西横峰县葛源镇乡村建筑与人文景观为考察对象,认为其与当地郑、周、刘、杨、王等大族兴起的发展轨迹具有很强的关联性,是大族标榜祖先声誉、彰显家族权势的具体表征,反映了葛源镇地方社会的区域历史文化进程。康健的《明代徽州异姓共业山场的析分实态——以祁门汪氏〈抄白标书〉为中心》以祁门汪氏《抄白标书》为讨论对象,发现民间共业并非局限于同姓宗族,异姓族际之间也存在以股份制契约关系来维系的共业现象。陈时龙的《一经之传及其演变:安福邹氏的科举与家学》,对安福邹氏家族家学传统的演变与科举制度成功之间的关系进行了研究,对于家族科举文化、经学文化等问题进行了一定的探讨。田宓的《清代内蒙古"土地契约秩序"的建立——以"归化城土墨特"为例》,考察了清代内蒙古"土地契约秩序"的建立过程,认为土地契约秩序建立,改变了土默特蒙古的生计方式,使土默特地区变为米粮川。

生计与移民的发展策略也为学者所重视。张侃在《清初台北地区永定籍移民的合股生计与族群意识——以契约文书等文献为中心》一文中,以雍正乾隆年以永定籍士人胡焯猷为中心,论述了汀州移民在淡水河流域的垦殖活动和文化行为,探讨了闽省汀籍客家群体的生计模式和生存策略,揭示了经济、文化与社群演变的关系。肖文燕的《华侨与侨乡生活的嬗变——以清末民国时期客都梅州为例》,探讨了清末民国时期华侨推动下的侨乡生活的嬗变的情况。徐华炳的《海外中国移民的个体行动抉择分析——以旅欧温州人为例》,

探讨了移民群体的出国路径、职业变迁和社会融入状况等。此外,李晓龙的《海洋环境与盐场生计——以明中后期广东归德、靖康盐场为例》,通过对明中后期广东归德、靖康盐场的研究考察沙田开发导致近海环境的改变,制约着食盐生产环境和生产技术的革新,从而使盐业的销售面临困境。叶锦花的《灶户制度变革与盐场经济变迁——以明清时期福建晋江浔美场为中心的讨论》,讨论了明初劳役制度下的盐场经济,明中期灶户生计的多元化促进盐场地区经济多元化,清代食盐专卖与食盐生产萎缩的原因以及闽台贸易和盐场地区的市镇化。吴雪梅的《生态、经济格局与乡村互动模式——对明清两湖移民社会的考察》,探讨了明清时期移民进入两湖地区所引发该地乡村秩序形态变化的情况,认为生态、经济格局与乡村互动模式是其变化的重要因素。

**2. 生计、职业与群体**

人物或社会群体研究一直都是历史学研究的重要领域。近年来,学者日益认识到对于人物的研究与理解,要将之放入到具体的区域社会环境中去。不但要关注大人物的历史,小人物的历史同样也是社会史研究的焦点。在某种意义上说,由于小人物的研究更能代表普通大众的生活而更具研究价值。因此,近年来社会史对人物的研究已经扩及社会的各个阶层群体,对于我们更好地理解社会的各个层面具有重要意义。

首先,传统社会知识精英群体仍然是理解当时社会的一个重要的途径。这个群体本身留下了大量的事迹、文字资料,而且对当时社会的影响也确实较为显著,其自然成为社会史研究的一个重点。王卫平在《实念与事实:晚明高攀龙的救世理念与实践》报告中,对晚明高攀龙的救世理念、主张和实践进行研究,就理念与事实两个层面对后世的影响进行了详细的阐述。明中叶的江南毁淫祠运动一直都是民间信仰研究中的一个标志性事件,相关研究较多。而王健《十五世纪末江南毁淫祠运动与地方社会》的报告,在前人研究的基础上对江南毁淫祠运动进行进一步探讨,认为该次事件是地方官员整体社会改革计划的组成部分,也是他们在地方社会实践理学的方式。黄芸的《明代南昌府阳明学社社群》,收集和整理了明代南昌府阳明学社群的基本资料,从学术史、传世文献以及地方文献三种途径着手,考据南昌府下辖七县一州的人物及其社群关系,并在此基础上深化了阳明学研究。

传统社会,掌握了一定文化,甚至有一定功名在身的知识群体并不是总能成为社会精英。章毅的《断裂与延续:元代徽州路仕宦家族的演变》,透过几个案例,揭示了元明易代与仕宦家族浮沉的内在关系,及其背后的政治、文化原因。刘平、周隽雯的《明季江南士人的平民化趋势》,对明季商品经济发展下士人地位的变动问题进行了分析,认为士人在恶劣的政治环境中无法施展抱负,转而向民间讲学,导致士人日趋平民化。明清时期,相对低层次的知识群体最经常的出路是从事塾师一类的教职,对于该类人物的研究更易于探知普通知识群体的社会生活实态。王玉坤的《晚清一个徽州塾师家庭的日常生计——以〈光绪间祁门胡廷卿账簿〉为中心》以胡廷卿账簿为基本材料,分析了晚清一个徽州塾师维系其家庭生计的条件,进而考察塾师与其他乡村组织的关系及其所反映的传统社会中塾师家庭的一般生存实态。赵崔莉的《明清闺塾师的游学》认为闺塾师这一特殊职业人群的游学,对于艺术提升、文化传播及女性观念重塑等具有深层意义。陈青松的《元末明初庐陵张昱在江南的流寓生活》,关注元末明初庐陵诗人张昱后半生在江南的流寓生活,分析了其对故乡、家庭及乡友的情感,以及对流寓之地江南的认同感,并由其流寓的生计问题展现当时文人的典型状态。丁修真的《在国家与地方之间:明代举人述论》认为,该群体游走于国家与社会之间,在社会、经济、文化等方面产生独特影响,对该群体的系统研究将更明晰地展现明代政治与社会运作中的群体差异。

其次,唐宋以来商品经济的发展,商人及商人文化越来越成为理解当时社会的一个重要方面。王振忠的《晚晴徽州墨商的经营文化——婺源商业秘籍〈墨业准绳〉抄本研究》一文,对《墨业准绳》之编撰及其特点进行了解读,纠正了此前有关詹有乾墨号始创年代的谬说,重点对晚清墨商的经营文化、商业家族进行了深入分析,认为徽州家族组织与商业发展二者之间是荣辱与共的关系。张彦台在《民国时期牙帖制度研究》文中,论述了牙帖的传承和继替的方式、政府对于牙商的登记制度以及不同时期政策的变化等问题,对牙商在近代的流变进行了分析。乔南的《传统商业中的认知学徒制教育模式分析——以明清山西商人为例》,以明清山西商人的认知学徒制为考察对象,讨论了彼时认知学徒制的特点及对商业所产生的作用,从制度及经商习俗等方面对山西商人崛起进行探究。陈金凤的《"商人诗"所见唐代商品经济生态及其士人的商人观》,则对唐代的"商人诗"进行了研究,揭示了唐代商人的经营活动、方式与商品经济特征,生动地描述了商人的苦乐与社会地位。他认为"商人诗"尽管有对商人的进步认识,但基调仍是嘲讽和批判,以及对"贾雄伤农"的忧虑,反映了士人秉持的传统儒家商人观。

第三,近代以来,出现了会计师、报人等新式职业,分析这些职业人群的生计、生命实态亦是理解近代社会的重要途径。魏文享《"自由职业者"的社会生存:近代会计师的职业、收入与生活》一文,主要探讨了近代会计师的本职与兼职问题和会计师政治社会生活,认为近代会计师的收入"发展不易,生存不难",且会计师本为自由职业者却"不自由"。周宇清《清末民初的社会文化生态与自由报人林白水的人生面向》一文通过林白水办报经历及其人生面向,来探讨当时的社会文化的变迁。由此揭示了近代自由报人的理想、抱负、平民意识及爱国情怀。

第四,女性问题自社会史勃兴以来,即引起了学者广泛的兴趣。近年来,学者在新史料、新视角、新问题等方面的发掘使女性史研究进一步深化。毛立平《档案与性别——从〈南部县衙门档案〉看州县司法档案中的女性建构》一文,通过南部县档案中丈夫及其男性亲属、官员、女性自身对女性档案记录的影响,从中了解当时社会男女关系、女生社会生活的实态。王建华的《明清时期女性参与社会公共事务研究》,考察了明清时期女性参与社会公共事务的情况,并修正了长期以来人们对女性的偏见及对女性在社会中的地位予以了正面评价。胡中生通过《礼法与俗尚:清代徽州女性葬礼探讨》一文,讨论了女性葬礼的大致程序及其反应的伦理原则及宗教信仰和风水观念。朱小田的《论平民的日常地位——基于民国时期苏州轿妇的案例》,以民国时期苏州轿妇为案例,探讨了影响平民日常地位的因素,认为轿妇不是母系氏族社会中"女主人"的现代遗存,而是千千万万近代江南乡村妇女的缩影。路彩霞的《近代羊楼洞女性的工作、生活与日常》,探讨了近代湖北山区茶镇羊楼洞女性的工作、生活等情况。文章指出生活在羊楼洞及其周边的妇女,较早地遭遇了传统与近代、家庭角色与社会角色的矛盾冲突,成为城镇近代化的一个缩影。

此外,旗人是清代社会中的一个特殊群体,对于旗人经济、社会、文化生活的研究,亦是社会史研究中不可或缺的一个部分。潘洪钢的《清代驻防旗人借贷问题初探》,从民间借贷和官方借贷两方面,探讨了清代驻防旗人借贷问题,分析了旗人社会生活和民族关系的基本状况及其变迁。邓庆平的《清初直隶的旗地圈补与州卫纠纷》,展现了清初直隶地方圈占旗地和拔补过程中处理明代卫所屯田的具体过程,以及由此造成的社会影响。魏影的《清代京旗回屯及其影响》,从政治、军事、文化等方面,论述了清代京旗回屯及其影响,认为京旗回屯为清政府探索八旗生计问题出路提供了借鉴作用,促进了东北地区的经济开发。邓玉娜的《消闲与环境:清代皇家园林与生态资源》,从利用资源环境的角度探究京师西北地区皇家园林群的建造原因及过程,进一步理清皇家园林与周边水资源之间的互动利用的关系。郭福亮通过《从客居“王裔”到入裔“平民”:德州苏禄东王后裔的祖先认同》,探讨了苏禄东王后裔祖先认同的变迁史。

最后,近代社会传教士问题亦有学者关注。赵晓阳《思想与实践:农业传教士与中国农业现代化》认为受到专业训练的来华农业传教士将美国农业现代化经验结合中国本土条件进行推介和实践,创建并发展了中国农业现代化教育、培养了农业科学技术改良的思想和实践,是中国传统农业专项现代化的源头之一。尚季芳《被忽略的力量:论传教士在近代西北社会现代化中的贡献》以传教士在西北地区的活动为中心,认为传教士是近代西北地区现代化历史进程中不容忽视的力量,对西北社会教育事业、医疗事业、慈善工作以及废除陋习等方面有重大贡献。

**3. 会社与基层组织**

区域社会中的会社、保甲、公局等各类组织,是理解区域社会秩序、结构的重要的方面,是社会史研究关注的热点之一。高寿仙的《依凭城社:明代的在地势力》,分析了明代北京的在地势力——依凭城社,指出其带有寄生性质的特殊身份,决定其不可能在社会体系中发挥基层领导作用,亦不可能在国家与社会之间发挥中介作用。李平亮的《清中叶江西的会社组织与乡村自治——以新昌县天宝乡龙冈邹氏家族会册为中心》,探讨会社组织与士绅阶层、家族组织的关系,揭示传统乡村社会运作的内在机制。文章认为,会社组织类型多样,且与士绅、家族组织等社会力量结合,在社会经济和文化生活中扮演较为重要的决策。同时,建立于“股份制”基础上的会社组织,有助于邹氏家族对族内公务的管理与对地方社会的控制。刘道胜、凌桂萍的《晚清祁门县保甲设置与村落社会——以〈光绪祁门县保甲册〉为中心》,以保甲册为基本资料,阐述了晚清祁门县保甲编制的实态,分析了保甲中村落组成结构、居民的执业种类及散居寄户等情况,并对图甲制取代保甲制的过程进行了分析,认为以保甲或图甲组织为核心的地域社会形成了村落共同体。侯鹏的《明清时期浙江里甲体系的改造与重建》,对一条鞭法后浙江地区的里甲体系的改造与重建进行研究,认为通过不定期的土地丈量,里甲组织的编户内涵被编田取代。通过均田均役,征收组织日益地缘化。

乡约、公局、公所等组织亦引起了学界普遍关注。廖华生《明清婺源的乡约与基层组织》通过对明清婺源乡约与基层组织关系的梳理,探讨明清乡约和基层组织的运行机制,认为乡约是乡村权力格局的重要组成部分,并逐步成为宗族、居民彰显社会身份的工具,且与里甲关系密切。罗桂林在《清代福建贡川镇的“城局”与地方政治——以〈贤祠书册〉为中心》中以《贤祠书册》这一文献为中心,揭示了清代福建贡川镇“城局”在地方政治中所扮演的角色。凌焰在《从五隅公所案看清代萍乡的五隅组织》中对于江西萍乡五隅公所的组织体系及其在民间社会的运作情况进行了分析，认为其与图甲制度共同构成民间社会内部自我管理与督促的方式，同时增强了图甲组织与官府打交道的能力。廖艳彬的《国家、社会与地方水利系统管理——以明清鄱阳湖流域为中心》，以鄱阳湖流域为中心，探讨明清水利管理的区域特征，揭示明清地方水利系统与国家和社会的关系。吴佩林的《拦留：〈南部档案〉所见清代地方社会的纠纷解决》，探讨了“拦留”在清代地方社会纠纷和冲突中发挥的影响，并对拦留行为在解决纠纷和冲突中所发挥的作用进行了评价。谢晓辉的《从“擅入苗地妄拿苗人案”看清代湘西之苗例与神判》，探讨了清代湘西苗疆纠纷解决的机制及其运作所依赖的神圣与世俗的权威相关情况。唐仕春的《北洋时期基层社会的缠讼：李希明与荣坤等地亩互控案》探讨了北洋时期基层社会缠讼的特征及其反映的法律变迁，展示了基层社会缠讼的变与不变。邹怡的《1935 年保学在婺源的推行及其折射的社会变迁》，分析了 1935 年保学在婺源的推行及其折射的社会变迁，认为民众对保学的抵触主要缘于对经费筹集中贪腐现象的愤怒。

## 三　生命、礼俗与日常生活

近年来，中国社会史研究逐渐经历了一个从“社会生活”向“日常生活”转变的过程。而礼仪、习俗、信仰等思想意识和文化观念，无疑是将“日常生活”与历史变动联系起来的重要途径。

**1. 礼俗与社会文化**

民间礼俗折射了民众精神生活与社会生活，是理解民间社会内在逻辑的重要方面，亦是社会史研究的重要领域之一。饶伟新的《礼下庶人：明清以来华南乡村社会的生命礼仪与族谱编纂》，借助明清以来华南乡村社会的生命礼仪与族谱编纂，探讨了明清时代“礼下庶人”的社会文化历史过程。冯贤亮通过《命案尸场：清代江南地方政府的刑事操作》，探讨了清江南地方政府刑事操作的弊端及其原因。代洪亮的《生命与信仰的冲突：泰山舍身研究》，以生命与信仰的冲突为中心，研究泰山舍身的历史，认为泰山舍身体现着传统孝道的扭曲，同时也折射着对泰山圣母的笃信与对亲人的深爱。张传勇的《叶落归根：明清归葬礼俗考》，考察了明清归葬过程所呈现的礼俗事象，围绕归葬过程中的归与不归的问题，探讨明清时期在丧葬问题上表现出的人情与礼法。张芳霖的《伯、头人与傩舞：江西南丰石邮村傩舞研究》，力图从南丰吴氏家族傩班的关键主角头人、伯入手，采用文献资料和田野调查相结合的方法，研究家族组织在仪式活动的权力运作，进而深化我们对中国乡村社会中仪式展演与社会控制相互关系的认识。李俊领的《以京西妙峰山看晚清礼俗教化的变迁及其困境》，以京西妙峰山的神灵信仰礼俗为切入点，分析了晚清礼俗教化的变迁及其困境。李文的《新世纪的中国：人口大国面临的新形势和新挑战》从生育政策，人口增长的，人口老龄化，人口性别比例等方面分析，探究了新世纪的中国，人口大国面临的新形势和新挑战。

**2. 医疗与社会**

医疗问题与历史上的生计、生命、生态都密切相关，近年来学者从各个角度对明清至现代医疗卫生问题进行了全面深入研究。万振凡的《建国以来鄱阳湖区血吸虫病防治策略反思》,对新中国成立以来鄱阳湖区的血防实践进行了反思,提出了生态血防的战略,即要把血防工作与生态保护、社会经济发展紧密结合,从疫苗研制、生态灭螺、社会血防三个方面开展血防工作。谭备战的《建国初期卫生方针的确立:以1950年第一届全国卫生会议为例》,探讨了第一届全国卫生会议的相关情况。冯玉荣的《医学的正典化与大众化:明清之际的儒医与“医宗”》,探讨了医学典籍在17、18世纪的历史中如何复制、阅读、重授、互相融合等重要议题,探讨了医学正典化与大众化的问题。谢羽的《民国政府治理甘肃时期医疗卫生事业的发展》,探讨了民国时期政府对甘肃医疗卫生事业的治理情况及变化。叶宗宝《抗战时期中国共产党疫病防治工作述论》阐述了抗战期间中国共产党通过创建医疗组织、开办制药厂、建立健全卫生防疫领导机构等方式对抗日军在边区的“细菌战”。这一工作围绕战伤救治、疾病防治与卫生运动三个环节,减少疾病损失,普及防疫知识,为之后的疫病防治工作积累了经验。而赵华的《从戒毒工作与方式看禁烟问题——以民国时期浙江省为例》,则通过民国时期浙江省政府在戒毒问题上开展的工作与采取的方式,透视近代禁烟问题。李德成长期关注乡村医疗与赤脚医生问题,其通过《社会变迁中的乡村社区医疗——社山村村庄医疗发展的个案研究》探讨了社山村村庄医疗的发展历史。文章指出从村庄医疗的兴衰状况来看,乡村社区医疗的发展和衰落与乡村政治、经济结构转换有关。

**3. 民间信仰与社会文化**

民间信仰研究一直以来就是社会史研究的热点,是学者用以窥见民众精神和社会生活的视角之一。吴小红的《宋元时期龙虎山道士对民间信仰的利用和扶持——以贵溪自鸣山神为例》一文,以贵溪自鸣山神信仰为例,分析了宋元时期龙虎山道士对自鸣山神信仰的扶持和利用,揭示了正统化的宗族对于民间信仰的渗透与影响。宋燕鹏的《仙女、孝女与战争——晋东南二仙信仰在宋金时期的形象及传说转换》,分析了晋东南二仙信仰在宋金时期的形象及传说转变,认为二仙信仰由淫祀转而跻身国家祀典,透露出地方力量为其做的努力。裴一璞的《白鹿化龙:从宋代四川盐神信仰看官民盐权分配的博弈》,借助对宋代四川盐神信仰研究,分析了四川官民之间针对盐权进行的博弈,认为通过博弈实现了地区盐权分配秩序的均衡。赵新平通过《清末民初晋北庙会与民众精神生活——以忻州地区为例》,以清末民初忻州地区的庙会为例,探讨了传统庙会与晋北民众精神生活的关系,揭示地方社会变迁的规律,以期为地方经济社会发展提供一些启示。赵英兰通过《民国时期社会信仰态势嬗变之缘由》,探讨了民国时期社会信仰发生前所未有变化的缘由,认为儒家正统地位的丧失、西教信仰的传播等,导致社会信仰的出现新的特征,即差异性、不平衡性、多元性等。刘杨通过《民国辽宁地区乡村生活及其改造——以村庙为路径的考察》,探讨了民国时期辽宁地区村庙对乡村生活的影响,并对官方对辽宁村庙改造进行了评析。姚春敏的《精英的尴尬与草根的狂热:多元的视野下的上党三嵕信仰研究》,从精英阶层的士绅和下层草根民众两个层面,对上党三嵕信仰进行了研究,分析了在不同社会阶层对上党三嵕信仰认识上的冲突与分歧。

## 四　生态、经济与政治

社会史与生态史的日益接近，是中国社会史研究的新趋势之一。生态的视角，也逐渐成为社会史学者探讨中国历史上政治经济和社会文化领域中各种问题的出发点。

**1. 生态与区域社会经济**

区域内社会、经济、环境、文化等问题综合考察，是近年来社会史研究的趋势之一。陈锋《清代前期的杂税》对清代前期的杂税类型以及其征收情况展开研究，具体分析了不同杂税在不同时期的废除、加征与新征等情况。总体上认为其是田赋、盐课、关税之外的税种，且其税目及征收相当繁杂，同时其动支也较为灵活。黄国信的《私盐的政治经济学》以清中叶湖南南部地区的私盐流通为例，用新史料为基础，讨论私盐流通过程中的政治经济学，在市场需求论和官商挺身而出论的基础上提供新的视角，分析清代的私盐及所谓反官方垄断的经济行为。吴琦的《中国古代漕运路线的变化与社会经济格局变动》，通过考察中国古代早期漕运及其路线、宋元明清漕运发展及其路线变动和漕粮海运问题，认为漕运路线的不断变动直接反映了历代王朝政治格局和经济格局的变化，同时也引发了社会经济格局的变动。阿风通过对《嘉庆十八年祁门县讯稿》的考析，探讨了清中期以后徽州地区的棚民问题。文章指出，乾隆以后，随着人口流动扩大等因素，棚民就逐渐成为徽州地区严重的社会问题。衷海燕的《民国珠江三角洲的水利生态与沙田开发——以中山县平沙地区为中心》，以中山县平沙地区为中心，分析了沙田开发者间的利益和矛盾，进而讨论了民国珠江三角洲的水利生态与沙田开发。杨品优的《明清江西的省仓》，认为江西省仓石州县对漕粮改兑后交兑秩序败坏反映了一条鞭法在漕运领域的实践，揭示了明中叶以来州县行政运作的改变。陈志国的《濒海之地与盗寇之患：明代香山的空间格局与海上世界》，从明代香山的空间格局出发，考察了香山地区海上世界形成的过程。徐婷、李书源的《铁路与近代东北区域经济生态差异》，在论述铁路给近代东北带来的区域影响的基础上，阐释了铁路如何导致地区经济生态的差异，从中思考东北区域经济发展振兴的道路。欧阳恩良的《历史时期贵州民族地区的升级与生态变迁——基于学术史的考察》，通过对贵州民族地区的多样化生计、文化与生态变迁的关系等问题进行了探讨。梁家贵的《生态、社会环境变迁与捻党兴起》，认为捻党的兴起和发展是元明以来淮河流域生态、社会环境恶化的结果。生态环境变迁是间接因素，社会环境变迁是直接因素，官吏贪腐、社会控制弱化则是诱因。申红星的《清代豫北地区环境与民众生活述略》，关注明末清初至清中后期豫北地区的社会、人口、商业等变迁与民众生活的关系，认为政府振兴经济的措施、集市贸易、庙会等促进了地区商业的发展，并一定程度上导致了民风民俗的转变。

梁勇的《厘金局与地域社会的变迁——以清代巴县厘金局为例》，通过清代巴县厘金局的研究，说明厘金征收方式及其实施者，并考察其变化，以此表明清政府试图建立现代国家税收制度、强化征税。郝平的《契约所见清代晋西北土地价格探析》，通过对清代晋西北契约文书的梳理和分析，探讨了清代晋西北地区土地买卖的原因、土地价格横向和纵向的变化，以及价格变化趋势。王福昌的《生态、生计与制度规范——明清以来江西寻乌公共土地的兴起和运作》，对江西寻乌县地方公共土地的兴起及其社会背景、类型、数量和运作情况进行了考察，认为当地人通过组建地方公共机构对农地制度进行自我管理，公平合理的分配管理取得了较好的社会经济效益。罗艳春的《明清时期的县城：万载县“城池建置形胜图”释析》，以绘制于道光四年的万载县“城池建置形胜图”为研究对象，运用整体史的研究路径，从空间、制度、人群等维度，理解万载县城区格局、区域社会秩序的形成。赵思渊的《19世纪徽州乡村的土地市场、信用机制与关系网络》借助关系网络理论，透过归户文书，考察了社会关系网络与竞争性市场、信用机制的相互关系，寻求乡村地权的新的解释理论。刘诗古通过《清代“水面权”之转让：鄱阳湖“卖湖契”和“租湖字”研究》，探讨了清代鄱阳湖地区的水面转让过程和产权让渡形态。

**2. 灾害救济与社会治理**

自然环境恶化、灾害频发及灾害治理是研究明清以来灾害史研究的三个关键词。以往的研究成果也相当丰硕，近年来的研究则有进一步深化的趋势。主要表现为在灾害及其救助问题上，开始全面考虑社会因素与自然环境因素的影响，且通过灾害救助为切入点考察当时经济开发、社会机制及社会文化等多方面的内容。谢宏维的《明代中后期的自然灾害与民间救助》，阐述了明代中后期政府财政拮据无力赈灾的状态下，动员和劝奖民间力量参与救灾，主要包括捐输捐纳、义仓义冢，商人减粜与平籴、典当及以工代赈等救灾等方式。乡绅、富民、商人等民间社会力量，通过对地方公共事务的参与，建立权威，实现了对地方社会的管理与控制。同时，政府对地方的控制有所减弱，这是晚明社会变迁的表现之一。徐文彬的《明清福建生态演变与虎患》，则从人口膨胀导致的山区开垦，以及区域经济发展导致的生态恶化以及明末清初的社会动乱等方面分析明清时期福建的虎患加剧的过程。在虎患威胁下，求神、练拳、善猎的区域文化由此塑造。

此外，近代以来各类灾害的加剧及新式治灾机制等问题也使学者倍加关注，同时往往与近代国家的灾害救助的新技术与新措施结合起来研究。蔡勤禹的《民国时期应对海洋灾害措施探究》认为上海徐家汇和青岛两个观象台，通过传统与现代相结合的信息传播方式将飓风和巨潮传递给船只和沿海地区，减轻了灾害损失。同时，民国海堤的新材料与现代化以及赈灾过程呈现出社会化和国际化等方面都强化了当时的抗灾能力。这些变化从侧面体现了中国近代社会转型和变革过程中的广度和深度。张玮的《1927—1932年间的陕西旱灾》，对1927—1932年间的陕西旱灾的持续时间长、波及范围广、受灾人口多等特点进行分析，认为天灾人祸并行是此次灾情严重的原因，而且该次灾害对陕西乃至中国的社会经济均产生深远影响。晏雪平的《1930年代江西稻作螟害及其治理——兼论近代农业科技的推广》，对20世纪30年代江西的螟害及其治理问题进行阐述。作者通过对治螟组织、螟害的调研以及治理措施的研究分析，结合效果不佳的治螟成效，认为基层人员不足、推广与宣传不利和农民无积极性是治螟失效的主要原因。岁有生的《民国时期河南的县财政与农业经济》分析了民国时期河南的县级财政与农业经济，认为其改变传统农业的成效甚微，深层次的原因是地方政府对制度形式革新的热情及制度精髓的漠视。

中国历史上的慈善救济同样是学者讨论的对象。黄今言的《两汉时期民间的扶贫与互助》就两汉时期民间的“救恤”、“赈施”与互助等问题进行论述。万义广的《秦汉农商对立观念及其对乡村社会的影响》，通过对秦汉时期农商对立观念的考察，认为其本质上属官私矛盾,它掩盖了重农政策中的真正矛盾,并对秦汉乡村社会产生影响。黄鸿山的《财政资助与清代江浙育婴堂的官办化问题探析》,指出清代江浙育婴堂本是绅富捐管的民办组织,其后随官府财政涌入,称为官办机构。在扩大规模的同时亦有臃肿废弛的弊端,故清后期改用"官督绅办"模式。王玉朋的《清代南京官办慈善事业——以普育堂的运作为中心》,考察了清代南京普育堂由成立之初的士绅承办到乾隆中后期官府接办的转变的过程,并对官府接办后育婴堂的组织架构、管理方式、资产经营等进行了阐述,指出该堂后期经营中的管理废弛、官员贪污等问题。李小尉的《近代贫民工厂发展演变》,探究了近代贫民工厂之发展演变,认为贫民工厂"养教结合"的救助理念和普及生产知识,提供培训的救助方式,对后世影响深远。

### 3. 公共领域、政治生态与革命

近代以来,在国家职能扩张、城市化、民主化等因素影响下,社会公共领域呈现出新的特点与趋势。张笑川、路仕忠的《政治性、日常性与现代性:民国苏州公园与城市生活》,对民国苏州公园这个共公休闲场所进行研究,认为其是集娱乐、教育、商业、文化、和政治多种内容于一身的城市公共空间,既是政府和士绅规训、教育民众的工具也是民众和社会团体展现自身的舞台,不同利益、目的的机体和个人合理塑造了苏州公园的复杂形象,公园还为市民提供了体验和想象现代性的场所,苏州城市生活逐步从传统走向现代。该研究是对近代城市市民日常休闲生活的有益探索。彭志军的《"公""私"分明:民国时期苏州的公共舆论——关于救火汽车伤人事件的考察》,通过苏州救火汽车伤人事件的考察,讨论了民国时期苏州的公共舆论。认为民国时期苏州的公共舆论有一套公私分明的概念和评判标准,公私界限分明,并非所谓的中国社会的"公""私"界限难清。丁芮的《北洋政府时期城市饮食卫生管理研究——以北京为例的考察》,以北京饮食卫生的管理为例,说明北洋政府时期的京师警察厅负责对饮食卫生各个方面的稽查、宣传指导,产生了重大作用,指出以警察机构管理城市公共卫生的行政方式,是北洋政府时期城市管理的一种典型模式。王煦的《官、商、民在 1928 年—1937 年北平电灯减费问题》,探究了官、商、民在 1928 年—1937 年北平电灯减费问题的博弈,认为其博弈的过程突显了城市现代化进程中,企业私利和社会公益之间的矛盾,中央、地方政府机关间的权限分歧。

近年来,革命史研究力图借鉴社会史的研究方法,将革命的爆发、传播放入到区域经济、社会、文化当中去考察,揭示革命运动自身发展的内在逻辑。黄伟英的《"老革命"与新政权:1949—1956 年赣南乡村政治秩序的分析》,以新政权和"老革命"的曲折互动为视野,分析了 1949—1956 年赣南乡村政治秩序。赵艳霞的《民兵职能转化与农民的政治化——以太行民兵为中心的考察》,通过对太行民兵由民到兵的转化过程及原因、民兵逐步军事化以及民兵结合的发展道路等方面的考察,认为中共对民兵的引导过程,也是对农民政治化的改造过程,而民兵的改造完成了个人利益到群体利益乃至国家利益的提升,实现了对农民农村社会的政治化改造。张宏卿的《农民性格与革命传播——以中央苏区为中心的考察》,以中央苏区为中心,从农民好走极端、重人情和轻人性三个方面,考察了农民性格与革命传播的内在联系,而革命发动必须满足农民的具体需要和农民预期,指出公明行为和观念受"利益满足的不可迟缓性"导向。黎志辉的《革命运动中的生计危机——以江西苏维埃革命为中心的历史考察》,考察了 1927 年起至中央苏维埃时期江西及其周边区域生计危机逐渐恶化至“吃饭”危机的过程，剖析了这种生计危机所促成的以“分田”为标志的土地革命的全面推行，指出土地革命最终无法改善民众生计及解决苏维埃政权的经济困境，致使在苏维埃后期原属产米区的中央苏区陷入粮食危机，从区域社会经济内在发展逻辑层面深化了对中央苏区革命进程的理解。

总而言之，近年来社会史研究围绕历史上的“生计、生命、生态”问题，秉承开放的研究视野、多元的研究路径，取得了显著的成就。中国社会史学会会长常建华教授总结近年来中国社会史研究的趋势认为：首先是社会空间的扩展，强调研究中把握好社会与村落、城市、区域乃至全球化的关系；其次是要重视社会史与新文化史联袂，将感觉、日常生活、社会与文化的建构等等纳入视野；最后是强调跨学科的视野，这些年历史人类学、艺术社会史、医疗社会史、法制社会史取得了令人瞩目的成就，为社会史展示出美好的学术前途。[①] 而本次会议的“三生”问题将日常生活史、环境史、生命史学融于一体，正适应了当下社会史研究的潮流，在促进社会史研究多学科交叉融合的基础上，进一步推动社会史研究的重心转移到以“人”为中心的考察上来。此外，相关研究成果还有很多，本文限于篇幅，挂一漏万在所难免，祈请谅解。

**作者简介**：李平亮，江西师范大学历史文化与旅游学院教授；晏雪平，江西师范大学历史文化与旅游学院副教授。

① 常建华：《社会史研究的最新发展趋势》，《安徽师范大学学报》2014 年第 1 期。

中国社会历史评论　第十八卷　2017 年　第 238—243 页

【书评】

# 赋役制度的变迁与市镇研究：《嘉定县事——14 至 20 世纪初江南地域社会史研究》述评

许存健

近年来，江南社会经济史的研究不断深化，这既表现在研究区域的细化，即以县、镇为范围的专题研究不断出现，也表现在研究方法的创新，如制度经济学、历史人类学等理论方法被引入了江南社会经济史的研究。吴滔、佐藤仁史所著的《嘉定县事——14 至 20 世纪初江南地域社会史研究》（广州：广东人民出版社，2014 年），便是这样一部从嘉定县着手，探讨国家赋役制度变迁下市镇的形成与发展的著作。本书正文共六章，附论两章，其中第一、二、三、四、六章为吴滔撰写，其余为佐藤仁史撰写，各章原本都是独立的论文，自成体系，但全书又围绕着赋役制度改革与市镇发育机制两条主线，按时间顺序排列，因此条理清晰。这部作品立足于江南史的研究，认真梳理了多种新发掘的材料，为明清市镇史的研究提供了新的范式。

在森正夫先生所做的序言中，将本书分为了两条主线。其一是赋役财政制度的变迁，本书根据《折漕汇编》这一文献，叙述了嘉定县的漕粮从征粮到折布再到折银的转变的过程，在该书中不仅能看到折漕问题制度层面的分析，而且围绕折漕问题当地居民的认同所在及其变迁也得到了反映；佐藤仁史所作的第五章关于“夫束”的讨论是属于徭役制度的改革，吴滔所写的六章则是关于清末民初县级财政的建立。第二条主线是江南地区市镇的发育机制，涉及市镇的形成与变迁问题，吴滔提出要反思以往市镇研究中“经济理性”、“社会分工”、“斯密型增长”等经济学理论的分析方法，更多地认同了 20 世纪 50 年代梁方仲提出的贡赋贸易论[①]，认为棉业市镇的兴起于国家的赋役制度直接相关，同时也探讨了商业性市镇的市场圈怎样变成政治上的行政区划。

## 一　赋役制度与棉业市镇的发育

《嘉定县事》的第一章讲述的是嘉定县赋役制度改革的过程，该章由两条线索串联起

① 梁方仲：《明代粮长制度》，北京：中华书局，2008 年，第 143—145 页。

来,一是制度变迁及其影响,二是官员们面对改革时的努力与诉求。永乐北迁之后,税粮的输送负担迅速增大,在官员周忱的努力下,将官布派给了出产棉布的嘉定等县,于是嘉定获得了部分漕粮折布的优待。伴随着赋役折银化的进程,官布折银征解的事例越来越多,后来官布银纳入了官员的考成。到明中期,嘉定获得了永折漕粮的特权,并一直延续到明末。到清代,新的赋役改革,嘉定的永折从明代的特权变成了新一轮赋役改革中的负担,虽然在付出血的代价后获得了地丁的大幅蠲免,但这也成为了同治、光绪时期减赋的绊脚石。通过这一变迁,吴滔认为,明代漕粮永折使嘉定县摆脱了种粮的负担,得以全力发展棉花种植和棉布加工业,从此与周边地区逐渐分道扬镳,清代时期嘉定面临的问题,也反映了清承明制并不是简单的继承,很多的制度在明清两代运作中会展现出不同的情况,在地方层面中必须进行具体的分析。在这一章中的另一条线索即官员在赋役改革中的作用,无论是嘉定县的县官,还是嘉定籍在京的官员,他们为了嘉定县和自身的利益。都做出了很多的努力。在这一章中,很好地体现了制度运作中人的作用,展现了官员的心态,也是制度史方面的成功研究。但由于资料的局限和视角向上的影响,吴滔更多的是从官员和少量的地方士绅的角度来探讨这一问题,但地方官员往往是从自身考成考虑,满足民众的诉求并不是其工作的主要方面,嘉定籍在京官员和地方士绅也大多是从地方上层的利益出发,从而会忽视甚至牺牲下层的利益。作者或许还需要从社会史的角度,研究下层民众在制度变迁中的诉求与表现,来更加全面地分析赋役制度在嘉定县的变迁过程及其影响。

第二章是探讨市镇的形成原因,吴滔希望从水利的兴废、赋役制度的变迁等因素,及市场发育相关性的角度,探索两个棉业市镇兴起的机制。明初漕粮折布后,有些商人开始来昆山、嘉定二县购买棉布,由此促进了一批棉布交易市场的兴起。正德、嘉靖以后,水利失修,原来高乡的水田越来越不适宜水稻种植,于是转而种植棉花,而棉花的种植反过来又会导致水利的荒废,因此植棉的农户不得不到市场上用棉花或棉布交换粮食,由此促进了棉业和粮食市场的形成。因为改征官布和市镇兴起都是在明嘉靖年间,因此作者认为,所谓"专业市镇"或许是"改折财政"的一种延伸,是国家权力促进了社会分工。吴滔在这里吸收了梁方仲提出的贡赋贸易学说,强调赋役制度对区域社会经济发展的作用,认为市镇的形成很可能是赋役制度的变革导致的。在该章的小结部分,吴滔引用了吴承明的观点,认为无论是地方小市场(农村集市),城市市场,还是长途贩运,都与社会分工没有太大的关系(《嘉定县事》,77 页),吴承明这一结论的基础,是认为农村集市不是商品市场,因此其交换也只是调剂余缺,不属于商品经济的范畴。但随着研究的深入,吴承明已经修正了这一观点,认为地方小市场也属于商品经济,并强调市场分工和专业化导致了经济的发展[①]。吴滔将制度因素引入市镇研究,无疑是重大的创新,但制度是有一个完整的体系,仅从赋役制度入手还是不够的。吴滔也注意到,历史的发展不仅仅是制度的变化,而是结构的变迁,市镇的形成与发展正是资源优化配置的表现。吴滔试图突破以往市镇研究中"理性小农"、"社会分工"等认识基础,这是一种很有意义的尝试。如果从普通的集散、流通型市镇来看,分工带来的对商品交换的需求是市镇出现的主要原因,但从专业市镇来看,专业化的生

① 这一点可以再方行与吴承明的通信中看出,吴承明:《关于传统经济的通信》,《中国经济史研究》2012 年第 2 期。

产不一定来源于当地的地理环境、市场需求，也可能如吴滔对棉业市镇的研究，是赋役制度对该地棉布的需求所带来的。但即便如此，市场建立的基础是社会的分工，与其认为赋役制度带来了专业市镇的发育，不如认为是赋役制度带来的分工不同，促使了商品流通的发展和市镇的兴起。

在阅读前两章时，还需再审视两个问题，第一是植棉业在嘉定兴起的原因是什么，高乡的地理环境，植棉业相比于水稻种植的边际利润较高、或是利润总额的更高，明初朱元璋对植棉的强制规定[①]，还是吴滔所提出的赋役折棉，以及由此带来的水利崩坏，这些原因都有可能是导致当地大面积植棉和发展棉纺织业的原因。嘉定所在的高乡地理环境不适宜种植水稻，棉花的种植或许是农民基于地理环境的理性选择，赋役制度的变革也可能是官员为了减轻考成的压力，在赋税上适应当地作物种植情况。如果是这样的逻辑关系，那么本章的立论就存在很大的问题。第二是市场需求在专业市镇发展中所起的作用，吴滔认为棉业市镇是受赋役折棉的影响而兴起的，但棉布的集散受市场需求的影响很大。李伯重认为，斯密型增长的极限是市场需求[②]，明代江南棉布种植业的发展，与华北平原和长城一带对棉布的需求有很大的关系。在明代，北方对棉布的需求，或许是江南棉织业兴起的主要原因，赋役折棉则是为了适应当地的实际情况作出的调整，否认市场需求而谈经济作物种植，是存在很大问题的。

## 二　市镇的发育机制与政区化

第三章和第四章也是对市镇的形成原因和发展的研究。第三章探讨了寺庙与市镇的关系，吴滔以南翔镇为例，南翔镇有着因寺名镇、因寺成镇的说法，在文献记载和以往研究中，大多以此为共识。吴滔运用历史人类学的方法，通过对历代文献的分析，重建了南翔镇层累形成的历史，他指出寺庙与聚落的出现和拓展可能是同步的，不存在先后关系。在明代以前，南翔镇就已有了南翔寺、大德万寿寺和万安寺三大古刹，南翔镇的历史也被记载为了寺庙的历史，这是符合当时的历史情况的。但进入明代以后，明初对佛寺的打压，大大延缓了以寺庙为主导的聚落的形成过程，嘉、万以后，随着南翔棉业的发展，南翔镇的聚落形态才逐步形成，南翔镇的市镇空间在明中叶以后趋向固定，不再向外扩张，而是转向了内在的细密化，虽然明清南翔镇仍以南翔寺为中心，但市镇中心已经发展为集宗教、商业和行政一体的重要场所。由于这样的以南翔寺为中心地的内涵式发展，使清人误解为南翔镇是因南翔寺而出现的。吴滔认为，南翔镇成为专业市镇，是在贡赋体系中“改折财政”的影响下壮大的，同时为满足长距离贩运和区域市场的需要，逐渐发展成每天都开集的市镇。因此，这种每日开市的商业活动与寺庙并没有太大的关系，只是南翔寺本来就占据了镇的中心位置，因寺成镇是对寺庙作用的过度诠释。

---

① 明初，朱元璋下令“凡民田五亩到十亩者，栽桑、麻、木棉各半亩，十亩以上倍之。”《明史·食货志》，北京：中华书局，第1894页。

② 李伯重：《江南的早期工业化》，北京：社会科学文献出版社，2000年，535页。

吴滔对南翔镇形成史的历史人类学分析是十分精彩的,他把南翔镇的历史与国家的大环境结合起来,体现了小历史与大历史的关系,具有鲜明的华南学派特征。寺庙作为文化组织,对商品流通和聚落形成的影响很小,江南广泛兴起的专业市镇,几乎与当地寺庙没有任何关系。作者通过对资料的辨析,认为明清时期的文献记载从“因寺名镇”到“因寺成镇”的转变,是当地人受南翔镇区位空间布局的误导,认为镇中的寺庙是该地经济发展的主要原因,作者在这一章中对文献的考证和对历史空间的把握,都是值得学习的。在对明清时期南翔镇发展的动力的研究中,作者已经指出,明清时期的南翔镇与宋元时期有很大的差别,长距离贸易的兴起,使得南翔镇的发展与全国市场联系起来,明清时期的变迁或许需要从市场的角度,因为南翔镇已经被纳入了整个棉业市场中,在市场交换中获得发展,而不仅仅是因为贡赋贸易使其成为棉业的专业市镇。

第四章则是探讨市镇的经济辐射圈如何变为政治区划,从而获得官方的认可,吴滔认为这在嘉定县、宝山县表现为“厂界”。在明代,国家的赋役里甲制度为县—都(乡)—图(村)结构,但随着市镇的兴起,以市镇为单位的区划逐渐抬头。到清代,为了赈饥,由乡绅们设立粥厂,而厂界的确定则以市镇的界限为依据,至此,市镇与乡都图的区划表达开始有趋向一致的倾向。粥厂设立了厂董,由于粥厂的权力不断扩大,如从开始时单纯的施粥,发展到处理地方其他事务。到乾隆末年,厂董全面负责地方行政事务,厂作为行政区划,逐渐取代了乡都的位置。吴滔认为,粥厂与市镇并不完全重叠,但设立粥厂的地方很容易发展成市镇,市镇也需要通过设立粥厂来获得地域认同。民国初年划定乡镇界限时,嘉定地区由于传统的厂区认同,新设立的乡镇也与清代时的厂界相差无几。吴滔通过嘉定厂界的认同,认为这是清代官方控制力的衰落和地方自治势力的崛起的表现,但厂并没有取代原有的乡都图结构,体现了传统社会的弹性结构。他还认为,每个地方都有自己的县级以下的区划特色,需要更多的研究来厘清这些地方特色制度与官方制度之间的关系。

在第四章中,吴滔的研究是对近代县级以下区划形成原因的一种新探索,这具有很大的启发性。诚如吴滔在该章结论中所述,每个地方都可能有自己地方特色的基层结构,但是厂界的认同概念似乎还是留有商榷的余地。作者认为,清代以来形成的粥厂的界限让人们产生了认同,于是很自然的在民国初年延续了这样的区划。但是,应该指出的是,文中所引出的认同都是厂董们,也就是地方乡绅们的认同。他们作为地方利益的既得者,虽然承担着赈饥的责任,但也享有者管理厂区的权力,他们理所当然地不愿意对厂界进行新的划分。因此,与其说是认同,不如说是上层士绅们的利益分配,他们不愿意重新分配既得利益,所以沿用了以前的界限。而在民众中,可能中心区的人存在一定的认同,但处于厂界边缘的民众的认同则不会有那么强烈。这是因为边缘的人可以属于多个基层市场,可以进入多个厂内从事经济活动。而关于厂界的形成的原因与标准,吴滔似乎也没有很好的解决这个问题,因为厂界的划分是多方面因素合力影响的结果。本章最大的贡献是为研究清代以来基层组织的形成,提供了一种新的方法。如果对明清时期每个区域的县级以下行政区划进行检讨,我们可能会发现很多很有意思的情况。

## 三　清末民初的历史书写所反映的地域社会变迁

第五章和第六章的研究属于政治史讨论的范畴。第五章是佐藤仁史所作的围绕夫束问题所引发的不同人群的互动的研究。夫束本是明清时期遗留下来的疏浚河道的徭役,到民国初年时,以黄氏为代表的乡镇领导希望把加之于夫束的非正规性行政费转充为自治经费,而胥吏和依靠胥吏私人关系作为权力来源的县城官员,则希望保持现状,从而维护胥吏的既得利益。乡议事会希望扩大自己的权力,排除吏治的干涉,但县议事会破坏了这一提议,使其成为一纸具文。城乡之间的冲突表明,民国时期实行的"县人治县"不仅不利于地方的统合,反而破坏了地方社会原有的均衡。佐藤仁史在这一章中探究了夫束背后的利益关系,各方为取得这一利益而做的努力,以及近代西方政治制度引入后所带来的破坏作用。

第六章是讨论清末民初地方自治下,县级财政的建立和原有公款公产的处理问题。清末民初的地方自治,使得原本没有财政系统的县级政府开始建立起全新的财政体系,而在这过程中,原本由士绅管理的公款公产的处理,成为了十分重要的问题。在公产的处理过程中,教育、积谷、水利等与新的地方自治名目相一致的事业很方便地被纳入到县级财政体系中来,寺庙道观等产业也被强制纳入进来,至于善堂等慈善事业则大体维持了原有的状态,继续自我运营。在公款公产的处理过程中,原有管理者与政府之间产生了很多的冲突,中央虽然对此有所规定,但在执行过程中却大打折扣。南京国民政府重新推行地方自治时,便采取了由政府领导大办公产的办法,努力不与民争利。这一章主要涉及的是财政制度的问题,县级财政体系的建立是清末民初县级自治的重要内容,当中央将一套新的体制引入时,往往会产生新的矛盾与冲突。如何消解这一问题,则是需要尽量少触及原有利益既得者,而从新的方面来建立起新的制度体系。

本书的附论一、二分别是对《畮报》和清末民国地方志的史料研究。第五章主要依据《畮报》的记载,对清末民初士绅在追求地方自治过程中,与利益既得者之间的冲突和调和。其中涉及两派对"夫束"的争论,佐藤仁史指出,虽然改革最终得到执行,但在这之后并没有建立起新的赋税征收制度。旧制度的破坏没有带来新制度的产生,这是与中国近代史变革中有相似之处的。第六章是对清末民初编撰的几本地方志的介绍,并对二十世纪八十年代以来新修地方志编撰中的问题进行了评述。这一部分主要是对资料的解读,并从历史书写的角度对资料背后的作者进行发掘。

## 四　结　语

诚如森正夫的序言中所指出的,本书是围绕赋役制度的变迁和市场的发育机制两条线索展开的。江南的市镇研究起步很早,大陆学者傅衣凌和台湾学者刘石吉是最早的研究者,改革开放之后,王家范、樊树志、陈学文、包伟民等学者也对江南市镇有深入的研究。近年来,江南市镇的研究呈现出了以镇为单位的研究趋势。然后,市镇的研究大多还是从市场的角度出发,考察市镇的人口、工商业结构、辐射圈以及在国内市场或世界市场中的作用,以往研究也多从斯密型经济入手,认为分工促进了商品交换,由此导致了市镇的形成。但近年来,越来越多的学者注意到,传统时代的中国,无论小农还是国家,都不是完全的经济理性的主体,在征收实物税收的时代,小农选择何种作物进行种植,国家的赋税制度可能起着决定的作用,只有在赋役折银之后,小农才有可能自行选择种植适宜的经济作物。有关市镇形成的研究,目前的成果也大多不尽如人意,大部分学者仍从地理学的角度入手,认为交通是市镇形成的决定因素,或转而从区域经济分析,认为该区域内部的交换或全国市场中的交换促使了市镇的形成,也有些学者从文化的视角出发,认为诸如寺庙道观、名胜古迹能够促进市镇的形成。这些分析各有侧重,但都有着很大的遗漏,不同地区、不同类型的市镇都有着不一样的历史。

本书的第一、二、四篇文章是吴滔博士论文的研究成果①,他既很好地利用了历史地理学的知识,又很好地吸收了历史人类学的研究方法,并借鉴了梁方仲的贡赋贸易理论。通过以上的这些方法与视角,吴滔的研究在江南市镇的研究中显得别具一格。如通过赋役制度变革探讨棉业市镇的兴起,运用历史人类学方法建构出南翔镇的历史,以及清代粥厂设置与近代乡镇区划之间的关系。这些研究大都从制度史入手,研究历史政区地理和社会经济史的问题,比之以往的研究,制度在其研究中的重要性显而易见。

但是,这些研究中仍有一些问题需要注意,如引入制度经济学作为研究方法,则不能忽视制度中正式制度与非正式制度的双重作用。吴滔使用赋役制度作为主要研究视角是无可厚非的,但在非正式制度中,如意识形态、家庭家族等也需要纳入研究的范畴中去。其次,吴滔在研究中建立起来的逻辑仍需要更多的材料来证实,如市镇与赋役改革之间仅是时间上的吻合,而没有进一步的论证;清代以后,江南大量的从外地购入棉花以供织布,这是否与贡赋经济有关系;贡赋贸易对市镇兴起的影响,是仅限于专业市镇,还是也可以解释普通集散型市镇;南翔镇是建立之初就占据了商业中心的位置,还是在历史发展的建筑空间布局中有意或无意的以南翔寺为中心,这些问题也都还值得推敲。再次,本书虽然以江南地域社会史为名,但其社会史的研究显得较为薄弱,对普通民众几乎没有涉及,这可能与资料的情况有关,但也不能完全忽视。最后,吴滔的研究是从嘉定县出发,这一研究是否适用于江南甚至是华北、华中和华南地区,则需要更多的实证研究,应当避免简单的套用。

**作者简介**:许存健,清华大学人文学院历史系博士生。

① 吴滔:《清代江南市镇关系的空间透视——以苏州地区为中心》,上海:上海古籍出版社,2010 年。

# 编后语

本卷刊登13篇论文,分为4组。

日常生活与物质文化一组有4篇论文,刘尊志侧重考古学的视角论述秦汉时期的一般庭院与房屋;李志生则基于物质文化史和形象史学考察唐五代时期的凤冠;耿超梳理了考古学成果中河北地区的宋代墓葬,并就相关问题研究;孙继以秦观应举为中心考察北宋中后期举子的科举交游网络。

法制与社会方面有2篇文章,郑鹏以湖田争讼案件为中心,讨论元代江南地区的司法秩序与地域社会;谢开键以龙映姜、杨翠桃争产案为例论述习惯与国法的角力关系。

民国社会这一组有2篇文章,冯志阳以"大出丧"现象为中心论述民国时期殡葬礼俗的奢华风尚及其成因;崔军锋、武小力将民国定县、邹平卫生试验区加以比较研究。

医疗卫生与社会组有4篇文章,张树剑考察了1950年代朱琏"新针灸学"的浮沉,论述到医学通过革新为社会服务的情形。另外3篇则为东亚地区的医学问题,韩国学者吴在根以韩中日的医案分析17—18世纪时的韩国伤寒医学;芦笛考察晚清中国的药物学术变迁中的日本因素;石嘉、安艺舟从渗透与同化的角度探讨抗战时期日本在沦陷区的卫生防疫问题。

该卷论文的总体特征是不少论文具有跨学科的属性,除了历史学,涉及医学、社会学、法学、考古学等,使得问题的探讨特色较为突出。

长篇研究综述,介绍了近十年中国社会史研究的学术成果与特色。

书评对赋役制度的变迁与市镇关系的研究发表了看法。

# 英文摘要
# Summary of Articles

## On General Courtyard and Housing in Qin and Han Dynasties

Liu Zunzhi
(Department of Archeology and Museology, Center for Chinese Social History Research, Nankai University)

**Abstract**: During the Qin and Han Dynasties, the requirements of all social strata for living were improved, so the general courtyards, houses and related facilities gained great development on the basis of inheriting the previous periods. Courtyard with aesthetic layout and abundant facilities as well as general housing with various forms and different functions, not only took into account the needs of living but also reflected the combination of practicality and beauty, showed a strong characteristic of suiting the times and local conditions, and reflected, to a certain extent, culture in the Qin and Han Dynasties in particular the Han Dynasty with a basic characteristics of pluralistic integration.

**Key words**: Qin and Han Dynasties; Courtyard layout; General housing and Housing facilities

## Phoenix Coronet: Center on the Period of T'ang and Five Dynasties

Li Zhisheng
(Department of History, Peking University)

**Abstract**: The first part of the article discusses the definition of coronet during the period of Han and T'ang (汉唐时期,202 B. C. –907) and the first appearance of phoenix coronet (凤冠) in the Han (汉). Based on the definition, phoenix coronet didn't emerge in the Han. The second part focus on the headdress of queen and emperor's concubines in the T'ang and Song (宋代,960 – 1279). Phoenix coronet wasn't written in the institution of queen and emperor's concubines' formal attire in the T'ang but in the institution of Song, and phoenix pairing with dragon on coronet is the mark of queen who is the top rank of women in the Song. The third part analyses the two types of phoenix coronet in the The Dunhuang frescoes (敦煌壁画). The first type is a headwear with coronal shape and the second is a luxurious phoenix coronet pairing with formal attire. The fourth part discusses the reason of phoenix coronet's spreading. It's the result of the rulers' promotion—especially Wu Zetian（武则天）and Tang Xuanzong（唐玄宗）and the influence of female Taoist priest's phoenix coronet. The fifth part analyses the impact of phoenix coronet's spreading on women's daily life in the period. The sixed part exam the theoretical methods which the article applies. The theoretical methods include the theory of material cultural history and the theory of image history.

**Key words**: T'ang and Five Dynasties; Phoenix coronet; Dunhuang frescoes; female Taoist priest's phoenix coronet; Theory of material cultural history; Theory of image history

**Study on the Tombs in Hebei Area of Song Dynasty and Some Problems Related to These Tombs**

Geng chao

(Department of History, Hebei University)

**Abstract**: The tombs in Hebei area of the early north song dynasty were found not many, and are mainly brick tombs and earth – caved tombs. Since the middle song dynasty the tombs were found more and more gradually, and the wood – frame brick tombs appeared, and also existed earth – caved tombs, rock tombs and shaft tombs. During the later north song dynasty, the wood – frame brick tombs in Hebei area became more prevalent, in which brick carvings and colored drawings were decorated to reflect the daily life view of the owners. There are not many funeral objects in the tombs of song dynasty in Hebei area, the funeral objects mainly include porcelain bowl, pot, bottle, plate and pillow, with rare terracotta figurines and other burial objects. This might be caused by the prevalence of paper burial objects in this period, and also reflects the concepts of entombment and supernatural beings of Song people. From the burial manner, there was one occupant in some tomb, and most two or three occupants were buried together in a tomb, while some tombs are cremation tombs which might be caused by the effect of Buddhism and the customs of Khitan people.

**Key words**: Hebei area; the tombs of song dynasty; burial customs

**The Friendship Network of the Candidates Participating in the Imperial Exam in the Middle and Late Period of the Northern Song Dynasty**

**——A Study of Qin Guan's Experience of Taking the Exam Should Be Centered**

Sun Ji

(Department of History, Northwest University)

**Abstract**: Qin Guan in eight years of the imperial examination career, has three times to Kaifeng examination, through the relationship of geography, blood, learning margin and the way of Xingjuan, to build a scholar group as the main body of the interpersonal network. Through the example of Qin Guan, we can see that the interpersonal network of the candidates in the middle and late dynasties of the Northern Song Dynasty is centered on local relations, and expending via entering the imperial exam as well as traveling. It is formed by the factors such as personal identity, interest, values and so on, at the time the social environment consciously selected results. In the interaction with the literati, the candidates were further stylized with their literary literacy and political stance, thus laying the foundation for their social and political relations.

**Key words**: Qin Guan; The candidates participating in the imperial exam; Make friends; Party struggle; The imperial exam

**Southern China's Law Order and Local Society in Yuan Dynasty——Centered on the Lake Land Dispute**

Zheng Peng
(Department of History, Nankai University)

**Abstract**: Due to the loose of state regulation and other factors, the land reclaimed by lake and related disputes were common in Southern China in Yuan Dynasty. The relevant juridical practice reflected local power relationship heavily affected Southern China's law order in Yuan Dynasty. Mongolian nobles, officials, military officers and monks were strong powers in Southern China's local society in Yuan Dynasty. They were habituated to apply their special statues and power to break legal rules, causing law failure and alienation of law order. Local elites mainly consisted of literati and rich people were local community's leaders. While assisting judicial operation, they sometimes control peasants and local government. This phenomenon reflected in sufficiency of local governance. Different local powers and their roles in juridical practice showed a complex relationship of law order and local society in Southern China in Yuan Dynasty. It also showed the picture of local social order in Southern China in Yuan Dynasty.

**Key words**: Yuan Dynasty; Southern China; Law Order; Local Society; Land Reclaimed by Lake

**The Wrestle between the Customs and the National Laws: With the Case of Inheritance of Property between Long Yingjiang and Yang Cuitao as an Example**

Xie Kaijian
(Department of History, Fudan University)

**Abstract**: Customs is one of the world's oldest and most common legal source, often at the land of the national law of complementary role to maintain the social order, the long-term adjustment symbiosis. They are folk when handling property inheritance had play an important role. However, as the late Qing dynasty and republic of China, the deepening reform of the government's legal system, especially the promulgation of the republic of China civil law, inheritance plait, private property transfer customs and conflict between property inheritance law formulated by the state, have many problems in the concrete practice. Republic of China, Guizhou talking in years of inherited, fully shows the law dominating the customs and so on. Because of the influence of the customs of people, the new system has become the new arrangement, the absence of strong state enforcement and the law is not sound realistic factors such as the case of the parties to a dispute. Although the national law in wrestling with the customs of won, but how to adjust the relationship between the two, make it supplement each other, in the context of today's society is still worth taking seriously and reflection.

**Key words**: national laws; customs; Tianzhu Document; right of inheritance

## The Luxury Fashion and the Cause of the Funeral Customs in the Period of the Republic of China

### —— Take the "Big Funeral" as the core of the discussion

Feng Zhiyang

(Institute of History, Shanghai Academy of Social Sciences)

**Abstract**: During the Republic of China, "Big Funeral" swept the country. These "Big Funeral", costly, rituals are complicated, tricks, and thus has a great ornamental. A grand funeral ceremony, not only make the whole town empty Lane to watch the effect, but also can attract many people around the town. "Big Funeral" fully embodies the Republic of China funeral customs of the luxury fashion. The formation of this luxury fashion is due to the abolition of the funeral of the hierarchy, and that people are yearning for a higher social level, so through the "Big Funeral", the dazzling consumption, to show and promote their social status.

**Key words**: Big Funeral; hierarchy; the dazzling consumption

## Study on the Comparasion of Health Experimental Districts between Ding county and Zouping county in the Republic of China Times

Cui Junfeng Wu Xiaoli

(Department of History, Hebei University)

**Abstract**: The Rural Construction Movement in the Republic of China Period attached great importance to the construction in rural health experimental districts, of which Ding county and Zouping county are two representative examples. Both of them have similarities in putting a high premium on maternity and child health, school hygiene and prevention of infectious diseases. Besides, government and society participated in and they competed with each other somehow. Furthermore, the combination between oriental and occidental cultures, traditional and modern concepts, as well as health education and propaganda, promoted the construction of rural health work. As for their differences, on the one hand, Ding county preferred to educating ordinary people to improve themselves while in Zouping, Liang Shuming remoulded Confucianism to save the county. On the other hand, Ding county was supported by Rockefeller Foundation and Peking Union Medical College. However, it was Cheeloo University School of Medicine that supported Zouping county. In addition, although they both set three level medical health systems, Ding county applied more western concept of public health. Nowadays, rural medical health systems is one of the significant facets in the development of our medical and health services, so the experience of the work in Ding county and Zouping county is worth referring.

**Key words**: Ding county; Zouping county; rural health experimental districts; rural health services

## Debate on New or Old: the Up-down Going of Ms. Zhu – Lian and New Acupuncture in 1950's

Zhang Shujian

(The 2nd Clinic College, Nanjing University of Chinese Medicine)

**Abstract**: Ms. Zhu Lian and her New Acupuncture theory had been highly respected in the first half of the 1950's mostly because that her theory was getting to a very close accordance to the government policies of Chinese Medicine Scientization and Chinese Medicine Doctors Further Education at that time. In the back half of the 1950's, with Chinese Medicine Scientization being marginalized and Western Doctors Learning Traditional Chinese Medicine Movement rising, the New Acupuncture thoughts were snubbed. Ms. Zhu Lian was also treated unfairly in the political movements. Reviewing how Ms. Zhu Lian and New Acupuncture was going in 1950's can help us to understand the modern theory of acupuncture, which is also an important task we have to complete for acupuncture academic history research.

**Key words**: Ms. Zhu Lian; New Acupuncture; Acupuncture Academic History

# The Cold Damage Medicine in 17th and 18th Century Korea：Comparison through the Medical Records of China，Japan，and Korea

［Korea］OH Chaekun
（College of Korean Medicine，Daejeon University）

**Abstract**：In this paper，I analyzed the medical records on cold damage included in the *Yeoksi Manpil* by Yi Sugi，a medical practitioner active in the 17th and 18th centuries，during the Joseon Dynasty of Korea. And I compared the cold damage medicines of Korea with those of Japan and China using the analysis on medical records made by Xu Dachun of China and Yoshimasu Tamenori of Japan. The analysis of medical records was done within the framework of theory，principle，prescription，and medicine. According to the examination，the medical records in the *Yeoksi Manpil* did not reveal any particularly unique theories on cold damage medicine. However，it was observed that cold damage medicines have been localized since the *Dongui Bogam*，with diagnoses that focused on pulse，eight－principle syndrome differentiation method，warm tonification formulas，and active use of ginseng. The medical records in Xu Dachun's *Huixi Yian*，on the other hand，revealed the characteristics of his medicine，as well as his reverence for the classics. His records confirmed the various access ways for cold damage medicine in the Qing dynasty of China，with the typical diagnosis methods of inspection，auscultation，olfaction，inquiry，and palpation or symptom analysis. In addition，the records provided an understanding of the decoction syndrome or the six－meridian syndrome differentiation method，as well as information on the manner of using formulae based on the original text of the *Shanghanlun*. Conversely，the medical records in Yoshimasu Tamenori's *Kenshuroku* clearly presented his unique theory of the causation of all ailments by a single toxin. They also revealed the development of the Japanese cold damage medicine during the Edo era through diagnoses done via abdominal examination，symptomatic treatment，and a manner of using ancient prescriptions established through a unique approach for conducting research on medical classics. A divergence of cold damage medicine in China，Korea，and Japan during the 17th and 18th centuries was revealed in Yi Sugi，Xu Dachun，and Yoshimasu Tamenori's medical records. It seemed that the measures taken by the governments of Chosun and Japan during the transition from the Ming to Qing dynasty in China，with the international political situation surrounding them，as well as the attitudes of medical scholars toward the fashion for studies in antiquity arising in China，have been the major factors behind the divergence.

**Key words**：Cold damage；medical records；Yi Sugi（李寿祺）；Xu Dachun（徐大椿）；Yoshimasu Tamenori（吉益为则）；*Yeoksi Manpil*（历试漫笔）（*Stray Notes with Experienced Tests*）；*Huixi Yian*（洄溪医案）（*Medical Records by Master Huixi*）；*Kenshuroku*（建殊录）（*Records for Rescuing Half-dead People*）；traditional Korean medicine

## Japanese Factors in the Transformation of the Scholarship of Medicines in the Late Qing Period

Lu Di
(Department of history, University College London)

**Abstract**: Japan had an important impact on the transformation of the scholarship of medicine in the late Qing period. The implementation of the reform of education system, by reference to the Japanese education system, at the end of the Qing dynasty enabled materia medica to be an individual subject in higher education institutions. Some of Japanese teachers were employed to offer courses on materia medica in China, which made certain a certain contribution to scientific materia medica education in China. There were also considerable Chinese students studying materia medica in Japan. They communicated with each other beyond their study and research, and also established the Chinese Pharmaceutical Association in Tokyo, which afterwards formed a great power that propelled the development of scientific materia medica in China. Besides, Ding Fubao published a significant number of books compiled or translated from Japanese materia medica publications before and after his went to Japan for the investigation of Japanese medicine. His books, medical association and periodical not only promoted the dissemination of knowledge of scientific materia medica, but also popularized his idea on the scientification of indigenous scholarship of Chinese medicines and the integration of Chinese and Western medical knowledge. These direct or indirect Japanese factors, which were mainly embodied in the period of New Policies, promoted the assimilation and transformation of scientific materia medica in the late Qing period.

**Key words**: Materia Medica; The End of the Qing Dynasty; New Policies Reform; Chinese Pharmaceutical Association; Ding Fubao

## Penetration and Assimilation: The research of Japanese sanitary and antiepidemic in occupied regions during the Anti – Japanese War

Shi Jia An Yizhou
(Department of history culture and tourism, Jiangxi Normal University;
Department of history and culture, Shanxi University)

**Abstract**: At the Beginning of Total Resistance, Shanghai, Shanghai and other places where occured severe cholera and other diseases. Japanese authorities in order to prevent the vicious infectious disease "endangering" Japanese nationals and invaders, pacify and civilize the people in the occupied regions, Japanese authorities commissioned Colleagues Association to implement the "Antiepidemic business" in the occupied regions. Therefore Colleagues

Association set up a large number of sanitary and antiepidemic organizations in the occupied regions, Especially in the late period of Anti – Japanese war the medical and health business of Colleagues Association was a full-scale expansion, its forces almost penetrated every corner of the occupied regions. Under the tight control of the Japanese authorities, the nature of Colleagues Association gradually gradually degenerated, its sanitary and antiepidemic was Cooperated with the Japanese policy of invasion of China, implemented the infiltration and "Xuan Fu" policy in the occupied regions, in order to cultivate pro – Japanese consciousness of people in the occupied regions and uphold Japanese colonial rule. Until the victory of the Anti – Japanese War, the sanitary and antiepidemic activities of Colleagues Association was eventually end up with the defeat of Japan.

**Key words**: Anti – Japanese War; Japan; Colleagues Association; the occupied regions; sanitary and antiepidemic

## A Study of Chinese Social History in the New Century

Chang Jianhua

(Center for Chinese Social History in Nankai University)

**Abstract**: In the late ten years Chinese social history study have achieved great research results in such seven aspects: periodization study, marriage, family and clan, social classification and structure, city, village and community, folk beliefs and religious life, etiquette and social customs, population and social security. The interdisciplinary nature of social history has become increasingly prominent, especially in ecological environment history, social history of water conservancy, medical social history. And social history of legal study become prosperous. Social history study usually present the form of regional research relating a variety of academic fields and embodying integrity. The life history study get expanded and deepened with the help of history of material culture, exploitation and utilization of folk documents and the exploration of criminal case data. livelihood issues studies increased and the study on the connection between system and life is an unconventional approach. Life history study shows a variety trends. The concept distinction of city life and village life has promoted life history research. Folk beliefs, social customs, social charity and security are usually the intermediary to understand the people's daily life. Besides law and discipline rite and economic factors, the studies pay more attention to the life and culture to grasp the social classification and social relations, thereby the grasp of the social structure become soften.

**Key words**: Social history; life history; interdiscipline; regional research

**Living、Life and Ecology: latest advancement of the study on Chinese social history**

**Abstract**: In recent years, with the introduction of various theories and the use of local documents, broad research perspectives and diversified research paths have become one of the important characteristics for the study on Chinese social history. Based on previous questions , researchers have come back to concrete social scenes and daily lives, focused on the theme of living, life and ecology ,and shifted the focus of study on Chinese social to "human beings", thus revealing the relationship between living ,group and society, life customs and daily lives ,as well as ecology, economy and politics ,while the domains and contents of social history have been further expanded and deepened.

**Key words**: Living;Life;Ecology;Daily Activity;Latest advancement